Contraste insuffisant

NF Z 43-120-14

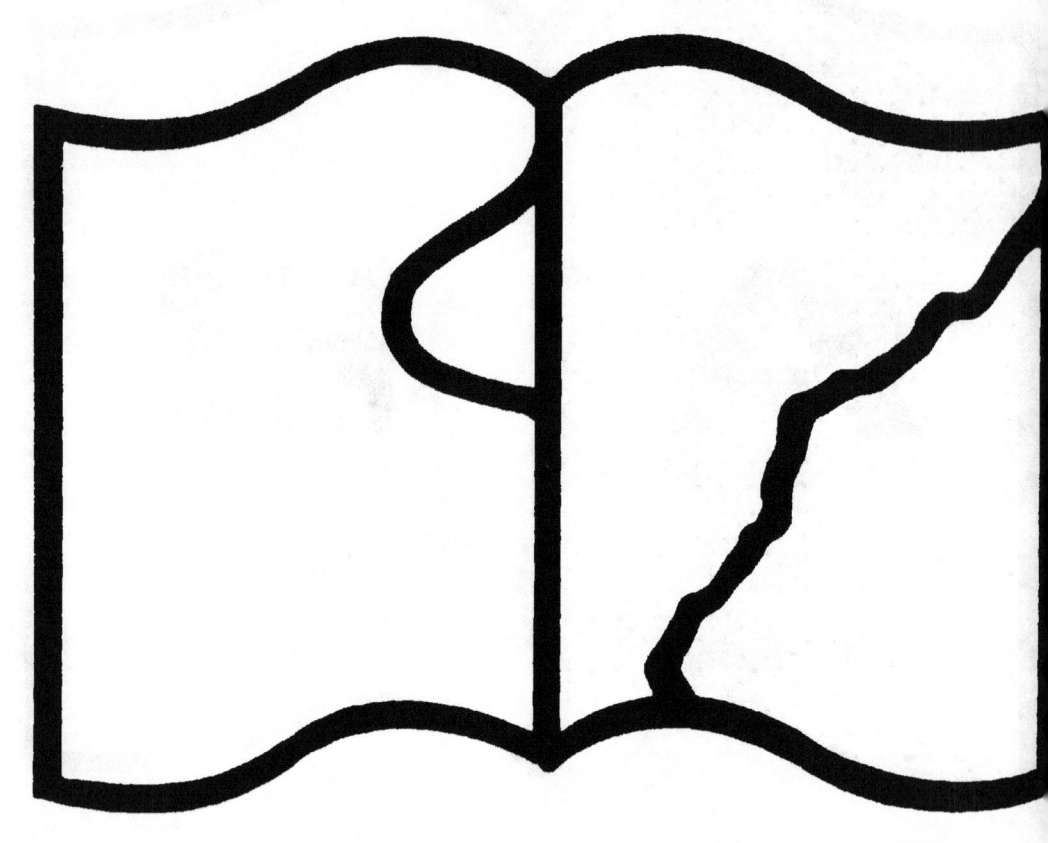

Texte détérioré — reliure défectueuse

NF Z 43-120-11

4° Y² 5289

LES
DRAMES DE LA JUSTICE

DEUXIÈME ÉPISODE

LE MARTYRE D'UN PÈRE

RAOUL de NAVERY

CHAPITRE PREMIER

CŒURS BRISÉS

Une femme d'une grande jeunesse, mais dont la pâleur et l'amaigrissement trahissaient l'état de souffrance, était moins assise que couchée sur une chaise longue, dans une petite pièce, qu'à son installation compliquée on jugeait devoir servir à la fois d'atelier et de chambre à coucher. Le lit canapé dissimulait son double usage. La table de toilette masquait des ustensiles derrière un chevalet sur lequel reposait une grande toile. Dans l'embrasure d'une fenêtre, une lourde table garnie d'un châssis de papier transparent tamisait et en même temps absorbait la clarté tombant sur une plaque de cuivre où le burin avait déjà mordu. Une draperie d'étoffe jaune jetée à gauche, sur un énorme chevalet supportant des gravures, des dessins, des croquis, ajoutait encore à l'éclat de la lumière. Sur un petit meuble, se trouvaient rangés avec soin les fins outils du graveur. On devinait que la jeune malade avait mis une sorte de coquetterie dans ces détails, afin que la pièce parût non pas seulement habitable, mais presque élégante. Elle devait atteindre ce résultat avec peine, si l'on examinait l'extérieur de l'homme qui, assis devant sa table de travail, une main crispée dans les cheveux, et l'autre maniant un poinçon, paraissait préoccupé de toute autre idée que de celle d'un labeur absorbant.

Il pouvait avoir vingt-cinq ans, et sa beauté physique était une de celles qui rappellent par leur régularité les plus beaux marbres de l'antiquité. Des cheveux d'un blond doré ajoutaient à la grâce de cette belle tête; mais l'expression de ce visage, quand un sentiment de colère ou de haine l'animait, devait être inquiétante. L'œil superbe et intelligent pouvait lancer des éclairs terribles, et cette bouche, si bien coupée, savait sans nul doute exprimer tour à tour l'ironie la plus fine et la colère la plus furieuse.

En ce moment, le visage de ce beau jeune homme reflétait seulement une préoccupation ardente. Il ne travaillait pas; son attitude songeuse n'était point celle de l'artiste qui cherche un effet, et se demande comment il devra rendre une difficulté nouvelle. On lisait tour à tour sur son visage un doute poignant, une joie mal contenue, une terreur grandissante Il ne semblait nullement se préoccuper de la jeune femme, dont les bras soutenaient un petit enfant chétif, qu'ils berçaient avec une infinie tendresse, e dont le regard ne quittait pas le graveur.

Celui-ci, soit qu'il sentît sur lui les grands yeux tristes de la malade, et que cet examen le gênât, soit qu'il eût la certitude que ce matin-là, il ne ferait que de mauvaise besogne, repoussa son burin avec un mouvement de colère, rejeta ses cheveux en arrière, et se leva.

— Tu sors, Olivier? demanda la jeune femme, dissimulant avec peine son désappointement.

— Oui, je sors, répondit le graveur, je me sens nerveux, et incapable d'un bon travail; mieux vaut ne rien faire que de gâter une planche qui vient déjà assez mal.

— Tu te trompes, ton travail est bon, ton père le disait hier encore. Tu as du talent, Olivier, un grand talent, et, si tu le voulais, tu ne tarderais pas à occuper une des premières places parmi les graveurs modernes. Seulement tu te décourages, tu souhaiterais tout de suite obtenir un succès retentissant, et le succès vient avec lenteur! Non, ce n'est pas cela, tu voudrais de l'argent, beaucoup d'argent, afin de le dépenser avec tes amis, qui, trop souvent, t'entraînent loin de moi. Tu ne l'ignores pas, cependant, toi qui connais la vie de ton père, les artistes graveurs réalisent rarement de grandes fortunes. Nous n'aurions jamais été riches, mais il nous eût été possible de vivre heureux.

— Cela veut dire que tu as à te plaindre de moi, que l'existence que nous menons ne te convient pas.

— J'ai le droit d'avouer que je souffre.

— Claire!

— Écoute-moi une fois, une seule; quand j'aurai dit ce que renferme mon cœur, tu te défendras si tu le peux, et surtout tu me consoleras, je l'espère.

— Qu'as-tu à me reprocher? demanda Olivier avec sécheresse; vraiment je ne comprends rien à tes récriminations.

— Je te vois à peine, maintenant, dit la malade. Tu te plains de la tristesse de la maison, à qui la faute? Nous manquerions souvent de pain, si ton père ne me remettait tout ce qu'il gagne. Quant au prix de ton travail particulier, il paie des plaisirs au dehors du foyer; il solde tes nuits de débauche avec Bois-Galais. De ta femme, tu t'en soucies bien, maintenant! Je ne sais pas si jamais tu as embrassé ton enfant avec tendresse...

— Est-ce tout? demanda Olivier qui, debout, appuyé contre la muraille, jetait sur la jeune femme un regard irrité.

— Non, ce n'est pas tout. Je me sens mourir de chagrin, ma vie s'écoule avec mes larmes. J'ai passé tant de nuits sans dormir, penchée à cette fenêtre, attendant qu'il te plût de rentrer dans ta maison, et de te souvenir que tu n'étais pas libre de vivre comme tu le fais... Le mariage oblige, Olivier; la paternité encore davantage. On ne trompe pas une femme, on ne ment pas aux engagements pris devant Dieu, comme tu as trompé et menti.

— Moi! s'écria Olivier.

— Crois-tu donc, poursuivit la jeune femme qui puisait une force factice dans l'exaltation de sa douleur, crois-tu donc que je serais devenue ta femme si tu m'avais dit : « Pendant quelques mois j'aurai pour toi de la tendresse, de la sollicitude; je travaillerai et je te promettrai la vie que tu as le droit d'attendre; mais, ce terme expiré, l'ennui entrera dans le logis et rendra longues les heures passées près de toi. Je regretterai les amis, délaissés pendant les premiers temps de mon mariage. Ta pureté ne saurait lutter contre leurs vices. Le mari t'abandonnera, et tu resteras seule, triste d'abord, puis désespérée, souhaitant la mort qui mettrait un terme à de trop vives douleurs. » — T'aurais-je donc épousé si tu avais tenu un pareil langage? Tu as menti, toujours menti! Aujourd'hui seulement tu lèves le masque! Aujourd'hui je te connais, et je sens que je suis perdue... Mais si je meurs, qui prendra soin de ma fille? Tout ce que tu m'as volé d'amour, je l'ai donné à cette enfant. Elle est ma consolation et ma gardienne. Dans ce petit être qui ne me comprend pas encore, j'ai placé mon dernier espoir. Aie pitié d'elle, si tu n'as pour moi nulle compassion. Songe que ton père est âgé, que sa vue baisse, que peut-être il deviendra aveugle, et dis-toi que tu ne peux être assez perverti pour assassiner du même coup deux créatures innocentes.

— Claire ! Claire ! répéta Olivier, avec un geste de fureur, ne me pousse pas à bout.

La jeune femme cacha son front dans ses mains. Quand elle releva son visage, il n'y restait plus trace de colère, mais seulement une navrante expression de douleur.

— Mon Dieu! dit-elle, je deviens folle! Je ne voulais, je ne devais rien dire de tout cela. Je m'étais juré à moi-même de taire ce que je crie avec mes larmes... Il faut me pardonner, Olivier, je souffre d'une façon si persistante, si cruelle. Je t'irrite quand je voudrais te fléchir. Je te chasse de cette maison par ma tristesse et par mes pleurs... Et je t'aime! Je t'aime plus que jamais tu ne pourras le savoir... Oui, je comprends maintenant. Est-ce que tu peux commander à l'inspiration? Elle ne vient pas, tu sors... Cela doit être ainsi... Ton père en faisait autant, paraît-il... Je n'ai jamais vécu avec des artistes, moi...

— Et tu t'y prends mal pour les faire travailler, répliqua Olivier d'une voix moins âpre.

— Pourquoi ne pas me révéler ce que j'ignore.

— J'y perdrais ma peine.

— Non, non, je te le jure,

— D'ailleurs, en présence de tes gronderies, de tes colères, la tentation ne me vient même pas de me défendre contre des accusations mal fondées et des soupçons injustes. Est-ce absolument ma faute, poursuivit-il d'une voix plus lente, si la misère règne dans la maison?

La jeune femme courba la tête.

— Je comprends ce que tu veux dire, fit-elle d'une voix humble. Chacun de nous devait apporter sa part dans la fusion des intérêts. Va, je n'ai pas besoin que tu me reproches mon impuissance pour la sentir avec amertume... Quand nous nous mariâmes, tout présageait que je serais presque riche... que s'est-il passé, là-bas, au delà des mers où vivait mon oncle, je l'ignore encore à cette heure... Aussi loin que se reportent mes souvenirs d'enfant, je vois ma mère, vivant d'une façon honorable, dans un appartement gai et clair. Nous ne subissions aucune privation. L'or ne manquait jamais dans la cassette Louis XIII... Tous les six mois le facteur apportait une grosse lettre, et le lendemain ma mère touchait chez un banquier une somme importante... Si je la questionnais curieusement, elle me prenait sur ses genoux, et me racontait que le frère de mon père habitait Java. Il ne s'était point marié, et ne comptait le faire que lors d'un retour en France qui semblait s'éloigner de jour en jour. Sans doute il réalisait des bénéfices considérables, car il se montrait d'une grande générosité pour la veuve de son frère et son orpheline. Chaque soir je priais avec ferveur pour mon oncle Luc Auvilliers. Nous lui devions tout, ma mère et moi, et le jour où sonna ma quinzième année, il écrivit qu'il venait de mettre en réserve cent mille francs pour ma dot... J'étais donc une jeune fille suffisamment riche pour choisir un mari de mon goût... Le hasard t'amena dans une famille de nos amis, mon cœur alla presque au-devant du tien... et j'écoutai avec plaisir les mots de tendresse que tu me disais. Ma mère, qui sentait sa santé s'affaiblir souhaitait, me donner un soutien, et une rechute du mal qui la devait emporter fit hâter notre mariage...

« Ses économies payèrent mon trousseau, notre ménage, et nous attendîmes les cent mille francs promis... Mon oncle ne répondit pas à la lettre qui lui annonçait que j'étais devenue ta femme ; et jamais depuis je n'ai reçu de ses nouvelles... »

— Mais moi qui comptais sur la dot promise, dit Olivier, j'avais acheté quelques bijoux, contracté un emprunt pour payer mes dettes ; et quand arriva l'échéance de ce billet, il fallut vendre le joli mobilier de ta mère. Pendant ma jeunesse, j'ai connu les privations parfois, mais j'avais mes jours de folies exubérantes pour les compenser ; tandis que lié, appauvri, ayant au logis une femme attristée, un enfant malade, je ne me trouve plus moi, et je me sens incapable de travailler comme tu l'entends. Le découragement me prend, et il faut que je cherche au dehors des distractions à ma tristesse.

— Pardonne-moi ! Pardonne-moi, Olivier, si tu savais combien je t'aime ! si je guérissais, je trouverais le moyen de gagner quelque chose, moi aussi... Je sais faire une foule d'ouvrages, je peindrais des porcelaines... Prends courage, achève cette planche... Ton père affirme qu'elle sera belle.

— Mon père ! reprit Olivier, j'ai de la chance, vraiment ! quand la femme a fini de se plaindre, c'est au tour du mentor de la famille. Il me sermonne à cause de toi. Il met en avant l'enfant, la femme, la religion et la morale. On m'en assassine ici, de morale ! c'est à la faire prendre en horreur, à la faire maudire à jamais. J'ai du talent, soit ! Je le sais ! Tout enfant je jouais avec le burin, et mon père eut un prix de Rome. Ni toi, ni lui vous ne savez me comprendre. Aura-t-on jamais raison d'une tête de fer comme la mienne en m'adressant des remontrances ? Je suis un plan, je me suis désigné un but. J'y atteindrai, sois-en certaine. Seulement, je veux rester maître de l'heure et des moyens.

— Et ce but? demanda Claire, dont le visage se leva anxieux vers son mari.

— C'est ton bonheur, d'abord, car enfin, je ne suis pas un si méchant mari que tu te plais à le dire. Redeviens douce, gaie, confiante, et notre ménage ira mieux que tu ne crois. Tu voudrais, dis-tu, t'associer au labeur qui fait vivre, j'y aviserai; seulement il faut commencer par te guérir, pour toi, pour cette enfant qui pleure sans cesse, et dont les cris me pèsent souvent sur les nerfs. Voyons, me promets-tu d'être raisonnable?

— Oui, je te le jure, Olivier; mais en retour fais-moi une concession.

— Laquelle?

— Apprends-moi ce que tu rêves, et le but mystérieux que tu poursuis.

— Ce but, dit Olivier, dont les yeux étincelèrent, c'est la fortune, la fortune qui semble me fuir chaque fois que je pense l'atteindre, et qu'il faudra vaincre, si je n'arrive à la séduire. Vois-tu, depuis que je respire, depuis que je pense, Claire, je n'ai eu qu'un rêve, ce n'est pas rêve qu'il faut dire c'est obsession : le besoin de posséder de l'or. Non pas seulement afin de jouir d'une aisance modeste, mais pour remuer l'or à pleines mains, et le gaspiller sans compter. Si j'avais vécu au moyen âge, j'aurais cherché dans les repaires des truands quelque juif maudit, quelque sorcier infâme, et je leur aurais demandé au prix de quel pacte ils pouvaient me donner ce métal convoité, fallut-il vendre mon âme, renier mon baptême, et fouler le crucifix aux pieds.

— Tu me fais peur! dit Claire.

— Et, reprit Olivier, entraîné par sa pensée, et ne semblant voir ni Claire ni son enfant, si je n'avais point trouvé d'être assez corrompu pour me montrer Satan, je me serais mis en route afin de découvrir un de ces hommes qui connaissaient jadis la transmutation des métaux. J'aurais jeté dans un creuset l'or que je possédais; j'aurais veillé sans dormir sur des cornues mystérieuses; et s'il n'avait fallu qu'ajouter mon sang aux compositions chimiques de ces savants dont nous calomnions la vie, faute de connaître les arcanes de leur puissance, j'aurais épuisé mes veines jusqu'à la dernière goutte pour voir jaillir enfin des creusets le précieux métal.

Tandis qu'Olivier parlait, son visage devenait pâle, et ses cheveux blonds semblaient soulevés par un souffle orageux. Il fallait qu'il se trouvât sous une impression bien violente, pour oser dévoiler à Claire les coins sombres de son âme. A mesure qu'il parlait, la jeune femme le considérait avec une stupeur croissante, et sans qu'elle s'en rendît bien compte, quelque chose se brisait dans son cœur. L'amour que jusqu'alors elle lui avait porté fut brusquement atteint. Dans cet homme prêt à vendre son âme pour de l'or, elle ne reconnaissait plus celui qu'elle avait aimé!

Claire, qui comptait à peine vingt ans, était douée d'une sensibilité exquise, presque maladive. Ses sentiments arrivaient vite à l'apogée de la douleur. Tout était pur, simple, presque naïf encore dans cette créature grandie près d'une mère pieuse, bonne et dévouée. Quand elle épousa Olivier, le nom du mal n'avait pas même effleuré ses oreilles. Elle connaissait le beau, le bien, comme une abeille choisit le suc des fleurs salutaires. En épousant son mari, elle accepta un maître, mais elle croyait alors Olivier capable de la guider dans la vie, et c'est avec joie qu'elle s'appuyait sur son bras.

Ses rêves ne s'envolèrent pas tout d'un coup et tout à la fois. Lentement elle vit s'affaiblir sa confiance; par degrés elle perdit le sentiment du respect pour le compagnon de son existence. Sa mère ne connut ni ses terreurs de l'avenir, ni ses regrets du passé; elle mourut en croyant au bonheur de sa fille, et en, applaudissant de lui laisser un protecteur. A l'heure suprême où l'on assure que les mourants sont doués d'une clairvoyance plus grande, Mme Auvilliers, voyant sa fille sangloter au pied de son lit, saisit vivement les mains de Claire, attira son front sur ces lèvres, et lui demanda avec l'accent d'une inexprimable angoisse :

— Es-tu heureuse, Claire, es-tu heureuse?

La jeune femme répondit « oui », afin de ne pas attrister cette dernière heure.

Ce fut du reste seulement après la mort de Mme Auvilliers que la conduite d'Olivier changea d'une façon décisive. La présence de cette femme lui imposait-elle? Se disait-il qu'en la froissant il pouvait détruire la dernière espérance qui lui restât de recevoir la dot promise à Claire par M. Luc Auvilliers? Cette nature primitivement molle et sensuelle ne se gangrena pas tout de suite. Le mal la gagna comme un ulcère. Ses appétits grandirent à chaque satisfaction qui leur fut donnée. Ses convoitises devinrent farouches, et des amis dangereux firent le reste.

Si en ce moment Claire eût pu lire au fond de cette âme, elle eût reculé épouvantée.

Les quelques mots consolants qu'il venait de lui adresser n'avaient leur source ni dans la bonté, ni dans la franchise. Il voulait à cette heure calmer sa femme, et, comprenant un peu tardivement que ces confidences pouvaient effaroucher une âme délicate, il reprit, en s'approchant de l'enfant, dont il caressa le pâle visage avec une tendresse simulée :

— Je te l'ai dit tout à l'heure, Claire, je ferai fortune, et alors nous posséderons le bonheur si longtemps cherché.

— Hélas! fit la jeune femme, de plus habiles que toi parviennent seulement à vivre d'une façon honorable. Pour réaliser ce que tu rêves, il faut monter des ateliers de gravure, entreprendre des illustrations de luxe, gagner sur les jeunes gens qu'on emploie. Nous ne pouvons espérer former un établissement tant que nous n'aurons pas une assez grosse somme d'avance.

— Aussi, n'est-ce point sur des projets aussi longs à exécuter que difficiles dans leur application que je compte baser mon avenir. Est-ce donc quand on est vieux, las, malade, qu'il faut de l'argent afin de payer les plaisirs que cet argent procure? Je me sens assez de convoitise pour vouloir tout de suite de quoi les satisfaire et assez de force pour atteindre mon but.

— Tu m'effraies plus que tu me consoles, dit Claire ; tes paroles sont autant d'énigmes pour moi. Je n'ai jamais vu réaliser de fortunes rapides que par des moyens difficiles à avouer, à moins que la possession de capitaux importants permette de jouer à la Bourse... Olivier, je t'en conjure, repousse une tentation qui serait de nature à t'entraîner dans un mal plus grand que notre pauvreté. Reprends ton burin, travaille, le travail sauve de tout. Tu trouveras en lui la distraction à tes ennuis, et tu oublieras tes folles aspirations.

— Mais c'est de travail qu'il s'agit.

— Qui te l'a prouvé?

— Nous faisons l'affaire à deux.

— Et ton associé s'appelle?

— Alexis Bois-Galais.

— Encore cet homme ! Défie-toi de lui, Olivier ; rien de bon ne peut venir de celui qui ne croit pas en Dieu, et qui affirme de détestables principes.

— Tu restes en défiance contre un excellent garçon qui fut toujours pour moi le plus dévoué des amis.

— Lui ! Je le juge d'après ses paroles et d'après sa vie. Nous étions heureux avant qu'il vînt, pour ainsi dire, se mettre en tiers dans notre ménage. Il s'est glissé ici comme un serpent, et un jour il a fini par y prendre plus de place que moi.

— Oh ! fit le jeune homme avec une amère lassitude, tu recommences cette comédie lugubre de la femme jalouse de l'ami. De ce qu'un homme est marié, il ne s'ensuit pas qu'il doive renoncer à voir des camarades d'atelier, des artistes comme lui. J'ai connu Alexis avant de t'avoir vue. C'est un garçon d'initiative. On ne le quitte jamais sans trouver en lui une ressource positive, ou tout au moins un élan de gaieté. La femme ne peut ni ne doit confisquer son mari d'une façon absolue, surtout quand il est dans le mouvement artistique. Bois-Galais connaît beaucoup de monde, il peut me recommander, me pousser; d'ailleurs, je te l'ai dit, il a eu une idée de génie, il a inventé un procédé à lui. L'homme que tu calomnies fera d'ici peu ton bonheur et le mien!

Claire se leva, grave, presque solennelle, et, soulevant son enfant, elle le présenta à Olivier.

— Tu peux me faire souffrir, dit-elle. Je t'en reconnais le droit; qui accepte le mariage accepte souvent le martyre. Je ne me plaindrai pas, sois tranquille! Mais il est une chose que je te défends, entends-tu, que je te défends de la façon la plus absolue, c'est de t'avilir et de déshonorer ma fille!

— Tu es folle! folle! dit Olivier d'une voix stridente. Avec de tels propos, si quelqu'un les entendait, tu serais capable de me perdre. A ce moment, trois petits coups secs furent frappés à la porte de l'atelier.

Olivier tressaillit.

— Voilà Bois-Galais, dit-il, laisse-moi, il faut que je sois seul avec lui, nous avons à parler de notre grande affaire, et nul, pas même toi, ne doit assister à notre conférence.

Une question brûlante vint aux lèvres de Claire, mais son mari ouvrit rapidement une porte de dégagement donnant dans la salle à manger, et servant en même temps d'atelier à son père, et poussa Claire par les épaules.

Puis, après avoir fait jouer un verrou et tiré une portière, il alla ouvrir à Bois-Galais.

C'était un garçon court, trapu, à la tête énorme encore, exagérée par une chevelure crépue. Ses petits yeux noirs pétillaient d'astuce. Le nez était fin, la bouche sensuelle, et la mâchoire lourde. L'obstination se traduisait dans toute la partie supérieure du visage, tandis que l'autre trahissait les instincts de la brute. Ce que voulait cet homme devait forcément arriver. Son intelligence lui servait à lutter contre la violence sauvage de ses appétits.

— J'ai failli attendre! fit-il.

— Elle était là, dit Olivier. Parlons bas. Il me semble que les femmes sont douées d'une seconde vue. Claire ne cesse jamais de me répéter que je dois me défier des conseils que tu me donnes, et que tu m'entraîneras dans l'abîme.

Bois-Galais secoua les épaules.

— Pourquoi n'écoutes-tu pas ta femme? demanda-t-il avec un sourire ironique.

— C'est toi qui m'adresses cette question? Pourquoi, mais parce qu'elle me montre le bonheur dans le travail quotidien, la médiocrité, les privations, tandis que tous deux nous le voyons ensemble, rapide, fait d'or, de plaisirs et d'étourdissements de toutes sortes. Parce que tu as encore augmenté la fièvre que je sentais dans tout mon être, et que maintenant, alors même que je voudrais reculer, je ne pourrais pas: j'ai la folie de l'or.

— C'est de la littérature que tu fais là! On prévient le monde, quand on a l'intention de remplacer la conversation par une conférence. Si je te laissais continuer, tu finirais par me parler de tes remords... J'y mettrai bon ordre... Au milieu des dispositions que nous devons prendre, le temps me manque trop pour que nous perdions une heure... Causons affaires... As-tu réussi, et l'heure de réaliser nos espérances a-t-elle enfin sonné?

— Oui, répondit Olivier d'une voix troublée, du moins il me semble que c'est bien.

— Tu as des épreuves?

— J'en ai tiré cette nuit.

— Montre-les moi, reprit Bois-Galais.

Olivier dérangea un meuble fabriqué avec un art infini. Ce meuble était une bibliothèque. Sur le devant se trouvaient des livres, mais à l'arrière on avait ménagé un double fond. Sur la première tablette s'alignaient des volumes que l'on pouvait enlever, tandis que la tablette en recul, et dont la première rangée de volumes cachait la moitié, ne se composait que de dos de livres joints et rapprochés. L'espace gagné par cette supercherie formait une armoire à secret, s'ouvrant sur le côté droit.

De cette cachette Olivier tira une planche de cuivre de petite dimension, et la tendit à Bois-Galais.

Celui-ci se rapprocha de la fenêtre, fit jouer la lumière sur les tables, et dit à Olivier.

— Ta gravure me semble très belle.

— Voici une dernière épreuve, ajouta Olivier Marsan en lui tendant une feuille de papier de chine.

— Parfait! parfait! s'écria Bois-Galais. Oui, vraiment, tu es un habile homme, et si j'étais le Gouvernement, je ne manquerais pas de m'occuper d'un graveur de ta force.

— Tais-toi! fit Olivier.

— Remets ces joujoux en place, ajouta Bois-Galais. As-tu parlé à ta femme du petit voyage que nous allons entreprendre?

— Le temps m'a manqué; seulement j'ai planté des jalons, en lui apprenant que j'ai trouvé, grâce à toi, le moyen de faire fortune. Il me sera facile de lui dire qu'à la suite de ta visite, j'ai pris, d'accord avec toi, la résolution de partir pour l'Angleterre, et d'y passer... Combien y restons-nous?

— Le moins de temps possible. Il me semble que huit jours suffiront.

— Je le pense aussi. Elle croit à une affaire dont j'attends la fortune, et ne soulèvera aucune difficulté... D'ailleurs, elle ne reste pas seule, mon père est là...

— Il ne te demande jamais à quoi tu travailles?

— J'ai une planche commencée, de temps en temps, durant le jour, j'y donne un coup de burin. Du reste, j'ai pris l'habitude de vivre un peu à part. Sous prétexte que les cris de l'enfant me gênaient, j'ai fait installer ici ce canapé à deux fins. Et comme je me livre durant le jour aux loisirs nonchalants de la sieste, j'ai le temps nécessaire pour m'occuper durant la nuit des travaux dont je garde le secret.

— Quand tireras-tu? demanda Bois-Galais.

— Cette nuit.

— A combien?

— A mille exemplaires.

— C'est superbe! superbe! dit Bois-Galais, et nous partirons?

— Demain matin, par le premier train, pour Boulogne. Je ne tiens pas à ce que mon absence soit remarquée.

— Par surcroît de précautions, tu pourrais même défendre à ta femme de parler de ce voyage.

— Oui, mieux vaut ne rien dire.

Bois-Galais reprit l'épreuve, l'examina à la loupe, avec un soin extraordinaire, puis il la rendit à Olivier.

— Je n'y trouve vraiment rien à redire, mais soigne les encres, mon ami, soigne les encres... Je vois dans cette figure un léger empâtement.

— Peut-être as-tu raison, dit Olivier, oh! ce travail exige un soin, une précision, une délicatesse!

— C'est vrai ! Mais quelle récompense, dans l'avenir !

— S'il n'y avait pas cela ! fit Olivier devenu sombre, il y a longtemps que j'aurais abandonné la partie.

— Allons, dit Bois-Galais, j'ai eu raison de venir. Quand tu te jettes dans tes humeurs noires, Dieu sait s'il est possible de t'en faire sortir. Je ne veux pas t'abandonner aux pleurs de ta femme, et aux reproches de ton père, car il ne doit pas être tendre, le père Marsan. J'ai trouvé le moyen d'emprunter cinq louis sur une invention, et nous allons les dépenser ensemble. Il suffira que nous en trouvions autant pour partir. Nous dînerons ce soir chez Bignon et ensuite nous irons au théâtre.

— Va pour le dîner, mais je refuse le spectacle. Tu oublies que j'ai à travailler.

— C'est vrai. Préviens ta femme que tu dînes en ville.

Olivier sentait une sorte de honte à la pensée d'aller annoncer à Claire que, cette fois encore, il désertait sa maison. Cependant il quitta l'atelier et rejoignit sa femme dans la salle à manger.

A côté de la table de Pascal Marsan, son père, Olivier vit Claire riant à sa petite fille. Le vieux graveur couvrait d'un regard plein de tendresse la jeune femme et l'enfant débile. On sentait, en le voyant, que la vue de ces deux êtres réchauffait son âme.

— Bonjour, mon père, dit Olivier avec une rondeur affectée.

Puis, prenant la main de sa femme :

— Je suis heureux de te voir plus forte et plus souriante, lui dit-il.

— Oh ! fit Claire, je suis comme les fleurs, un rien me ranime ; elles demandent un rayon de soleil, et j'ai besoin d'un peu d'amour.

— Qui ne t'en donnerait beaucoup.

— Mais, toi, peut-être... J'ai tort de te parler ainsi, aujourd'hui surtout, après les promesses que tu m'as faites. Elles ont suffi pour me rendre la confiance et la gaieté. Tu restes si rarement ici, que c'est grande fête lorsque tu t'assieds à la table de famille... reviens-y souvent, si tu le peux, restes-y toujours pour ta femme, pour ta fille...

— Pour ton père, ajouta le vieux graveur.

— Je vous le promets à tous deux ; votre indulgence et votre bonté méritent bien de ma part des concessions qui, après tout, ne sont que du bonheur. Je verrai grandir ma fille dans tes bras, je profiterai des leçons de mon père... C'est dit, c'est convenu... Et avec le bonheur nous viendra aussi la fortune... J'ai mes ambitions comme un autre, Claire... Tu ne passeras point toute ta vie dans des privations dont je souffre plus que toi. Je n'aurai plus pour objectif que ton bien-être ; et tiens, ce soir même, je vais m'en occuper !...

— Tu attends quelqu'un ?

— Non, j'ai un rendez-vous.

— Un rendez-vous ! Mais alors tu ne restes pas !

— Ah ! les femmes ! quels enfants ! dit Olivier. Elles voudraient, même les plus sages, des résultats sans la peine, et la fortune sans le labeur. T'imagines tu qu'il suffise de chercher, même de trouver, pour s'enrichir ?

Trouver, chercher, il ne faut pour cela que de l'imagination, du génie! C'est presque vulgaire! Mais mettre en œuvre l'invention trouvée, la répandre, forcer le public à l'adopter, s'en faire, non pas seulement un titre de gloire, mais des titres de rente, voilà le prodige, le phénomène, le miracle : voilà ce que je veux réaliser. Voilà pourquoi je suis obligé de te prendre encore cette soirée.

— Mais tu m'avais promis...
— Je t'avais promis de me donner la joie de rester ici...
— Eh bien!
— Eh bien! C'est impossible.

Une larme roula sur la joue de Claire.

— Veux-tu que je reste? demanda Olivier. C'est bien simple, va, un mot à dire, trois lignes sur du papier, et c'est tout. Seulement si tu veux mettre des entraves à mes projets et employer le système des larmes pour me retenir quand'mes affaires exigent impérieusement une absence, ne me reproche plus jamais, jamais, entends-tu, de ne pas gagner d'argent et de ne point me montrer assidu au travail. Je suis un primesautier, moi, un homme qui invente, corrige, améliore : un chercheur. Ceux-là arrivent toujours à quelque chose.

— A moins qu'ils en effleurent trop.
— Vous mettez-vous aussi contre moi, mon père?
— A Dieu ne plaise! répondit le vieillard.

Olivier mit un baiser sur le front de sa femme.

— Tu ne m'en veux plus? demanda-t-il.
— Je t'aime quand même! répondit-elle.

Mais à peine Olivier eut-il refermé la porte, que Claire se jeta en sanglotant dans les bras du vieillard :

— Il ne nous reviendra jamais, dit-elle, jamais!...

Cent mille francs ! dit Pascal. (*Voir page* 23.)

Chapitre II

UNE TROUVAILLE

La jeune femme s'essuya rapidement les yeux. Elle se reprochait des larmes qui étaient une accusation portée contre son mari. Durant de longs mois elle avait tenté de dissimuler au vieux Pascal la dureté d'Olivier pour elle, mais bientôt celui-ci ne se donna plus la peine de se contraindre, et les chagrins de Claire cessèrent d'être un secret pour son beau-père. Dès lors, ces deux êtres également bons et tendres s'entendirent. Claire redoutait cependant de s'abandonner à sa douleur devant le vieillard, elle comprenait qu'elle ajoutait encore à ses tristes inquiétudes, et le plus qu'elle le pouvait, elle dissimulait ses angoisses. Durant les absences de plus en plus longues d'Olivier, Claire s'installait près de la table du graveur, berçant doucement la petite fille, s'entretenant avec Pascal Marsan des événements artistiques, le quittant seulement pour vaquer, autant que le lui permettait sa faiblesse, aux soins du ménage, dont elle s'occupait seule. Avec quoi eût-elle payé une servante, quand le gain du vieux graveur suffisait à peine pour secourir la famille? Quant à ce que rapportait Olivier au logis, il ne fallait jamais y compter. Outre qu'il travaillait peu, il éprouvait assez de besoins factices pour dépenser le rare argent qu'il touchait. Ses frais de café, ses cigares, quelques spectacles, puis des achats assez mystérieux qu'il dissimulait à sa femme, absorbaient, s'ils ne les dépassaient, ses minces bénéfices. Pascal Marsan s'était toujours senti une vive tendresse pour sa belle-fille. Quand elle entra dans son logis, toute jeune, candide, confiante dans l'avenir, elle lui prit soudainement le cœur. La maison changea d'aspect. La jeunesse de Claire, sa bonne humeur, y firent entrer comme un gai rayon de soleil. Claire, qui porta si vite le deuil de sa mère, bénit le ciel qui lui donnait un second père.

Celui-ci rendit avec usure à la jeune femme cette tendresse dévouée. Il s'efforça, dès qu'il s'aperçut de la froideur de son fils, à compenser cette affection absente par son affection à lui. La douleur les lia plus vite que ne l'eût fait une vie heureuse. Ils se comprenaient sans se parler; ces deux cœurs également bons étaient faits pour s'entendre. Elle ne se plaignait point; il ne paraissait pas deviner qu'elle souffrît; mais il lui dévouait sa vie, comme elle lui donnait une grande part de la sienne.

Afin que la jeune femme n'eût pas la certitude que son mari refusait de travailler, et afin de ménager la dignité de ce dernier, il dit un jour à Claire devant Olivier:

— Je ne trouve pas digne d'une femme de demander de l'argent à son mari... Elle doit toujours savoir où en trouver, quand on la connaît assez pour savoir qu'elle en fera bon usage... Vous vous souviendrez donc, ma chère enfant, que dans cette cassette, mon fils et moi, nous déposerons le produit de nos burins. Vous y puiserez chaque fois que vous en aurez besoin. Vous êtes si économe que nous n'avons pas à redouter vos prodigalités.

La combinaison convint parfaitement à Olivier. Il se trouva d'autant plus libre de garder l'argent qu'il gagnait, et le vieillard déposa seul, religieusement, ce qu'il pouvait amasser.

Peu à peu il devint impossible à Pascal et à sa belle-fille de se cacher les absences, la paresse et les fautes d'Olivier. Ils en gémirent en silence; lui, dans son amour paternel, ne pouvant se résoudre à formuler une accusation; elle, restant confiante encore dans l'avenir en dépit des épreuves du présent. Elle commençait à espérer que Dieu lui enverrait un enfant, et elle comptait sur le cher trésor pour ramener son mari à la maison.

Ce fut seulement à partir du jour où Bois-Galais devint l'ami Olivier, et où Olivier essaya d'en faire le commensal de la maison, que le vieux graveur manifesta sa volonté à son fils avec la fermeté qui convient à l'autorité paternelle.

— Je ne puis t'empêcher de voir qui tu voudras; dit le vieillard, malheureusement tu ne me témoignes plus assez de respect pour suivre mes conseils... Mais tu n'es pas seul ici... Il se trouve sous ce toit une jeune femme dont je protégerai la vie et la réputation, si je ne peux sauvegarder son bonheur. Bois-Galais est un misérable que rien ne saurait arrêter: ni l'amitié d'un homme, ni la vertu d'une femme, il te plaît d'en faire ton ami, c'est ton affaire, mais je n'admets pas que tu l'imposes à ta femme.

— Et si je disais : je veux, à mon tour.

— Tu ne le peux pas, répondit posément le vieillard, sans se laisser décontenancer par les paroles violentes d'Olivier.

— Qui m'en empêchera ?

— Ton intérêt... Cet appartement est le mien, j'en paie le loyer, les meubles m'appartiennent, hors cette bibliothèque que tu as placée dans l'angle du cabinet... Donc, tu n'as aucun moyen de me chasser... De plus, tu ne mets jamais un sou dans la cassette affectée aux besoins du ménage. Tu vis du travail de ton père... Comment pourrais-tu emmener ta femme, puisque tu n'as pas de quoi la nourrir? Donc, tant que je resterai le maître ici, Bois-Galais ne s'assiera point à cette table. Je ne peux t'empêcher de le recevoir dans ton atelier, et je le regrette. Si tu en croyais ma vieille expérience, il y a longtemps que tu aurais rompu avec cet homme.

Ces premiers tiraillements s'accentuèrent chaque jour davantage: ne voulant plus travailler, humilié de sa situation dépendante, troublé malgré lui par le regard de Pascal et par les larmes de sa femme, Olivier prit de plus en plus l'habitude de vivre en dehors de sa famille.

Heureusement, Claire avait alors son enfant, et la tendresse passionnée qu'elle ressentit pour cette frêle créature compensa le regret de voir brisée si vite une union sur laquelle elle fondait jadis tant d'espérances de bonheur.

Ce jour-là, au moment où Claire essuya ses larmes, le vieux Pascal l'attira doucement vers lui :

— Ne vous cachez pas, ma fille, lui dit-il ; je comprends vos douleurs, et je souffre autant que vous; désormais notre unique consolation sera de pleurer ensemble.

— Mon père ! mon père ! Est-il donc à jamais perdu? Dieu ne nous le rendra-t-il pas?

— Nous ne pouvons ni ne devons désespérer, ma fille. Il est quelque chose de plus fort que le vice, c'est la vertu. Si entraîné que soit Olivier, une heure sonnera où Dieu le ramènera repentant. Claire, ma chère fille, vous aurez le courage d'attendre cette heure... Ne croyez pas souffrir plus que moi... Depuis trois ans seulement vous êtes la femme d'Olivier, et moi, depuis plus de quinze ans je suis torturé par ses révoltes, sa paresse, et des désordres dont j'ignore la plus grande partie... Oh ! je souffre plus que vous.

ma fille! car vous êtes admirable, dans votre conduite envers lui, tandis que je n'ai pas toujours rempli mon devoir, souvent je m'accuse d'être l'auteur des désordres de votre mari.

— Que dites-vous, mon père?

— La vérité, hélas! elle m'a fait assez répandre de larmes. Quand un père se trouve en présence d'un caractère difficile, d'une nature rebelle, il doit, si la tendresse échoue, recourir à la sévérité. Je l'aimais trop, Olivier, le courage me manqua, c'est vous dire que je l'aimais mal... Il ne connut jamais, l'ingrat, à quel point il faisait partie de moi-même. Quand ma chère femme mourut, elle le mit dans mes bras et me fit jurer de le rendre heureux.. Vous savez quelle solennité emprunte à la séparation prochaine les dernières paroles prononcées... Je jurai de sacrifier ma vie pour celle d'Olivier, et ma compagne bien-aimée mourut le sourire aux lèvres, confiante dans la promesse que je lui avais faite.....

« Il était tout petit alors, ses défauts paraissaient excusables; d'ailleurs, vous connaissez la faiblesse des parents, Claire, puisque vous avez ce petit ange... La beauté d'Olivier flattait mon orgueil. Je n'aurais pas voulu le voir pleurer dans la crainte de ternir ses grands yeux bleus si doux alors... Je ne lui demandais que de vivre, de rayonner dans la maison. Il avait bien le temps d'apprendre, à quoi bon le fatiguer! Il commença donc assez tard ses études qui demeurèrent incomplètes. Le burin fut mis vite dans sa main; ses dispositions étaient si grandes qu'il apprit rapidement. Il gravait d'une façon spirituelle, imprévue; sa manière était à lui. Je l'ai vu mêler les doubles procédés de la taille-douce et de l'eau forte, et trouver d'incroyables effets. Ma situation comme graveur était bonne; il me fut aisé de lui trouver de l'occupation en l'associant à mes travaux. J'avais rêvé mieux lors de mes vingt ans! »

— Alors, mon père, vous veniez de remporter un prix qui vous permit d'aller passer trois années à Rome.

— J'y travaillai énormément, et j'y pris le goût de la peinture. De retour à Paris je gravai pour vivre, et je me reposai en composant des tableaux. Mes toiles ne plurent pas. La vogue a ses fantaisies. Ce que je peignais n'était pas au goût du jour. Je dus revenir exclusivement à la gravure. Je ne tardai point à regretter doublement d'être obligé de m'en tenir à cet art. Vous le savez, l'obligation de faire un usage presque continuel de la loupe affaiblit vite les yeux, et pendant l'espace de trois, de six mois, je restai souvent condamné à l'inaction la plus complète, sous peine de devenir complètement aveugle.

— Pauvre père!

— Comme vous m'avez bien soigné, durant la première année de votre mariage! Olivier travaillait à de rares intervalles; le plus souvent il continuait sa vie de flâneries. Je l'en reprenais, mais je redoutais les emportements qui, plus d'une fois, suivirent mes reproches... Avec lui, je ne me suis senti libre de montrer ni mon mécontentement, ni ma tendresse.

— Oh! votre tendresse.

— Il en aurait ri, ma pauvre Claire!

— Père! père!

— Ah! cela est horrible à savoir. Il n'a voulu voir en moi que le banquier dont la caisse demeurait ouverte. Maigre caisse, ma chère enfant! Mais le paresseux aime mieux endurer toutes les privations que de se livrer au travail, et de se procurer du bien-être. Je commençais à désespérer d'Olivier, quand il vous rencontra. Le jour où il se présenta à votre mère, une sainte, dont vous êtes la digne fille! je crus que Dieu voulait régénérer mon enfant en le rapprochant de vous. Il vous aima sincèrement, Claire... il vous a fait souffrir, et par lui vous souffrirez encore, mais il vous aima de toute la puissance de son cœur, je puis vous l'affirmer.

— Ah! fit la jeune femme avec l'expression du désespoir, si j'avais été riche!

— Vous ne l'êtes point, ma Claire, ni moi non plus, et nous devenons incapables de l'arrêter dans une voie au bout de laquelle il trouvera fatalement le précipice.

— Père, jusqu'à cette heure il n'a commis que des fautes qui, en somme, sont réparables. Nous seuls pouvons nous plaindre de lui.

— Je le sais.

— S'il nous fait pleurer, il ne nous fait pas rougir; l'un et l'autre nous pouvons marcher la tête haute.

Le vieux graveur enfonça son stylet dans le chêne de la table avec un geste énergique.

— Ah! fit-il, s'il oubliait jamais ce qu'il doit au nom que des générations lui transmirent sans tache... Songez donc, Claire! j'ai juré à sa mère qu'il resterait un honnête homme... Que deviendrais-je s'il me faisait manquer à mon serment.

— Il s'agit de nous armer de courage, mon père; le jour où Bois-Galais cessera ses visites, nous aurons déjà remporté une grande victoire. C'est à cela que doivent tendre tous nos efforts combinés... Puis, qui sait si Olivier ne nous dit point la vérité, en affirmant qu'il travaille, et qu'il a trouvé le moyen de faire fortune... Tout à l'heure, il me répétait d'avoir confiance, que nos privations allaient prendre fin... Il parlait non seulement d'une aisance modeste, mais d'une fortune colossale qu'il viendrait bientôt déposer, triomphant, à mes pieds.

— Grâce à quel moyen?

— Une invention, paraît-il.

— Je me défie des inventions, Claire; tenez, mon enfant, quand Dieu permet qu'un homme connaisse un métier ou un art, il doit s'estimer très heureux, et profiter de sa jeunesse et de sa vogue pour se ménager le pain de la vieillesse... Ma planche est terminée... Vous voyez ces deux tirages, du troisième et du deuxième état... Tout est modifié, adouci, je crois que cette gravure sera bonne... On la paiera bien... Et tout l'argent sera pour vous, Claire, pour vous, et pour cette petite qui m'a rappris les ravissants enfantillages de la paternité... Seulement, il faut me promettre une chose, ma fille...

— Je vous obéirai, père, car je sais que tout ce que vous m'imposerez sera pour mon bien.

— Soignez-vous bien, Claire... le chagrin vous dévore, il use les ressorts de votre existence, et si vous ne réagissez, vous tomberez malade ; la petite Marie, votre ange bien-aimé, semble parfois n'avoir plus que le souffle... Il faut vivre pour ceux que vous chérissez, pour ceux qui ne sauraient vivre sans vous.

— Je me soignerai, je vous le jure, vous verrez comme je vais être forte... Où allez-vous, mon père ?

— Rue Maître-Albert, mon enfant.

— Chez M. Eudes, votre imprimeur ?

— Oui, et j'espère vous rapporter une belle épreuve avant la lettre. Pendant ce temps reposez-vous un peu ; je vais charger la concierge de faire l'acquisition des menus objets qui vous sont nécessaires pour le repas de ce soir.

Pascal Marsan embrassa Claire, sa petite-fille, puis il plaça sa planche de cuivre dans une grande serviette de cuir noir, marquée à son chiffre, et sortit d'un pas encore alerte, malgré son âge et le chagrin qui l'avait prématurément vieilli.

— Que Dieu vous bénisse, cher père ! dit la jeune femme en le voyant s'éloigner, sans la consolation que je puise en votre tendresse, il y a longtemps que le peu de vie qui me reste se serait éteint, et que j'aurais emmené avec moi cet ange-là dans ma tombe, loin des désillusions de ce triste monde.....

Le vieux graveur descendit la rue Bonaparte, gagna les quais et suivit le cours de la Seine, en jetant un rapide regard sur les étalages des libraires.

La journée était magnifique, et s'il n'eût eu hâte de rentrer auprès de sa belle-fille, sans doute il se serait attardé à bouquiner.

Sur le fleuve passaient et se croisaient des bateaux, on débarquait des marchandises sur les berges. La foule paraissait heureuse de vivre, et gaiement affairée. Au loin, Notre-Dame apparaissait, dessinant son profil imposant sous une nappe de lumière chaude doublant la majesté de l'édifice.

Le grand air chassa lentement les préoccupations de Pascal Marsan. Il se sentit renaître à l'espérance. Après tout, Olivier travaillait peut-être, en effet, à quelque invention pouvant rapporter de grands profits. Il se réjouissait d'ailleurs à la pensée de trouver chez Eudes une somme d'argent assez importante, qu'un éditeur avait dû y déposer pour lui et qui serait si bien accueillie quand il la rapporterait à Claire.

Eudes l'attendait en travaillant. La chaleur était grande, l'habile imprimeur ayant enlevé sa jaquette, n'avait sur les épaules qu'une chemise d'un blanc de neige, dont il avait retroussé les manches presque jusqu'à l'épaule. Son cou libre se moulait aisément. Il imprimait en ce moment une superbe eau-forte de Lalanne, et c'était plaisir de voir ce beau et robuste jeune homme se pencher sur sa presse, l'encrer avec un soin minutieux, tirer la feuille, l'étudier et s'applaudir du succès de l'opération.

— Oh ! monsieur Marsan ! dit Eudes, comme s'il cherchait à s'excuser du négligé de son costume, en voyant entrer le vieux graveur, je ne vous attendais pas si tôt.

— Voilà comme j'aime à vous voir, sans souci d'autre chose que du succès de votre travail. Eudes, vous êtes le meilleur imprimeur en taille-douce que je connaisse, et si l'on fait un peu cas de moi, c'est à votre zèle et à votre adresse que je le dois. Tenez, aujourd'hui plus que jamais j'y ai recours : il me faut une magnifique épreuve. A la fin de ma vie d'homme et d'artiste, je deviens plus exigeant que durant l'âge de la force, et presque de la célébrité. C'est qu'alors, mon cher Eudes, je n'avais pas à redouter les défaillances de mon burin et l'affaiblissement de ma vue. Je gravais sans fatigue seize heures par jour; maintenant, dès que je reste penché trois heures sur une planche, je vois des points noirs... C'est une triste chose de vieillir, Eudes, surtout quand on a charge de famille et qu'on se sent indispensable pour faire vivre les siens.

— Comment se porte Mme Olivier ?

— Mal, mon ami, c'est une faible créature que dévore lentement l'anémie, et l'on dirait qu'elle a transmis son mal à sa fille... Puisse Dieu me les conserver toutes les deux... Mais laissons là ces tristes pensées et donnez-moi bien vite mes épreuves, j'ai hâte de rentrer.

— Je suis à vous, dit Eudes.... D'ailleurs, j'aime à tirer vos gravures. La conscience que vous mettez dans vos œuvres me charme, vous ressemblez un peu à Rembrant. On retrouve en vous sa richesse de coloris et sa conscience dans la recherche de la vérité.

Eudes commença le tirage; Pascal Marsan avait des exigences presque minutieuses, aussi recommença-t-il bon nombre de fois. Le temps ne paraissait nullement long au graveur; il causait avec Eudes qui, Parisien jusqu'au bout des doigts, et connaissant admirablement son Paris artistique, racontait mille anecdotes gaies, traçait pittoresquement des biographies; signalait de grands artistes mourant de faim dans des greniers; sapait des réputations dues à l'esprit d'intrigue plutôt qu'à un talent vrai. Il semait les saillies comme un feu d'artifice, tout en faisant mouvoir ses presses. Pascal Marsan l'écoutait, l'interrompant rarement, savourant une jouissance sincère en entendant cette causerie franche, alerte, aimable Ses nerfs se détendaient. Il ne sentait plus le poids qui l'étouffait durant la matinée, dans son atelier de la rue de Rennes. Il se retrempait à cette jeunesse, à cette bonne humeur, et les heures passaient si vite qu'il oubliait qu'il était attendu, et que sans le timbre de la pendule, jamais Pascal n'aurait songé qu'il fût si tard.

— Ah ! mon Dieu ! fit-il, Claire m'attend. Claire va s'inquiéter, la pauvre enfant.

Il plaça, avec la plus grande précaution, dans son vaste portefeuille de cuir les épreuves tirées, et il allait prendre congé d'Eudes, quand celui-ci lui dit :

— Vous oubliez l'argent.

— C'est ma foi vrai !

— J'ai dix louis à vous remettre, aujourd'hui, de la part de votre éditeur qui ne cesse de faire votre éloge.

Un gai sourire d'intime satisfaction épanouit le visage du vieux graveur.

Il tira son porte-monnaie, y fit lentement couler les pièces d'or, puis il serra les deux mains de l'imprimeur et s'élança dans l'étroite rue Maître-Albert.

— Claire doit être bien inquiète! répéta-t-il; et moi qui, sans songer à elle, me laissait aller au plaisir d'écouter les bavardages de ce brave Eudes.

Il frappa joyeusement sur sa poche, qui fit entendre le gai tintement de l'or, et ajouta en riant :

— Quand on est riche, on peut se permettre une folie. Mieux vaut dépenser trente sous que de coûter de nouvelles larmes à cette enfant. Je rentrerai chez moi en voiture, une fois n'est pas coutume, et, de la sorte, je rassurerai plus vite la chère enfant.

Et, au lieu de tourner sur les quais, Pascal Marsan se dirigea vers le pont Notre-Dame. Il était certain de trouver des fiacres près de l'Hôtel-Dieu. Il aperçut en effet une voiture libre et héla le cocher.

Presque immédiatement le fiacre arriva près de Pascal qui cria son adresse au cocher et s'enferma dans le coupé en faisant brusquement claquer la portière.

Il se sentait soulagé, presque heureux. Ne possédait-il point assez d'argent pour faire face aux dépenses de la maison pendant trois semaines. Ah! s'il avait eu seulement ses yeux d'autrefois! comme sa belle-fille aurait été heureuse! Mais il sentait sa vue décliner de jour en jour, et, souvent, sans oser faire part de ses mortelles inquiétudes, il s'enfermait dans sa chambre et là, il pleurait tout seul, la tête dans ses mains, et le lendemain il souffrait davantage et travaillait moins encore.

Quand il arriva en face du grand portail ouvert sur la cour de cette espèce de cité comprenant différentes maisons d'inégales grandeurs, et disposées d'une façon bizarre, il descendit, paya le cocher, prit la serviette de cuir noir sur les coussins du coupé, puis, traversant la cour garnie de maigres lierres et d'aucubas tristement groupés autour des lilas appauvris, il gagna le fond de la cour, monta un escalier rapide et entra dans la salle où Claire l'attendait tout en s'occupant à des travaux de couture.

— Enfin! dit-elle en l'embrassant.

Pascal posa la serviette de cuir sur le bord de la fenêtre, éleva dans ses bras la petite fille dont les lèvres pâles ébauchèrent un sourire, et déposa un tendre baiser sur son front ; puis il vida son porte-monnaie dans les mains de Claire.

— Vous ne gardez rien ! dit-elle. Vous êtes vraiment trop bon, cher père, conservez au moins quelque menue monnaie.

— Qu'ai-je besoin d'argent! répliqua le vieillard, vous me comblez de soins, ma chère fille. Non, non, prenez tout! Souvenez-vous seulement, quelque insistance qu'il fasse jamais à ce sujet, que vous ne devez jamais donner à Oliver une seule parcelle de cet or. Il représente mon amour pour vous, la vie de votre fille, et mes jours qui s'en vont...

— Soyez tranquille, dit gravement la jeune femme, je regarde cette somme comme un dépôt sacré dont j'ai à rendre compte. C'est le prix de vos veilles, et il ne doit pas être follement dépensé.

Claire avait préparé un potage excellent et un plat fait avec soin; le vieillard et la jeune mère dinèrent paisiblement. Pascal raconta sa visite chez Eudes et la divertit en lui rapportant les bavardages de l'imprimeur. Claire affirma qu'elle se trouvait presque bien portante. Elle enleva rapidement le couvert, puis, prenant sa fille sur ses genoux, elle se rapprocha de son beau-père.

Celui-ci venait de choisir une belle feuille de papier blanc, et sans dessin, sans modèle, armé seulement d'une paire de ciseaux fins, il se mit à découper le papier avec une rapidité et une ardeur prodigieuses.

— Voyez-vous, Claire, dit-il, le public peut me juger mauvais peintre et graveur médiocre en dépit de mon prix de Rome, mais s'il connaissait mon habileté à faire des découpures de papier et des ombres chinoises, il me donnerait une médaille d'honneur... Regardez ce dix cors qui vient de gagner un étang. Sa tête se renverse, ses bois retombent sur son dos, ses jarrets fléchissent... La meute nage, elle va l'atteindre... et le chasseur vise la noble bête rendue de fatigue. Ne voilà-t-il pas un tableau complet ? Eh bien! j'ai fait tout cela pour distraire ma petite mignonne! Voyez, l'ange blond a souri! Elle comprend, elle tend les bras, elle remercie son grand père! Allons, mademoiselle, venez bien vite embrasser votre vieux bonhomme de grand-papa.

Pascal enleva l'enfant des bras de sa mère et avec de tendres précautions la plaça sur ses genoux.

— Il me semble revoir Olivier tout petit... Je demande à Dieu de travailler au bonheur de Marie, et de m'y dévouer comme je l'ai fait pour Olivier...

— Elle se montrera plus reconnaissante soyez-en sûre, dit Claire avec un triste sourire.

Pascal découpa dix autres tableaux qu'il faisait ensuite jouer entre la lumière et la muraille, et l'enfant battait ses petites mains en poussant des cris de joie. Le graveur ne songeait point à dormir, et Claire souhaitait attendre son mari qui, maintenant, ne pouvait plus tarder à rentrer.

Elle tressaillit à un coup rapide frappé à la porte, et, se levant, elle alla ouvrir.

— Mille pardons, madame, dit la voix sonore de l'imprimeur en tailledouce, je vous dérange bien tard, mais il s'agissait d'enlever du souci à votre père; c'est un si brave et digne homme, que je n'aurais pas voulu lui laisser passer la nuit dans l'inquiétude.

— Vous êtes toujours le bienvenu, mon cher Eudes, dites-moi, seulement, de quel souci voulez-vous parler? dit Pascal Marsan qui s'était approché en reconnaissant la voix de l'imprimeur.

— De votre portefeuille que vous avez égaré. Vous m'aviez dit que vous vouliez montrer demain les épreuves à madame, et comme votre temps est précieux, et que je me suis aperçu de votre distraction, je suis accouru ici.

— Vous êtes bien bon, mon cher Eudes, mais je ne vous comprends pas.

— Comment, vous ne me comprenez pas?
— Pas du tout.
— Je vous rapporte la serviette que vous avez laissée chez moi dans la journée.
— C'est en cela qu'est votre erreur, je n'ai point oublié mon grand portefeuille.
— Voilà qui est fort! dit Eudes. Vous prétendez ne pas avoir oublié votre portefeuille et le voici dans mes mains.

Il plaça sur la table, sous les yeux de Pascal et de sa belle-fille, un portefeuille de chagrin à compartiments multiples.

— Enfin, reconnaissez-vous votre chiffre. P.-M... Et ces épreuves sont-elles bien celles que j'ai tirées aujourd'hui, chez moi, quand vous êtes venu me voir.
— En effet.

Dans cette petite poche ne voilà-t-il pas un portrait, celui de Mme votre belle-fille? — Osez maintenant nier que ce portefeuille soit à vous.

— On ne nie pas l'évidence, dit Pascal, mais ce que vous me dites, et ce que vous me montrez me jettent dans une perplexité bizarre... J'ai rapporté une serviette que je croyais être la mienne; tenez, la voilà.

Et Pascal Marsan prit sur le buffet la serviette qu'il avait rapportée.

— Vous savez, dit Eudes, elles sont presque toutes faites sur le même modèle.

— Et vous ne pouvez pas deviner, mon père, comment s'est opéré cet échange?

— Chez Eudes, sans nul doute, puisque je suis revenu directement de chez lui ici.

— C'est impossible; personne n'est venu chez moi ce matin avant vous.

— Procédons alors à l'examen de l'autre portefeuille, dit Claire. C'est le moyen le plus simple pour trouver la clef de cette énigme.

Elle regarda le chiffre imprimé en noir sur une de ses faces : Un P. et un L., dit-elle, c'est un renseignement bien vague, et si nous ne trouvons pas d'autres renseignements, nous aurons grand'peine à découvrir le propriétaire.

Pascal ouvrit la serviette de cuir, l'étendit sur la table et sortit les papiers qu'elle contenait.

La lampe jetait sur cette scène une lumière crue et mettait sur chaque visage un rayonnement.

— Un cahier assez volumineux, dit Eudes, écriture fine, distinguée, titre : *De la phtisie*.

— Une brochure agreste, fit Claire : *Étude sur Broussais*, avec une dédicace de l'auteur.

— Une lettre! fit Pascal en tirant une enveloppe de la poche intérieure du grand portefeuille : *A Monsieur le docteur Pierre Lasseny*...

— J'y suis, dit Eudes, une des célébrités de la science... Un des premiers chirurgiens de Paris... Cette serviette lui appartient évidemment... Mais comment diable l'avez-vous trouvée?... Je ne comprends rien à cette substitution.

— Ce n'est pas tout, voici une autre cachette, dit Claire en ouvrant une pochette fermée par une patte de cuir.

Elle tira deux petites liasses de papiers soyeux et les plaça sur la table.

— Des billets de banque ! fit-elle, en poussant une exclamation de surprise.

— Et pour une grosse somme, ajouta Pascal.

— Ce n'est pas surprenant, le docteur Lasseny est dix fois millionnaire, fit Eudes.

— Comptons, reprit Pascal.

Il prit des paquets, et remua les minces feuilles de papier avec une rapidité qui n'avait d'égale que la promptitude de Claire à compter les billets de la seconde liasse.

— Cent mille francs ! dit Pascal.

— J'ai trouvé également cent mille, ajouta Claire.

— Jolie trouvaille ! dit Eudes en souriant. Deux cent mille francs ! Voilà une fortune !

Avec cette somme il y aurait une large vie pour toute une famille; mille plaisirs pour un jeune homme ! le génie d'un artiste ignoré; des toilettes pour une jolie femme, un mari pour une fille jeune, alors même qu'elle ne serait pas jolie.

— Je comprends maintenant, ajouta Pascal ; pour revenir plus vite près de mes chers enfants et regagner le temps que j'avais passé avec vous, mon cher Eudes, j'ai pris une voiture en vous quittant. J'avais oublié ma serviette dans votre atelier, et le hasard a voulu que celle-ci, toute semblable à la mienne se trouvât dans la voiture. La philosophie de l'histoire c'est que je perdrai demain la première et la meilleure heure de la matinée pour reporter cette somme au docteur Pierre Lasseny.

Eudes, Claire et Pascal étaient trop occupés de ce qu'ils appelaient la trouvaille de Pascal, pour avoir entendu le bruit léger que fit la porte en s'ouvrant. Au moment où le vieux graveur replaçait la brochure, le mémoire et les lettres dans le portefeuille, Olivier, pâle comme un spectre, s'approcha de la table qu'effleurèrent ses mains tremblantes.

— A qui cet argent? demanda-t-il d'une voix qu'il s'efforça de rendre câline.

— Au docteur Lasseny, à qui je rendrai demain matin ces deux cent mille francs, dit Pascal.

Il remit les paquets de billets de banque dans la poche intérieure du portefeuille, puis il dit à Claire :

— Placez ceci dans le petit meuble qui se trouve près de votre lit, ma chère enfant.

On causa encore quelques minutes; bientôt Eudes prit congé de toute la famille, puis Olivier souhaita le bonsoir à son père et embrassa sa femme.

— Ne t'inquiète pas si tu vois de la lumière chez moi dit il à Claire, j'ai à travailler.

— Mauvais travail que celui de la nuit, dit-elle, tu ferais bien mieux de te reposer. Tu travaillerais mieux demain matin.

— On ne choisit pas! répliqua Olivier; d'ailleurs, ce soir, je me sens en train.

Une demi-heure après, la jeune femme reposait dans son lit, ayant à côté d'elle la petite Marie. Une veilleuse, jetant une très faible lumière, se trouvait sur la table, près de son lit.

Claire s'endormit paisiblement. Elle se sentait presque joyeuse : son père avait rapporté de l'argent, son mari travaillait; peut-être des jours meilleurs allaient-ils revenir.

Un bruit léger l'éveilla; d'abord elle ne comprit pas ce qui l'avait tirée de son sommeil, mais elle s'assit sur son lit, et dit d'une voix étouffée :

— C'est toi, Olivier?

— Oui, c'est moi, répondit le jeune homme d'une voix tremblante. Avant d'aller sommeiller, je n'ai pu résister au désir de voir si tu reposais paisillement et d'embrasser notre chère fillette... Je suis rassuré, bonsoir Claire.

— Ah! fit-elle, que tu m'as fait peur! Tu m'as réveillée dans mon premier sommeil, et il m'avait semblé entendre grincer une clef... la clef de ce petit meuble...

Olivier dissimula un mouvement d'inquiétude; sa voix changea de timbre d'une façon absolue, et ce fut presque avec dureté qu'il répéta à la jeune femme :

— Vous êtes folle! dormez! dormez!

Le docteur regarda, loua les gravures. (Voir page 32.)

Chapitre III

LE DOCTEUR PIERRE LASSENY

Le lendemain Pascal Marsan se leva de bonne heure. Il avait hâte de restituer les deux cent mille francs que le hasard avait mis dans ses mains. Habillé en hâte, il se dirigea vers le somptueux hôtel du grand chirurgien. Quand le vieux graveur demanda le docteur Lasseny au valet de chambre qui vint lui ouvrir, celui-ci le fit entrer dans un salon meublée d'un façon sévère et dans lequel se trouvaient déjà une vingtaine de personnes.

Il n'était alors que sept heures du matin, les malades qui attendaient une consultation du docteur semblaient appartenir à la classe des petits employés, des commis, des ouvrières, des ménagères, pour lesquels le temps est chose précieuse et qui trouvent à peine le loisir de songer à leur santé. Pascal vit là des femmes étiolées comme sa belle-fille, des enfants malingres, des vieillards débiles, des hommes jeunes encore, mais au visage ravagé par de trop longues veilles. On causait peu ou on parlait bas dans ce salon. Il semblait trop riche, malgré la sobriété de son ameublement, aux pauvres gens qui se trouvaient là pour qu'ils osassent se mettre à l'aise. Ils s'asseyaient timidement sur le bord des sièges; et bien que la grande table d'ébène, placée au milieu de ce salon, fût couverte de livres et de journaux illustrés, de brochures et d'albums, personne n'eût osé se permettre de feuilleter une de ces publications élégantes. Quelques mères s'interrogeaient sur l'âge de leurs enfants, sur la maladie qui cavait leurs yeux et pâlissait leurs joues; les hommes s'efforçaient de dissimuler leur souffrance. C'était un triste spectacle que celui de ces hommes et de ces femmes attendant la santé de celui qui, enfermé dans son cabinet, avec un malade, lui donnait une consultation.

Pendant un moment, Pascal Marsan prit intérêt à chacun de ces malheureux; il les jugeait plus à plaindre encore que lui-même, et puisait dans cette pensée la force d'attendre une amélioration à sa situation présente.

Deux fois la porte du cabinet du docteur s'ouvrit, et chaque fois un malade, muni d'un numéro, passa, le cœur battant, les jambes tremblantes, du salon d'attente dans la pièce voisine, où le docteur devait prononcer son arrêt.

Pascal songea que si tous les malades qui attendaient encore devaient recevoir avant lui une audience du docteur, il lui faudrait rester trop longtemps loin de sa belle-fille et des burins qui devaient nourrir toute sa famille.

Il quitta donc le salon et trouva dans l'antichambre le domestique qui l'avait introduit.

— Mon ami, lui dit-il, je suis très pressé, le salon du docteur est encombré de malades; voulez-vous demander qu'il consente à me donner un tour de faveur?

— Malgré tout le plaisir que j'aurais à vous obliger, monsieur, c'est impossible, répondit le valet de chambre.

— Je vous le répète, je suis excessivement pressé, je n'ai absolument pas le temps d'attendre.

— Je regrette de ne pas pouvoir faire ce que monsieur désire; mais de six heures à huit heures du matin a lieu la consultation des personnes que leurs occupations empêchent de venir dans la journée, et ce sont, sans aucun doute, les malades pour lesquels le docteur a la plus grande sollicitude.

— Mais je me porte très bien ! fit Pascal Marsan, et ce n'est pas une consultation que je viens demander aujourd'hui à votre maitre.

— Si monsieur est un de ses amis, répliqua le domestique, il doit connaitre les habitudes de M. Lasseny, et il doit doublement comprendre que je ne puis faire ce qu'il désire.

— Ecoutez, dit Pascal, je ne veux en aucune façon troubler l'ordre établi, et j'ai une trop sincère admiration pour la générosité dont le docteur fait preuve à l'égard de tous ces gens qui viennent le consulter pour ne pas comprendre que vous obéissez à une consigne inflexible.

— Inflexible est le mot, monsieur ; je serais mis à la porte sans pitié si le docteur me suspectait d'avoir reçu de l'argent ou cédé à une influence quelconque pour faire passer quelqu'un avant son tour.

— Soit ! je reconnais que vous ne pouvez faire ce que je demandais, et je m'incline, mais une carte n'est pas quelqu'un.

— Naturellement.

— Alors, tout ce que je sollicite de vous, c'est de faire passer la mienne.

Le valet de chambre hésita.

— Pour vaincre vos derniers scrupules et vous prouver que je ne veux pas user de supercherie, je puis bien vous apprendre de quoi il s'agit... Votre maitre a dû perdre hier, dans une voiture, un grand portefeuille dans lequel étaient renfermés deux cent mille francs.

— En effet, monsieur, j'ai entendu le docteur parler de cela hier soir à table.

— Ces deux cent mille francs, je les lui rapporte, et voilà le portefeuille qui les contient... Vous comprenez maintenant que vous pouvez sans crainte me faire entrer.

— Lorsque sortira le malade qui est actuellement en consultation, je ferai passer votre carte à mon maitre et l'informerai du motif de votre visite, répondit le valet de chambre.

— Sera-ce long?

— Oui ; je crois qu'il y en a encore pour un bon moment ; il s'agit d'un pansement assez délicat... Un ouvrier qui a la main à demi écrasée.

— Ainsi, même pour un cas aussi sérieux que celui qui m'amène, vous n'interrompriez pas le docteur pendant ce pansement?

— Non, monsieur ; deux cent mille francs, ce n'est jamais que de l'argent.

— Et l'humanité doit passer avant tout ; vous avez mille fois raison, et j'attendrai encore.

Cinq minutes plus tard, l'ouvrier blessé quittait le cabinet du docteur.

Le valet remit à son maitre la carte de Pascal Marsan et lui dit deux mots à voix basse ; le célèbre praticien s'avança alors vers le graveur et lui fit signe d'entrer dans son cabinet.

Après avoir donné un ordre à son domestique, le docteur pénétra à son tour, et ferma soigneusement la porte.

— Monsieur, lui dit alors Pascal, en présentant la serviette de cuir, hier, par un singulier hasard, j'ai trouvé ce portefeuille. J'en possède un semblable que j'avais oublié chez un imprimeur. La confusion était facile, de sorte que je suis rentré chez moi, cette serviette sous mon bras, bien persuadé que c'était la mienne. Seulement, vérification faite du contenu, l'erreur n'était plus possible. Par bonheur, j'ai trouvé dans les poches des lettres et des cartes me fournissant votre adresse... Veuillez, monsieur, vérifier si tout ce que vous aviez mis dans cette serviette s'y trouve encore.

Le docteur sortit les papiers sans importance et enleva les deux liasses de billets de banque.

— Il y a là deux cent mille francs, dit-il.

— Parfaitement, monsieur le docteur... Comme je vous le disais tout à l'heure, je sortais hier de chez un imprimeur qui habite rue Maître-Aubert, lorsque, pressé par l'heure, j'ai pris une voiture de place ; dans cette voiture se trouvait ce portefeuille : croyant que c'était le mien, je l'ai pris et l'ai monté chez moi, et c'est seulement à onze heures du soir, que mon ami, en me rapportant ma serviette, m'a démontré que j'avais chez moi celle d'une autre personne.

— Je me rends parfaitement compte comment ceci est arrivé, dit le docteur. Mes deux chevaux sont en ce moment malades à la fois. Ne pouvant m'en servir pour mes visites, j'ai pris hier des voitures de louage. Contrairement à mon habitude, je suis allé voir assez tard un malade à l'Hôtel-Dieu ; c'était un homme auquel j'avais fait le matin une assez grave opération, et je voulais savoir comment il avait passé la journée. Connaissant le prix du temps, j'ai l'habitude de lire en voiture, et je mets toujours dans cette serviette des brochures, des journaux de médecine ou des livres... Le fiacre ne marchait pas assez vite à mon gré ; impatienté de sa lenteur, je le quittai tout près de l'Hôtel-Dieu, où vous l'avez pris au passage. Dans ma préoccupation de connaître l'état de mon malade j'y oubliai ce portefeuille que vous avez trouvé... En me le rapportant, vous me rendez un grand service, monsieur ; non point que j'attache à l'argent plus de valeur qu'il n'en mérite, mais dans ma situation on connaît bien des malheureux... On affirme que je gagne des sommes folles et quoique l'on exagère souvent, on a raison au fond ; mais, de ces revenus, je fais deux parts égales : celle des pauvres d'abord, la mienne ensuite... Et par celle des pauvres, ne croyez pas, monsieur, que je veuille dire celle des mendiants. A ceux-là, il est vrai, je ne refuse pas mon aumône, mais il est dans Paris des misères cachées, mille fois plus poignantes, mille fois plus intéressantes que celles qui s'étalent au grand jour... Oh ! Je vous le jure, tout être qui souffre, tout homme à qui pourrait être grandement utile une part de ces billets de banque pourrait me le dire sans crainte. Ils seraient aussitôt à lui.

En achevant ces mots, le docteur prenait une de ces liasses de billets qui étaient restée sur son bureau, et semblait n'attendre qu'un mot, un signe, pour la séparer en deux et en mettre la moitié dans une main tendue...

Avec la rapidité du coup d'œil des médecins, dont la sagacité égale celle des juges ou des commissaires de police, le docteur avait compris à la pâleur attristée du visage de Pascal, à l'usure d'un paletot soigneusement brossé, à l'absence de tout bijoux, à mille détails auxquels un autre n'eût prêté nulle attention, qu'il se trouvait en présence d'une de ces misères secrètes, poignantes, qui dévorent tant de familles dans la grande ville! Il venait de mettre dans les paroles adressées à Marsan, assez de rondeur, assez de sympathie, pour que celui-ci osât ouvrir son cœur. Mais le vieux graveur avait l'âme fière. Une rougeur monta à son front, laissant voir qu'il avait compris l'offre indirecte qui lui était faite. Sans ajouter une parole, il se leva comme s'il voulait empêcher le docteur Lasseny d'insister davantage pour lui faire accepter quelques billets de banque.

En ce moment, le graveur se trouvait près de la fenêtre, et une clarté vive, tombant en plein sur son visage, permit au docteur d'observer ses yeux fatigués, ses paupières rougies par un travail trop minutieux. Saisissant vivement la main du vieillard, il l'amena plus près encore de la croisée.

— Vos yeux sont malades, bien malades! dit-il, et vous devriez prendre des précautions.

— Ils sont fatigués, oui docteur, cela est vrai, répondit Pascal Marsan... Que voulez-vous? C'est mon métier qui le veut. On ne grave pas impunément pendant quarante ans sans trêve ni repos! La loupe, qui nous est indispensable, use vite notre vue... Je prends le plus de précautions que je puis, mais il en faudrait prendre encore davantage sans doute, car je ne puis guère graver plus de quatre heures par jour. Au bout de ce temps ma vue se trouble.

— Cela ne m'étonne pas; quatre heures, c'est encore trop, beaucoup trop même! s'écria le docteur.

— Vous vous trompez, monsieur, ce n'est pas assez. Il faudrait que je puisse travailler le double.

— J'espère, dit gravement le docteur, que vous me permettrez de vous soigner. Mes confrères et le public veulent bien me reconnaître quelque habileté, je serais bien heureux si vous me permettiez de vous guérir.

— Croyez-vous, réellement, docteur, qu'il soit possible d'arriver à pareil résultat?

— J'en suis certain.

— Quelle reconnaissance je vous aurais, dit le graveur. Vous me sauveriez plus que la vie.

— Eh bien! c'est une affaire convenue. Désormais vous m'appartenez, vous êtes mon malade.

Pascal Marsan regarda le docteur, ne sachant s'il devait croire ses encourageantes paroles. Mais la physionomie de celui-ci exprimait une bonté si grande, une générosité si complète, que la confiance lui afflua soudainement au cœur.

— Certes, monsieur, dit-il, mes pauvres yeux ont grandement besoin de soins et les vôtres leur seront précieux; ma vue, en s'affaiblissant chaque jour davantage, nous enlève à tous une part de notre vie, car de l'argent que je gagne dépend le bien-être d'une famille tout entière... Et cependant, je ne suis pas le plus malade... En somme, avec un peu de courage, je travaille encore, tandis que ma belle-fille, la chère enfant, descend rapidement vers la tombe, elle, et la petite créature qu'elle berce encore dans ses bras... Oh! tenez, monsieur, je puis bien vous confier cela, car je sais maintenant que vous êtes bon, là est la plaie vive de mon cœur, et les larmes que j'ai versées sur la pauvre jeune femme ont peut-être plus contribué à user ma vue que le travail du soir.

— Qu'a-t-elle? demanda le docteur.

— De l'anémie sans aucun doute; une anémie aggravée par le chagrin qui la mine. Oh! comme je vous serais reconnaissant si vous consentiez à la voir une fois, une seule, sans qu'elle fût prévenue, car l'annonce de votre visite l'inquiéterait davantage, et je ne le veux pas.

— Il m'est bien facile de vous rendre ce petit service. J'irai chez vous aujourd'hui même.

Pascal Marsan donna son adresse.

Au moment où il se préparait à se retirer, son regard tomba sur un magnifique portrait du docteur Lasseny.

— La belle œuvre! ne put-il s'empêcher de s'écrier. Quelle couleur, quelle ressemblance, quelle vie. On dirait que vous allez parler.

— Oui, répondit le docteur, tout le monde s'accorde à dire que c'est un excellent portrait; bien des fois mes parents, mes élèves, mes malades même, car il s'en trouve de reconnaissants, m'ont demandé de leur en donner des reproductions. Mais je ne sais comment faire. J'ai horreur de la photographie, cette banalité stupide. Et jusqu'à présent...

Le docteur s'arrêta un moment, puis prenant tout à coup la main de Pascal :

« Vous êtes graveur?

— Oui, monsieur, j'ai même remporté autrefois le prix de Rome, ajouta Marsan avec un geste de découragement et un sourire de douloureuse raillerie.

— Mais alors, vous pouvez faire le bonheur de tous mes amis. Vous chargeriez-vous volontiers de graver ce portrait?

— Avec grande joie, monsieur.

— Eh bien! c'est une affaire entendue... En me rendant chez vous rue de Rennes, je vous ferai remettre cette toile, et je monterai sous prétexte de vous donner quelques indications. De cette façon, votre belle-fille ne devinera pas que je viens pour elle. J'aurai l'air de lui donner une consultation par hasard.

— Vous avez toutes les délicatesses, docteur, et je ne sais comment vous exprimer ma gratitude.

— Au revoir, monsieur Marsan, à tantôt. Je prendrai le temps de courir chez vous; excusez-moi de vous quitter aussi brusquement, il me faut encore expédier quelques malades.

Le vieux graveur prit la main que lui tendait Lasseny, salua et sortit.

En quittant l'appartement du docteur, il se sentait alerte et joyeux. Il lui semblait avoir rajeuni de vingt ans.

La pensée que Claire allait recevoir les soins d'un prince de la science, lui montrait assurée et prochaine la guérison de Claire. Lui-même recouvrerait bientôt la force de ses yeux. Enfin, le portrait dont il venait de prendre la commande lui donnait du travail pour de longs jours, et quoiqu'il attachât peu d'importance aux promesses de son fils, si souvent renouvelées et jamais tenues, il se sentait à ce point disposé à l'espérance, qu'il voulait croire qu'Olivier, repentant, comptait véritablement changer de conduite. Quand il rentra, Claire l'attendait tranquillement tout en berçant son enfant sur ses genoux.

— Voilà qui est fait! dit-il en posant son chapeau sur la table, rien ne pèse comme l'argent des autres. Je suis ravi d'être débarrassé de ces deux cent mille francs. Je dormirai mieux cette nuit que la nuit dernière... Un homme charmant ce docteur. Belle tête, œil intelligent, manières affables. Sans doute pour me remercier de ma démarche auprès de lui, il me confie son portrait à graver, et ma foi! bien que depuis longtemps j'ai négligé les expositions, je ferai une exception cette année, et j'enverrai ce portrait! Quelque chose me dit que ma trouvaille d'hier me portera bonheur... T'ai-je dit qu'il devait venir aujourd'hui?

— Non, mon père.

— Cette après-midi, il visitera l'atelier. Faisons-lui un peu de toilette, veux-tu, ma fille? Quoique mes œuvres soient un peu disséminées de tous côtés, il reste encore assez de toiles, de gravures et de dessins pour donner à cette pièce le petit air artistique qui lui convient. Le dressoir est ancien et les vieilles faïences qui le couvrent sont précieuses. Nous jetterons un tapis sur la table, et tu y mettras ce grand vase de fleurs avec les albums de croquis. Drape les rideaux, fais de la coquetterie pour ton vieux père.

Claire passa ses bras autour du cou du graveur et l'embrassa tendrement.

— Gardez un instant votre petite-fille sur vos genoux, dit-elle; en un tour de main j'aurai fini... Vous verrez, père, comme tout sera bien rangé, comme l'atelier va prendre un petit air de fête pour recevoir votre nouveau protecteur...

En effet, Claire, avec le goût et la grâce que possèdent toutes les Parisiennes, mit chaque meuble à la place qui lui convenait, épousseta et redressa les cadres, mit les meilleurs tableaux dans leur jour, fit enfin tant et si bien qu'au bout d'une demi-heure, l'atelier se trouvait métamorphosé.

— Tu es une fée, dit Pascal.

— Mon mari est sorti et ne doit rentrer que dans la soirée, dit Claire; nous déjeunerons dans son atelier afin de ne plus rien déranger ici; après cela je songerai à moi et à la mignonne.

Le repas s'acheva presque gaiement. Claire, à la suite des douces paroles que lui avait dites son mari, s'était reprise à avoir confiance dans Olivier, et comme le cœur se laisse vite envahir par la joie, Pascal, lui aussi, se mit à croire que l'avenir le dédommagerait du présent.

La jeune femme avait conservé, de ses jours heureux, des toilettes charmantes qu'elle portait maintenant de plus en plus rarement; elle en choisit une seyant bien à son joli visage, et quand, ayant achevé sa toilette et celle de sa petite fille, elle revint près de Pascal Marsan, tenant dans ses bras l'enfant enveloppé de dentelles, le graveur sourit de satisfaction et l'embrassa.

Deux heures plus tard, le docteur Lasseny entrait dans l'atelier suivi par un commissionnaire portant sur un crochet le portrait que devait graver Pascal.

On le plaça sur un chevalet, tandis que le docteur, faisant le tour de l'atelier regardait les bibelots, louait les gravures de Marsan, et s'applaudissait de voir reproduire son portrait par un homme de ce mérite. Quand il eut fini son inspection, il attira Pascal près de la fenêtre, examina longtemps ses yeux, lui fit quelques recommandations et prescrivit une ordonnance.

Ensuite, s'approchant de Claire, il lui prit la main avec une bonté paternelle.

— Madame, lui dit-il, vous me semblez bien faible, bien pâle... sans doute vous travaillez trop; soignez-vous, je vous en prie... le pouls est nerveux, vos yeux ont le brillant de la fièvre... Prenez garde! L'âme est trop brûlante pour un corps si frêle... Vous vous surmenez alors qu'il vous faut du repos, du repos à tout prix.

— Mais je ne fais plus rien, docteur.

— Du repos d'esprit; une quiétude absolue... Des vins fortifiants, des toniques; un ordinaire varié... de la distraction si vous le pouvez, sortez, allez au théâtre, promenez-vous au bois de Boulogne ou de Vincennes... Vous n'êtes pas malade, mais vous le deviendriez si vous ne changiez pas votre genre d'existence.

Alors seulement il aperçut l'enfant blanche, délicate, et paraissant n'avoir que le souffle, qui se tenait bien tranquillement assise sur une natte dans un coin de la pièce.

— Sans doute vous l'aimez beaucoup cette petite? demanda-t-il à la mère.

— Ma fille, s'écria Claire en saisissant la petite créature; elle est toute ma vie.

— Et votre vie est fragile; si vous ne la ménagez pas, prenez garde! Je suis venu ici non pour prescrire des médicaments, mais pour m'entendre avec monsieur votre beau-père au sujet du portrait qu'il doit graver pour moi; cependant, si vous le permettez je profiterai de la circonstance pour vous donner un avis tel que je le donnerais à ma propre fille si le malheur voulait qu'elle se trouvât dans votre état de santé, et si Dieu lui avait envoyé un enfant semblable au vôtre.

— Vous m'effrayez, docteur.

— Je veux seulement vous mettre en garde contre la maladie et les malheurs qui en sont souvent la conséquence... Permettez-moi de vous parler en toute sincérité comme peut et doit le faire un homme de mon âge qui compte quelque expérience et qui, par profession, a beaucoup vu souffrir... Il faut à votre enfant l'air vivifiant de la campagne, une nourrice robuste qui lui donne un lait nutritif, enfin tout ce qui lui manquera ici, quand bien même vous multiplieriez les sacrifices.

— Jamais je ne me séparerai de ma fille! s'écria Claire enserrant convulsivement la petite contre sa poitrine.

— Alors, il faudra vous résigner à la voir s'éteindre sur un cœur qui l'aura mal aimée.

— Mais vous ne comprenez donc pas, docteur, que cette enfant est toute ma joie, toute ma consolation, toute ma vie!

— Hélas! madame, notre profession ne nous permet pas de faire du sentiment. Je comprends ce que me dit mon expérience d'homme et de médecin, voilà tout... Je vous répète qu'il faut vous séparer de votre enfant. Éloignez-la de l'air vicié de Paris; placez-la en nourrice à une quinzaine de lieues d'ici, en pleine campagne; dans quelques mois, vers la fin de l'été, quand la gravure de mon portrait sera avancée, je vous ordonnerai d'aller rejoindre votre fille, et votre père vous accompagnera... Lui aussi aura besoin de la vie des champs pour reposer ses yeux, pour donner de l'élasticité à ses membres engourdis par une trop longue immobilité... Alors, votre petite fille sera transformée : vous retrouverez non plus une enfant mièvre, souffreteuse, sans appétit, dont l'existence tient à un souffle, mais une belle et fraîche enfant, pleine de santé, aux joues roses, à la chair ferme, au regard clair, à la bouche souriante, qui marchera comme sautille un oiseau... Vous ne vous souviendrez guère, alors, d'avoir presque maudit le malheureux docteur qui vous ordonne aujourd'hui de vous séparer de cette chère petite créature. Que voulez-vous, madame, notre métier est ainsi fait; nous ne sommes pas ceux qui donnent des nouvelles heureuses et qu'on ne voit paraître que dans les jours de fête. C'est toujours lorsqu'on est triste, et lorsque l'on souffre, qu'on nous mande, et nous faisons souvent beaucoup... Seulement les blessures que nous faisons ne sont pas profondes. Nous ne blessons que pour guérir.

— Docteur, répondez-moi franchement, je vous en prie. M'avez-vous dit toute la vérité.

— Sur mon honneur, oui, madame. Je n'ai rien à ajouter, je n'ai rien à retrancher de mes paroles.

— Mon père, dit Claire, en s'adressant au graveur, que dois-je faire?

— Obéir, mon enfant, répondit-il; obéir sans hésitation.

— Je m'en remets à vous, monsieur, fit Claire en couvrant l'enfant de baisers.

— Je vous ferai envoyer une nourrice, et aussitôt qu'elle sera venue faites partir la petite fille.

— Je vous le promets, docteur.

— Et maintenant, au revoir, monsieur Marsan, ne négligez aucune de mes prescriptions, et dans quinze jours vous ne verrez déjà plus ce que nous appelons des « mouches volantes ».

Le docteur serra les mains du graveur, celles de la jeune femme, et quitta l'atelier.

— Quel homme de cœur! dit Pascal Marsan.

— Mon père, mon père, c'est bien dur de quitter ma fille!

— Oui, mais nous irons la voir, et songe quelle joie ce sera... Je trouverai une petite maison cachée sous les arbres, je me reposerai, puisque le docteur le juge nécessaire. Ta fille sera entre nous à toute heure, durant deux mois, trois peut-être... Si, comme je l'espère, Olivier a l'intention de devenir plus laborieux, nous l'attirerons dans notre petit paradis dont la porte sera scrupuleusement interdite à Bois-Galais... Rien ne m'ôtera de l'esprit que cet homme est le mauvais génie de mon fils. A son âge on peut tout attendre d'un bon mouvement. Une fois changé de milieu, Olivier reviendra à toutes les saintes tendresses, et te rendra ta félicité perdue.

— Si vous disiez vrai, mon père!

— J'ai le pressentiment que nous entrons dans une phase meilleure de la vie. Un bonheur est souvent suivi d'un autre bonheur. Le docteur Lasseny va devenir notre providence. Quel homme! quelle délicatesse, et quel cœur! Si tu l'avais vu ce matin, brûlant du désir de m'offrir une part de la somme retrouvée, et ne l'osant pas... Certes, je n'aurais eu qu'à lui dire la vérité et il me remettait vingt mille francs... Il me donne du travail, et il guérira ma Claire bien-aimée, j'aime mieux cela.

Tout le reste du jour se passa en projets.

Pascal dessina le portrait du docteur, Claire eut une chanson sur les lèvres.

Pour achever cette fête intime, le vieux graveur alla au restaurant commander un plat fin, il rapporta des gâteaux et du Malaga pour sa belle-fille.

Vers six heures Olivier rentra.

La jeune femme courut au-devant de lui avec une expression de joie si vive, qu'Olivier en fut remué, en dépit de sa dureté et de ses vices.

— Oh! oh! fit-il en voyant le couvert mis, voilà des préparatifs qui semblent faits pour le retour du mari prodigue... C'est bon de s'asseoir à la table de famille, je ne sais vraiment pas pourquoi on s'en éloigne... La vie de Paris est un terrible engrenage.

Claire raconta tout ce qui s'était passé, et Olivier parut prendre un singulier intérêt à tous les détails de la visite du graveur au médecin célèbre. Quand elle parla de ses conseils au sujet de l'enfant, Olivier, loin de partager son inquiétude, répliqua:

— Il a mille fois raison, ce docteur, ta fille et toi vous vous étiolez ici... Puisque le père t'accompagnera, tu n'auras pas l'ennui à craindre.

— Et toi? demanda Pascal à son fils.

— Moi, j'irai de temps en temps vous voir, souvent, si je le puis. Je partirai le samedi et je passerai avec vous la journée du dimanche... Je t'ai promis de gagner de l'argent, Claire, et je tiendrai parole, mais pour cela, il ne faut pas que je demeure à la campagne, tu le comprends...

— Ce n'est donc pas en gravant que tu comptes en gagner? demanda Pascal.

— Non, mon père, je me lance dans la spéculation.

— On ne saurait en faire sans capitaux.

— Un ami en met à ma disposition.

— Bois-Galais?

— Précisément, mon père.

— Je n'aime point cela, dit le graveur. Quand on connaît un métier ou que l'on exerce un art, on en doit vivre en s'efforçant d'y progresser. Les impatients ne font jamais fortune, et ce qui est pire, ils se laissent souvent entraîner dans des chemins mauvais. Sans doute, ta femme et moi nous souhaitons te voir travailler, mais il nous plairait aussi de savoir à quoi, et de pouvoir le dire. Claire n'insistera pas ; d'ailleurs, elle est femme, et sait qu'elle doit plier sous la volonté de son mari, mais moi, ton père, je puis, je dois questionner. Tant que je serai de ce monde, je n'abandonnerai jamais les droits sacrés que la paternité me donne.

— Je ne les nie pas, mon père, répondit Olivier ; mais vous savez qu'à mon âge on possède assez d'intelligence pour savoir si ce que l'on fait peut amener un bon résultat. Jamais je n'aurai le courage de vivre comme vous avez vécu. Quoi ! avec ma force physique, ma volonté morale, ou immorale, comme vous voudrez, je passerais ma vie à faire des tailles sur du cuivre, à faire mordre mes planches, à les border de cire, à manier quelquefois l'odieuse mécanique dont on se sert pour certains fonds... Non ! non ! ne l'attendez pas de moi ! Qu'avez-vous donc récolté, vous, mon père, dans cet art dont vous me parlez, et que dire alors de ceux qui ne vous valent pas ! Vous, un prix de Rome ! avez-vous seulement l'aisance qui permet d'atteindre la vieillesse sans crainte...

— J'aurais pu l'avoir... dit Pascal.

— Je vous comprends, et je vous répondrai tout à l'heure... la vieillesse vient, votre main tremblera dans deux ans, et vous avez la vue mauvaise... Je ne puis donc regretter de suivre une autre voie. Vous vouliez m'objecter tout à l'heure que j'ai dépensé tout le produit de votre burin, que mes dettes ont absorbé vos économies, c'est vrai ! Et c'est parce que j'ai le sentiment de cette faute, parce que je courbe le front sous la honte de vous avoir fait pauvre à l'âge où vous avez le plus besoin, qu'il faut que je trouve le moyen d'avoir de l'or, oh ! de l'or !

Olivier dit ces mots avec une expression telle que le vieux Pascal en frissonna.

— Sois convaincu, lui dit-il, que j'aimerais mieux être réduit à mendier, plutôt que d'avoir un doute sur la loyauté de la façon dont tu acquerrais une fortune...

— Eh bien ! vous le saurez plus tard, dit Olivier en se levant.

Quelque chose ressemblant à de l'attendrissement passa dans son regard.

— Tu sors ? lui demanda Claire.

— Je ne sors pas, je pars.

— Toi !

Olivier consulta sa montre.

— Je n'ai que le temps nécessaire pour gagner la gare, dit-il.

— Mais rien n'est prêt ! Je n'étais pas prévenue.

— Un sac de nuit me suffit.

Claire retint ses larmes et alla chercher un sac de cuir noir. Elle y plaça du linge, de menus objets, et attendit que son mari lui parlât de l'époque probable de son retour. Olivier mettait une activité fiévreuse dans ses préparatifs, lorsque tout fut disposé, il dit à son père :

— Je compte revenir dans huit jours.

— Tu feras bien ! répondit le vieillard, si tu ne veux pas avoir à te reprocher, non pas seulement d'attrister la vieillesse de ton père, mais encor de tuer ta femme et ton enfant.

Olivier baissa la tête, un combat rapide, violent, se livra dans son âme, mais il secoua la tête, comme s'il voulait éloigner une pensée obsédante, et, prenant le sac de cuir, il s'élança dans l'escalier.

Au même moment, Claire tombait évanouie sur une chaise longue en murmurant :

— Je ne le reverrai plus !

— Dieu me pardonne ! on dirait que vous vous méfiez de moi. (Voir page 43.)

Chapitre IV

LES BILLETS DE BANQUE

Le docteur Lasseny était fils de ses œuvres. Grâce à une bourse obtenue à force de travail, il fit de brillantes études dans un collège de province. Il venait d'être reçu bachelier quand ses parents moururent; lui laissant pour tout héritage, une modeste somme de mille écus. Se sentant une véritable vocation pour la médecine, et comprenant qu'il ne lui serait pas possible d'acquérir en province la notoriété à laquelle il aspirait déjà, il résolut d'employer cette faible ressource pour aller à Paris, suffire à ses besoins de chaque jour et subvenir aux dépenses de ses examens. Il débarqua dans la grande ville sans recommandation d'aucune sorte ; il n'y connaissait personne ; aussi s'y trouva-t-il bien triste et bien isolé. Une nature moins énergique que la sienne se fût bientôt laissé abattre : lui ne se découragea pas. Il n'avait pas d'amis, il chercherait une distraction dans le travail ; il n'avait pas d'argent pour acheter des livres, il irait passer ses journées dans les bibliothèques publiques.

Un jour, il remarqua à la Bibliothèque nationale un jeune homme à peu près du même âge que le sien, qui y venait travailler chaque jour, avec une merveilleuse assiduité. Il était contrefait d'une façon qui eût été risible si elle n'eût été pitoyable ; mais son regard exprimait une telle douceur, une telle bonté que Lasseny sentit naître en lui une singulière sympathie pour cet être difforme. Il se rapprocha de lui, trouva un prétexte banal pour lui adresser la parole et apprit qu'il s'appelait Jean Comte et que, comme Lasseny il vivait isolé dans Paris. Peu à peu, leur intimité grandit, et bientôt ces deux êtres également refoulés, l'un par sa pauvreté, l'autre par sa laideur, se comprirent et s'aimèrent.

Dès lors les conditions matérielles de la vie s'adoucirent pour tous deux. Comparativement à Pierre Lasseny, Jean Comte se trouvait presque riche. Orphelin, il tenait de son père une de ces bibliothèques comme on en rencontre encore en province, qui ont moins de brillant que de fonds, dont les ressources sont inépuisables. Jean Comte avait organisé son appartement avec cette entente méthodique particulière aux gens studieux. Ses livres étaient rangés dans des casiers occupant les murs d'une pièce toute entière. Au milieu était placée une grande table de travail. A partir du jour où les deux jeunes gens se lièrent, c'est là qu'ils se réunirent pour travailler ensemble.

Le dimanche, ils sortaient ensemble, visitant les environs de Paris, tout en discutant quelque point délicat de médecine ou de chirurgie. C'est dans une de ces promenades qu'ayant rencontré une pauvre femme malade et mourant de faim, ils lui proposèrent de la recueillir chez eux : ils la guériraient d'abord ; elle leur servirait de domestique ensuite. Pour tous appointements, on la nourrirait et on l'habillerait. L'offre était modeste, mais la malheureuse créature qui n'avait plus personne à aimer dans ce monde, crut voir le ciel s'ouvrir devant elle, quand elle comprit qu'elle serait bonne à quelque chose et chérie de quelqu'un.

Malgré la modicité de ses ressources, Lasseny possédait une délicatesse trop ombreuse pour qu'il consentît à ce que son ami s'imposât seul ce surcroît de dépenses. Il tint donc à partager le prix de l'entretien du modeste ménage, et Jean Comte comprit trop bien la délicatesse de Pierre pour s'opposer à cette combinaison. Mais il obtint que son ami consentît à profiter des répétitions qu'il se faisait donner par un des plus éminents professeurs de la Faculté ; d'ailleurs Pierre, à force de chercher, réussit à trouver pour lui-même des répétitions suffisamment payées. Il s'agissait de préparer au baccalauréat un jeune cancre qui deux fois déjà avait échoué à ses examens; tâche ingrate s'il en fût, mais la nécessité ne permettait pas au jeune étudiant de choisir.

Grâce à ces heureuses combinaisons, les amis parvinrent à mettre les deux bouts ensemble, mais le jour où Pierre Lasseny passa brillamment son dernier examen, il ne restait plus un sou dans sa bourse. Par contre, il pouvait porter avec orgueil le titre de docteur si bien mérité. A la même époque, Jean Comte remporta un succès égal. Dès lors, il devint nécessaire aux deux jeunes gens de songer à une installation mieux appropriée à leurs nouvelles fonctions. Les deux amis résolurent de ne point se séparer: Jean Comte, doué d'un profond esprit d'observation qui devait lui donner une grande certitude de diagnostic voulait exercer la médecine : la sûreté de main de Pierre Lasseny, son sang-froid peu commun lui firent préférer la chirurgie. Les deux jeunes gens pouvaient donc exercer l'un près de l'autre; loin de se faire concurrence, ils s'aideraient mutuellement.

La difformité de Jean Comte rendait sa nature trop timide pour qu'il songeât à chercher une clientèle au dehors : en attendant qu'il organisât une clinique, il résolut de se contenter provisoirement de donner des consultations dans son cabinet; sa réputation grandit vite, non seulement dans le quartier, mais encore dans tout Paris ; et il voyait chaque jour s'augmenter le nombre des malades qui venaient réclamer ses soins. On connaissait sa discrétion absolue, et nul n'hésitait à se confier à lui. Les mères apportaient, pleines d'espérance, leurs enfants à cet être souffreteux qui les renvoyait rassurées par quelques paroles venues du cœur. Un courant sympathique s'établissait tout de suite entre le malade et le médecin. On aimait cette nature débile, dont l'âme seule soutenait le corps. Puis ce qui transpirait de la régularité de sa vie émouvait et charmait.

Tandis qu'il restait dans son cabinet, ainsi occupé à semer le bien autour de lui, Pierre Lasseny, suivant les visites des hôpitaux, les cliniques, se faisait remarquer par les maîtres. Ceux-ci admiraient son assiduité, la justesse de ses observations, le bien fondé de ses questions. Aussi, fit-il vite son chemin et bientôt il passa avec succès son examen d'internat. Attaché à l'Hôtel-Dieu, il y rendit des services qui furent non seulement appréciés, mais récompensés d'une façon brillante. Bien vite on le compta parmi les jeunes gens dont on pouvait tout attendre. Une épidémie terrible de fièvre typhoïde ayant éclaté, et bien que les soins à donner aux malades de ce genre fussent plutôt du ressort d'un médecin que d'un chirurgien, il se dévoua avec un tel zèle que, sur la demande unanime de ses maîtres, le ministre lui décerna une médaille d'or. Enfin, l'un des premiers praticiens de Paris se l'attacha, l'emmenant partout avec lui, le faisant assister à ses opérations difficiles, lui en confiant souvent, et ne voulant pas entendre parler d'un autre remplaçant, quand il était appelé loin de Paris ou que la maladie l'obligeait à rester chez lui.

Après des journées si bien remplies de part et d'autre, Jean et Pierre se retrouvaient le soir, heureux de pouvoir se raconter ce qu'ils avaient fait, vu et entendu. Chacun d'eux, avec son tour d'esprit particulier, apporait un élément divers dans la vie commune. Maintenant, ils gagnaient assez d'argent pour ne plus craindre les privations causées par une pauvreté que l'amitié leur avait d'ailleurs rendue légère. La réputation récompensa le travail, puis la notoriété vint, et avec elle la fortune.

Un soir, Jean. qui, depuis quelque temps, remarquait dans son ami des symptômes de tristesse inhabituels, lui dit en lui serrant les deux mains :

— Parle-moi en toute franchise, Pierre, et ne crains pas de m'effrayer... Il manque maintenant, je le vois bien, un élément de bonheur à ta vie... Si l'amitié est un des sentiments les plus doux, elle n'est cependant pas tout en ce monde le cœur de l'homme a été fait par Dieu pour comprendre et pour recevoir les charmes d'un autre sentiment.. Je connais assez mon physique disgracieux, et je possède assez de raison pour ne jamais songer à me marier, mais il n'en va pas de même pour toi... Est-ce qu'un misérable bossu comme Jean Comte, peut tenir dans une maison la place d'une femme jeune et belle, et d'enfants dans lesquels tu trouveras la récompense de ton labeur et les héritiers du nom sans tache que tu laisseras... J'ai pour toi une amitié trop vive et je suis trop sincère pour te dire que je ne souffrirai point de voir partager, entre l'épouse et l'ami, ton cœur que je m'habituais à prendre tout entier pour moi, mais l'égoïsme est trop loin de mon âme pour que je ne m'oublie pas quand il s'agit de ton bonheur... Aussi, je veux aller au-devant de tes aspirations, peut-être encore inconscientes, et je te dis : « Choisis une compagne aimable et bonne ; ne regarde pas si elle est riche ou pauvre; les trésors de l'âme priment tous les autres... Et si, par hasard, tu as déjà élu dans ta pensée celle qui doit partager ta vie, ouvre-moi sans crainte tout ton cœur... Sois tranquille, je saurai m'effacer ; je ne lui imposerai pas ma présence et le spectacle de mes difformités. Je te demanderai seulement de garder dans ton cœur une petite place pour ton vieil ami et d'enseigner à ta femme que mon âme vaut mieux que mon corps.

— Jean! mon admirable Jean! s'écria Lasseny ; comme tu me connais bien, comme tu sais lire au fond de mes pensées! Combien je te remercie d'avoir été au-devant de ma confidence, car jamais je n'aurais osé te parler le premier de ce que tu me conseilles..... Certes, mon affection pour toi n'a subi nulle altération, tout au contraire, elle a toujours été grandissant au fur et à mesure que j'apprenais à te mieux connaître, mais comme tu le dis toi-même, l'homme est né pour la famille, et je souhaite en fonder une à mon tour.... Seulement, ce que je n'accepterais jamais, jamais, entends-tu bien, ce serait une séparation. La jeune fille que j'épouserai possédera assez de cœur pour comprendre ce que je te dois. Ne secoue pas la tête, ami, tu as été pour moi, dans mon abandon, aux jours cruels de la pauvreté, une véritable providence. Sans toi, je ne sais ce que je serais devenu, isolé dans ce grand Paris, où chacun songe uniquement à ses affaires ou à ses plaisirs, sans jamais se préoccuper du passant qui le coudoie. Aussi, rien ne pourra jamais rompre les liens qui nous unissent..... Mais pourquoi parler aussi longuement de ces choses; je sais quels sont à ce sujet les pensées d'Octavie.

— Ta fiancée s'appelle Octavie ?

— Ne dis pas encore qu'elle est ma fiancée; je n'ai ni demandé sa main, ni obtenu son cœur d'une façon précise; mais je l'ai souvent rencontrée, et j'ai pu apprécier ses charmes physiques; j'ai longuement causé avec elle et j'ai reconnu toutes les qualités de son cœur. Une sorte d'attraction involontaire nous rapprochait l'un de l'autre et nous disposait aux confidences... Aussi tous les secrets de ma vie lui sont-ils aujourd'hui connus; je suis certain de sa sympathie et je n'attendais que ton approbation pour lui demander de devenir ma femme.

En présence de si douces marques d'affection, Jean sentit ses yeux s'emplir de larmes.

Dieu est bon de nous donner de ces heures pendant lesquelles nous sentons se fondre notre âme dans une autre âme. La joie de Pierre fut sans nuages. Longtemps il avait retardé sa confidence dans la crainte que Jean insistât pour se séparer de lui; maintenant, il avait la certitude de garder son ami avec lui, et il conservait l'espérance de conquérir pour compagne une femme douée d'éminentes qualités; aussi passa-t-il avec Jean une des plus délicieuses soirées de son existence.

Le lendemain, il tentait une démarche officielle auprès des parents d'Octavie et obtenait sa main.

Trois mois après le mariage fut conclu, et elle entra dans l'appartement des deux amis, la main tendue et le sourire sur les lèvres. Jean qui, malgré tout, avait jusque-là redouté de perdre une part du cœur de son ami, fut bien vite rassuré: tout de suite il comprit qu'il allait profondément s'attacher à la jeune femme, et que loin de perdre un ami, il en compterait désormais un de plus. Octavie, avec l'exquise délicatesse dont les femmes gardent le secret, mit, en effet, toutes les ravissantes coquetteries de l'amitié à conquérir l'affection du pauvre contrefait; la tâche lui fut d'ailleurs facile, car Jean ne demandait qu'à se laisser convaincre, et, au bout de quelques mois, il aurait aussi aisément sacrifiée sa vie pour le bonheur d'Octavie qu'il l'eût fait jadis pour la félicité de Pierre.

Ce furent quelques mois de joie sans mélange, puis une catastrophe soudaine vint briser les félicités de ces trois êtres si dignes de se comprendre.

Octavie mourut en donnant le jour à un fils.

Le désespoir de Pierre fut si grand, qu'il se laissa entraîner à un mouvement d'aversion pour le pauvre enfant, cause inconsciente de cet horrible malheur. Il ne voulait plus le voir et ne recevait personne. Jean essaya de réagir contre la morne tristesse de son ami; il ne le laissait jamais seul; mais Pierre restait sombre, et leurs soirées se passaient presque en silence. Entre eux, au milieu d'une table d'ébène, se trouvait un chevalet sur lequel reposait une miniature de la jeune femme. Le courage leur manquait pour prononcer son nom, et lorsque leurs regards se fixaient sur cette figure charmante, à jamais ensevelie dans le tombeau, tous deux sentaient des larmes les obscurcir.

Pierre ne consentait à sortir que pour remplir ses devoirs de chirurgien ; il restait assidu à ses visites à l'Hôtel-Dieu et ne négligeait aucun de ses malades ; la science gardait sa place dans ce cœur à jamais éteint pour toute autre affection.

Jean s'effrayait de la sombre tristesse de son ami ; il s'effrayait, surtout, de voir que jamais il ne prononçait le nom de son enfant ; aussi lorsque plusieurs mois se furent écoulés après la mort de Mme Lasseny résolut-il de tenter une suprême épreuve.

Pour cela, il ourdit une petite conspiration, d'accord avec la brave femme qui donnait ses soins à l'enfant.

Un soir, tandis que les deux amis restaient, comme de coutume, tristes et mornes en face l'un de l'autre, la nourrice entra inopinément, tenant dans ses bras le petit Octave, qu'elle avait revêtu de ses plus beaux habits, et dit au chirurgien :

— Monsieur, regardez votre enfant ; n'est-il pas le vivant portrait de sa mère ?

Pierre, saisi par cette brusque apparition et par cette question inopinée, couvrit son visage de ses deux mains, comme s'il ne se sentait pas la force de regarder, puis, honteux de cette faiblesse, le cœur serré par l'incertitude, par le remords, peut-être, il leva enfin la tête et comtempla cette frêle et mignonne créature qui tendait vers lui ses petits bras comme pour lui demander un baiser.

Oui, c'étaient bien les yeux bleus si profonds et si doux d'Octavie, sa bouche aux contours charmants, ses cheveux d'un blond doré, ses cils longs et touffus. Une poignante émotion envahit le cœur du chirurgien, un flot de larmes monta à ses yeux, et, de ses mains tremblantes, il saisit l'enfant en répétant :

— Octave ! mon cher petit Octave !

Quand le premier mouvement de trouble fut passé, il le plaça sur les genoux de Jean.

— Il me connaît va, dit en souriant le bossu. Nous sommes déjà une paire d'amis. Tous deux, nous avons passé, en tête à tête, bien des heures de mes journées ; il se souvient de nos folles parties couchés sur le grand tapis de sa chambre..... Tu me permettras, n'est-ce pas ? de me considérer comme son second père, moi, qui ai déjà le bonheur d'être son parrain.

— Ne me reproche rien, Jean ! J'étais fou ; oublions le passé ; je réparerai tout ! dit Pierre.

En effet, son amour pour Octave remplit désormais sa vie. Il semblait qu'il avait hâte de rattraper le passé. Il ne gâta pas l'enfant, mais il l'adora. Entre la double tendresse de ces deux hommes, et grâce à leur intelligente direction, Octave grandit et s'instruisit aisément, sans fatigue et sans hâte. Il était naturellement studieux, de sorte qu'on était obligé de lui retirer les livres des mains pour l'obliger au repos.

Il était à ce point avancé, qu'à l'âge de huit ans, il pouvait passer pour un petit prodige, mais ni le docteur Lasseny ni Jean Comte ne comptaient abuser de cette intelligence précoce. Ils connaissaient trop bien, par les exemples qu'ils avaient chaque jour sous les yeux, quelles étaient les brusques conséquences du surmenage. La santé de l'enfant devait passer avant la science. D'ailleurs, à quoi bon pousser Octave à des études trop absorbantes? Il n'aurait jamais besoin de gagner de l'argent pour vivre. N'hériterait-il pas un jour, non seulement de la fortune de son père, mais encore de celle de Jean, c'est-à-dire qu'il serait plusieurs fois millionnaire.

Au moment où se déroulent les événements que nous avons racontés, Octave est un bel enfant de huit ans. Sa ressemblance avec sa mère s'accentue de jour en jour, et c'est là, pour Pierre Lasseny, tout à la fois une cause de joie et de mélancolie.

En revenant de rendre visite à Pascal Marsan, le docteur trouva son fils dans la chambre de Jean.

— Vois, dit celui-ci, les bonshommes que dessine Octave ont déjà une tournure, si tu veux m'en croire, nous lui donnerons un professeur de dessin.

— J'ai justement trouvé l'artiste à qui je le confierai tout d'abord. La perle des honnêtes gens! Un homme pauvre, évidemment, et qui m'a rapporté deux cent mille francs, avec la même simplicité que s'il me rendait une lettre égarée.

Pierre raconta l'histoire de l'échange des portefeuilles.

— Je regrette bien d'être bossu, dit Jean, je ferais aussi graver mon portrait.

— Tu le feras pour moi, pour Octave, pour tous ceux qui t'aiment, et jamais il n'aura trouvé à traduire un plus noble visage, rayonnant de plus de vertus généreuses.

— Ne me flatte pas, dit Jean Comte.

— J'ai mes heures de franchise, répliqua Lasseny, en serrant la main de son ami.

— Et ces deux cent mille francs, en as-tu l'emploi?

— Je vais acheter des rentes, en attendant, et tu sais quel emploi je fais de mes revenus.

— Dix mille francs de plus pour les pauvres, dit Jean Comte.

— J'ai mes fonds perdus, répliqua Pierre, et le bon Dieu réglera tout cela un jour.

Le lendemain, le docteur, tout en faisant ses visites, passa chez son agent de change, rue de Grammont.

Il lui donna l'ordre d'acheter, le jour même, neuf mille francs de rentes de 3 0/0 et plaça sur le bureau les deux liasses de billets de banque.

M. Delaunoy, dont le docteur était un des riches clients, prit les paquets, et palpa les billets d'une main exercée; tout d'un coup, il leva la tête d'un air étonné, se rapprocha de la fenêtre et regarda le filigrane du papier avec une attention bizarre.

— Dieu me pardonne! fit le docteur en riant, on dirait que vous vous défiez de moi.

— Oh! docteur, vous ne le pensez pas.

— Cependant, comment puis-je expliquer d'une autre manière l'examen de ces billets de banque...

— Ah! voilà! fit l'agent de change.

Sans expliquer cette exclamation, il inspecta un à un les billets, et à mesure qu'il les étudiait, son visage prenait une expression plus grave.

Il se retourna vers le docteur, et reprenant la phrase qu'il avait laissée inachevée :

— Voilà... J'ai en vous assez de confiance pour vous confier la clef de ma caisse, mais j'avais raison de me défier des billets que vous m'apportez.

— Je ne comprends pas! répliqua le docteur.

— Qui vous les a remis?

— Je me suis souvenu, il y a trois jours, que j'avais à la Banque des fonds improductifs, j'ai repris mon dépôt, et je vous l'apporte ; voilà tout.

— Et vous pouvez m'affirmer que vous avez reçu ces billets à la Banque?

— Certainement.

— Vous n'avez pas pu les confondre avec des billets d'autre provenance?

— D'ailleurs, si riche que l'on soit, dans ce Paris où se commettent journellement des vols considérables, et où faute de pouvoir briser la serrure d'un coffre, on simplifie l'opération en enlevant le coffre lui-même, vous comprenez qu'on ne tient pas à conserver chez soi des valeurs considérables...

— Si un autre que vous m'affirmait ces choses, reprit M. Delaunoy d'une voix sérieuse, je lui répondrais poliment qu'il se trompe, mon accent traduirait le reste de ma pensée. Il faut que vous m'écoutiez posément... Nous sommes deux hommes d'honneur et de bonne foi... Figurez-vous qu'à nous deux nous avons à chercher la solution d'un problème...

— Je vous écoute, répondit Lasseny, et j'espère plus tard vous comprendre.

— Êtes-vous certain que ces billets sont ceux qui vous ont été remis à la Banque?

— Absolument sûr, mais s'il vous faut une preuve, la voici...

Tandis que je rentrais chez moi, moins par défiance que par désœuvrement, je pris mon carnet, et j'inscrivis les numéros des billets... examinez mon agenda... La liste est inscrite, comme vous le voyez, à la date d'avant-hier... En sortant de la Banque, j'avais l'intention de venir chez vous... Je m'aperçus que j'avais laissé passer l'heure... et j'allai à l'Hôtel-Dieu.

— En effet! dit l'agent de change, ce sont les mêmes numéros... depuis que l'on vole à la Banque les paquets de billets et les portefeuilles, depuis qu'on dérobe les billets déchirés, sous prétexte que les morceaux en sont bons, tout est possible après tout... D'ailleurs, je puis me tromper.

— Que croyez-vous donc?

— Que ces billets sont faux.

— Vous n'avez guère l'air de plaisanter, monsieur Delaunoy, mais cette idée de soupçonner la Banque de payer en faux billets me semble si bizarre.

— Que voulez-vous... le papier me semble avoir plus d'épaisseur... le filigrane manque de netteté... Enfin, la joue de la figure de droite a peu de pureté dans le dessin... Il faut être voleur ou banquier pour distinguer ces détails...

— Êtes-vous bien pressé? demanda le docteur à M. Delaunoy.
— Non, pas en ce moment; d'ailleurs, on peut aisément me suppléer.. Je suis aussi envieux que vous de connaître le mot de cette énigme.
— Ma voiture est en bas, dit le docteur, allons à la Banque.
— Soit!

Tous deux montèrent en voiture, et, chemin faisant, s'entretinrent des hauts faits des maîtres escrocs qui dévalisent non seulement les particuliers, mais prenant encore les établissements publics pour théâtres de leurs exploits.

Le docteur Lasseny connaissait le directeur de la Banque, et c'est chez lui qu'il se présenta.

Il raconta d'abord la démarche faite par lui trois jours auparavant, puis l'agent de change, prenant les paquets de billets, raconta à son tour quels soupçons lui étaient venus.

Le directeur tira un cordon de sonnette à portée de sa main, puis il pria le jeune homme qui s'empressait d'accourir de mander le chef du bureau où s'était effectué le paiement des deux cent mille francs.

Cette fois encore, il ne pouvait y avoir d'erreur possible : le payeur reconnut parfaitement le docteur Lasseny qui, du reste, venait assez souvent dans les bureaux.

Enfin, il restait à soumettre les billets à une vérification scrupuleuse.

Elle se fit dans le cabinet même du directeur.

— Les billets sont faux, répondit l'employé chargé de les examiner.
— Mais alors, vous me les avez remis tels... voici les numéros inscrits Il n'y a pas d'erreur possible...
— Docteur, demanda le directeur, ces billets sont-ils sortis de vos mains?
— Non, répondit Pierre Lasseny.
— Ne vous pressez pas de répondre... cherchez bien... Vous n'êtes pas défiant... Peut-être les avez-vous laissés sur votre bureau.
— Je viens de les prendre dans ma caisse..
— Cherchez! cherchez encore.
— Ah! mon Dieu! s'écria le docteur.
— Eh bien!...
— Oui, ils sont sortis de mes mains, mais pour tomber dans celles d'un honnête homme qui, le lendemain matin, s'est empressé de me les rapporter.
— Comment s'appelle cet honnête homme?
— Pascal Marsan.
— Un graveur! fit l'employé qui venait d'apprécier que les billets étaient faux.
— Ceci est bien étrange, dit le directeur.

Il traça quelques mots à la hâte, remit la lettre à son secrétaire et lui adressa un signe équivalent à ces mots :
— Faites vite!

Le jeune homme sortit rapidement, et le silence régna pendant un moment entre les hommes qui se trouvaient alors dans le cabinet du directeur de la Banque de France.

Le même objet les préoccupait, mais d'une façon différente. Tandis que l'un d'eux palpait l'un après l'autre les billets, Pierre Lasseny s'entretenait avec le directeur.

— En vérité, lui disait-il, ce qui me surprend ici, c'est le soupçon qui vous occupe... Peut-être les billets sont-ils faux, vous l'affirmez, et vous vous y connaissez mieux que moi, mais alors, c'est chez vous, dans vos bureaux qu'ils m'ont été remis... Raisonnez avec moi... Je sors de la Banque vers quatre heures, nanti de mes billets, je les place dans la poche la plus profonde de ce même portefeuille, puis n'ayant rien à faire je les en tire et j'inscris les numéros... Pour la première fois de ma vie, je prenais cette précaution, commune à beaucoup de personnes et qui peut-être est fort sage... Une demi-heure après, je paie le cocher, et j'oublie les deux cent mille francs sur les coussins de sa voiture... Un passant monte dans le fiacre, et garde chez lui mon portefeuille qu'il a pris pour le sien, sans se douter de l'importance de la trouvaille... A onze heures du soir on l'en instruit... Onze heures du soir... Le lendemain, à sept heures, il me remettait et mon portefeuille, et la somme que j'y avais enfermée... Je conçois que l'on soit criminaliste, mais pas à ce point... Pour graver un faux billet de banque, il faut une somme de temps considérable, un outillage complet, comprenant une papeterie spéciale, une imprimerie, que sais-je ! On peut s'improviser voleur, mais on ne s'improvise pas fabricant de fausse monnaie de papier... Tandis que, supposez ceci... Oh! monsieur le directeur, ne riez pas, nous vivons à une époque où l'on a le droit de supposer... Imaginez-vous qu'un des fonctionnaires de votre administration soit devenu le complice d'un homme assez habile pour fabriquer de faux billets... Rien de plus facile que de mettre les bons, les vrais, de côté, et de passer les mauvais... On se ménage une fortune d'excellent aloi, et s'il arrive le fait étrange qui se produit aujourd'hui, on soupçonne tout le monde, sauf le vrai coupable.

En ce moment revint le jeune employé.

Il était suivi par un homme d'apparence flegmatique, vêtu d'une façon correcte, et dont le regard perçant fouillait vite au fond des consciences.

— Mon cher docteur, fit le directeur de la Banque, vous auriez dû réserver ce qu'au théâtre on appellerait une tirade à effet, afin de dire tout ceci devant Monsieur.

Le docteur salua et parut interroger son interlocuteur qui présenta le nouveau venu :

— Monsieur Gardan, commissaire de police.

Pierre Lasseny passa rapidement la main sur son front.

— Messieurs, dit-il d'une voix profondément troublée, vous affirmez que ces billets sont faux... Vous devez vous y connaître mieux que moi je le répète... Devant Dieu je les ai cru bons... Laissez-moi les reprendre, nous allons allumer une bougie, et je les brûlerai sous vos yeux... De la sorte, personne n'en profitera... Ni moi, ni d'autres... Hélas ! les pauvres seuls y perdront.

— Vous n'y songez pas, docteur !

— Au contraire, j'y songe beaucoup... Je suis riche, très riche... Cette somme ne change rien à ma situation, et s'il me plaît de traiter quatre malades exotiques à qui j'ai refusé mes consultations, avant trois mois, je es aurai gagnés de nouveau... Une perte d'argent n'a rien de commun avec le bonheur... Tandis que, je ne me consolerais pas d'avoir été la cause première de la ruine morale d'un homme.

— Mais cet homme est un misérable, docteur !

— Je ne le nie pas ! Si tous les misérables étaient châtiés, et si tous les malades entraient dans des maisons de santé, nous n'aurions bientôt plus que des hôpitaux et des prisons... Bien entendu je fais rentrer dans la catégorie des maladies les vices et même certains défauts... Non, je vous en supplie, ne poursuivez pas, vous me laisseriez plus qu'un regret, un remords.

— Je suis désolé, monsieur, reprit le commissaire de police, de vous causer une peine aussi grande, mais la justice suivra son cours.

— Qu'allez-vous faire ? demanda rapidement le docteur

— Que feriez-vous si vous étiez magistrat ? reprit le commissaire de police. Les deux hommes venaient d'avoir la même pensée.

— Messieurs, dit Pierre Lasseny, la justice, si habile qu'elle soit, peut se tromper... On a vu de terribles exemples de ces erreurs...

— Elles sont heureusement fort rares, encore quelques-unes d'entre elles ne sont-elles point prouvées !

Le docteur se leva avec agitation :

— Je vous ai appris tout ce que je sais, messieurs, permettez-moi de me retirer.

— Je suis désolé de vous retenir, monsieur, mais votre présence va devenir sinon indispensable, du moins nécessaire... M. Delaunoy seul est libre de nous quitter.

— Mais enfin, s'écria Pierre Lasseny, vous ne me soupçonnez pas !

— Vous m'êtes suspect d'un excès de bonté et de générosité, voilà tout... Si je vous laissais partir, voulez-vous que je vous dise ce que vous feriez, vous iriez chez l'homme que nous soupçonnons vaguement, et vous lui apprendriez ce qui vient de se passer... De telle sorte qu'à l'heure où la justice se présenterait chez lui, elle ne trouverait pas un outil compromettant... Dans un moment nous partirons pour nous rendre rue de Rennes : j'attends ici le commissaire de police aux délégations judiciaires.

L'agent de change serra la main du docteur, salua le directeur de la Banque et sortit.

Un moment après le magistrat attendu arrivait à son tour.

Brièvement mis au fait des événements, il prit rapidement la direction de l'information à suivre et des mesures à prendre. Des voitures attendaient, il monta dans la première avec le docteur Lasseny, et lui dit :

— Veuillez donner l'adresse du graveur.

— 76, rue de Rennes, dit Pierre.

— Maintenant, docteur, dit le magistrat, nous avons fait assez de générosité et de sentiment à propos de cette affaire, nous allons nous trouver en face de gens habiles, il est temps de parler raison...

— Le crime qui a été commis, car l'émission de fausse monnaie est un crime, est non point seulement le résultat d'un moment de passion, de convoitise et d'erreur, mais un crime suivant une route souterraine, passant de main en main, compromettant chaque être assez malheureux pour toucher à cet argent maudit, et pouvant s'arrêter dans les plus innocentes... Vous semblez convaincu de l'innocence du graveur qui a opéré chez vous la restitution des billets?...

— Oui, répondit Lasseny, j'y crois comme au jour qui nous éclaire!

— Et sur quoi fondez-vous cette confiance en son honnêteté?

— Sur quoi? Sur tout. Sur son visage respirant une loyauté complète, sur sa vie passée dans des travaux obscurs, quand il aurait pu, comme un autre, chercher la réputation et la gloire. Il vivait pour son fils, comme depuis il a vécu pour sa belle-fille. Si vous l'aviez vu, si vous l'aviez entendu, tandis qu'il me suppliait de visiter cette jeune femme, de la soigner, elle et son petit enfant, vous resteriez comme moi convaincu que jamais une pensée coupable n'a traversé sa conscience.

— Je croyais les savants des hommes positifs, docteur.

— Et je crois exercer mon art d'une façon sérieuse.

— Monsieur Lasseny, vous n'êtes qu'un romantique!

— Moi?

— Eh! sans doute! ne voudriez-vous point baser tout un système sur les apparences, et placer la physionomie au-dessus de l'habileté de la police. Les criminels endurcis, les habiles ne parviennent à nous dépister si longtemps, que grâce à leurs apparences de probité et d'honneur. Aussi, je suis convaincu que mon premier sentiment en entrant chez Pascal Marsan sera semblable au vôtre. L'homme qui est parvenu à réaliser cet échange de billets est extrêmement fort...

— Ou bien malheureux, répondit le docteur.

Le cocher arrêta les chevaux, il se trouvait en face du numéro 76.

— Vous avouez donc? (Voir page 59.)

Chapitre V

LA CACHETTE

Au moment où le brusque départ d'Olivier, que celui-ci avait insuffisamment expliqué, plongea Claire dans un accès de désespoir d'autant plus profond que le vieux graveur avait réussi, par ses paroles encourageantes, à lui rendre l'espérance, Pascal sentit qu'il serait impuissant à consoler sa belle-fille dont la douleur était si légitime. Songeant alors à la meilleure amie de Claire, il chargea la concierge de prévenir Mme Suzanne Sermaize qu'elle était impatiemment attendue rue de Rennes.

La concierge était une brave femme, toujours prête à obliger ses locataires, aussi la course fut bientôt faite.

En apprenant les motifs qui faisaient désirer sa présence rue de Rennes, Mme Sermaize regarda son mari comme pour lui demander l'autorisation de le quitter.

— Va, lui dit Julien Sermaize; va vite; ton amie souffre, il s'agit de la consoler; Dieu nous a accordé trop de bonheur pour que nous ayons le droit de nous montrer égoïstes.

Suzanne courut dans sa chambre. Il ne lui fallut qu'un instant pour jeter un manteau sur ses épaules, se coiffer d'une toque; alors elle revint près de son mari qui exécutait le lavis d'une machine compliquée, et lui dit avec un sourire en lui serrant la main :

— C'est au dessin de la fameuse invention que tu travailles, n'est-ce pas? Cette merveilleuse machine qui doit nous donner de l'or à ne savoir qu'en faire?

— Ne ris pas, c'est ma conviction, répondit gravement l'ingénieur, en enveloppant sa femme d'un regard tout rempli de la plus tendre affection.

Suzanne sortit et se dirigea précipitamment vers la rue de Rennes, pressée qu'elle était de porter des paroles réconfortantes à son amie.

En entrant chez Pascal Marsan, elle trouva le vieux graveur agenouillé devant le canapé sur lequel restait étendue sa belle-fille, pâle de la pâleur du marbre.

Il avait épuisé tout ce que les sels anglais et les parfums violents offrent de ressources; tous ses efforts étaient restés infructueux; l'évanouissement persistait.

— Monsieur Pascal, dit la jeune femme, gardant tout son sang-froid en présence de ce spectacle cependant imprévu, ouvrez les fenêtres, je vais essayer à mon tour de ranimer la chaleur de ses pauvres petites mains.

Puis, tandis qu'elle prodiguait à son amie des soins délicats, elle se décida à interroger Pascal.

— Qu'est-il donc arrivé? demanda-t-elle.

— Je n'ai rien à vous cacher, puisque Claire ne garde aucun secret pour vous : Olivier est parti.

— Pour longtemps?

— Qui le sait, madame? Olivier n'a pris le temps de nous donner aucune explication; il nous a simplement dit qu'il partait, et cette nouvelle a foudroyé la pauvre enfant. Moi-même j'ai reçu au cœur un coup violent; il m'a semblé que je ne reverrais plus mon fils et que de terribles malheurs nous menaçaient mais je suis homme et je n'avais pas le droit de me laisser abattre; mon devoir est de consoler, de soutenir cette malheureuse enfant. Lorsque mon fils oublie ses devoirs envers elle, je me trouve doublement obligé de ne pas l'abandonner dans sa douleur et de lui prouver par mes soins et mon affection qu'elle ne reste pas seule au monde.

— Je vous comprends et je vous admire, monsieur Marsan. Mais ne savez-vous pas quelle est la raison de ce départ?

— Je ne me doutais pas qu'il eût l'intention de s'absenter et, je vous le répète, Olivier ne nous a rien dit à ce sujet.

— Il ne peut cependant pas être parti sans avoir fixé une date pour son retour.

— Il s'est contenté de nous assurer que son absence ne serait pas longue. Mais disait-il la vérité?

Suzanne soupira.

— Pauvre Claire! Quelle terrible épreuve pour elle dont l'enfance a été si gâtée par une mère adorable; pour elle, épouse incomparable, si digne à la fois de respect et d'amour.

Alors, prenant délicatement entre ses mains la tête de son amie, elle mit un baiser sur son front, et il lui sembla qu'à ce contact un peu de chaleur revenait sur le pâle visage. Enfin les longs cils de la malade s'agitèrent, elle se retourna sur le canapé, puis ses mains s'avancèrent au hasard dans le vide, comme si d'instinct elle voulait s'attacher à quelque chose prêt à lui échapper, ou retenir quelqu'un sur le point de fuir. Bientôt la pensée sembla renaître dans son cerveau. Alors lentement, en promenant autour d'elle un regard encore vague, elle se souleva péniblement sur ses coussins.

— Mon père! dit-elle, Suzanne!

Un éclat de joie traversa ses prunelles bleues, puis saisissant avec brusquerie les mains du vieillard.

— Dites-moi que j'ai fait un mauvais rêve, murmura-t-elle. Dites-moi qu'Olivier n'est pas parti.

Pascal s'approcha du berceau où reposait l'enfant, la prit avec précaution et mit la petite fille dans les bras de la jeune mère.

— Voici la réalité, ma pauvre enfant, il faut vous y réfugier en vous résignant à la volonté de Dieu qui fait bien tout ce qu'il fait, en vous consolant, si vous le pouvez, sur le cœur de votre père qui ne cessera de vous chérir.

— J'essaierai! dit-elle, oui, père, je vous le promets, je tâcherai d'être forte.

Elle accepta quelques gouttes d'un vin fortifiant que lui offrait Suzanne, puis elle se leva en s'appuyant sur le bras de son amie.

— Mon père, dit-elle, je vous laisse à votre travail. J'emmène Suzanne dans ma chambre. Des amies comme nous ont bien des choses à se dire dans un moment de crise comme celle que je traverse, et j'ai besoin d'épancher mon cœur, j'ai besoin aussi d'entendre Suzanne me parler de son bonheur.... Il me semble que cela me fera du bien..... Vous proposez-vous de commencer dès aujourd'hui le portrait du docteur?

— Je vais m'y mettre sans perdre une minute, ma fille, et cette gravure je le sens, ne sera pas seulement à mes yeux une œuvre d'art, à laquelle j'apporterai toute mon habileté de main, j'y mettrai aussi beaucoup de mon cœur. Il me semble que M. Lasseny ne passera pas dans ma vie sans y laisser quelque germe de bonheur. Quel esprit charmant et quel gran cœur possède cet homme! En me protégeant, il nous sauvera tous.

— Je suis convaincue, aussi bien que vous, mon père, qu'il est impossible de jamais rencontrer dans un homme une science plus éclairée jointe à une générosité plus délicate. De son portrait faites donc un chef-d'œuvre ; vous l'enverrez au prochain Salon et peut-être une médaille obtenue vous vaudra-t-elle de nouvelles commandes.

Claire quitta l'atelier de Pascal, et au lieu de se diriger vers sa chambre, comme elle en avait eu tout d'abord l'intention, elle gagna la petite pièce que son mari se réservait dans l'appartement. En la voyant vide, quelque peu que son mari y restât d'ordinaire, elle ne put s'empêcher de frissonner.

— Suzanne, dit-elle avec un geste de profond découragement, en s'asseyant sur le petit lit, quelque chose me dit que je ne reverrai plus Olivier.

— Ta situation est déjà assez triste, répliqua Mme Sermaize, pourquoi exagérer encore? Si, Olivier reviendra. Il aura les deux ailes cassées, peut-être, comme le pigeon de la fable, mais qu'importe, pourvu qu'il te revienne? Il n'est pas foncièrement méchant; c'est un ambitieux sans énergie, la pire espèce d'ambitieux. Avide de fortune, jaloux de tout ce qui est plus élevé que lui, il tend les mains en haut, tandis que c'est en bas, dans le sillon du travail, qu'il devrait chercher..... Rien n'est perdu à son âge. On se lasse de tout : des nuits de jeu et d'orgies d'où l'on rentre lâche et incapable de toute occupation sérieuse; des poursuites de rêves fous qui s'envolent dès qu'on veut les saisir, des recherches d'un procédé fantastique toujours entrevu et jamais découvert. A la vérité, ton mari suit une voie fatale ; mais tout à coup, un coup de foudre éclatera qui l'en arrachera, à moins, ce qui est encore dans le domaine des probabilités, que la fatigue et l'écœurement n'arrivent!

— Mon Dieu! mon Dieu! s'écria Claire, quel avenir le ciel me réserve. Croirais-tu que j'en suis venue à ce point de découragement de souhaiter la mort qui m'enlèverait pour toujours aux cruelles tortures que j'endure.

— Tu n'as pas le droit de manquer de courage, Claire. N'oublie pas que Dieu t'a donné une fille à protéger.

— Suzanne, ma pauvre amie, tu ne comprends pas, tu ne peux pas comprendre combien je souffre.

— Si, je comprends tes douleurs et j'y compatis du plus profond de mon cœur, mais une femme comme toi doit placer le devoir bien avant le bonheur.

— Et dire que j'ai cru à ce bonheur, dit Claire en se tordant désespérément les mains.... Comme si c'était assez de l'attendre et d'en être digne peut-être, pour l'obtenir.... Te souviens-tu de nos douces confidences et de nos rêves charmants de jeunes filles? Nous nous disions nos aspirations, nos espérances; nous avions l'une pour l'autre une affection telle que nous nous étions promis de nous marier le même jour. Tout alors me laissait voir que ma situation serait beaucoup plus brillante que la tienne. Mon oncle, lui, m'avait promis de m'envoyer d'Amérique une belle dot, le jour où je me marierais; la source de mes malheurs provient de ce que cette dot n'a jamais été payée.

— Comment, tu crois qu'Olivier, en t'épousant, ne songeait qu'à acquérir une grosse somme.....

— Je suis aujourd'hui certaine que mon mari n'a jamais eu l'intention bien arrêtée de travailler d'une manière fructueuse. Avec cent mille francs, tu sais que c'est le chiffre de la dot qui m'avait été promise on fait bien des choses, et probablement il n'eût pas été long à les dépenser. Aujourd'hui, il ne me pardonne pas de l'avoir privé d'une somme sur laquelle il était en droit de compter. Il ne me pardonne pas le silence de mon oncle Luc.

— Le jour où nous nous sommes mariés, reprit Mme Sermaize, Julien n'avait rien, et quand les quelques milliers de francs que j'apportais eurent payé un ménage suffisant, je crois qu'il nous restait tout au plus la somme nécessaire pour attendre, durant un mois, le produit du travail de mon mari. Il accepta toute la besogne qui s'offrit à lui; il donna des leçons à de jeunes aspirants à l'École centrale, il dessina des machines invraisemblables pour des inventeurs. Le goût très prononcé qu'il avait, lui aussi, pour l'invention, pouvait devenir une pierre d'achoppement, l'entraîner à perdre dans des calculs infructueux un temps qu'il pouvait occuper d'une manière plus lucrative : il eut la sagesse de ne sacrifier à ses recherches qu'une place restreinte dans sa vie. C'est le soir, après son dîner, durant les heures généralement consacrées au repos, qu'il construit sur le papier des machines nouvelles, et cherche le moyen de nous enrichir par quelques ingénieuses découvertes. Souvent, las de chercher en vain, il se laisse abattre, alors, fatiguée de lui conseiller de renoncer à ce que je sais être sa plus chère ambition, je l'encourage au contraire, car, pour moi, le devoir de la femme est de toujours encourager son mari, même si elle croyait qu'il se fait illusion sur les résultats à obtenir. Nous vivons simplement ; nous sortons peu et nous ne dépensons que le strict nécessaire. Aussi, à force d'économies, sommes-nous arrivés à mettre de côté deux mille francs. Julien va les consacrer à l'exécution d'un petit modèle de la dernière machine qu'il a inventée. Je considérerais comme un crime de chercher à l'empêcher de disposer ainsi de cet argent. Bon nombre de femmes, je ne l'ignore pas, préféreraient l'employer à leur toilette, mais celles-là n'aimeraient pas leur mari d'un amour tel que je le comprends. Et puis, de ce que je me contente de notre existence très modeste, il ne faut pas en conclure que la fortune me serait indifférente. Il s'en faut de beaucoup; je l'accueillerais, je t'assure, avec la plus grande joie, non seulement pour moi, mais pour mon mari et surtout pour notre enfant ; mais je suis résolue à m'en passer sans récriminer aussi longtemps qu'il sera nécessaire, et à encourager Julien à persévérer dans la voie qu'il suit avec acharnement.

« Tu comprends maintenant l'idée que je me fais du rôle de l'épouse. Je ne crois pas que la mission d'une femme soit de vivre à côté du compagnon qu'elle accepte, comme le ferait une étrangère, sans épouser à la fois ses idées et ses espérances, sans prendre part à ses joies et à ses déboires. Le jour où ma mère mit ma main dans celle de Julien, j'étais encore une petite fille, assez peu instruite et ignorante des choses de la vie ; mon mari m'aimait et m'avait demandé d'être sa femme, moins pour ce que l'on veut bien appeler ma beauté, que pour la simplicité de mes goûts et pour les quelques qualités qu'il crut deviner en moi. Plus tard, quand je compris, je lui sus un gré infini de cette confiance qui me rehaussait à mes propres yeux, et je m'efforçai de m'en rendre digne. J'aspirai à m'élever jusqu'à lui, à devenir réellement digne de l'homme intelligent qui m'avait choisie entre toutes. Si tu savais combien j'ai lu alors de gros livres en cachette. D'abord, je n'y compris rien du tout. Peu à peu, la lumière se fit dans mon esprit. Si quelque point restait obscur pour moi, je l'interrogeais habilement, je lui demandais des leçons sans qu'il s'en doutât. Un jour, au milieu d'une conversation très grave qu'il avait avec un ami, et dans laquelle ils discutaient une question de philosophie, je lançai timidement une observation ; l'observation se trouva juste ; dès lors on parla devant moi, non plus comme si j'étais une poupée articulée, mais en me regardant tout au moins comme une élève attentive. Je fus bien récompensée après le départ de l'ami. Julien s'approcha de moi et m'embrassa avec une tendresse grave. Il sentait qu'un lien nouveau venait de se former entre nous. Dès lors, mes progrès furent rapides, et bientôt je pus m'intéresser à toutes les occupations, à toutes les recherches de mon mari. Je ne devins réellement sa compagne que de ce jour où il me fut possible de le comprendre. Depuis lors, il m'associe à tous ses travaux ; j'écris sous sa dictée ou je copie des mémoires très longs et encore plus savants ; je lui tiens tout au moins lieu de secrétaire, et, de celui-là, Julien n'a pas à craindre d'indiscrétion. Tu le vois, ma vie est bien remplie. A la vérité, mon enfant en prend une grande part, mais je ne tombe pas dans l'erreur de beaucoup de femmes qui estiment ne plus rien devoir au mari du jour où un berceau est venu se placer entre eux. Je crois que le cœur de la femme est assez vaste pour contenir à la fois l'affection pour l'époux et l'amour pour l'enfant qu'il lui a donné. »

— Oui, tu comprends admirablement la vie dans le mariage, dit Claire. Ce n'est pas, crois-le bien, le courage qui m'a manqué pour faire comme toi. J'aurais été heureuse de m'associer aux occupations de mon mari. J'aurais d'autant plus volontiers accepté le travail que ma dot, sur laquelle comptait Olivier, s'était fait attendre indéfiniment ; mais Olivier n'a pas voulu me laisser prendre une part dans sa vie. Il a repoussé toutes mes avances avec un offensant dédain. Il pensait que n'étant plus bonne à lui donner les loisirs qu'il se croyait en droit d'attendre de moi, il n'y avait aucun cas à faire d'une petite personne qui ne pouvait lui offrir que du dévouement. Oh ! comme il m'a broyé le cœur sans pitié comme sans retour. Depuis longtemps déjà, je vivais dans une perpétuelle anxiété, me demandant à quels travaux cachés il occupait ses nuits, pour quelles nécessités urgentes il était tout à coup obligé de sortir. A ses côtés, je vois sans cesse un homme que je regarde comme son mauvais génie et qui, certainement, l'entraînera à sa perte. Olivier n'est pas parti seul, j'en jurerais, pour ce malheureux voyage qui s'est décidé d'une façon si subite... Bois-Galais doit être avec lui et alors je m'attends à tout... Et quel moment a-t-il choisi pour ce brusque départ! Tout justement celui où la bonté d'un des premiers médecins de Paris venait de me rendre un peu d'espérance. Il avait chargé mon père du soin de graver son portrait, et il me promettait de me guérir si je consentais à écouter ses prescriptions, et aussi, si je me décidais à accepter quelques distractions. En fait de distraction, me voilà vouée aux larmes, Dieu sait pour combien de temps! Aussi vois dans quel état je suis retombée...

— Il faut vivre cependant, ma chérie, dit Suzanne en prenant les mains de son amie, vivre pour cette enfant... Il faut te dire que si elle n'a pour la protéger qu'un vieillard et une jeune femme, tous deux doivent s'unir afin de lui rendre doux et faciles les chemins de la vie... Peut-être as-tu trop aimé le mari... Oublie-le désormais et ne songe plus qu'à l'enfant.

— Oui, répondit Claire, tu as raison; c'est sur l'enfant que je dois maintenant reporter toute mon affection! Tu seras toujours ma bonne conseillère. Jamais je n'ai fait appel à ton esprit éclairé sans que tu m'aies dit justement la seule parole capable de rasséréner mon cœur.

— Je ne serais pas digne de me dire ton amie, s'il n'en était pas toujours ainsi.

— Oui, et puis nous nous connaissons si bien. Notre enfance et notre jeunesse se sont passées dans une union si parfaite; nos mères professaient l'une pour l'autre une affection et une estime si profondes... Notre tendresse semble faire encore partie de leur héritage.

— C'est vrai.

— Comme ton mari est bon de t'avoir permis de venir. Il faudra lui dire combien je lui suis reconnaissante.

— Il sait à quel point je t'aime; il comprend qu'il faut qu'une femme ait une amie de son âge, partageant ses goûts et ses croyances, dans le cœur de laquelle elle puisse épancher son âme. Il sait quelles sont tes épreuves et tes luttes; il y compatit, et plus tu seras malheureuse plus il sera le premier à me conseiller de venir te consoler... Et cependant, aujourd'hui, il va falloir que je te quitte; Julien est seul et il a beaucoup à travailler. Et puis, je dois mettre au net un mémoire sur la fameuse machine dont je te parlais tout à l'heure qui nous fera millionnaires...

— Va! je comprends ton impatience à retourner auprès de ton cher mari, dit Claire. Quand reviendras-tu?

— Demain.

— N'y manque pas surtout, si tu veux encore embrasser ma fille...

— Que me dis-tu là. Va-t-elle donc te quitter?

— Oui; le docteur Lasseny ordonne — tu comprends toute la valeur de ce mot pour une mère — ordonne que l'enfant soit mise le plus tôt possible chez une nourrice à la campagne, et j'ai cédé, non sans larmes... La nourrice peut venir demain.

— Eh bien! reprit Suzanne, le docteur a grandement raison; il y a longtemps que sa petite figure pâlotte m'inquiète, et si tu le peux, tu feras bien d'aller rejoindre la mignonne...

Mme Sermaize embrassa Claire, prit l'enfant, rentra dans l'atelier où Pascal essayait de travailler pour se distraire de ses inquiétudes, et lui serra affectueusement les mains en lui disant de sa voix douce :

— Au revoir monsieur Marsan. Claire est mieux, et je lui ai promis de revenir la voir demain.

Au moment où elle ouvrait la porte donnant sur le palier, elle se croisa avec trois hommes qui se disposaient à sonner.

Le regard de Suzanne glissa sur trois visages également impénétrables.

Elle eut comme l'impression d'un malheur qui menaçait son amie et fut presque tentée de retourner auprès d'elle pour se tenir à sa disposition en cas de besoin.

Elle n'osa pas, descendit lentement l'escalier et vit la porte se refermer sur eux.

Pascal Marsan, rassuré par les douces paroles de Suzanne, s'était remis avec ardeur au travail; il était à ce point absorbé par l'esquisse du portrait de Pierre Lasseny, qu'il n'entendit pas les nouveaux venus. Ce fut seulement au moment où ils s'approchèrent qu'il leva la tête. Surpris tout d'abord, sa figure s'éclaira bien vite en reconnaissant le docteur.

— Vous le voyez, monsieur Lasseny, je suis à la besogne... Ah! c'est que dans cette œuvre-là, je mettrai une part de mon cœur. Vous vous êtes montré si bon pour nous !

Ce disant, il se leva, tendit la main au docteur et avança des sièges aux visiteurs, attendant qu'ils expliquassent l'objet de leur visite.

Pendant un instant régna un silence embarrassant. Enfin le commissaire aux délégations judiciaires prit la parole.

— Monsieur, dit-il d'un ton qu'il voulait rendre aimable, le docteur Lasseny nous a vanté votre talent de graveur, la sûreté de votre coup d'œil, et nous avons pris la liberté de venir vous demander un avis.

— Ma vue est bien affaiblie, messieurs, le docteur a pu vous le dire. Néanmoins, puisque vous êtes de ses amis, je n'ai rien à vous refuser, et je mets à votre disposition le peu que je puis. De quoi s'agit-il?

— Je suis commissaire aux délégations judiciaires, et il s'agit d'une affaire de faux billets de banque, fabriqués avec un talent merveilleux et émis avec une rare effronterie.

— Je suis toujours grandement surpris lorsque j'entends parler de crimes de ce genre, répondit Pascal. Il me semble impossible que la fraude n'en soit pas presque immédiatement découverte. Il est, à mon avis, beaucoup plus aisé de fabriquer de la fausse monnaie... Une fois le coin réussi et, en somme, ce ne doit pas être d'une difficulté énorme, on pourrait, si l'on se contentait d'une quantité d'alliage peu forte, réaliser presque sans crainte d'être découvert des bénéfices considérables. Et même, étant donné les bas prix actuels de l'argent, ce serait encore une très belle opération que de fabriquer de la monnaie au titre exact. On gagnerait, me disait dernièrement un bijoutier, plus de deux francs par pièce de cinq francs. Mais les faux monnayeurs voulant aller trop vite, leurs pièces sont presque toutes en plomb. C'est pour cela qu'ils se font prendre. Tandis qu'avec de faux billets, on se heurte à des difficultés multiples et sans cesse renaissantes.

— Ce qui n'empêche point que chaque année on en lance dans le commerce avec une hardiesse sans égale.

— S'il ne s'agissait encore que de la gravure, reprit Pascal, mais je défie un homme de pouvoir seul émettre des billets de banque. Il ne pourrait être à la fois fabricant de papier, imprimeur et graveur.

— Dès lors un complice est indispensable?

— Je le crois.

— J'attends votre opinion sur ce billet, reprit le commissaire de police aux délégations judiciaires. D'après vous quel est le mauvais des deux.

Pascal étudia longtemps les deux modèles, puis il répondit :

— Voici le faux billet.

— A quoi le reconnaissez-vous?

— A la pâte un peu plus épaisse du papier, à un défaut dans le tirage; le bleu de l'encre laisse également à désirer.

— Existe-t-il beaucoup de graveurs capables d'exécuter une planche de ce genre?

— Très peu, monsieur.

— Combien de temps faudrait-il pour la faire?

— Au moins un mois.

— Vous qui possédez un grand talent, monsieur, vous chargeriez-vous d'exécuter un travail de ce genre?

— Non, monsieur, ma vue a trop baissé.

Le docteur Lasseny se leva et se mit à marcher avec agitation dans l'atelier.

— C'est atroce murmura-t-il entre ses dents.

Un des trois hommes reprit en s'adressant au graveur :

— Vous avez trouvé des billets de banque, avant-hier, n'est-il pas vrai?

— Oui, monsieur.

— Et vous ne les avez rendus que le lendemain matin?

La rougeur de la honte monta au visage de Pascal.

— ... Que le lendemain, en effet, monsieur, mais pouvait-il en être autrement, puisque M. Eudes ne les a rapportés chez moi qu'à onze heures du soir? Le docteur Lasseny demeure loin d'ici ; je courais risque de trouver tout le monde couché... D'ailleurs, je n'aurais pas osé laisser seule ici ma belle-fille malade...

— Ne vous offensez pas de mon expression, monsieur, reprit M. Gardan,. vous allez tout de suite comprendre que la portée en est toute bienveillante... Ma situation, celle de ces messieurs, nous met chaque jour en présence de faits à la fois bizarres et terribles. Nous vivons au milieu d'énigmes dont il faut qu'on nous aide à trouver le mot.

— Ma foi, monsieur, dit Pascal d'une voix qui perdait de sa rondeur bienveillante, j'avoue que je ne serai pas fâché d'apprendre ce qui me vaut l'honneur de votre visite. Je le cherche en vain depuis un moment. D'abord, j'ai cru qu'il s'agissait d'un travail à me confier; mais vous avez parlé d'expertise, et mon opinion vous est maintenant connue. Puis-je encore vous servir à quelque chose?

— Veuillez nous laisser maîtres, monsieur, d'interroger à notre guise, ce sera le meilleur moyen de connaître la vérité. Ce que nous tenons à constater, c'est que, des mains du docteur Lasseny, qui venait de les prendre à la Banque, les billets de banque ont passé successivement, d'abord dans les mains de M. Eudes, puis dans les vôtres...

— Qu'en concluez-vous ? demanda Pascal.

— Rien encore. Nous allons du connu à l'inconnu. Ce qui nous amène, le voici ; entre le moment où le docteur a reçu ces billets à la Banque de France, et celui où vous les lui avez rapportés, les billets ont été changés, c'est-à-dire qu'on a substitué des billets faux à ceux de la Banque.

— C'est impossible, monsieur ! s'écria Pascal.

— Pourquoi est-ce impossible?

— Oh ! pour bien des raisons... Monsieur le docteur avait-il les numéros de ces billets?

— Je les avais, répondit le docteur d'une voix faible.

— Eh bien ! si l'on a fait cette substitution, les faux billets ne peuvent point porter des numéros identiques; car il n'est pas possible, même en supposant qu'un misérable possédât une planche, qu'il pût tirer aussi vite et aussi rapidement.

— Évidemment, il reste un problème à résoudre, fit le commissaire de police aux délégations judiciaires.

M. Gardan se leva, puis s'adressant à Pascal :

— De combien de pièces se compose cet appartement?

Le graveur ne parut pas entendre, ou du moins il ne répondit pas ; il s'avança vers le docteur et d'une voix tremblante, il lui demanda :

— Monsieur, pouvez-vous m'apprendre ce qui se passe ? Hier vous m'avez témoigné assez de bienveillance pour que je m'adresse à vous... Évidemment, ces messieurs ont sur les lèvres des mots qu'il n'osent prononcer.... Il me semble que je roule dans un abîme, sans savoir qui m'y pousse, et sans en pouvoir mesurer le fond... que signifie cet interrogatoire mal dissimulé? Ayez la franchise de me répondre, si amère que me doive être votre parole.

— En effet, dit M. Gardan, comme nous venons de vous le faire connaître, on a substitué de faux billets à ceux de la Banque... Votre honorabilité est connue, mais notre devoir est de faire ici une perquisition.

— On me soupçonne! s'écria Pascal, on me soupçonne!

— J'espère n'avoir rien qu'à m'excuser de remplir une obligation pénible.

Le graveur était pâle comme un mort.

Il alla ouvrir la chambre de son fils, celle d'un cabinet voisin, et dit d'une voix vibrante d'indignation :

— Cherchez, messieurs, cherchez!

— Si vous saviez combien je souffre de tout ceci, fit le docteur, mais vous ne croyez point que je vous aie soupçonné, n'est-ce pas?
— Cela me serait vraiment trop cruel! répondit Pascal.

Les magistrats explorèrent le cabinet d'Olivier, sondèrent les murailles, ouvrirent les meubles, découvrirent les fioles, les pots pouvant contenir des encres, sans trouver un seul indice d'imprimerie clandestine. Ils revinrent dans la salle à manger, les bahuts, les armoires, toutes portes béantes pouvaient être rapidement inspectées. Dans un très étroit espace se trouvait une bibliothèque énorme, en chêne blanc ; les livres en étaient protégés par un vitrage derrière lequel se tendait une soie verte.

M. Gardan ouvrit la bibliothèque, des livres la remplissaient depuis le haut jusqu'au bas. Il allait la refermer, quand le commissaire de police aux délégations dérangea un des volumes du premier rang, et constata immédiatement le peu de profondeur du meuble. Gagnant alors un cabinet dans lequel elle se trouvait enclavée, il en mesura la dimension par les côtés, et fit un geste qui appela près de lui ses collègues.

— Ce meuble a un double fond! dit-il.
— Cherchons-en le secret, répondit M. Gardan.

Il ne fut pas difficile à découvrir, et bientôt au côté droit de la bibliothèque un panneau glissa, démasquant un espace rempli d'objets dont il fut difficile d'abord de déterminer l'usage.

— Aviez-vous connaissance de cette cachette? demanda M. Gardan au graveur.

— Non, répondit celui-ci qui ne semblait pas garder complètement conscience de ce qui se passait.

Les magistrats tirèrent de l'armoire une presse en miniature facile à monter, et exécutée avec une grande habileté, des tampons d'imprimerie couverts d'encre bleue, des chiffres, des tampons humides d'encre noire.

Le vieux graveur fixait un regard effaré sur les objets, puis sur les magistrats, comme si tout d'abord il ne comprenait pas l'importance de cette scène.

Puis, tout à coup il prit ses cheveux à deux mains, en renversant la tête avec un geste fou.

— Je suis innocent! cria-t-il, je suis innocent!

Au même instant, et attirée par ce cri jaillissant d'une âme brisée, Claire, son enfant dans ses bras, parut dans le cadre de la porte de sa chambre. Elle se trouvait en pleine lumière, si défaillante, si pâle, avec sa fille si frêle, qu'on aurait pu la dire également mourante. Pascal la vit, recula comme s'il eût aperçu un fantôme, son cœur battait à rompre, son cerveau menaçait d'éclater... Un monde de pensées, de sentiments terribles tourbillonna dans sa tête durant une minute qui lui parut longue d'un siècle, puis, d'une voix étranglée, il balbutia en se laissant tomber sur un siège :

— Ne cherchez plus, messieurs, ne cherchez plus!
— Vous avouez donc? demanda M. Gardan.
— Je suis bien malheureux! bien malheureux!...
— Pascal, fit le docteur en se rapprochant du graveur, Pascal, revenez

à vous. Songez à la portée de vos paroles, ne vous perdez pas... défendez-vous! Je voudrais qu'il me fût permis au prix d'un million d'anéantir le souvenir de cette misérable affaire... Vous êtes un honnête homme, j'en jurerais...

Le docteur tendit la main à Pascal.

Un rayon lumineux traversa le regard du graveur et se croisa avec l'éclat des yeux bienveillants de Pierre Lasseny. Mais ce fut tout; le vieillard repoussa doucement la main qui lui était tendue.

— Vous êtes vraiment bon! fit-il... Mais ces deux êtres si faibles, si pauvres, si chers...

Il désigna Claire et l'enfant.

La jeune femme triompha vite de son premier mouvement d'épouvante. Accourant vers le graveur, émue, troublée, elle lui demanda, tout en couvrant d'un regard inquiet les magistrats.

— Que se passe-t-il ici? Il me semble que je vais mourir.

— Rien, mon enfant, ce n'est rien! répondit le graveur... Je supplie monsieur le docteur d'avoir la charité de ne point t'abandonner en un moment semblable... Ces messieurs ont besoin de moi, je les accompagne..

— Vous me laissez seule, toute seule?

— Prends courage! fit le graveur, prends courage, afin de m'en donner.

Il saisit le front de la jeune femme, l'embrassa dans les cheveux, avec une sorte d'emportement de tendresse, puis il dit tout bas au commissaire de police :

— Emmenez-moi, monsieur, par pitié, emmenez-moi!

— Une martyre de moins! lui dit le docteur. (Voir page 71.)

Chapitre VI

CLAIRE

Une faible lumière dissipait en partie les ombres de la pièce qui avait servi jadis d'atelier à Pascal Marsan. Des rideaux blancs drapaient un lit et tamisaient la clarté de la lampe posée sur la table de nuit de la malade. Étendue sur sa couche, immobile, plongée dans une sorte de stupeur douloureuse, Claire, comprenant que peu à peu la vie se retirait d'elle, ne gardait plus l'énergie nécessaire pour tenter de la retenir. Depuis trois mois, depuis le jour où elle avait vu emmener son beau-père, elle restait en proie à un paroxysme de douleur qui devait infailliblement briser un corps si frêle, une âme à ce point torturée. Parfois elle paraissait accablée sous le poids d'un remords ou d'un terrible secret. Il lui semblait que depuis l'heure où son amie Suzanne, appelée auprès d'elle, l'avait trouvée sans connaissance, étendue raide et froide sur un canapé, des mois et des années s'étaient écoulés; et que chaque minute de ce temps, longue comme un siècle, avait alourdi sur son pauvre cœur meurtri le poids qui l'écrasait.

Une lacune paraissait exister dans son cerveau. Certains faits échappaient à sa mémoire, et rien du présent n'était capable de retenir son attention. Ce trouble du cerveau annonçait les désordres du cœur. Sa faiblesse augmentait de jour en jour ; elle était condamnée par tous, par le plus savant docteur de Paris, le docteur Lasseny, qui venait la voir chaque jour et qui, pour elle, négligeait ses plus riches malades; par le saint prêtre de la paroisse qui, lui disant les vanités de la terre, versait dans son âme les consolations de la foi en un monde meilleur; par cette charmante Suzanne qui, s'instituant sa garde-malade, s'était installée à son chevet et qui, pour adoucir les dernières heures de son amie, n'avait pas hésité à négliger Julien et son enfant.

En ce moment encore, elle se tenait au pied du lit de la malade, berçant sur ses genoux la petite fille de Claire.

Suivant les prescriptions du docteur, l'enfant avait été mise en nourrice à la campagne. Mais Claire, se sentant mourir, avait demandé à embrasser sa fille. La nourrice à qui la petite avait été confiée, mandée en toute hâte, venait d'accourir. Cette paysanne, fatiguée par le voyage précipité, dormait dans le petit atelier, et Suzanne restait seule avec la mourante.

Que d'événements s'étaient passés durant ces trois mois qui venaient de s'écouler.

Le plus terrible datait de la veille. Il avait précipité la catastrophe tant redoutée. Ce qui emportait Claire, c'était moins la maladie que l'épouvantable nouvelle qu'on s'était vu dans l'impossibilité de lui cacher.

Lorsque le vieux graveur, par quelques mots embarassés et par le subit affaissement de son attitude en présence des magistrats chargés d'opérer chez lui une perquisition, eut pour ainsi dire avoué le crime dont on le soupçonnait, il fut immédiatement mis dans une voiture, entre deux agents, et conduit à Mazas en attendant que commençât l'instruction de son procès.

Celle-ci fut d'autant plus rapide que Pascal ne tarda pas à se déclarer coupable. En présence de ces aveux, il n'y avait plus pour les magistrats qu'à rechercher quels pouvaient être les complices du vieux graveur. Il en avait, cela ne faisait aucun doute pour eux, car, malgré les recherches les plus minutieuses, il avait été impossible, nous savons pourquoi, de retrouver les deux cents billets vrais auquel avaient été substitués les billets faux dans la serviette du docteur Lasseny. On employa tous les moyens pour l'amener à dénoncer ses complices; ce fut en vain; il resta muet sur ce point, et quand on l'interrogeait, il se contentait de répondre :

— Je n'ai rien de plus à vous dire que ce que vous savez déjà. Faites de moi ce que vous voudrez.

Cette question du placement des faux billets intriguait singulièrement les magistrats. On en avait trouvé deux cents, mais peut être le faussaire en avait-il mis davantage en circulation. Il refusa de fournir aucune explication à ce sujet.

— Cherchez, répondait-il; s'il y a des billets faux en circulation, vous devez les trouver. Ce n'est pas à moi à vous donner des indications sur ce point.

Son attitude présentait, on le voit, un singulier mélange de crainte et d'audace. Dans certains moments on aurait pu croire qu'il n'avait qu'une seule hâte, celle de voir se terminer rapidement son procès.

Comme un avocat célèbre venait lui offrir son concours, il refusa ses conseils et se contenta de lui dire :

— Malgré votre très grande réputation au Palais, que pouvez-vous pour ma défense, monsieur; affirmerez-vous que je ne suis pas coupable et demanderez-vous mon acquittement, alors que je m'abandonne à la justice; peut-être voudriez-vous plaider les circonstances atténuantes en faisant valoir mes cinquante ans de probité à mettre en balance avec le crime d'une heure... A quoi bon essayer? Vous ne réussiriez pas. La société a besoin de se défendre contre les crimes de la nature de celui dont elle m'accuse, et, non sans raison, elle se montre impitoyable. Je suis perdu et bien perdu, et toute votre éloquence serait impuissante, non seulement à me faire renvoyer indemne, mais même à obtenir une heure de réduction de ma peine.

— Je n'aurais sans doute pas recours aux moyens usés dont vous parlez, répondit l'avocat.

Pascal Marsan regarda l'avocat avec une sorte de crainte. Il lui semblait que cet homme avait deviné son secret.

— Il n'y a rien de plus à dire, cependant! s'écria-t-il. J'ai longtemps suivi les procès de cours d'assises; j'ai entendu parler beaucoup d'avocats; j'ai eu l'occasion d'apprécier à plusieurs reprises votre propre talent, monsieur. Or, quand on a suivi les détails avec attention, quand on connait bien les bases de l'accusation, il est toujours facile de deviner quelle seront les ressources de la défense.

— Ce que vous dites est parfaitement exact pour la majeure partie des cas, mais votre cause ne ressemble à aucune autre. Elle présente des côtés particuliers dont un avocat adroit saurait tirer utilement parti.

— Je ne vous comprends pas. Il sagit, en l'espèce, d'un crime banal; je n'ai pas même le mérite de l'invention... Gatebourse était autrement fort que moi.....

L'avocat ne se laissa pas prendre à ces paroles. Plus le vieillard mettait d'acharnement à ne pas être défendu, mieux il comprenait qu'il n'avait pas affaire à un criminel ordinaire. Il prit les mains de Pascal, attacha sur les yeux du graveur ses yeux profonds et clairs, et lui demanda d'une voix qui fouillait au plus profond de son être :

— Vous le savez, un avocat est un confesseur. Nul ne saura jamais ce que vous me direz ici. Répondez-moi donc sans crainte : pourquoi voulez-vous être condamné?

Pascal se sentit troublé jusqu'au fond de l'âme ; cet homme l'avait deviné ! Il détourna les yeux et tenta d'arracher ses mains des mains qui le retenaient.

— Pourquoi détournez-vous les yeux ? Osez me regarder, reprit Me Aubry, osez me regarder et répondez-moi bien franchement : pourquoi voulez-vous être condamné.

Pascal poussa un éclat de rire.

— Vous êtes très fort, monsieur, reprit-il quand son accès de gaieté fut calmé, très fort en vérité ! J'avais déjà entendu avancer à certains avocats qu'il leur serait impossible de plaider l'innocence de leurs clients si eux-mêmes n'en étaient pas convaincus... Vous comprenez qu'après mes aveux très formels, il ne vous est pas possible de me faire revenir sur ce que j'ai dit aux juges ; et cependant ma cause vous intéresse ; vous y trouvez matière à de beaux développements oratoires ; alors, afin de rassurer votre conscience d'honnête homme, et d'être bien certain de posséder tous les arguments que déjà vous avez imaginés, vous tentez d'inventer une raison à ma conduite et de croire à un mystère dans ma vie.... Vous vous donnez là une peine inutile, monsieur, il n'y a rien ; vous aurez beau chercher, vous ne trouverez rien! Je suis perdu, absolument perdu à tous jamais... Le seul vœu que je formerais, si j'avais encore la possibilité de souhaiter quelque chose, ce serait que la loi fût pour moi plus sévère qu'elle ne l'est pour les criminels de mon espèce ; ce serait que le couperet du bourreau pût suivre immédiatement la condamnation qui sera prononcée contre moi... Il me tarde que tout soit fini....

Quelque chose de désespéré se trahit dans son accent ; il comprit que l'homme en face de qui il se trouvait, habitué à lire dans l'âme des criminels de profession, ne pouvait pas manquer de saisir cette nuance. Il eut hâte d'effacer l'impression qu'il avait pu produire. Aussi reprit-il un moment après, d'une voix empreinte d'une humilité sans bornes :

— Vous n'êtes pas venu ici de votre propre mouvement..... C'est le docteur Lasseny qui vous a envoyé, car il n'y a pas de raison pour qu'un avocat de votre renom se soit déplacé pour un malheureux tel que moi... Cette dernière bonté de sa part, pour moi qu'il connaît à peine, me touche plus que je ne saurais dire... Veuillez lui porter l'expression de ma profonde gratitude... Mais dites lui que, malgré votre généreuse insistance, je refuse vos conseils, comme je repousse ses bienfaits dont je ne suis plus digne.... Pourquoi ne m'a-t-il pas assez en mépris pour m'oublier?

— Écoutez, dit l'avocat voulant tenter un suprême effort, par profession je suis accoutumé à voir et à juger les hommes, comme Lasseny à se prononcer sur l'état des malades.... Nous avons acquis l'un et l'autre, chacun dans notre spécialité, une expérience infaillible... Veuillez remarquer que,

pour lui comme pour moi, je me sers à dessein de ce mot : infaillible....
Eh bien ! en dépit de toutes vos affirmations, je n'hésite pas à dire que vous mentez ! Vous trompez la justice, vous trompez la société, vous essayez de me tromper moi-même ! Mais vous n'y parviendrez point ! Je ne suis pas criminaliste comme les juges, moi ; mais si je ne cherche pas partout des coupables, je ne m'applique pas non plus à trouver des innocents quand même dans tous les accusés qui me prient de les défendre ou vers lesquels je vais de mon propre mouvement. Mais jamais, entendez-vous bien, jamais je ne me suis trompé. J'ai sondé bien des âmes compliquées, je me suis heurté à des réticences sans nombre, mais de toutes ces obscurités je suis toujours parvenu à dégager la vérité. Eh bien ! J'affirme hautement, sans crainte de me tromper, que vous n'avez ni fabriqué ni mis en circulation les faux billets pour lesquels on vous traîne sur le banc d'infamie. Vous me disiez tout à l'heure que je n'étais pas venu à vous de mon propre mouvement. Cela est vrai. Oui, c'est Lasseny qui m'a envoyé vers vous ; Lasseny profondément troublé, épouvanté, la mort dans l'âme, m'a dit d'une voix qui sonnera éternellement dans mon oreille :

— « Jamais je ne croirai à la culpabilité de cet homme. A tout autre je proposerais cent mille francs pour qu'il employât toutes ses forces et toute son éloquence à le faire acquitter. A toi, je me contente de dire que le repos de toute ma vie est attaché à la constatation solennelle de son innocence.

« Je dois à Lasseny la vie de ma femme ; jamais je ne lui refuserai rien. Voilà pourquoi je suis venu à vous. Mais si ma première visite fut faite en son nom, c'est de mon propre mouvement que je suis revenu..... Et maintenant, auriez-vous encore le courage de me repousser ?

— Je l'aurai quoi qu'il m'en coûte, répondit Pascal Marsan avec effort.

— Eh bien ! fit l'avocat en se rasseyant, puisque je cause aujourd'hui avec vous pour la dernière fois, je veux profiter de cette suprême entrevue..... . Vous refusez mon concours, contrairement à ce que ferait, je ne dis pas tout coupable, mais tout accusé, non pas pour la raison que vous venez de me dire, que j'ai d'un mot réduite à néant, et qui devait inévitablement faire partie de votre système, vous me repoussez parce que vous craignez que je lise trop facilement dans votre jeu, parce que vous avez peur de moi.

— Peur de vous qui venez si généreusement à moi ! Monsieur, à qui feriez-vous croire cela ? Si au lieu d'être avocat vous étiez le juge d'instruction, je comprendrais cette pensée, mais quelle peur puis-je avoir de l'homme qui souhaite me défendre ?

— C'est là votre secret, ou plutôt, pour parler d'une façon plus précise, la moitié de votre secret.

— Des secrets, murmura le graveur d'une voix mal assurée, des secrets, moi !

— Oui, vous, et, si vous me le permettez, je vais vous dire de quelle nature ils sont.

— C'est inutile, monsieur ; je vous ai dit que je n'en avais pas et vous avez refusé de croire à mon affirmation. Vous êtes impuissant à découvrir ce qui n'existe pas.

— J'insiste cependant, et je vous prie de me laisser aller jusqu'au bout. Le premier secret, celui que je suis prêt à affirmer sur mon honneur, c'est que jamais vous n'avez commis le crime pour lequel vous êtes enfermé dans ce cachot.

— Vous surprendriez beaucoup les magistrats qui ont découvert chez moi les pièces à conviction, s'ils vous entendaient proclamer aussi hautement mon innocence, monsieur.

— Le second secret, celui qui reste encore mystérieux pour moi, celui qui vous oblige à repousser mon assistance, est la raison pour laquelle vous tenez à être condamné.

— Je vous remercie, monsieur, de votre sympathie; oui, je vous remercie du fond du cœur. On est consolé, si bas que l'on soit tombé, on est touché d'entendre une voix compatissante. Quoi qu'il arrive je n'oublierai jamais vos bontés.

— Acceptez non pas la compassion, mais le dévouement qui vient à vous. Acceptez-le, non pas pour vous, puisque vous ne voulez pas vous défendre, mais pour le repos de Lasseny, auquel nous devons tant l'un et l'autre.

— Monsieur, fit Pascal d'une voix grave, nous nous voyons, comme vous l'avez dit vous-même, pour la dernière fois..... La mémoire de ceux qui souffrent dure autant que leur douleur... Plus que tout autre, leur esprit retourne souvent vers le passé. Aussi longtemps que durera ma vie, le souvenir des paroles que vous venez de prononcer restera gravé dans mon cœur....

— Et vous ne voulez pas m'accorder la faveur de présenter votre défense.

— Non, monsieur, répondit Pascal, je vous refuse. Vous dépenseriez en vain les trésors de votre talent. Il est tellement impossible de me sauver qu'un stagiaire suffira afin de remplir le mandat officiel que la loi commet à l'avocat d'un accusé, quel qu'il soit.

Me Aubry se leva.

— J'ai fait tout ce que j'ai pu pour vous convaincre, je n'ai plus le droit d'ajouter une parole; souvenez-vous seulement qu'à toute heure, dans quelque circonstance que ce soit, vous pouvez compter sur moi.

Une larme roula dans les yeux du vieillard.

— Soyez béni, monsieur; puisse Dieu vous accorder tout le bonheur que vous méritez!

Quelques jours se passèrent, durant lesquels s'acheva l'instruction de Pascal Marsan. Les juges, n'ayant pu obtenir l'aveu d'aucune complicité, s'étaient décidés à passer outre. Enfin, l'heure des débats sonna. Le vieux graveur se présenta à la barre des accusés avec l'attitude humble qui convient à un coupable. L'avocat stagiaire qui fut chargé de l'assister ne trouva pas des moyen de défense bien nouveau. A la vérité, sa tâche se réduisait à peu de choses. Le coupable avouait, il ne fallait donc pas songer à l'acquittement. Il se contenta de demander qu'on infligeât à son client le minimun de la peine. Pour incliner la conscience du jury à l'indulgence, il eut recours aux banalités ordinaires; il invoqua le souvenir du passé, d'une longue vie de labeur passée tout entière sans une défaillance; autant qu'il était en son pouvoir il obtint gain de cause, car, après quelques minutes de délibération, le jury, rentrant dans la salle d'audience, déclara Pascal Marsan coupable avec circonstances atténuantes. On le condamna à vingt années de travaux forcés.

En entendant l'arrêt qui le frappait, le vieillard se contenta de baisser la tête, cette tête fine et intelligente, puis il suivit les gardes qui le ramenèrent en prison.

Quand il apprit le jour de son départ, il implora une seule faveur; celle de voir sa belle-fille qu'il savait malade, et à laquelle il n'avait cessé durant les mois de sa prévention d'écrire les lettres empreintes de la plus tendre affection. Il pensait pouvoir aussi embrasser sa petite-fille qu'on ferait revenir de la campagne.

Pascal Marsan avait toujours montré trop de douceur pour que le directeur de la prison songeât à lui refuser cette dernière consolation. Claire fut donc avertie qu'elle pourrait voir son beau-père le lendemain.

Brisée par des émotions suffisantes pour une femme plus robuste, Claire, on le sait, n'avait pas quitté le lit depuis le jour de la perquisition. La vie l'abandonnait peu à peu. Cependant il ne lui vint pas à l'esprit qu'elle pût refuser au vieillard cette suprême consolation. Elle aimait d'ailleurs beaucoup trop son beau-père pour ne pas désirer, elle aussi, l'embrasser avant de mourir.

— Docteur, dit-elle à Pierre Lasseny, même au prix de quelques jours de mon existence, rendez-moi assez de forces pour accomplir ce devoir... Si Dieu veut que je meure après, je ne me révolterai point contre sa volonté.

Le docteur fit les démarches nécessaires pour que l'entrevue eût lieu dans les meilleures conditions possibles. Sur sa prière, on permit que Claire et Pascal se rencontrassent dans une petite pièce close à tous les regards. Il répondait du prisonnier.

Quand il vit sa belle-fille, blanche comme une trépassée, Pascal s'avança au-devant d'elle et la reçut dans ses bras. Longtemps elle pleura, la tête appuyée sur son épaule; il sentait battre sur son cœur déchiré, cette frêle poitrine secouée par les sanglots, et il lui fallut une force de volonté peu commune pour retenir les larmes qui lui montaient aux yeux.

Ils s'assirent, et Pascal prit sa petite-fille dans ses bras.

Claire s'agenouilla devant le vieillard et dit d'une voix que lui seul put entendre :

— Père! père, le sacrifice est trop grand, la croix trop lourde...

— L'enfant! Songe à l'enfant! dit-il.

Ses deux mains s'étendirent sur ces deux êtres qu'il chérissait avec une passion si profonde, il les bénit, et de grosses larmes roulèrent sur le front de la petite fille.

Ils n'ajoutèrent rien.

Claire emplissait son regard de la contemplation de celui qu'elle ne devait jamais revoir, et Pascal voulait emporter au delà des mers la vision de cette jeune mère que Dieu rappelait si vite à lui.

Lorsque Claire rentra chez elle, sa faiblesse était si grande, qu'il fallut la porter dans son lit.

Elle saisit la main du docteur :

— Je voudrais voir ma fille jusqu'à la fin, lui dit-elle... On ne refuse rien aux condamnés...

— Ah! si vous vouliez vivre! fit le docteur.

— Je l'aurais souhaité, dit Claire, oui, je l'aurais souhaité, je vous le jure... Avec ma fille dans mes bras, je serais allé loin, bien loin... Où il va lui... Je l'aurais consolé... Dieu ne le veut pas! et Dieu m'appelle... Ne cherchez point à me rassurer, ceux qui ont été rudement éprouvés redoutent moins la mort que les heureux... Suzanne n'abandonnera pas ma petite fille... Ayez encore une bonté, docteur, envoyez-moi l'abbé Baugrand...

Le docteur quitta la jeune femme la mort dans l'âme. Il sentait que le drame mystérieux dont il avait été acteur et témoin resterait dans sa vie comme un souvenir douloureux. Il partageait l'opinion de M° Aubry; mais il se heurtait comme lui contre une volonté dont rien ne devait triompher. Dans son impossibilité de se dévouer à Pascal il se dévouait à Claire, et sa science ne lui permettait pas de croire que longtemps encore la jeune femme aurait besoin de lui.

Comme il montait en voiture, il reconnut Suzanne qui traversait la grande cour.

La jeune femme entra rapidement chez la malade, ôta son manteau, son chapeau et s'assit au pied du lit. Claire semblait paisible. Le sacrifice de sa vie était accompli, il ne lui restait plus que des dispositions suprêmes à prendre.

— Je suis bien faible, lui dit-elle; cependant je dois écrire une lettre, une longue lettre. Tu me soutiendras pendant ce temps.

Suzanne apporta du papier, un buvard, puis elle posa un de ses bras derrière la malade, et l'appuya doucement contre elle.

Claire parut faire un violent effort avant d'avoir le courage ou la force de commencer, mais dès qu'elle eut tracé les premières lignes, sa main courut rapidement sur le papier. De temps à autre une grosse larme tombait sur le papier, y laissant une tache qui noyait les mots; Claire ne semblait point s'en apercevoir, et continuait sa lettre. Lorsqu'elle eut achevé quatre grandes pages, au bas desquelles le mot adieu, écrit d'une façon presque illisible, témoignait une faiblesse croissante, elle signa, puis ferma la lettre, et traça un nom sur l'adresse : OLIVIER.

— Je lui pardonne, dit-elle, parce que Dieu me défend la haine, et qu'au moment de paraître devant lui, je veux purifier mon âme... Tu n'abandonneras pas mon enfant, je le sais. Vends tout ce que je possède, afin de subvenir aux premières dépenses de ma petite fille. Si tu devais longtemps t'absenter de Paris, car il faut tout prévoir, paie la nourrice à l'avance... C'est à toi que je confie ma fille... Je t'ai dit tout à l'heure que je pardonnais, mais je ne puis oublier... je déshérite mon mari du seul bien que je regrette... Je ne veux pas qu'il soit le tuteur de Marie... Moi morte, tu écriras cela, là-bas, à celui qui souffre... Tu lui diras qu'il doit prendre courage, que vingt années s'écoulent encore, que d'ailleurs, en raison de circonstances étranges qui toutes n'ont pas été relevées au procès, on lui fera grâce... Il viendra vers toi, et tu lui remettras l'enfant... Je la lui donne, je la lui confie... Il lui apprendra le dévouement, la vertu, le sacrifice... O mon père! mon père! quand je vous ai quitté j'ai compris que c'était ma fin... Pascal a béni sa petite-fille... Quels baisers et quelle bénédiction!... Olivier! Olivier! vous êtes le plus coupable, le plus misérable des hommes!

Elle ajouta d'une voix plus sourde :

— Et j'ai pu l'aimer!

— C'est bien, dit Suzanne, de sa voix tranquille, tout ce que tu veux sera fait. Tu restes seul juge de la situation, toi qui paies de ta vie les erreurs et les crimes des autres... Ton mari ne saura point par moi ce que sa fille est devenue.

— Peut-être ne s'en inquiétera-t-il jamais! fit la malade.

— Depuis trois mois tu n'en as eu aucune nouvelle?

— Aucune.

— C'est au moins étrange.

— Non, c'est tristement logique.

En ce moment on frappa à la porte, et la nourrice ouvrit.

C'était le prêtre.

— Je te quitte, dit Suzanne à son amie, Julien serait inquiet... Dans une heure je serai de retour.

La nourrice emporta l'enfant, et l'abbé Baugrand s'assit près du lit de la malade. Il ne connaissait point le secret de la douleur qui l'emportait dans la tombe, mais il gardait la certitude qu'elle mourrait victime résignée, sans plainte amère, et s'en remettant à Dieu du soin de compenser dans l'autre vie les douleurs de celle-ci. Dans cette conscience pure, dans cette âme d'enfant, rien n'altérait la vérité, rien n'offensait la vertu. Claire mourait tout entière et n'avait à montrer à Dieu que ses épreuves et ses larmes. Aussi le prêtre ne lui parla-t-il que de la miséricorde éternelle, et s'efforça-t-il de tourner vers le ciel ses yeux qui ne se baissaient plus que pour contempler son enfant. Quand il leva la main pour la bénir, ce fut avec le sentiment que, de ce triste monde, elle allait entrer dans l'éternité réservée aux souffrants et aux martyrs.

Suzanne revint vers neuf heures.

Elle trouva la chambre envahie par l'obscurité, Claire assise sur son lit, son enfant dans les bras.

— Tout sera bientôt fini, dit Claire, ma paix est faite avec Dieu... Quand je pense que j'aurais vécu heureuse, que mon père serait ici, qu'Olivier ne m'eût point abandonnée, si mon oncle Luc Auvilliers avait tenu sa promesse... Si j'avais été riche! Ah! si j'avais été riche, j'aurais encore un père et un mari...

Elle fut prise d'une sorte d'étouffement et se renversa sur les oreillers.

En cet instant on eût dit qu'une fièvre subite de vie lui revenait, et qu'elle tendait les bras vers les biens disparus. Elle était si jeune encore!

Elle avait fait tant de joyeux et de beaux rêves durant les premiers jours de ses fiançailles. Et de tout cela il ne restait rien, ni tendresse, ni estime... Si, l'enfant restait, et la mère aux abois, qui tout à l'heure la regardait dormir dans les bras de Suzanne, l'en arracha d'un geste rapide, désespéré, pour la couvrir de baisers et de larmes.

— Ce n'est cependant pas notre faute à nous, lui disait-elle, nous n'avons rien fait à Dieu ni au monde! Comme tu m'aurais aimée, moi qui n'aurais vécu que pour toi! Une autre recevra tes caresses, une autre te verra grandir, et moi, d'en haut, je pourrai seulement prier pour ma fille...

— Tu me la confies, dit Suzanne d'une voix grave, à partir de cette heure, il me semble que j'ai deux enfants. Qui sait? peut-être ces deux créatures, si fragiles aujourd'hui, et qui auront grandi ensemble s'aimeront d'un amour noble et pur. Nous les unirons alors, et tu verras d'en haut le bonheur que je leur aurai ménagé... Ne crains rien pour ta fille, je ne suis pas riche maintenant, mais j'ai dans l'avenir de mon mari une immense confiance. Il est de ceux qui domptent la fortune. Une part égale sera faite à ta fille dans la fortune réalisée. Tous mes soins tendront à atteindre ce but.

— Tu es bonne! Oui, tu es bonne! s'écria Claire.

— Nous nous donnions jadis le titre de sœurs, reprit Suzanne, et j'ai toujours cru que les adoptions de l'amitié valaient celles du sang.

La petite fille s'était doucement endormie.

Vers dix heures le docteur revint.

Sa pitié pour Claire était sans bornes; d'ailleurs, quoique le drame de la cour d'assises fût achevé, il conservait une vague espérance d'obtenir de la jeune femme ce que lui avait refusé le vieux graveur. Il croyait, avec Me Aubry, plus que Me Aubry, peut-être, qu'un mystère planait sur cette maison. Faute de pouvoir le pénétrer, il lui serait du moins possible de réparer les malheurs qu'il venait de causer.

Il voulait interroger une dernière fois l'âme prête à s'éteindre, et l'adjurer, au nom de sa fille, de lui révéler le mot de cette énigme.

— Tout est fini là-bas? lui demanda-t-il.

— Oui, répondit la malade, nous nous sommes dit adieu.

— Quel homme! fit le docteur, quelle trempe de caractère et quel cœur! Vous avez dû l'aimer beaucoup?

— Oui, répondit la mourante, avec un sentiment profond. J'étais véritablement son enfant, non pas seulement d'adoption, mais de cœur.

— Son fils lui ressemble-t-il? demanda le docteur en s'efforçant de garder une voix très calme.

Claire le regarda avec une sorte d'effarement.

Il fallait répondre, sous peine de faire naître dans l'esprit de Lasseny d'étranges soupçons.

— Oui, il lui ressemble, répondit-elle, avec des nuances dans la voix. Autant mon beau-père était calme, assidu au travail, autant son fils témoignait d'emportement. Il eût voulu le succès immédiat, hélas! et rien n'est tardif comme le succès.

— Grave-t-il aussi bien que Pascal?
— Mieux, peut-être, mais on le dit moins classique.

Ces demandes, ces réponses n'étaient pour ainsi dire que les préludes d'interrogations plus graves. La jeune femme commençait à éprouver une indicible terreur.

— Quel jour votre mari a-t-il quitté Paris? lui demanda-t-il.
— Un mercredi, répondit Claire.
— Votre père n'avait-t-il pas trouvé le portefeuille le mardi?
— Oui, je le crois, répondit Claire.
— Votre mari ne vous a pas écrit?
— Jamais.
— Vous ne possédez pas son adresse?
— Non, dit Claire.

Le docteur tomba dans un fauteuil.

— C'est maintenant le secret de Dieu, dit-il. Nous ne devons plus oser questionner les hommes. Vous savez quelle sympathie instinctive je ressentis pour votre père... les événements n'y ont rien changé... Je me trompe, ils y ont ajouté quelque chose d'indicible. Il me semble que je dois lui payer son bonheur détruit, son honneur perdu... Je ne l'oublierai pas dans son triste exil, pas plus que je n'oublierai votre enfant. J'aurais voulu davantage, j'aurais cru que, peut-être, au moment suprême, vous auriez pu m'apprendre...

— Rien! dit Claire, en tordant ses doigts, je n'ai rien à dire..

Puis, tout d'un coup, levant les bras avec une expression de désolation suprême :

— Justice pour mon père! dit-elle, justice!

Ce fut le dernier mot qui s'échappa de ses lèvres.

Quand elle retomba en arrière, l'artère était sans mouvement, et la prunelle sans regard.

Suzanne tomba sur les genoux.

— Une martyre de moins! lui dit le docteur.

Le lendemain Pierre Lasseny s'occupa de tous les détails des obsèques, il en régla le prix, et les rares amis de la jeune femme qui avait vécu si isolée, si triste depuis son mariage, s'étonnèrent du luxe déployé dans cette circonstance. Suzanne et son mari suivirent le cortège tenant lieu des parents absents. Les fleurs couvrant la bière furent jetées en brassées sur le tertre, et les couronnes s'accrochèrent aux bras de la croix de marbre noir. Quand elle sortit du cimetière, Suzanne se soutenait à peine.

Elle eut cependant le courage de rentrer dans l'appartement de Claire avant de regagner sa maison. Elle voulait embrasser l'enfant une dernière fois.

La nourrice de la petite fille était une femme grande et forte, possédant une santé robuste. Au premier regard elle attirait par une expression de rondeur. Sa voix avait des inflexions caressantes; on pouvait cependant lui reprocher cette exagération un peu servile dans les termes dont elle croyait poli de se servir, soit avec Claire, soit avec Suzanne, de même qu'une affectation de tendresse pour l'enfant, affectation commune à presque toutes les mercenaires de cette catégorie. Si l'on avait cru cette femme, elle préférait l'enfant de la morte à ses propres enfants. Mais enfin, la part faite de ce travers, elle paraissait assez bonne créature, et le docteur Lasseny, qui lui avait plus d'une fois procuré des nourrissons, avait toujours entendu faire l'éloge de Marthe Lavoine.

— Vous viendrez voir la petite, n'est-ce pas, madame? demanda-t-elle à Suzanne, la route n'est pas longue... On va et on vient si on veut dans la même journée... Deux heures de chemin de fer, et une demi lieue de pays... Ma maison n'est pas riche, mais propre... J'ai un homme tout franc, tout rond, brave homme, quoi! et de beaux enfants, les plus beaux du village, je peux le dire sans me vanter.

— Oui, nous irons, dit Suzanne, je vous le promets. En attendant, voici trois mois à l'avance : cent vingt francs... Je vous réglerai toujours par trimestre... Si par hasard mon mari et moi nous avions à faire un grand voyage, nous vous remettrions toute la somme jusqu'à la date présumée de notre retour... Soignez bien ma petite orpheline, je sens que je deviendrai pour elle une seconde mère.

Suzanne embrassa la petite fille, congédia la nourrice qui réitéra ses protestations de dévouement pour la mignonne, puis elle resta seule dans la maison déserte.

Alors, se jetant dans les bras de son mari, elle fondit en larmes.

— Aime-moi bien! dit-elle, aime-moi bien! et console-moi.

Elle murmura entre ses dents : — Comme cela, je ne remonterai pas ! (Voir page 81.)

Chapitre VII

LA PETIOTE

— Te lèveras-tu ? cria une voix rude partant d'une salle basse, et montant vers une sorte de réduit ressemblant à une soupente. N'est-il pas assez grand jour pour que tu te mettes à la besogne, ou crois-tu que je vais te nourrir à rien faire, vermine de Paris.

Un sanglot répondit à cette injonction.

La femme qui se tenait debout, dans la cuisine de la maison, était grande et forte, ses traits accentués auraient paru agréables, sans leur expression de dureté. Vêtue à la façon du pays, d'une jupe de cotonnade, d'un caraco dissimulant la taille, coiffée d'un mouchoir noué autour de la tête, aplatissant les tempes sans laisser déborder les cheveux, et faisant ressortir le modelé accentué du visage, elle représentait le type complet de la paysanne active, dure et avare.

Elle attendit un moment, les poings sur les hanches, le regard fixé sur la soupente, l'oreille tendue, attendant que la créature interpellée donnât signe de vie. Quand elle fut bien convaincue que rien ne bougeait en haut, elle prit l'échelle légère qui servait d'escalier pour parvenir à ce réduit, grimpa lestement, pénétra dans la soupente et se dirigea vers un cadre de bois étroit, rempli de paille, sur laquelle se tenait assise, tremblante de peur, une fillette âgée d'environ huit ans, pâle, mièvre, d'une beauté charmante, mais à qui les mauvais traitements, et sans doute le sentiment d'un perpétuel effroi, avaient ravi le sourire et l'expansion confiante de son âge.

— Alors, on ne se lève pas aujourd'hui, la Petiote, dit la fermière en secouant rudement la petite fille par la chemise de chanvre qui couvrait ses maigres épaules. On ne se lève point, afin de paresser tout à son aise, et sans doute on ne compte pas manger davantage?

— Çm'est égal de ne pas manger, répondit la petite fille d'un air farouche.

— T'est-il aussi indifférent d'être battue?

— J'aime mieux tout que de retourner aux champs avec les dindons.. ce sont de trop méchantes bêtes... Hier, ils m'ont mis les mains en sang. Je ne les mènerai plus paître, jamais! jamais!

Une expression de fureur anima les yeux de la fermière.

— Répète ce que tu as dit! fit-elle en levant la main.

Avec une souplesse de couleuvre, la petite fille, échappant à l'étreinte de cette femme, se cacha dans la paille de son cadre. Mais la fermière enleva cette paille à brassée, rattrapa la malheureuse enfant, par les cheveux cette fois, et ses poings lourds s'abattirent sur ce corps délicat.

— Mon Dieu! mon Dieu! fit la Petiote au milieu de ses sanglots.

— Crie, pleure, appelle, répliqua la mégère, il est loin le bon Dieu, et n'a que faire de s'occuper d'une misérable comme toi! Si tu refuses d'obéir, je te renverrai à Paris, et comme tu n'as ni foyer ni famille, on te mettra en prison.

— Il n'y a pas de dindons en prison! répondit la petite fille.

La fermière, tenant toujours la Petiote par les cheveux, sans se préoccuper de l'horrible supplice qu'elle devait endurer, la descendit à bras tendus.

Elle la jeta sur le sol, comme un paquet de loques, lui lança à la tête deux ou trois haillons, et lui cria :

— Habille-toi!

La petite fille passa un jupon composé d'une centaine de pièces de couleurs différentes, un corsage qu'elle laça avec une ficelle, noua un petit mouchoir en marmotte sur ses cheveux blonds, et demeura au milieu de la chambre.

— Allume le feu! dit la mégère.

La Petiote, sans se faire répéter cet ordre, et avec un empressement ayant sans doute pour but de faire oublier sa résistance aux premiers ordres reçus, dressa un feu de houille et de bois mort, l'alluma à l'aide de pommes de pin, balaya proprement le foyer, courut au puits, tira péniblement un sceau d'eau, remplit une bouilloire, et attirant un panier, elle commença à éplucher des légumes pour la soupe du matin. Assise sur la pierre de l'âtre élevée d'un pied environ au-dessus du sol, elle fixait sur le feu un regard vague, et paraissait engourdie dans le sentiment d'une pensée si pénible qu'elle lui faisait perdre la sensation douloureuse des coups reçus. Elle tressaillit, s'arracha à cette absorption, prit un énorme balai de bouleau et commença à nettoyer la chambre. Ses mains étaient toutes petites, le balai trop grand, ses forces insuffisantes, elle s'arrêtait à chaque coup, essoufflée, la moiteur au front, les bras rompus. Debout près de la fenêtre, la fermière la regardait. Lorsque la chambre fut propre, la Petiote tira d'une armoire une soupière, des assiettes, et des cuillers, à l'aide desquelles le couvert fut vite dressé. Dans un coin placé sous l'évier, elle prit une petite écuelle de terre brune, et y tailla quelques tranches de pain.

— Qu'est-ce que c'est que cela? demanda la fermière.

— C'est pour ma soupe... répondit timidement l'enfant.

— Du pain blanc! du pain frais pour toi, vermine, attends je vais te la tremper ta soupe!

Elle prit dans un panier à salade une poignée de croûtes de pain sèches et poussiéreuses, et en remplit l'écuelle.

— Voilà ta part, dit-elle.

L'enfant n'objecta rien, retourna près du foyer, leva le couvercle de la marmite, et surveilla la soupe.

Au même moment une voisine entra.

— Bonjour, madame Lavoine, dit la nouvelle venue, je vous dérange de bonne heure, n'est-ce pas? Je venais voir si vous pouviez me céder quelques œufs?

— Certainement, répondit la fermière, et à votre service, Catherine Samois! La Petiote, va dire à Rustique de prendre tout ce qu'il y a d'œufs dans la réserve.

La petite fille quitta la pierre du foyer et se dirigea vers la porte.

— Décidément, dit Catherine Samois, vous gardez cette enfant?

— Oui, jusqu'à voir... ça ne vaut pas le pain que ça mange!

— Quoi que ça, fit la Samois, les petits rendent des services.

— Pas celle-là, du moins, fantasque comme une chèvre, et entêtée comme une mule... Ah! tenez! quand je vois des femmes du pays prendre des nourrissons de Paris, je me tue à leur crier : les Parisiens, c'est tous des flâneurs. Ils vous mettent leurs enfants sur les bras, et ils vous les laissent un beau matin... C'est comme ça qu'ou m'a refaite avec la Petiote... Faut dire que c'est la première et la dernière fois que ça m'arrive... Pour les autres nourrissons, j'avais eu de la chance. Un des premiers médecins de Paris me protégeait, et ne m'adressait qu'à des gens riches... Vous comprenez, la Samois, j'y allais de confiance.

— Naturellement! fit Catherine.

— Un jour, il apprend que je me trouve à Paris, en quête d'un nourrisson, il vient me prendre, et me conduit dans une maison qui ne ressemblait en rien à celles que j'avais vues jusque là.. Je trouvai une jeune femme malade, une enfant chétive, un vieillard; tout le monde semblait à la fois pauvre et triste... Je me dis à part moi : « mauvaise affaire! » mais je ne pouvais refuser le docteur, d'autant moins qu'il me glissa dans la main un billet de cent francs... J'emportai l'enfant, et je la soignai comme une princesse; elle restait chétive et frêle, mais la santé était bonne... Trois mois plus tard, une lettre me ramène à Paris, et on me commande d'apporter l'enfant.. Le vieux n'était plus là.. La maison ne sentait pas seulement la ruine, mais la mort. . La mère de la petite agonisait... Il y avait près d'elle une de ses amies qui me déclara que désormais elle réglerait avec moi tout ce qui concernait l'enfant... J'aurais dû me défier... En prenant mes renseignements, j'avais appris que tous ces gens-là étaient des artistes... Des artistes! vous et moi nous en avons vu à la foire de la Ferté-sous-Jouarre, ça porte des maillots roses avec des paillettes! Je vous demande comment on peut avoir confiance en ces gens-là... Je partis le lendemain de la mort de la jeune dame, et son amie me remit cent vingt francs, le prix d'un trimestre... Ça alla mieux que je ne pensais d'abord, on me régla bien exactement les mois... Au bout d'un an, Mme Suzanne Sermaize vint aux Jardinets, embrassa l'enfant, pleura en la berçant sur ses genoux, puis le jour même elle repartit pour Paris. Elle fit le même voyage à trois anniversaires de la mort de la jeune dame, puis un jour elle accourut, et me dit en me remettant deux mille francs : — « Voici pour l'enfant de ma pauvre amie, je pars pour un grand voyage, et je resterai longtemps absente. Soignez-la bien, et à mon retour je ne me montrerai pas ingrate. » Elle embrassa la petite et quitta les Jardinets; depuis je ne l'ai jamais revue...

— Deux mille francs! ça fait du bien dans une maison.

— Nous avons acheté avec cela un clos près du nôtre, et les voisins nous ont assez jalousés! Pas moins, je suis restée sans nouvelles, et sans argent.

— Mais les deux mille francs suffisaient pour quatre ans et demi.

— Certainement.

— Et puis, vous aviez été payée d'avance, et l'intérêt de la somme représente encore la première année cent francs, en diminuant, c'est vrai, jusqu'à la fin, mais il n'empêche que l'enfant pouvait bien être soignée durant six mois, pour l'intérêt de l'argent.

— Mais puisque je vous dis que nous avions acheté le clos, cela ne mettait pas d'argent dans notre poche.

Catherine Samois ne put faire comprendre à Marthe Lavoine que la petite fille n'avait guère été à sa charge, jusqu'au milieu de l'année courante.

— Ça m'a dégoûtée des nourrissons, cette affaire-là, reprit Marthe; mon homme voulait que j'en prenne d'autres quand la petite a marché toute seule, mais j'avais bien assez de mes filles à moi, et de cette petite drogue de Paris ! Les enfants, ça demande toujours quelque chose, ça pleure, pour les faire taire on a bien la ressource du pavot, mais il y a encore des gens qui y trouvent à redire. — Le gouvernement s'est avisé de surveiller les nourrices et de s'occuper des enfants ! Du moment qu'on n'est pas libre, n'est-ce pas, n'en faut plus !... Alors, j'ai renoncé à prendre des enfants à Paris, et je me suis adonnée à l'élevage des dindons... C'est plus productif.

— Vous auriez pu remettre l'enfant à l'Assistance publique.

— Je le sais bien ! Mais quand elle eut ses six ans, elle commença à s'occuper dans la maison ; c'est elle qui mène paître les dindons... Comme cela je l'ai gardée par charité.

— Charité bien ordonnée, murmura Catherine.

La petiote entra ; elle portait un panier rempli d'œufs qu'elle posa sur la table, près de Catherine Samois, puis elle retourna près du foyer, surveilla la soupe et activa le feu. Tandis qu'elle semblait de nouveau oublier ce qui se passait autour d'elle, des cris aigus s'entendirent dans la chambre voisine.

— Habille les petites ! dit Marthe Lavoine, en poussant la Petiote du côté d'où venaient les cris.

L'enfant entra dans la chambre, et bientôt ce fut un épouvantable vacarme de pleurs, de trépignements, de bruits d'objets lancés contre le mur avec violence. Au milieu de ce tumulte, on entendit la voix douce, un peu traînante, de la Petiote. Elle tâchait de décider les trois filles de Marthe à se laisser chausser ; mais les souliers et les sabots volaient en l'air ou armaient les poings des petites révoltées, et le talon d'une des dures chaussures garnies de clous à têtes aiguës, lui fit à la tempe une blessure qui couvrit son visage d'un flot de sang.

La Petiote revint dans la salle basse le visage égratigné, ruisselant, et Catherine ne put s'empêcher de pousser une exclamation de pitié.

— Vaurienne ! lui cria Marthe en la saisissant de nouveau par sa longue chevelure, qu'as-tu fait à mes filles ? Ce sont des agneaux de douceur, quand tu ne les pousses pas à bout.

— Elles ne veulent pas se lever, répondit la Petiote.

— Tu ne sais pas t'y prendre, gueuse ! Mange ta soupe, quoique tu ne l'aies pas gagnée, tu partiras après pour les champs.

L'enfant versa le potage dans la soupière, la posa sur la table, puis elle attendit que Marthe remplît sa petite écuelle de terre brune. La présence de Catherine gênait Marthe ; mais elle n'était pas femme à se priver de la joie de commettre une méchanceté ; la poivrière se trouvait sous sa main, elle en répandit la moitié dans la soupe de l'enfant.

La Petiote avait vu le geste de la fermière ; avec une tranquillité froide, elle posa son écuelle à terre, à portée du petit chat noir qui se frôlait contre ses jambes. Celui-ci y trempa sa lèvre rose, puis il poussa un miaulement, comme s'il se fut brûlé.

— Déjeuneras-tu? demanda la fermière.

— Donnez-moi un morceau de pain si vous voulez que je mange, répliqua l'enfant; vous voyez bien que les bêtes elles-mêmes ne veulent pas de ce que vous me servez...

— Vous êtes témoin, Catherine! fit Marthe Lavoine, que la soupe faite pour nous ne suffit pas à cette petite va-nu-pieds!

Mais la Petiote en avait sans doute assez des misères subies, car elle releva rapidement l'écuelle et la tendit à Catherine.

— Goûtez-la, dit-elle, vous verrez qui a raison.

— Faut avouer, Marthe, que vous avez la main lourde! fit Catherine, et qu'il ne fait pas bon vous confier la poivrière... Je vous remercie bien pour vos œufs... Quand tu passeras, la Petiote, viens me demander une tasse de lait.

A peine Catherine eut-elle disparu que Marthe bondit vers la Petiote.

— Ah! gueuse! fit-elle, vermine, Judas! tu vas faire de moi la risée des Jardinets... Tu sais que Catherine est la pire langue du pays! Mais tu vas payer cela plus cher que tu ne t'imagines, drôlesse! Avant six mois d'ici, on ne saura pas de quelle couleur est ta peau. Elle jeta l'enfant sur le sol, appuya sur ce corps frêle son pied chaussé d'un sabot, puis, à l'aide d'une verge flexible, elle commença à cingler ses jambes grêles et ses maigres épaules.

Aux cris d'angoisse de l'enfant, la porte de la chambre voisine s'ouvrit, et les trois petites filles accoururent, trépignant de joie à la pensée que leur mère faisait souffrir la Petiote. Elles se prirent les mains, en dansant comme des sauvages, et en répétant.

— Encore! encore!

Mais tandis qu'elles se livraient à cette ivresse de cruauté précoce, un grand gars bien découplé entra dans la salle, comprit d'un regard ce qui se passait, et prit la verge des mains de sa mère.

— Ça laisse des traces! dit-il.

Il releva l'enfant par la ceinture de son jupon et la remit sur ses pieds.

— Sois tranquille! dit-il, tu ne perds rien pour attendre, j'inventerai autre chose.

La petite fille, incapable de se soutenir, chancela, et serait tombée si Rustique ne l'eût soutenue. Elle passa les mains sur son visage, et le barbouilla, sans y songer, du sang qui coulait de la blessure faite au front par le sabot de Claudette. Les cheveux hérissés, les vêtements défaits, hagarde, ayant dans les prunelles une expression de sombre désespoir, que l'on ne trouve heureusement jamais dans les enfants de cet âge, elle inspirait autant d'effroi que de pitié. Elle ne se plaignait plus, muette et sombre, on eût dit qu'elle venait de prendre une résolution inébranlable.

— Lave-toi la figure, dit Marthe.

— Pourquoi? demanda l'enfant.

— Pour qu'on ne te voie pas si hideuse.
— Vous avez peur? fit la Petiote.
— Peur! de quoi aurais-je peur?
— Qu'on me demande qui m'a mise en pareil état?
— Voilà-t-il pas bien du bruit pour une espièglerie de Claudette qui ta lancé son soulier à la tête.
— Son sabot, objecta la Petiote.
— Sabot ou soulier, c'est tout comme... Cela m'est bien égal, ce que l'on penserait... les enfants sont les enfants... Ça fait mal en jouant quelquefois... Mange un peu de soupe, de celle de la soupière... Tu mèneras ensuite les dindons au pacage.

La petite fille frissonna.
— Non! fit-elle, je ne conduirai plus les dindons, jamais! jamais!
— Tu le feras! dit Rustique en levant ses poings énormes.

Ils tombèrent ensemble sur la tête de la Petiote, et la pauvre créature crut sentir éclater dans son cerveau un millions d'étincelles.

La douleur fut si foudroyante quelle s'y abandonna. Tout à l'heure, elle songeait à résister, cette fois elle se sentait vaincue.

Elle n'avait plus qu'un désir, sortir de cet enfer.

Rustique comprit qu'elle obéirait.

Il alla ouvrir la porte d'un grand bâtiment, et une troupe de dindons s'en échappa avec un tapage d'ailes, de gloussements et de cris désordonnés. Les uns se bousculaient, les autres dilataient leur plumage; les coqs menaçants, la caroncule rouge comme de la pourpre, la tête d'un bleu sombre fondu dans des tons roses, le bec en avant, les ergots dressés, se regardaient avec menace. On voyait dans le troupeau des dindons couleur de bronze, luisants, superbes, des dindons blancs comme la neige, enfin les dindons roux, dont l'espèce devient plus rare, type du dindon sauvage venu de l'Amérique, à la chair exquise, au plumage cuivré.

Quand toutes les bêtes furent sorties, Marthe tendit à la Petiote la gaule qui venait de servir de knout pour la battre, traîna l'enfant vers une sorte d'abreuvoir, plongea dans l'eau son visage, afin d'un effacer la trace du sang et des larmes, et ajouta :
— Reviens après le soleil couché, coquine!

Poussant ensuite le troupeau dehors avec un cri connu des dindons, la fermière referma la porte charretière, et rentra dans la salle où Rustique, son fils aîné, s'amusait à faire pleurer ses petites sœurs.

Marthe Lavoine occupait dans la partie de Luzancy qu'on appelle les Jardinets une ferme importante.

Le nom de ce coin de village suffit pour en indiquer la nature.

De chaque côté d'un chemin qui n'a rien à voir avec le service des cantonniers et les réparations les plus urgentes, s'élevait des murs en pierres sèches, d'environ un mètre de hauteur, dont la plupart s'écroulaient ruinées sur la route. Les crêtes sont toutes dentelées, déchiquetées, par des dévastations successives. Du reste, au lieu de plâtre, les murets semblent ourdis en terre, et dans chaque interstice pousse une herbe, une fleur, une joubarbe, de petites plantes grasses semblables à des tapis de neige, des iris élèvent leurs feuilles lancéolées. En arrière des murs écroulés on aperçoit un jardin potager, dont les carrés renferment des légumes communs, et dont les allées se nettoient à la faux, dans la saison des herbes. Des rosiers, des sureaux, des hélianthes gigantesques se dressent dans les angles. A chaque fenêtre de la maison se groupent des pots de géraniums aux couleurs vives, mettant leur note rouge sur les murs grisâtres. A travers les grands portails ouverts on aperçoit des volées de canards, de poulets, et quelques bandes d'oies picorant sur les fumiers ou s'ébattant dans les mares. Souvent la volaille quitte la cour et se met en maraude dans le chemin, les basses-cours se confondent, et le soir seulement les troupes emplumées rejoignent leurs poulaillers respectifs. Ces maisons garnies de fleurs, ces puits banals arrondis en haut comme une fourmilière péruvienne, ces murs croulants, ces potagers rustiques donnent aux Jardinets un aspect à part. Bientôt les maisons deviennent rares, elles cessent tout à fait, et la forêt succède au village. Les allées croisent les rayons de leurs étoiles, les grands arbres géants dominent le taillis ; de distance en distance on aperçoit des amas de fagots prêts pour la vente, tons noirs sous la jeune ramée verte. Le bois, dont les dessous très jaunes et criblés par le soleil sont couverts de tapis de pervenches, et d'anémones des bois, ne sont pas le seul charme de cet endroit. il est des coins introuvables ailleurs que dans ce petit pays, dus à une exploitation qui devint la source de sa fortune.

En creusant, en dévastant le sol pour y trouver des pierres meulières, on a laissé forcément des excavations gigantesques, crevant le sol en maints endroits. Les eaux du ciel, des rûs descendant des collines, des cours d'eau filtrant à travers les couches sablonneuses du sol, ont rempli à demi ces trous, sur lesquels flottent des lentilles vertes empêchant d'en deviner la profondeur. Des arbustes de toutes sortes semés par les oiseaux peut-être, ou par le vent qui jette les graines au hasard, ont formé des fouillis et des enchevêtrements de verdure inextricables. Les branches se mêlent, les feuilles se confondent, formant un rideau compacte entre le ciel et l'eau verte. Chaque trou est un abîme privé de garde-fou, mais en revanche autour duquel se croisent et se mêlent une foule de petits sentiers.

On y serait bien pour rêver, pleurer ou mourir.

Tant que la Petiote marcha dans les Jardinets, dont chaque fenêtre ouvrait les yeux pour la regarder, elle alla gravement, agitant sa gaule, tandis que les dindons la précédaient. Se sentant surveillée, elle semblait tranquille.

Plus d'un enfant lui dit bonjour, elle répondit d'un signe de tête.

Quand elle se trouva dans l'allée du bois aboutissant à la plaine, elle ralentit le pas, comme si elle éprouvait un soulagement à marcher avec lenteur sur l'herbe veloutée, fauchée depuis peu, et à sentir sur son front l'ombre rafraîchissante des arbres.

De temps en temps, elle se retournait pour voir si elle n'était point suivie.

Elle gagna un chemin raboteux, et se trouva dans une belle et riche plaine, où le regard comptait des meules énormes minces d'en bas, et s'élargissant au sommet.

La récolte était faite, et Marthe Lavoine pouvait sans danger faire pacager ses dindons.

La petite fille s'assit au pied d'une meule, ou plutôt s'y coucha, ramenant sur son visage la loque bleu représentant son tablier.

Longtemps elle demeura immobile, peut-être même s'endormit-elle dans les pleurs. Évanouissement de la pensée par le désespoir ou par le sommeil, elle cessa de pleurer. Quand elle retrouva le sentiment de la réalité, le soleil s'inclinait à l horizon. A une centaine de pas, les dindons cherchaient les grains oubliés et l'herbe poussée dans les chaumes.

La Petiote se leva. Son regard embrassa la plaine longuement, avec une expression intense bien au-dessus de l'âge de la pauvre créature, puis elle lança au hasard sa gaule qui lui servait à diriger son troupeau. Alors, quittant la plaine, elle revint sur ses pas, et reprit le chemin du trou au fond duquel jadis elle avait peur de regarder.

La Petiote marchait lentement, tranquillement, sûre qu'elle était d'arriver à son but. Les arbres devinrent plus épais, l'ombre plus noire, elle s'y enfonça avec une sorte de joie.

Quand elle se trouva sur le bord du trou, elle passa ses bras entre les tiges de deux arbres et regarda pour voir si elle apercevait le ciel bleu dans l'onde, mais tout était vert, d'un vert glauque de prairie humide.

Otant alors son tablier, elle commença à le remplir de cailloux, quand elle crut sa récolte suffisante, elle roula le tablier en biais, et l'attacha autour de sa taille, puis elle murmura entre ses dents:

— Comme ça, je ne remonterai pas!

Les branches la gênaient pour accomplir son dessein, elle chercha un endroit moins feuillu, le trouva, s'avança jusqu'au bord de l'abîme, puis tendit les bras en avant...

Mais avant qu'elle se fût précipitée, deux mains l'avaient saisie, deux mains tremblantes qui l'attirèrent sur le sol. En même temps une voix murmura:

— Pauvre enfant! pauvre enfant!

Au moment où elle sentit qu'une volonté plus forte que la sienne l'empêchait d'exécuter ce qu'elle venait de résoudre, la Petiote ferma les yeux, croyant que Marthe Lavoine où Rustique son fils l'avaient suivie et devinée.

Ce fut l'exclamation de pitié poussée par la personne résolue à l'empêcher de mettre son projet à exécution qui lui fit comprendre qu'elle se trouva t près d'un être compatissant.

Elle osa ouvrir les yeux.

Devant elle, la Petiote aperçut un vieillard au visage sillonné de rides, aux paupières rouges. Couvert de vêtements misérables, les cheveux longs, la barbe hérissée, il eût semblé peut-être effrayant à toute autre créature qu'à cette chétive petite fille si maltraitée, si désespérée, qu'elle avait résolu de mourir. Mais il avait dit en la voyant: « Pauvre enfant! » d'un accent tel, et la bonté qu'elle lut dans ses yeux la toucha si vivement, qu'au froid désespoir qui la jetait, à huit ans, dans le suicide, succéda l'explosion d'une douleur rageuse. Elle se roula dans l'herbe, en crispant ses doigts dans ses cheveux, en répétant :

— Mon Dieu ! mon Dieu !

Le vieillard laissa passer cette crise violente. Penché vers elle, il considérait avec une pitié indicible ce pauvre petit corps agité par des tremblements douloureux. Enfin, d'une voix lente et basse, comme s'il craignait d'effaroucher cette enfant, il murmura à son oreille :

— Se peut-il qu'on souffre tant à ton âge, chère petite martyre... Tu n'as donc point des bras où te jeter que tu cherches la mort ? Pas un toit où t'abriter, que tu veuilles faire ton lit dans cette eau verdâtre... On n'a pas eu pitié de ton enfance, de ta faiblesse et de tes larmes ! Tu es si frêle, tes yeux sont si doux, tes cheveux de soie tout blonds vont si bien à ton visage ! On t'aime tout de suite ! O mon Dieu ! on dirait des taches bleues sur tes bras. . On te bat, on t'a torturée ! Ah ! je comprends ! pauvre enfant ! pauvre enfant !

La Petiote, calmée, apaisée lentement par ces expressions de pitié dénoua ses mains, se souleva un peu et regarda longuement le vieillard.

— Vous êtes bon, vous ! dit-elle.

— Jamais je n'ai fait de mal à personne, répondit-il, et toi ?

— Moi non plus, dit la petite fille.

— On te rend malheureuse, cependant ?

— Oui, oui, elle est méchante ! si méchante !

— Pourquoi t'a-t-elle battue ce matin ?

— Parce que je ne voulais pas mener les dindons aux champs... c'est très méchant les dindons, ils me font peur, hier ils m'ont déchiré les mains, et j'ai cru qu'ils me crèveraient les yeux avec leurs gros becs.

— Où les as-tu laissés ? demanda le vieillard.

— Là-bas, répondit la Petiote avec insouciance.

Elle se familiarisait tout à fait.

— Ce n'est pas ta mère qui se montre si cruelle ?

L'enfant secoua la tête.

— Te donne-t-elle à manger, au moins ?

— Le reste de la pâtée du chien.

— As-tu faim ?

La Petiote murmura un oui timide.

Le vieillard prit une musette de toile, en tira un morceau de pain, une tranche de jambon, une fiole de vin, cueillit des feuilles vertes à l'arbre le plus proche, passa un couteau à l'enfant, avec une portion de pain et de viande, et lui dit :

— Déjeunons ensemble, veux-tu ?

Elle tendit sa main.

Son avidité donna seule la mesure d'un appétit qui jamais depuis longtemps n'avait été satisfait. Le vieillard lui passa la fiole, lui tendit un fruit, elle sourit des yeux pour le remercier.

— Comment t'appelles-tu ?

— La Petiote.
— Ce n'est pas un nom ; tu en as un autre.
— Je ne crois pas, répondit la petite fille.
— Va pour celui-là, reprit le vieillard, veux-tu me rendre un service.
— Oh ! oui, monsieur, répondit l'enfant.
— Je voudrais aller chez quelqu'un qui demeure à Luzancy, tu dois connaître tout le monde dans le pays.
— Certes, répondit l'enfant. Est-ce qu'il faudra que je vous conduise ? reprit elle.
— Me refuserais-tu si je te le demandais ?
— Non, répondit la Petiote, nous attendrions qu'il fasse nuit, bien nuit, je vous montrerais la maison, puis je me sauverais.
— Où irais-tu ?
— Je reviendrais ici...
— Ici ! tu t'obstines donc à mourir !
— Puisque je ne peux pas vivre ! fit la Petiote d'un air navré. Voyez-vous, autrefois ça allait encore, les enfants étaient mauvaises, mais je m'en tirais, c'est depuis les dindons que tout a mal tourné. J'ai refusé de les conduire, on m'a battue. Si je rentrais, ça recommencerait, il vaut mieux en finir... Je ne retournerai jamais dans cette maison... Vous ne m'avez pas dit chez qui vous vouliez aller, reprit doucement l'enfant.
— Chez Marthe Lavoine, répondit le vieillard.
L'enfant se dressa sur ses pieds.
— Vous me trompez ! fit-elle, vous voulez me ramener chez elle... O mon Dieu ! vous n'avez cependant pas l'air méchant... Je vous en prie, je vous en supplie, ne lui dites pas que vous m'avez vue... Qu'est-ce que cela peut vous faire... Elle ne devinera rien... J'aime mieux mourir, voyez-vous, j'aime mieux mourir...
Le vieillard prit les deux mains de l'enfant dans une des siennes.
— Te trahir, moi ! pauvre agneau ! Non, je ne dirai pas que je t'ai vue ; d'ailleurs, tu sais peut-être ce que je désire apprendre .. Marthe a des enfants ?
— Quatre, Rustique et les trois petites filles...
— Mais ne garde-t-elle pas une autre enfant... une petite fille de Paris.
— De Paris ! fit la Petiote en éclatant, si je la connais ! on l'appelle de noms abominables, celle-là, on la bat à coups de poings, de gaule et de sabot.
Elle releva ses cheveux blonds sur la tempe gauche, et dit au vieillard :
— Voyez-vous la marque des coups de sabot, c'est de ce matin, et ça saigne peut-être encore...
Ce n'était point la blessure que regardait en ce moment le vieillard, mais un signe noir comme le jais caché sous les nuances blondes de sa chevelure. Ses yeux s'y attachaient avec une anxiété dévorante, et des sanglots montaient à sa gorge.
— Ainsi, la Petiote... C'est toi la petite fille de Paris .. toi qu'on bat... qu'on martyrise... et tu ne veux plus retourner chez cette misérable ?

— Jamais! jamais! répondit l'enfant.

— Mon Dieu! fit le vieillard, n'avoir pas été désarmé par ce regard si pur, si bleu, par cette enfance, par cette grâce! S'être fait le bourreau de cette mignonne que les anges regardent dormir... Et la loi ne punira pas un tel forfait? La loi!

Il éclata de rire d'une façon amère, puis il attira vers lui l'enfant, et posa ses lèvres sur le petit signe noir.

— Regarde-moi, chère martyre... Est-ce que je te fais peur? Je ne suis pas méchant, va... Ma barbe est longue, j'ai peut-être l'air d'un bandit... Mais j'aime les enfants, si tu savais combien je les aime... Je n'irai pas chez Marthe Lavoine, non je n'irai pas, car cette fois je ferais un malheur... Si tu le veux, nous allons partir ensemble, tous deux... Ce sera une douce vie... Nous resterons dans les champs, dans les bois, au grand air, jusqu'à l'automne, après je chercherai de l'ouvrage à Paris... Je gagnerai de l'argent pour toi, je te donnerai des jouets, des robes bien jolies et bien chaudes pour l'hiver... Non, non! je n'irai pas chez Marthe Lavoine, puisqu'elle t'exploitait, et faisait de toi sa servante.

La Petiote écoutait le vieillard avec une sorte d'extase.

— Vous aimez donc les enfants, vous? lui demanda-t-elle.

— Je t'aime, toi du moins, pauvre petit ange! Tu ne regrettes rien au village, viens avec moi... ta vie sera facile, ou je mourrai à la peine.

— Crois-tu qu'il te sera difficile de m'aimer?

— Non, répondit l'enfant... Je vous aime déjà!

Ses deux bras se nouèrent autour du cou du vieillard.

Il aperçut alors un sillon bleuâtre sous son cou.

— C'est la gaule! dit-elle, la douleur est passée... Non! non! vous ne me battrez pas, vous ne me ferez jamais de mal.

Le vieillard éclata en sanglots.

L'enfant était agenouillée sur l'herbe, près de lui, ses yeux bleus levés vers les yeux brûlés de pleurs du vieillard; il effleura de ses mains le front de la Petiote, et répéta :

— Sois bénie! sois bénie!

La petite fille reprit :

— Je vous ai dit mon nom, Petiote... Vous, comment faut-il vous appeler.

— Appelle-moi grand-père! répondit-il en la serrant dans ses bras avec l'empressement et l'expansion du triomphe que donne la conquête d'un trésor.

Il monta sur un tonneau, et prenant l'archet, il enleva un quadrille. (Voir page 89.)

Chapitre VIII

JOURS HEUREUX

La saison était superbe, chaude sans être brûlante; les blés venaient d'être coupés; l'herbe verdissait dans les chaumes, donnant l'illusion d'un second printemps. Le long des haies les tyrses du troène embaumaient encore, tandis que des grappes de mûres noircissaient sur les tiges ligneuses.

Les ruisseaux amoindris couraient lentement avec un doux murmure; des bouquets bleus garnissaient leurs bords ombragés, tandis que les bruyères d'un rose violacé formaient d'immenses tapis dans les clairières. Dans les champs, les laboureurs conduisaient hâtivement leur charrue, préparant la récolte suivante. Les femmes, les cheveux couverts d'une étoffe de couleur, emplissaient les chars de gerbes de blé, ou de foin odorant qui tombait en longues nappes, s'accrochant aux aubépines, et formant sur la route de longues traînées ramassées par les enfants pauvres.

Il faisait bon vivre au milieu de cette nature maternelle, féconde, sous ce ciel bleu, sans nuages; il faisait bon, nonchalemment étendu, écouter les oiseaux chanter l'Éternel ; le cœur se remplissait de tendresse et d'espérance.

Sans doute, deux voyageurs arrêtés depuis un moment sur la lisière d'un bois taillis pensaient de la sorte, car il serait impossible de voir des êtres exprimant plus d'affection, et paraissant jouir pour le moment d'un bonheur plus complet.

Le vieillard était le même homme que nous avons vu interrogeant la Petiote, près du trou des Jardinets. Seulement, bien qu'il eût gardé sa grande barbe grise et ses longs cheveux, il semblait plus soigné, moins pâle ; ses paupières paraissaient moins rouges; peut-être pleurait-il moins...

Quant à la Petiote, elle était devenue complétement méconnaissable. Un costume modeste, mais d'une irréprochable propreté, remplaçait les haillons qui la couvraient naguère ; de bons gros souliers protégeaient ses pieds nus; un grand chapeau de paille abritait son joli visage; sur ses joues, les couleurs roses avaient remplacé sa pâleur maladive ; l'éclair de ses grands yeux bleus, le son de sa voix, tout contribuait à la rendre différente de la petite gardeuse de dindons dont Marthe Lavoine avait fait une martyre.

A partir du moment où le vieillard l'avait emportée comme une proie ou plutôt comme un trésor, elle avait connu tous les biens dont on l'avait sevrée jusque-là. Au lieu de s'entendre gourmander à toute heure et à tous propos, une voix amicale lui parlait doucement ; aux coups avait succédé la plus tendre sollicitude, une main prévoyante lui tendait le pain et les fruits de ses repas ; quand elle couchait dans la campagne, près des meules, sous le grand ciel étoilé, elle sentait qu'une sentinelle attentive veillait sur son sommeil. Et puis, maintenant, elle savait ce que c'est que d'entendre une voix amie prononcer des paroles dans lesquelles le cœur déborde. Elle apprenait une langue divine, celle de la tendresse, et elle la balbutiait entre des baisers. Il lui paraissait infiniment doux de donner le nom de « grand-père » à ce bon vieillard qui, sans la connaître, l'avait arrachée à la mort, et qui depuis cette heure la défendait avec une inquiète sollicitude contre toute souffrance.

Pour quitter les Jardinets sans crainte d'être rencontrés, ils avaient attendu la nuit, et le vieillard, qui, sans doute, connaissait très bien le pays, l'avait emmenée à travers la Bourgogne, aimant mieux s'éloigner de Paris que d'y rentrer pendant l'automne, alors que la campagne était encore dans toute sa beauté. D'ailleurs, il se rendait compte que l'enfant trouverait un grand charme au spectacle des vendanges. Lorsque, sur leur chemin, ils rencontraient des paysans occupés à cueillir les grappes sur les vignes, il payait quelques sous pour que l'on permît à la Petiote de se mêler aux travailleurs et de manger du raisin cueilli par ses propres mains. L'enfant, toute joyeuse et reconnaissante du plaisir que lui procurait « grand-père » lui rapportait les plus belles ; alors c'était un gracieux spectacle de les voir se quereller à qui aurait le plus beau fruit, picorant comme des oiseaux. Elle riait de tout son cœur, à plein gosier. C'était si bon de rire pour elle qui avait toujours pleuré ! N'avait-elle pas un compte d'arriéré à solder avec la gaîté naturelle à l'enfance ? Lui s'épanouissait à cette joie ; il oubliait les tristes jours du passé ; l'étincelle revenait à son regard, ses mains tremblaient d'une douce émotion en lissant la chevelure blonde qui flottait en anneaux sur le dos de l'enfant.

Souvent il la soulevait dans ses bras, écartait ses cheveux et embrassait à pleine bouche le petit signe qu'elle avait sur la tempe en répétant avec un sourire :

— Oh ! cette chère marque, combien je remercie Dieu de te l'avoir placée là ; c'est grâce à elle que je t'aie reconnue.

L'enfant ouvrait de grands yeux étonnés. Que voulait-il dire ? Jamais auparavant ils ne s'étaient rencontrés ! A qui ressemblait-elle ? D'où venait-il ? Un instant, elle songeait à lui poser toutes ces questions ; et puis, avec la mobilité de son âge, elle n'y pensait bientôt plus. Du reste, à quoi bon ? Ils s'aimaient profondément, comme deux êtres pauvres et faibles qui se devaient suffire et qui se suffisaient en effet ; n'était-ce pas assez ? Le vieillard ne respirait plus que par l'enfant, et l'enfant sentait qu'elle ne pourrait plus vivre sans le vieillard.

Jamais ils ne s'ennuyaient ensemble ; les heures passaient avec une incroyable rapidité. L'enfant ignorait tout ; le vieillard, au contraire, paraissait connaître beaucoup de choses. Aussi, tout le long du chemin, pendant que les kilomètres succédaient aux kilomètres, la petite questionnait, le vieillard répondait. Quand ils s'arrêtaient pour se reposer, il lui montrait à lire dans un livre à images acheté en traversant une grande ville ; tout en cueillant des fleurs, il les lui nommait, lui enseignait leurs propriétés et leurs usages ; si un oiseau passait en chantant, il en profitait pour lui faire un petit cours d'histoire naturelle. La mémoire de la Petiote était prodigieuse, on eût dit qu'elle se souvenait de choses déjà entendues au lieu de les apprendre pour la première fois. Aussi leurs heures qui semblaient des heures de loisir se coupaient par l'étude, une étude dissimulée par le plaisir, par la causerie, par les exemples à l'appui des théories, qui ne fatiguaient pas l'enfant et qui charmaient le vieillard.

Quand le soir était venu, et que nos voyageurs, se trouvant éloignés de toute habitation, devaient passer la nuit à la belle étoile, la Petiote, étendue sur l'herbe, les yeux mi-clos, une main dans la main de son guide bien-aimé, lui disait de sa voix la plus douce, avec un accent de supplication :

— Grand-père, il faut me raconter une histoire, une de ces belles histoire, comme tu en sais tant.

Alors le vieillard cherchait dans son imagination ou rappelait ses souvenirs; et il commençait à lui narrer les légendes les plus ravissantes de l'histoire ou les contes les plus fantastiques de la féerie. Perrault et les vieux écrivains des premiers âges étaient tour à tour mis à contribution. Aussi existait-il pour la Petiote un monde à part, rempli d'enchanteurs, de géants, tantôt doux ou terribles, de princesses belles comme le jour, persécutées par quelque génie malfaisant, de nains difformes, de fées protectrices. Grâce au langage imagé de « grand-père, » elle voyait défiler devant elle une ménagerie fantastique, composée d'hypogriphes rapides, de griffons au bec d'aigle, de licornes blanches sur lesquelles des princes charmants chevauchaient au clair de la lune, de sirènes peignant leur chevelure verte sur le bord des fleuves ou le long des rivages de la mer, de tritons au regard malin, soufflant dans d'énormes coquillages, et en faisant sortir des sons terribles comme le tonnerre; de phénix au plumage étincelant, volant dans les forêts embaumées, et dressant leur bûcher de bois de Santal pour y mourir et renaître de leurs cendres; de martins-pêcheurs, gardiens vigilant des foyers, protégeant l'honneur des familles. Elle n'avait pas besoin de les voir; elle les créait de toute pièce dans son imagination et y croyait fermement; c'était pour elle une joie de connaître ce monde à part, où la pensée enfantine retournait chaque soir avant d'entrer dans le domaine du rêve.

Ainsi le temps passait en agréables causeries; jamais l'ennui ni la satiété ne venait; ils se suffisaient l'un à l'autre de la façon la plus complète, la plus absolue. Rien ne leur manquait quand ils se trouvaient ensemble. Cependant, le vieillard ne fuyait pas la société; il prenait grand plaisir à se mêler aux travailleurs, aux paysans; il était toujours prêt à leur donner un coup de main, soit pour faire démarrer une voiture embourbée; soit, à l'approche d'un orage, pour achever de charger en hâte les gerbes sur un charriot; sa grande simplicité, son affabilité constante le faisaient rapidement aimer.

Un jour, se trouvant dans un village, à la porte de l'église, au moment où une noce en sortait, il vit tout à coup le violoneux qui marchait devant le cortège, trébucher comme un homme ivre, puis tomber pâmé sur le sol. En un instant il fut auprès du musicien, arracha rapidement sa cravate, ouvrit d'un seul mouvement le col de sa chemise, afin que l'air arrivât plus facilement jusque dans ses poumons, releva sa manche, prit dans sa poche un outil aigu, puis, sans hésiter, d'une main sûre, il piqua une veine d'où jaillit bientôt un sang épais et noir. Il le laissa couler longtemps jusqu'à ce que le malade ouvrît les yeux et reprît connaissance. Alors, déchirant un mouchoir et en faisant des bandelettes, il pansa le bras avec l'adresse d'un chirurgien. Cependant un des invités de la noce s'était détaché du groupe, et était allé en toute hâte à la recherche du médecin; lorsque celui-ci arriva il dit au joueur de violon :

— Vous avez eu une attaque. La personne qui vous a saigné vous a sauvé la vie. Est-ce un de mes confrères ?

On lui montra le vieillard qui, modestement s'était retiré à l'écart et qui s'occupait à accorder le violon un peu endommagé dans la chute de son propriétaire.

Le médecin s'approcha du voyageur, lui adressa des félicitations et lui dit qu'il n'aurait pas pu mieux faire. Le vieillard salua avec aisance et courtoisie, répondit qu'il avait été heureux d'avoir pu se rendre utile à un de ses semblables, puis regardant la Petiote d'un air malin, comme s'il lui ménageait une surprise avec l'espérance de lui procurer un grand plaisir, il dit aux mariés :

— Vous voilà privé de violoneux... Le brave homme a besoin de repos ; mais faute d'un musicien il ne faut pas manquer le bal. Voulez-vous me permettre de le remplacer ; je ne sais sans doute pas des airs aussi nouveaux que votre artiste, mais le peu que je sais, je vous l'offre de bon cœur. Allons, c'est dit, Messieurs, choisissez vos dames, mettez-vous en place, et en avant la contredanse !

Il monta sur un tonneau et, d'une main sûre prenant l'archet, il enleva un quadrille.

Les villageois étaient ravis de cette aubaine imprévue. Pendant une heure, il joua sans discontinuer ; il ne songeait pas à la fatigue, tant il trouvait de plaisir à voir la Petiote tournoyer avec les enfants de son âge dans une ronde folle d'où s'échappaient les éclats de la plus franche gaieté.

Quand le bal fut fini on s'empressa autour du vieillard, on le fêta : il fallut qu'il acceptât pour lui et pour l'enfant les deux plus belles places au repas de noces ; les réjouissances devaient continuer le lendemain et le surlendemain, on le supplia de rester encore deux jours. et il céda pour avoir le plaisir de voir sa petite-fille s'amuser à plein cœur.

La Petiote était émerveillée de ses talents.

— Grand-père, lui demanda-t-elle, tu as soigné ce pauvre violoneux comme un vrai médecin, et tu as joué de la musique comme je n'en ai jamais entendu, tu sais donc tout ?

— Loin de là, ma mignonne, j'ignore, je t'assure, bien plus de choses que je n'en sais. Tu as l'air de me prendre pour un grand musicien ; détrompe-toi, ma chérie ; je râcle très mal du violon ; mais j'ai vu ces pauvres jeunes gens si désappointés de ne pas pouvoir danser ; j'ai pensé que tu aurais un si grand plaisir à te mêler à leurs ébats, que j'ai tâché de me souvenir tant bien que mal de quelques airs qu'on m'a appris quand j'étais jeune. Voilà tout.

— Tu ne sais pas ce que j'entendais dire tout à l'heure aux gens de la noce ? Eh bien ! ils disaient que tu jouais très bien, et que si tu voulais rester dans le pays tu les ferais danser tous les dimanches avec l'autre musicien, et que tu gagnerais beaucoup, oh ! mais, beaucoup d'argent.

— Cela ne se peut pas, ma chérie, dans deux jours nous serons partis, et tout ira bien, car tu te seras amusée.

En effet, deux jours plus tard le vieillard et l'enfant s'éloignèrent.

Faute de pouvoir payer sa complaisance, on remplit un sac de toile de provisions de toutes sortes, et plus d'un garçon le suivit du regard en répétant :

— Quel ménétrier ça nous aurait fait!

Ils reprirent tous deux leur voyage à travers les bois, la campagne, faisant halte suivant leur caprice. Le grand-père ne semblait point se préoccuper de gagner d'argent, et cependant il n'était pas riche; lorsqu'il tirait de sa bourse les dernières pièces d'or qui lui restaient et sa monnaie blanche, il ne pouvait s'empêcher de soupirer. Mais on eût dit qu'il avait résolu de vivre durant quelques mois d'air, de liberté, de bonheur, sans se soucier d'autre chose, trouvant sans doute qu'il aurait le temps de travailler, de besogner et peut-être de souffrir. Il ne songeait pas à lui seul. L'enfant le préoccupait avant tout. Suivant du regard le changement qui s'était opéré en elle, il voulait qu'avant de rentrer dans la grande ville où la lumière et le soleil sont mesurés avec une partialité si grande, elle fit provision de santé et de forces. Elle grandissait durant ces courses à l'air libre; son teint prenait des transparences roses. Oh! combien elle était jolie, et avec quelle secrète angoisse le vieillard cherchait sur ce bien-aimé visage, les traits d'une créature enlevée à cette terre de larmes et d'épreuves.

Sans doute le vieillard se trouvait heureux près de l'enfant, mais cependant il restait souvent, tandis qu'elle dormait, la tête ensevelie dans ses mains, assistant à des scènes depuis longtemps passées, évoquant des absents ou des morts.

Un soir d'été, un des derniers jours où la brise chaude permettait encore de dormir dans les bois, le vieillard et l'enfant se trouvèrent près d'une clairière où avait eu lieu un abattage d'arbres. Les grands troncs gisaient à terre, saignants comme des cadavres, des amoncellements de fagots se dressaient au loin, et une cabane de feuillage bâtie par les bûcherons ayant travaillé là, l'hiver précédent, était restée debout. Le vieillard apporta de la mousse dans la cabane, alluma un feu de bois mort, non pour se chauffer, mais pour égayer la clairière. Peut-être aussi ce feu durant la nuit lui rappelait-il une phase éloignée de sa vie, car en le considérant il paraissait soucieux et rêveur. La Petiote riait et sautait autour de la flamme.

— C'est pour nous défendre des loups que tu as allumé du feu, n'est-ce pas, grand-père?

Le vieillard inclina la tête.

Mais la Petiote ne tint pas compte du désir que semblait avoir ce pauvre homme de s'abandonner à ses songes ou à ses souvenirs, et, passant sa petite main sur sa manche, elle ajouta avec cette câlinerie de voix que rien ne pouvait rendre :

— Une histoire, grand-père, une histoire?

— Il faut dormir, ma petite-fille, ma chérie, va reposer dans la cabane.

— Non, grand-père; c'est bien plus amusant de rester là, tous deux, près de ce feu dans la forêt grande, une forêt qui ne finit peut-être pas... Il me semble que nous sommes tous deux perdus dans les pays sauvages, et que je vais voir s'allumer de grands yeux rouges... Une histoire, je t'en supplie, grand-père.

— Je ne pourrais t'en raconter qu'une.
— Eh bien ! dis-la.
— C'est qu'elle est si triste, si triste...
— Ressemble-t-elle à la mienne, quand j'étais chez Marthe Lavoine, et que je menais paître les dindons...
— Elle est plus douloureuse encore. ma chérie...
— Je pleurerai, et j'aime à pleurer, grand-père ! Seulement depuis que je suis avec toi, mes larmes ne ressemblent pas à celles que je versais autrefois... Alors, c'était de la douleur, de la rage ; maintenant, c'est de l'attendrissement, de la reconnaissance... Dis moi l'histoire. Comment se nommait celui à qui elle est arrivée ?
— Nous l'appellerons le Pauvre Homme, veux-tu ?
— Oui, dit la petite fille, et je l'aime déjà.

La Petiote posa son front sur l'épaule de son compagnon ; les lèvres du vieillard l'effleurèrent, et il commença d'une voix lente et basse, comme s'il avait la crainte d'être entendu et épié.

— On avait arraché le Pauvre Homme à sa famille, et on l'avait emmené loin, bien loin, au delà des mers, dans un pays où l'air dessèche les poumons, où l'on prive les malheureux de leur liberté... La mer entoure la grande île, des soldats les gardent, et s'ils tentaient de s'échapper, on ferait feu sur eux comme sur des bêtes féroces... D'habitude on envoie dans cette île les grands coupables, ceux qui ont versé le sang de leurs semblables, incendié les propriétés, et commis des crimes que la société a droit de punir... Le Pauvre Homme n'avait jamais fait le mal ; honnête, doux, bon, travailleur et probre, sa vie pouvait être citée comme un modèle, et cependant on l'avait envoyé là, avec le rebut de la société, des voleurs et des assassins.

— Grand-père, demanda l'enfant, ne pouvait-il pas dire aux juges qu'ils se trompaient ? On l'aurait rendu à son pays, à sa famille...

— Sa famille ! reprit le vieillard, il croyait la sauver... Le crime dont on l'accusait avait été perpétré dans sa propre maison, par quelqu'un qui était son sang et sa chair... Celui-là était jeune, et gardait devant lui de longues années de vie. Une leçon terrible pouvait le rendre au devoir, au repentir... Le vieillard s'acheminait vers la tombe, il était seul, tandis que le coupable, le coupable avait une femme et une enfant... Ne valait-il pas mieux les sauver ? Le vieillard se sacrifia, il s'accusa, et fut condamné... Condamné à rester quinze ans loin de son pays, loin de tout ce qu'il aimait... On le jeta sur un navire, il fut longtemps, bien longtemps en mer, et quand il débarqua dans la grande île des forçats, il crut qu'il allait mourir. Il songea à l'enfant. la petite fille qu'il avait bénie ; il se rappela qu'il était là de son plein gré, qu'il l'avait voulu, et que toute la honte bue, toute la douleur subie seraient inutiles s'il faiblissait à cette heure. Le courage lui revint. Il s'attacha à mériter la confiance de tous par une conduite exemplaire, l'amitié de quelques-uns par des services rendus, des consolations données. Il avait assez souffert pour savoir adoucir la souffrance d'autrui. Ayant obtenu de vivre dans une maison à part, il trouva moyen de gagner de l'argent, car il était habile en bien des choses. Le soir il faisait des cours à ses compagnons, leur enseignant la lecture, l'écriture, leur apprenant les phases diverses de l'histoire, leur enseignant les grandes lois de la morale. Il devint bientôt l'âme d'une partie de la colonie.

« De temps en temps il recevait des lettres de France, et alors il s'enfermait pour pleurer.

« Tandis qu'il souffrait dans cette île close à l'espérance, là-bas étaient morts plusieurs de ceux qu'il aimait... Il ne retrouverait plus jamais, jamais, une femme qu'il avait chérie comme la plus tendre des filles, et l'être pour lequel il avait sacrifié jusqu'à son honneur avait disparu sans laisser de traces .. Il ne restait plus pour l'attacher au monde qu'une enfant, une pauvre petite enfant, dont on lui parlait dans les lettres. Il savait qu'elle avait des cheveux blonds, des yeux bleus ; quand il était seul, la nuit, dans sa pauvre demeure, elle se penchait vers lui avec son visage d'ange ; d'autres fois elle paraissait lui tendre les bras de loin. Il ne demandait pas grand'chose pour conserver la force de subir jusqu'au bout son martyre, il voulait seulement apprendre qu'elle grandissait, qu'elle était jolie... Mais un moment vint où le Pauvre Homme ne reçut plus de lettres... Il attendit les courriers avec impatience, avec fièvre... Et nul ne daigna ou ne put lui répondre... Cette torture lui sembla plus insupportable que toutes les autres. L'enfant était-elle morte ? Son dévouement restait-il stérile pour tous ? En perdant l'espérance, il perdit la force de souffrir. Son caractère changea, la révolte gronda en lui. Loin de s'applaudir de ce qu'il avait fait, il en vint à le considérer comme une folie... N'aurait-il pas dû rester en France, afin de protéger les faibles. Sa conduite, héroïque au premier abord, était peut-être coupable... Une idée fixe entra dans son cerveau et ne le quitta plus. Il ne songeait qu'à fuir cette île, ses compagnons d'infortune, et à revenir en France... Comment le pourrait-il ? N'allait-il pas au-devant d'une mort épouvantable ? Il connaissait le nombre et l'immensité des périls, mais l'enfant l'appelait de loin, et cette petite voix, qui lui arrivait à travers un océan, l'attirait avec une force irrésistible... Il résolut de partir... Sa conduite avait jusqu'alors été si exemplaire que de tous les prisonniers il était le moins surveillé ! Une nuit, quittant sa cabane, il s'enfuit à travers la campagne et gagna les bois. Là des dangers sans nombre l'attendaient : les fauves, les hommes... Non pas les gardiens dont il venait de tromper la surveillance, mais des sauvages haïssant les gens d'Europe, les tuant non seulement comme on fait d'un ennemi, mais encore les réservant pour des festins abominables. Il se cacha dans un arbre creux durant deux jours, vivant de fruits et de racines. Au bout de ce temps, espérant que sa trace était perdue, il pensa qu'il pouvait, en dormant durant le jour et en marchant seulement pendant la nuit, gagner le rivage, d'un côté opposé à celui de la colonie française. Le hasard, la Providence lui fournirent le moyen. Durant six semaines il vécut de cocos, de bananes, en errant de nuit, tremblant moins d'être découvert par les soldats que harcelé par les sauvages. Enfin il gagna une crique dans laquelle les naturels laissaient souvent des embarcations. Le

Pauve Homme ne possédait ni boussole ni aucun des instruments qui servent pour se guider, il devait régler sa marche sur le soleil couchant sachant que l'Australie se trouvait dans cette direction.

« Des périls si grands qu'ils effraieraient les plus braves le menaçaient de tous côtés, mais il ne voulait pas les voir, il ne songeait qu'à la petite fille qui lui tendait les bras de l'autre côté de la mer. Il amassa des fruits sauvages, une petite provision de farine, puis un soir, se traînant sur le rivage, il sauta dans un canot et gagna le large... Le vois-tu tout seul, sur la mer immense, dans une embarcation tout au plus assez solide pour aller à la pêche, ayant pour tout moyen d'avancer deux avirons qu'il maniait d'une main novice. Le temps était beau cette nuit-là. Il se coucha dans le canot, se laissant aller au hasard, et sachant qu'il l'emportait loin de ses geôliers. A l'aube il se remit à ramer, mangea quelques fruits, et reprit les avirons. De terre à l'horizon, aucune, hors celle qu'il fuyait... Le quatrième jour les vagues s'enflèrent menaçantes, enfonçant la chétive embarcation. Parfois le malheureux cramponné au bordage croyait s'engloutir au fond des abîmes, et brusquement se trouvait soulevé à la crête blanche des flots. Ses habits, trempés d'eau de mer, s'alourdissaient sur son corps et glaçaient ses membres durant les nuits fraîches. D'après les calculs qu'il avait faits sur le temps nécessaire pour gagner l'Australie, il avait partagé ses maigres provisions; mais soit que la barque eût dévié de sa route, soit que le Pauvre Homme se fût trompé, il ne voyait rien que la mer sans limite. Parfois une voile, loin, bien loin, et il n'osait faire de signaux, car il n'était point un voyageur comme un autre. S'il avait échappé à quelque terrible naufrage, toutes les mains se seraient tendues vers lui, mais il sortait d'un enfer dont les damnés inspirent plus de mépris que de compassion.

« Dès qu'il se fût trouvé à bord, lui européen errant dans une barque de sauvage, on lui eût adressé des questions dangereuses, son silence équivalant à un aveu l'aurait perdu; non, il ne pouvait demander le salut qu'à Dieu, et il l'implorait avec la ferveur d'une âme pleine d'angoisse... Les vivres diminuaient; bientôt le malheureux n'eut qu'une petite poignée de grain... Et ce n'est pas la faim qui le faisait souffrir davantage, mais la soif. Sa poitrine, sa gorge étaient en feu. Ses yeux le brûlaient comme s'il se trouvait en face d'un brasier... Alors il comprit sa folie... N'aurait-il pas mieux fait d'attendre? Dix années encore! et il aurait été libre... Dix années et il eût tranquillement regagné la France et Paris... Son impatience se trouvait cruellement châtiée... Il ne se révolta pas contre la volonté divine; les grandes douleurs nous écrasent tellement qu'elles nous disposent à la résignation... Quand la faim gronda en lui jusqu'à susciter le délire, il se coucha au fond de la barque, le visage enfoui dans ses deux bras, et il s'abandonna lui-même.

« Lorsqu'il revint au sentiment de l'existence, il se trouvait dans un petit port habité par quelques pêcheurs occupés à lui prodiguer des soins. Le canot se trouvait sur le sable; à la marée on l'avait aperçu à sec, et le Pauvre Homme qui paraissait privé de vie, frictionné vigoureusement, ne tarda pas à ouvrir les yeux. Une gourde d'eau-de-vie lui rendit un peu de force, un repas de coquillages et de poisson lui fut servi, et bientôt il fut en état de remercier ses hôtes.

« On ne lui adressa pas de questions.

« En Australie trop de gens ont eu des démêlés avec toutes les justices du globe pour qu'on songe à s'en inquiéter. Les terres nouvellement colonisées ont presque toutes commencé par donner ainsi droit d'asile. Après deux jours passés dans ce village, le Pauvre Homme résolut de se rendre utile, afin de payer l'hospitalité reçue. Il savait écrire, il tint les livres des pêcheurs; puis il se rendit à la ville voisine, et leur aida à trouver des débouchés pour le produit de leur pêche. Un mois plus tard il s'était rendu indispensable, et bientôt il lui fut possible d'économiser quelque argent. Ce qu'il avait emporté de l'île dans laquelle on l'avait gardé prisonnier devait lui servir à payer son passage en France; jusqu'à ce qu'il fût à bord d'un vaisseau, il lui fallait pourvoir à ses besoins. Un capitaine voulut bien le charger des écritures de son navire, et le transporta en Amérique. C'était encore un pas de fait vers la patrie. »

— Vers la petite fille qui lui tendait les bras à travers la mer, tu veux dire...

— Oui, mignonne c'est la même chose, chérie. Il paya sa traversée sur un navire américain, en charge pour le Havre... Alors il compta les jours, il oublia ses misères. Sa barbe longue, ses grands cheveux, des chagrins qui l'avaient vieilli, empêcheraient de le reconnaître. Il s'était acheté un costume pauvre, mais propre, et comme il connaissait plusieurs langues, il pouvait aisément se faire passer pour étranger... Car si on l'avait arrêté, on n'eût pas demandé ce qu'il venait de souffrir, ni pour l'amour de qui le Pauvre Homme avait enduré tant de peines; on n'aurait pas compris que la petite fille était toute sa vie, on l'aurait renvoyé dans la grande île où l'on souffre, où l'on se désespère, où l'on meurt... Et cette fois, il n'en serait jamais revenu.

« Il se mêla aux gens chargés du débarquement des marchandises, moins pour gagner un salaire qu'afin d'éloigner tout soupçon; lorsqu'on se fût accoutumé à le voir sur le port, dans les rues, il quitta une nuit la ville et prit la route de Paris.

« Il marchait, il marchait sans repos ni trêve, voyant le but, cette fois, et regardant briller dans l'ombre deux lumineuses étoiles. Puis, quand il vit les lumières de Paris, il eut peur de mourir de saisissement. Il allait demander, apprendre; il saurait ce qu'étaient devenus les êtres chers qu'il avait tant pleurés. Descendu dans une misérable auberge des faubourgs, il se dirigea le soir vers la grande ville et gagna la rue qu'il habitait jadis... Son chapeau sur les yeux, le collet de son vêtement relevé pour dérober le bas de son visage, il s'informa de celui dont il avait assumé la faute et que si chèrement il avait payée, mais il n'était pas revenu... Un sanglot monta aux lèvres du malheureux, et il se dirigea vers la demeure d'une jeune femme qui s'était montrée bonne et tendre pour la jeune mère morte, et pour le petit enfant... Longtemps elle lui avait écrit, puis la correspondance s'était trouvée interrompue. Pourquoi? Dans la maison de la belle jeune femme, on lui apprit que son mari avait été nommé ingénieur dans une province de Russie... Il se persuada alors que les lettres s'étaient perdues, et qu'il ne devait pas désespérer. Il gardait l'adresse de l'endroit où devait se trouver la petite fille aux yeux bleus, et dès le lendemain il partit... Ses terreurs ne s'apaisaient point, cependant. La femme ne le connaissait pas... Il ne pouvait dire son nom sans se compromettre; la ruse encore une fois devenait nécessaire, il se cacha et il attendit... Il attendit sous les arbres, dans les grandes herbes... Et comme Dieu est bon, il n'eut pas besoin d'aller vers l'enfant qu'il avait tant pleurée, ce fut elle qui lui apparut; il l'emporta comme un trésor, et depuis ce temps il est heureux... »

— Heureux comme nous sommes tous deux, grand-père?

— Oui, ma chérie!

— Que Dieu protège le Pauvre Homme!

La Petiote s'endormit tout à fait, et le vieillard l'emporta dans la cabane du bûcheron.

Ils restèrent deux jours dans le grand bois, plus heureux que jamais.

Cependant un pli se creusait entre les sourcils du vieillard, il comptait et recomptait souvent ce qui restait dans sa bourse.

Les jours diminuaient, les nuits devenaient plus fraîches, les feuilles jaunies jonchaient les chemins, et les fleurs devenaient plus rares. Le Paradis du bon Dieu allait se fermer, il deviendrait nécessaire de rentrer à Paris, Paris l'enfer et la ressource des misérables. La Petiote y perdrait peut-être ses couleurs roses et une partie de sa gaieté, mais il fallait vivre, et le vieillard savait qu'il ne pourrait exister et se cacher que là. Par avance, il devint triste. La petite fille, qui ne comprenait pas pourquoi, redoublait de caresses pour le consoler; rien n'y faisait; il voyait devant lui des périls de tout genre, des périls dont on ne pouvait avoir l'idée, et qu'il faudrait braver chaque jour, à toute heure. Pour la Petiote, il semblait que tout fût supportable à la condition qu'on ne vécût pas chez Marthe Lavoine. Elle gardait de l'existence passée chez elle un souvenir amer. Les mauvais traitements avaient fait germer la haine dans cette âme tendre et naïve. Elle ne pouvait parler de la fermière sans qu'une rougeur ardente montât à son front, sans que ses petits poings se crispassent avec colère.

— Si je pouvais me venger! murmurait-elle, si je le pouvais!

— Quand tu le pourras, tu sauras que Dieu le défend, et tu obéiras à Dieu.

Quelques distractions étaient ménagées de temps en temps aux voyageurs.

Parfois, c'étaient des marchands forains qui passaient sur les routes, arrêtaient la carriole pour faire souffler leur monture, et causaient avec l'enfant et le vieillard. Ils parlaient des foires et des fêtes des environs, racontaient des histoires de voleurs qui avaient manqué de les dévaliser; ou bien ils tiraient de leur poche un vieux journal et le tendaient au grand-père qui le lisait silencieusement.

Puis ils assistèrent au départ des vignerons rentrant dans leurs villages après avoir fait les grosses vendanges de la Champagne. C'était un gai et charmant tableau ; les hommes s'étaient hâtés dans le chemin pour arriver plus vite. Les femmes, les enfants dans leurs bras, les autres serrant leurs jupes ou folâtrant devant elles, allaient au-devant du chef de famille. Chacun avait sur le visage un air de bonheur et de santé. L'aisance allait longtemps régner dans le ménage ; la joie de se retrouver ravivait la tendresse. Le soir le vieillard et la Petiote dînèrent chez des paysans, et, en remerciement du bon accueil qu'il en reçut, le grand-père joua ses airs les plus beaux pour faire danser la jeunesse. Il venait d'achever une contredanse, quand les sons d'une mandoline parvinrent à son oreille, et bientôt un homme d'environ soixante ans, à figure épanouie, à la barbe grise, aux cheveux tombants, la tête couverte d'un grand chapeau orné de chenilles et de fleurs artificielles, ayant sur les épaules une sorte de caban de forme étrangère, s'approcha de la cour où l'on dansait. Une fillette ayant environ l'âge de la Petiote l'accompagnait. Élancée dans sa taille, la peau dorée, de grands yeux noirs éclairant une tête charmante, les cheveux nattés sous une pièce d'étoffe couvrant un peu le front, et retombant en arrière, elle semblait réellement ravissante. Une jupe verte, sur laquelle se nouait un tablier formé de bandes de couleurs vives, une chemise dont le carré et les manches se rayaient de grosse guipure, des colliers de perles de Venise au triple rang et de couleurs diverses, complétaient son costume. Elle riait à la fois des lèvres et des yeux, et quand elle parlait, on trouvait dans son langage une sonorité musicale qui faisait ressembler la moindre phrase à une chanson.

Les deux voyageurs demandèrent l'hospitalité, qui leur fut accordée dans une grange remplie des récoltes de l'année, tandis que la Petiote et son grand-père gagnaient les deux petites chambres qu'ils venaient de louer à l'auberge.

Dans cette nuit profonde, il n'était pas même possible de constater l'étendue de la catastrophe. (Voir page 104.)

Chapitre IX

LA CATASTROPHE

Le lendemain, de bonne heure, il fallait songer à reprendre sa route. Comprenant qu'il ne pouvait, sans danger pour la santé de l'enfant, continuer avec elle sa vie errante, le vieillard devait, doucement et sans fatigue, en économisant le peu d'argent qui lui restait, gagner Paris et s'y établir avant l'hiver.

Depuis que son grand-père lui avait conté dans le bois l'histoire du Pauvre-Homme, la Petiote le regardait avec un sentiment de tendresse mêlé de respect et de pitié. Elle n'osa point lui adresser une question directe, mais elle comprit dans son âme, avec un instinct qui jamais ne trompe le cœur, ce que le vieillard avait souffert, et son amour pour lui devint à partir de cette heure une sorte de culte passionné! Quand elle se trouvait seule, dans son petit lit, les yeux clos, elle évoquait les souvenirs de ce récit, elle voyait un malheureux au fond d'une pirogue, ballotté par la mer, dont les descriptions du vieillard avaient essayé de lui donner une idée. Elle comptait les angoisses, les souffrances du malheureux, elle le chérissait davantage pour chacune de ses douleurs, et sans savoir pour quelle raison cette idée lui traversait la pensée, elle comprenait qu'elle était la petite-fille aux yeux bleus que le Pauvre-Homme souhaitait revoir au prix de tant de dangers.

Ce matin-là, elle serrait donc plus fort dans sa main la main de son compagnon de route, le regardait avec une tendresse plus profonde, et lui parlait d'une voix plus douce.

Ils venaient de sortir du village, quand un bruit de pas, et l'accent sonore de deux voix parlant une langue étrangère leur fit tourner la tête.

Le joueur de mandoline et sa jeune compagne les eurent bientôt rejoints.

Le vieil Italien, avec cette allure en dehors des gens de son pays, ne crut point commettre une indiscrétion en demandant au grand-père de quel côté il se dirigeait.

D'ordinaire celui-ci fuyait les compagnons de route et se défiait des questionneurs, mais l'Italien inspirait instantanément la sympathie, et pour hâter la connaissance, le vieillard lui répondit dans cette langue sonore que l'on parle à Florence et à Rome.

L'Italien tendit la main au vieillard.

— Vous connaissez donc ma patrie? lui demanda-t-il.

— J'y ai habité quatre ans, répondit le vieillard. Tantôt à Rome, à Florence, à Venise. Tout me plaisait, là-bas, tout me grisait : les superbes églises et les admirables musées, les chansons des pêcheurs, les improvisateurs des places publiques, les Transtéverins et les beaux garçons de la Calabre. Oui, j'ai passé dans votre pays d'heureuses et belles années, il y a longtemps, bien longtemps.

— Y retournerez-vous?

— Je ne crois pas.

— Moi, je vais à Paris, reprit le vieil Italien. Je suis pauvre, et la mandoline ne rapporte pas grand'chose dans un pays où tout le monde en joue. La petite a une jolie voix, nous nous tirerons d'affaire. Mon rêve c'est d'y gagner de l'argent le plus vite possible, et de retourner mourir là-bas... Madone, la petite fille s'appelle Madone, une forme nouvelle du nom de Marie qu'on lui a donné... Madone est jolie, elle posera dans les ateliers, où l'on paie cher les enfants; pour une séance elle recevra six ou dix francs, d'après ce que m'ont dit d'anciens modèles. Elle posera tant qu'elle sera petite; jeune fille je ne le supporterais pas .. Nous voyons que nous ferons vite des économies.

— Vous ne connaissez pas Paris?
— Non, mais cela ne fait rien.
— Il me semble au contraire que cela fait beaucoup. Comment trouverez-vous les adresses des peintres? où vous logerez-vous?
— Quant à ces détails, je suis renseigné. Ceux qui reviennent de Paris mettent au courant ceux qui s'y rendent. Un de mes amis, qui est rentré à Rome avec sa fortune faite, m'a remis une lettre pour un individu qui doit être africain. Il signor Beni-Bouffe-Tout... Mais la nationalité n'y fait rien... Il dirige une cité de modèles.
— Comment, une cité de modèles?
— Vous allez me comprendre. Beni-Bouffe-Tout a loué dans le quartier Saint-Victor une maison énorme, séparée en petits logements, dont c'-cun est loué à des Italiens. Les uns exercent l'état de modèles, les autres celui de musiciens, un petit nombre moule des plâtres. Beni-Bouffe-Tout connaît sur le bout du doigt les ateliers de Paris. Il sait quel genre de modèle convient à tel maître. A force de se faire intermédiaire entre les modèles et les peintres, il a fini par être connu ; sa recommandation est bonne, et quand un de nous quitte Florence, Rome ou Venise pour ramasser un peu d'argent à Paris, c'est toujours dans le quartier Saint-Victor qu'il se rend. Beni-Bouffe-Tout prend une remise pour recommander les modèles et leur fournir de bonnes adresses, mais personne ne s'en plaint, il faut que tout le monde vive.
— Certainement, répondit le vieillard, il faut que tout le monde vive.
— Vous allez aussi à Paris?
— Oui, répondit le grand-père.
— Qu'y ferez-vous?
— Je ne sais pas encore.
— Vous savez jouer du violon?
— Un peu.
— Très bien, c'est utile, cela. Si vous n'avez point de projet arrêté, nous pourrions peut-être arranger quelque chose... Voyez, les enfants sont du même âge, elles s'aimeraient tout de suite... Madone apprendrait l'italien à votre fille, et votre fille enseignerait le français à Madone. Elles sont mignonnes et jolies toutes deux, mais si différentes de types qu'elles ne sauraient se nuire, et pourraient très bien poser dans les mêmes ateliers. Rien ne nous empêcherait de faire de la musique ensemble, si cela pouvait vous convenir.
— Pour ce qui est de cela, répondit le vieillard, je ne me sentirais aucun goût pour des promenades sans fin à travers Paris. Oui, j'accepterais que Madone et ma petite-fille vécussent l'une près de l'autre; elles se protégeraient mutuellement; quant à moi, j'espère trouver un autre moyen de gagner de l'argent.

Il frappa sur sa poche, et dit avec mélancolie :
— Il est temps! grand temps!

— Bah! reprit l'Italien, nous avons encore du soleil pour un mois, profitons-en, et ne voyageons qu'à petites journées. Il m'en coûtera de voir Madone dans les rues de Paris, tristes et boueuses en hiver, tandis qu'elle est accoutumée au grand soleil de notre Italie. La pauvrette ne s'en effraie pas, au contraire, tout ce qui est changement devient joie pour l'enfant. Ainsi, c'est convenu, jusqu'à Paris nous marcherons de compagnie ?

— Oui, jusque-là, dit le vieillard ; seulement laissez-moi mettre une condition. Nous voici à l'époque où les froids accourent plus vite qu'on ne les attend ; je ne veux pas fatiguer ma petite-fille ; si le mauvais temps menace, nous aurons plus de profit à prendre le chemin de fer pour terminer la route. Il faut qu'avant l'hiver nous soyons installés et même connus.

— Vous avez raison, dit l'Italien, regardons comme une promenade ce que nous ferons de chemin pendant le mois d'octobre, et avant la fête de tous les Saints installons-nous à Paris.

Les enfants manifestèrent une joie si grande, à l'idée de ne point se quitter, que les deux vieillards s'applaudirent doublement de la résolution qu'ils venaient de prendre.

Vers le soir de leur première journée de marche, ils entrèrent dans une auberge de piètre mine et s'y firent servir à souper. Après le repas, la Petiote se trouvant fatiguée, mais ne désirant point encore se coucher, attira sur la table une feuille de papier, et dans la corbeille de la ménagère une paire de ciseaux. Elle emprunta les uns, demanda qu'on lui fît cadeau de l'autre, puis, apportant le tout à son grand-père, elle lui dit en l'embrassant :

— Je t'en prie, découpe des figures pour amuser Madone.

Le vieillard sourit, mais son sourire s'attrista, et une larme roula sur sa joue ridée. Cependant il obéit au souhait de l'enfant, et sans rien esquisser sur le papier, mais en regardant de temps en temps le charmant profil de la petite Italienne, il se mit à découper le papier avec une rapidité telle qu'il devenait impossible de suivre la fantaisie de ses ciseaux. Les fines lames faisaient entendre un bruit sec, l'Italien murmurant une chanson populaire de Venise, Madone, qui voyait qu'on la regardait, conservait déjà la pose comme un modèle. Penchée sur l'épaule de son grand-père, la Petiote paraissait saisie d'un vif sentiment d'admiration.

Enfin le vieillard plaça la lampe d'une façon convenable, fit jouer sa découpure entre la lumière et la muraille, et avec une surprise joyeuse, l'Italien reconnut dans les silhouettes découpées la petite Madone dansant une tarentelle, tandis que le vieil Italien jouait de la mandoline.

— Vous avez une fortune au bout des doigts, dit le père de Madone à son compagnon.

— Une fortune non, mais du pain. Je montrerai et je vendrai le soir mes découpures, et pendant tout le jour je conduirai ma petite-fille dans les ateliers où elle posera. De la sorte nous pourrons vivre.

Avec quelle rapidité s'envolèrent les derniers beaux jours!

La brise devenait froide, le soleil se cachait derrière les nuages, les fleurs étaient rares. Il fallait se hâter de quitter la campagne, et d'entrer à Paris. Les enfants le comprenaient et s'en attristaient. Elles en étaient venues à s'aimer comme deux sœurs. Les hommes, très différents d'habitudes et d'éducation, s'entendaient sur un seul point: l'amour paternel. Chacun d'eux eût sans regret sacrifié sa vie pour l'enfant qui s'attachait à lui. Un autre lien existait entre eux; ils causaient souvent de l'Italie. Parlez à la plupart des ouvriers parisiens des musées et des œuvres d'art, tout cela est pour eux lettre close. Ils sont entrés au Louvre, sans nul doute, mais l'unique souvenir qu'ils en aient rapporté, est d'avoir vu des salles magnifiques, tellement cirées qu'ils avaient peur d'y marcher, avec des plafonds merveilleux dont les personnages se mouvaient dans les nues. Tout autour de ces pièces ils ont vu des tableaux entourés de cadres d'or, mais ils n'ont rien compris aux sujets des toiles; pas un nom des peintres qui les ont légués à la postérité ne leur a rappelé quelque souvenir. L'éducation artistique du peuple est complètement à faire. Il en est bien autrement de l'Italie. Le dernier des lazzarones comprend les beautés artistiques des musées, il distingue une école d'une autre école, il se passionne dans une discussion ayant pour but de donner la suprématie à un maître sur un autre maître. En lui tout est art et naturel à la fois. Ses poses sont nobles, sa voix musicale. Tandis que l'ouvrier parisien sait à peine par cœur quelque chanson apprise dans les bouges, l'Italie récite des vers du *Tasse* ou des passages de l'*Arioste*. L'habitude de voir des chefs-d'œuvre les a façonnés, ennoblis. Ils savent la musique sans l'apprendre; ils chantent des airs trouvés par eux dans des soirs de rêverie. Le vieil Italien était plus que la plupart de ses compatriotes intelligent sous ce rapport. Tout jeune il était entré en qualité de modèle à la villa Médicis. Un Français l'avait pris chez lui, le nourrissait en échange de menus services. Plus tard, il avait moulé des plâtres, et s'était fait une sorte d'éducation de statuaire. Le grand-père de la Petiote trouvait donc plaisir à lui entendre parler de Rome; avec lui il rapprenait l'italien. Madone, de son côté, se faisait une joie d'enseigner à la Petiote à jouer de la mandoline, à danser la tarentelle, et toutes deux trouvaient trop courtes les dernières journées de l'automne qu'elles pouvaient passer en pleine liberté.

Les voyageurs se trouvaient à une faible distance de Château-Thierry, et avaient résolu de monter dans le premier train qui passerait. Assis près de la station, ils causaient ensemble d'une jeunesse si différente dans les épreuves qui l'avaient marquée. Les enfants, ayant déclaré qu'elles voulaient ménager une surprise, s'étaient éloignés en riant. C'est Madone qui avait l'idée de la surprise, et la Petiote ignorait encore en quoi elle consistait.

Toutes deux entrèrent dans un taillis ombreux formant des cachettes de verdure, et Madone posant à terre le paquet qu'elle portait à la main, le défit prestement, en disant à la Petiote :

— Je vais t'habiller comme moi, tu verras comme tu seras jolie.

Elle tira du paquet ses habits les plus beaux, ceux qu'elle mettait les jours de fête, puis, détachant le petit corsage et le jupon de la Petiote, elle lui passa une jupe courte, à gros plis, une chemisette de toile et de guipure, un corset de velours, noua un tablier brodé autour de sa petite taille, lui natta les cheveux, posa dessus une coiffure de toile couleur ambrée, partagea avec elle ses colliers, puis elle battit des mains avec une admiration naïve.

— Oh! que tu es charmante comme cela, dit-elle, nous allons rejoindre nos pères, et ils ne comprendront pas tout de suite pourquoi au lieu d'une transtéverine ils en verront deux.

Le temps passait, tandis que les enfants jouaient, et au moment où il leur semblait qu'elles gardaient grandement le temps d'arranger leur surprise, des voix les appelèrent tour à tour :

— Madone! la Petiote!

Les enfants ramassèrent en grande hâte les vêtements épars sur le sol, et coururent du côté des voyageurs. Mais pendant qu'elles s'efforçaient de les rejoindre, le train qu'ils comptaient prendre pour aller à Paris passait rapide comme un éclair.

— C'est ta faute, la Petiote! dit le vieux grand-père.

— Non, c'est la mienne, répliqua vivement Madone, vous ne voyez donc pas, la surprise est manquée!

Préoccupés de l'idée de prendre le train, les deux hommes n'avaient point remarqué le changement opéré dans le costume de l'une des petites filles. Quand ils le virent, tous deux se mirent à rire de bon cœur. Jamais la Petiote n'avait été si jolie, et Madone se trouvait bien plus en droit de l'appeler sa sœur et de la traiter avec un redoublement d'amitié.

— Puisque le chemin de fer est passé, dit Madone, amusons-nous; le père jouera de la mandoline, et nous danserons.

Ce fut la plus folle de ses tarentelles que le vieil Italien trouva sous ses doigts. Les enfants, soutenues, électrisées par cet air dansaient avec un entrain charmant, d'autant plus charmant qu'elles croyaient danser pour elles, et ne voyaient point qu'un cercle de curieux venait de se former pour les admirer.

Quand elles s'arrêtèrent, une pluie de monnaie tomba sur le sol, le grand-père se recula avec un soudain mouvement de honte, mais l'Italien fit un salut de remerciement, tandis que Madone envoyait un baiser à la foule.

La recette ramassée, l'Italien dit avec son bon rire :

— Camarade, nous ne comptions point sur cette aubaine, les petites nous l'ont gagnée, il est juste de leur en donner une large part. Consacrons-la à un bon dîner, pendant que nous serons à table, le temps s'écoulera plus vite, et nous prendrons le premier train qui passera.

Ils entrèrent dans une auberge, l'Italien se trouvant assez riche pour se régaler de macaroni, confectionna lui-même le plat de son choix, tandis que la maîtresse de l'auberge dressait le couvert et servait le potage. La Petiote que gênait son beau costume parla de le quitter, mais Madone s'y opposa.

— Laisse à ton grand-père le plaisir de te voir si belle, dit-elle; d'ailleurs nous serons dans deux heures à Paris, et puisque nous devons habiter ensemble la cité des modèles, il vaut mieux que nous ayons le même costume. On nous prendra peut-être pour deux sœurs. .

Oui, vraiment, c'était une fête pour le vieillard de voir la Petiote dans ce costume qui ressuscitait pour lui tout un passé évanoui. Ses yeux s'emplissaient de larmes, il souriait et pleurait tout ensemble. Oh! comme ce qu'il retrouvait au fond de son souvenir était à la fois sinistre et charmant.

La Petiote s'assit sur ses genoux, l'embrassant, le caressant, lui parlant tout bas, comprenant qu'il avait en ce moment, plus que jamais, besoin d'être consolé. Et quand son vieux cœur battit plus vite dans sa poitrine, quand la tendresse qu'il sentait pour l'enfant eut effacé les sombres images entrevues, il attira vers lui la petite Madone, et lui dit :

— Merci, ma fille! merci mille fois!

L'heure où devait passer le train de Paris approchait, les voyageurs quittèrent l'auberge et se dirigèrent vers la station. La soirée était fraîche et triste. Des nuages noirs couvraient le ciel; ni lune, ni étoiles, une nuit complète, noire, une de ces nuits qui donnent le frisson de la peur aux plus courageux.

— Camarade, dit le vieillard à l'Italien, je crois que nous prenons un sage parti en nous décidant à rentrer dans la capitale. Je ne sais si l'âge fait sentir son poids ou si le vent est plus âpre que de coutume, mais je tremble comme un fiévreux... Ça n'est pas étonnant, du reste, j'ai passé bien des nuits en plein air, dans les tas de foin, avec la Petiote; nous avons souvent tout deux marché à la belle étoile, et tout se paie en ce monde.

L'Italien ôta son caban, et le mit sur les épaules de son compagnon.

— Ne me remerciez pas, dit-il, je suis très à mon aise; le souper était excellent, je me sens heureux d'entrer dans Paris; quand à mon tour j'aurai froid, je vous redemanderai ce vêtement.

— Plaise à Dieu que je ne tombe pas malade! murmura le vieillard.

L'Italien se rapprocha.

— Si cela arrive, ne vous tourmentez pas trop, lui dit-il; entre pauvres gens on doit s'aider, on se doit amitié entre grands-pères... Je ferai pour vous, le cas survenant, ce que vous feriez pour Madone. Je ne vous demande point votre secret, mais votre affection me semble précieuse à mériter. Je suis ignorant, et vous savez beaucoup de choses; vous avez plus souffert que moi, je le devine; faisons-nous une bonne promesse d'aide fraternelle, cela nous réconfortera tous les deux.

Le vieillard serra la main de l'Italien.

Tout en marchant lentement ils arrivèrent à la station.

Les becs de gaz qui l'éclairaient ne dissipaient l'obscurité que dans un rayon fort restreint. Ils s'assirent sur des bancs que protégeait une toiture, et ils attendirent tranquillement. Les enfants jasaient gaiement, entremêlant leur langage de mots étrangers qu'elles s'apprenaient entre deux sourires. Les hommes gardaient le silence. Lorsque l'Italien regardait son compagnon, il le voyait accoté dans un angle, étroitement serré dans le manteau que lui avait prêté son humble ami.

De rares voyageurs se disposaient à partir. Ils marchaient en frappant du pied, afin de se réchauffer durant cette froide soirée. Enfin on aperçut le grand œil rouge de la locomotive, un roulement sourd se fit entendre, puis le train arriva, diminuant la vitesse de sa marche, et il s'arrêta tout à fait devant la petite gare où se trouvaient les quatre amis.

Chacun d'eux saisit un paquet, puis l'Italien ouvrit successivement les portières de trois ou quatre wagons, et s'entendit crier, avec la mauvaise humeur particulière aux gens qui ne veulent pas être dérangés par des intrus :

— Complet !

En dépit de cette réponse, trop uniforme pour être sincère, l'Italien, arrivé à la dernière voiture, s'élança sur le marche-pied, en inspecta l'intérieur, acquit la conviction qu'il y restait des places, et tendant la main à la Petiote et à Madone, il leur cria :

— Montez !

Un moment après tous quatre étaient installés dans un compartiment de troisième classe et le train se remit en marche.

Les lumières de la station disparurent. En vain les enfants se penchèrent-elles aux portières, il leur fut impossible de rien distinguer dans cette ombre opaque, aussi prirent-elles le parti de se rejeter dans un angle, et d'essayer de dormir.

— Je n'aime pas les chemins de fer ! dit l'Italien à son compagnon, et vous ?

— Moi, j'aime tout ce qui évite les pertes de temps. Et Dieu sait si les chemins de fer abrègent les voyages !

— N'était-il pas plus charmant de marcher comme nous faisions, à notre aise, le long des routes nous arrêtant lorsque la fantaisie nous en prenait, admirant les arbres, le ciel, recevant le bonjour des passants, nous distrayant par la causerie et par la musique, que de rouler dans cette machine qui semble prendre le mors aux dents et qui menace de nous broyer... Ah ! tenez, cette invention-là, m'a toujours paru une invention du diable... et je voudrais...

L'Italien n'eut pas le temps d'achever sa phrase, un bruit monstrueux, un fracas, un écrasement, une clameur se confondirent. Un choc effroyable venait de broyer quatre des wagons du train ; une locomotive arrivant à grande vitesse avait tamponné le train omnibus. Les cris des blessés, les appels désespérés des chauffeurs, formaient une clameur dont rien ne saurait donner l'idée. Dans cette nuit profonde, il n'était pas même possible de constater l'étendue de la catastrophe.

Cependant les portières des deux trains s'ouvrirent à la fois ; les voyageurs qui n'avaient été qu'étourdis par le choc ou effrayés par les cris entendus, revenus de leur première terreur, cédaient à ce mouvement généreux qui porte à secourir toute créature en détresse. On enleva les lampes des compartiments, et des hommes courageux, des femmes en qui le sentiment de l'humanité l'emportait sur une fausse sensibilité se préparèrent à leur venir en aide.

Trois wagons broyés, ne formant plus qu'un amoncellement de débris, couvraient la voie, en travers de laquelle était couchée la locomotive de l'express.

Le mécanicien et le chauffeur, lancés à une grande distance, avaient été tués du premier coup.

On voyait à la faible clarté des lanternes des hommes, des femmes blessées rassembler leurs dernières forces, ramper au milieu des débris de vitres et de cloisons, et se diriger vers les clartés qui s'agitaient. Un grand nombre avaient roulé au bas du talus, perdant le sentiment de ce qui se passait autour d'eux. On descendait chercher ceux-là, on les remontait péniblement, puis on les étendait sur le sol, côte à côte. Avant d'essayer de les rappeler à la vie, il fallait s'occuper de ceux qui imploraient du secours.

Des gémissements s'entendaient de tous côtés.

— Sauvez mon enfant! disait une mère.

— Mon père! délivrez mon père! ajoutait une autre voix.

— Sauvez-nous ou achevez-nous! criaient d'autres blessés.

Les hommes dévoués, les femmes courageuses se multipliaient, mais dure était la besogne à accomplir, par cette nuit épaisse qui doublait l'épouvante des uns, et retardait le succès des efforts des autres.

Au moment où arriva l'accident, le train se trouvait à une très faible distance de Gagny.

Un des voyageurs y courut afin de demander du secours.

Rien n'égale la spontanéité du dévouement que l'on trouve en France, quand il s'agit de secourir les victimes d'un sinistre. D'un logis à l'autre on prépara des échelles pouvant servir de civière, des matelas, du linge. On se munit de torches, de falots, et une troupe compacte, à la tête de laquelle se trouvaient le curé et le médecin, se dirigea vers le lieu du sinistre.

On avait déjà signalé la catastrophe à Paris, en demandant en toute hâte des médecins et des chirurgiens.

Lorsque les habitants de Gagny arrivèrent, le nombre des blessés et des morts arrachés aux décombres était déjà énorme, et cependant on en trouvait toujours.

Des cris s'entendaient encore sous les débris des voitures...

Une escouade d'une vingtaine d'hommes enlevait ces débris obstruant la voie, et l'on multipliait les signaux, afin d'empêcher que l'arrivée d'un train ajoutât de nouveaux malheurs au premier. Du reste, il était impossible de débarrasser la voie de la locomotive brisée, étendue en travers comme un monstre venant d'expirer. Les civières, les échelles une fois chargées de morts, de mourants et de blessés, prenaient la route de Gagny.

Les salles d'attente et la salle des bagages se trouvaient transformées en ambulance.

Tous les visages de ceux qui attendaient le sinistre convoi respiraient une pitié mêlée de courage. Il en fallait pour se dévouer à donner les premiers soins aux malheureux que l'on apportait. Les uns avaient les cuisses broyées, les autres les bras brisés en plusieurs endroits. Le visage disparaissait sous le sang coagulé formant des masques effrayants. Des cris, des soupirs, des sanglots, des noms chéris s'échappaient des bouches déformées par l'angoisse. Les yeux hagards cherchaient des visages aimés, des questions brûlantes, auxquelles, dans ce premier moment de désordre, il était impossible de répondre, passaient sur les lèvres décolorées. C'était un spectacle à la fois navrant et terrible, et il fallait une grande énergie pour conserver la force de secourir ces malheureux quand on se trouvait près de leur lit de souffrance.

Lorsque l'ordre commença à se faire au milieu de cette épouvantable confusion, le premier soin du chirurgien fut de faire séparer les morts des blessés. Une petite pièce fut disposée en chapelle ardente. Un grand crucifix, suspendu à un panneau, quelques flambeaux, un verre d'eau bénite et des rameaux de buis annonçaient que les malheureux couchés là avaient cessé de vivre.

Il y en avait dix.

Le temps manquait pour rendre moins horrible l'aspect des visages, dont quelques-uns étaient méconnaissables. On jeta un linge blanc sur les masques les plus effrayants, et l'on ne songea plus qu'aux blessés.

Leur nombre était considérable. L'état de quelques-uns était si grave, que le docteur de Gagny dut se contenter de faire des pansements provisoires, en attendant ses collègues de Paris. De la charpie, des compresses, des attelles, des bandages, du perchlorure de fer suffirent tout d'abord. On ne s'informait encore ni de l'individualité des morts, ni du nom des blessés. On attendait le jour et les magistrats.

Ce qui n'était pas moins douloureux que la vue des blessures de ces malheureux, c'était de les entendre s'informer d'êtres chers, les appeler, supplier qu'on leur en donnât des nouvelles, ce qui, dans ce premier moment, était absolument impossible. Une fois les blessés et les morts entrés dans la gare, on en avait soigneusement fermé les portes, et seules les personnes indispensables au soulagement des blessés avaient accès près d'eux. Les voyageurs qui avaient eu le bonheur d'échapper au sinistre se tenaient aux abords de la gare, s'entretenant avec animation du sinistre. Un certain nombre, remplis d'angoisses, séparés des leurs, pleuraient silencieusement.

La distance de Paris à Gagny n'est pas grande, mais il fallait prévenir les médecins, les magistrats, et le jour se levait quand cinq chirurgiens choisis parmi les plus habiles de Paris, et accompagnés d'un groupe d'internes de divers hôpitaux, entrèrent dans la gare de Gagny métamorphosée en ambulance.

Les clartés des lampes pâlissaient, et bientôt le jour grandissant permit de se rendre compte de l'état des malheureux groupés sur les tables des bagages, ou placés sur les canapés des salles d'attente.

Les chirurgiens s'entendirent rapidement pour se partager la besogne.

Il fut convenu que les pansements faits, tous les blessés transportables seraient immédiatement conduits dans des hospices de Paris.

Il y avait trente blessés dans la salle.

Les chirurgiens se les partagèrent d'un signe.

Tous ceux qui étaient accourus comptaient parmi les premiers de Paris. Il fallait au moins que la science soulageât le plus vite possible les horribles douleurs des malheureux.

Les blessés, en les voyant entrer, essayèrent de se soulever sur leurs lits, chacun espérait qu'on penserait à lui d'abord, mais cette fois encore, ce furent les plus cruellement atteints qui se virent les premiers entourés.

Des mots brefs, des signes imperceptibles, échangés entre les chirurgiens et leurs aides, révélaient à ceux-ci ce que l'on pouvait craindre. Un des docteurs avait déjà pansé trois blessés, quand il s'approcha d'un vieillard dont le visage ne semblait plus qu'une épouvantable plaie. La peau du crâne, en partie arrachée, retombait sur le front, et une large blessure à l'œil gauche rendait méconnaissable le visage de l'infortuné. Le sang coulant avec abondance avait souillé ses cheveux gris, et s'était coagulé en caillots dans sa barbe épaisse. Plongé dans un évanouissement semblable à la mort, il était, depuis la catastrophe, demeuré muet et roidi ; cependant il vivait encore, et le chirurgien, avec une légèreté de main infinie, et une patience admirable, lava d'abord ce pauvre visage à demi broyé, rapprocha les chairs de la plaie allant à la tempe et à l'œil, puis il releva la peau du crâne enlevée comme si un scalp avait tenté de l'arracher ; il fallut plus d'une heure avant d'arriver à laver le sang couvrant cette figure qui avait dû être noble et belle. Quand des compresses et des bandages maintinrent le pansement, le docteur s'efforça de rappeler le blessé au sentiment de la vie. Depuis qu'il s'occupait de ce malheureux, une idée persistante hantait l'esprit du docteur Lasseny.

— J'ai vu cet homme quelque part.

Où et quand, il ne le savait point.

Il avait rencontré tant d'hommes, tant de souffrants dans sa vie. Ce qui contribuait à lui laisser un doute, c'est que le blessé ayant les yeux clos, il ne pouvait rencontrer son regard. Or le docteur Lasseny se souvenait souvent plus vite de l'expression du regard que de l'ensemble du visage. Il lui fut donc impossible de rappeler un souvenir précis, mais il résolut de soigner son malade avec un zèle d'autant plus grand qu'il se croyait certain de l'avoir rencontré avant cette catastrophe.

Il dut s'occuper ensuite d'une femme dont les deux bras avaient été broyés.

Il ne lui restait plus à panser qu'une enfant.

C'était une mignonne et frêle créature, habillée en italienne, avec de beaux cheveux blonds d'une nuance ravissante. Elle souffrait beaucoup et pleurait tout bas, mais au milieu de ses plaintes, il était facile d'entendre ce mot répété avec une tendresse infinie :

— Grand-père ! mon cher grand-père !

Lorsque le médecin s'approcha d'elle, la petite blessée joignit les mains :

— Oh ! monsieur ! fit-elle d'une voix palpitante, savez-vous où est mon grand-père ?

— Pas maintenant, chère petite, mais je te le dirai, si tu es sage, si tu n'as point peur de souffrir un peu pour guérir vite.

— Je souffrirai tout ce que vous voudrez, si vous me rendez mon grand-père.

L'enfant, blessée à l'épaule, n'était pas dans un état grave. Aussi, fidèle à sa parole, le docteur Lasseny, dès qu'elle fut pansée, la prit doucement dans ses bras et lui fit passer en revue les malheureux à qui il venait de donner ses soins.

— Là, monsieur! fit l'enfant, voici mon grand-père! Mon pauvre, mon bien-aimé grand-père!.. Est-ce qu'il est mort? Il ne bouge plus... S'il est mort, c'est bien inutile de me soigner, allez, car je ne pourrai pas vivre.

— Non, répondit le docteur, je te promets qu'il n'est pas mort; pour te rassurer quand nous serons rendus à Paris je vous mettrai dans la même salle, tous deux; les blessures de ce pauvre homme sont graves, mais non mortelles.

— Et les autres, monsieur, une petite Italienne et son père?

— Morts!... répondit le docteur.

La fillette cacha sa figure dans ses mains et pleura.

Quand on eut fait prendre aux blessés quelques réconfortants, et que les wagons-lits qui les devaient emporter à Paris furent arrivés, on les y transporta. Le docteur Lasseny, son fils Octave qui achevait ses études, et deux internes de l'Hôtel-Dieu s'installèrent dans le wagon où se trouvaient leurs blessés.

— Nous nous occuperons tout particulièrement de ceux-ci, dit Pierre Lasseny à son fils, cette enfant est charmante, et dans le fond d'un lointain souvenir il me semble avoir déjà vu son père.

— Il est bien mal! dit le jeune homme en secouant la tête.

— Ses blessures ont amené le délire, mais s'il ne survient pas de désordres cérébraux, j'espère le sauver. Tu m'aideras dans cette tâche, Octave; à moi le père, à toi l'enfant.

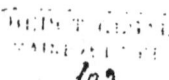

Ils restèrent l'un près de l'autre, la main dans la main. (Voir page 117.)

Chapitre X

A L'HÔPITAL

Les blessures de la Petiote se trouvèrent moins graves que douloureuses. Elle se fût même guérie plus vite, si elle n'avait éprouvé un chagrin violent de se voir séparée de son aïeul. La vision qu'elle en gardait dans son souvenir était tellement effrayante que la pauvre créature restait impuissante à l'oublier. Elle voyait toujours le front coupé, les cheveux arrachés, la tempe meurtrie, les bandages sanglants. Chaque fois qu'une religieuse, un interne passaient près d'elle, la Petiote répétait :

— Conduisez-moi près de mon grand-père... Mettez-moi dans la même salle, dressez mon lit près du sien... Je ne lui parlerai pas... Vous verrez comme je serai sage... Mais je le verrai, je serai certaine qu'il n'est pas mort... Vous me trompez peut-être! J'ai peur d'être orpheline et toute seule au monde...

— Non, chère enfant, le pauvre homme va mieux ; le chirurgien qui le panse est l'homme le plus habile de Paris... Ce que vous demandez est impossible en ce moment; mais guérissez, et l'on vous permettra de passer près de lui toutes vos journées.

La religieuse lui parlait si doucement, la regardait avec des yeux si bons, que la Petiote se calmait et promettait d'être raisonnable, mais bientôt après de grosses larmes roulaient sur ses joues: n'osant plus rien demander ni se plaindre, elle pleurait tout bas.

Le docteur Lasseny avait spécialement recommandé sa petite blessée. Il fit plus, le soir du jour où la Petiote avait été installée à l'Hôtel-Dieu, il entra dans un magasin de jouets, acheta pour elle tout ce qu'il crut capable de lui plaire, y joignit des bonbons, et le lendemain, à l'heure de sa visite, il couvrit son lit de présents.

Les yeux bleus de l'enfant brillèrent de joie. Depuis qu'elle sentait et comprenait, on l'avait tellement refoulée, repoussée, maltraitée, que tout bonheur lui paraissait un rêve. Toute prévenance, toute attention éveillait en elle une reconnaissance sans bornes. De la main qu'elle avait libre, elle saisit celle du docteur et la porta à ses lèvres avec une expression de profonde gratitude.

— Vous sauverez mon grand-père, n'est-ce pas, monsieur, dites? Vous êtes si savant!

— Qui t'a dit cela?

— Tout le monde... Et si bon!

— Moi, bon! s'écria le docteur, non, ma mignonne, je ne suis pas bon.

— Pourquoi avez-vous pensé à moi, alors?

— Pour faire plaisir à mon fils... Tu vois ce jeune homme aux cheveux noirs.

— Il était là-bas, à la gare.

— Vous me reconnaissez, pauvre petite? fit Octave.

— Oh! oui, monsieur, vous me pansiez si doucement, vous paraissiez avoir si grande crainte de me faire du mal que pour ne pas vous affliger, je m'efforçais de ne pas crier.

— Eh bien! M. Octave a parlé de toi tout le reste du jour. Il t'appelle sa petite malade; il prétend l'accaparer et te guérir. J'ai deviné ce qu'il voulait faire, ce sournois, et je l'ai prévenu en t'apportant ces bonbons et ces jouets. Maintenant, sois raisonnable, mon enfant, tu sais bien que tout ce que nous faisons a pour but de te guérir plus vite, de te rendre à ton grand-père...

— Je le sais, répondit la Petiote ; tenez, voilà mon bras.

Octave défit les bandes, enleva les compresses, et renouvela le pansement sous la direction de son père. Quand tout fut terminé, l'enfant était très pâle, mais elle trouva la force de sourire.

— Merci, monsieur Octave, dit-elle, vous aussi, vous êtes bon !

Elle replaça sa tête sur l'oreiller et ferma un moment les yeux. Après avoir gardé la force de ne pas crier pendant le pansement, elle se sentait défaillir.

Un cordial lui rendit vite quelque force ; elle saisit la poignée de bois pendant au milieu de son lit blanc, et s'en servit pour se soulever un peu, afin de jouer avec toutes les belles choses qu'on lui avait apportées.

— A demain, mignonne, dit le docteur.

— Je reviendrai avant demain, ajouta Octave.

En quittant la petite fille, le docteur Lasseny se rendit près du vieillard.

Il fallait faire le matin même une opération douloureuse, et recoudre toute la peau du crâne.

On recourut à un stupéfiant, afin de ne pas condamner le vieillard à d'inutiles douleurs ; pendant une heure on passa des aiguilles d'argent dans les lambeaux couvrant son crâne. Ses cheveux avaient été coupés préalablement, et la tête du malheureux était véritablement horrible à voir.

— L'œil gauche est-il perdu, mon père? demanda Octave.

— Absolument.

— Pauvre homme !

— Oui, pauvre homme ; et ce qui est plus triste encore, c'est que l'œil droit est bien faible... Oui, bien faible...

Pierre Lasseny considéra attentivement, plus attentivement encore que la première fois, ce visage ravagé par la douleur, sillonné de rides, creusé par les larmes et la pensée, et à mesure qu'il le contemplait se formulait dans son esprit d'une façon arrêtée, précise, invariable, la conviction qu'il avait déjà rencontré cet homme.

— Je saurai, dit-il, il faudra bien que je sache.

— Quoi? père, fit Octave.

— Je te l'apprendrai plus tard, quand ce malheureux sera guéri.

L'amélioration se manifestait bien lentement dans l'état du vieillard. Il divaguait toujours, et l'incohérence de ses paroles, qui semblait de la folie à ses gardiennes, paraissait au contraire au docteur une preuve qu'il ne se trompait pas. Durant ces accès le malheureux racontait des scènes navrantes de fuite à travers les bois, de luttes contre les sauvages, de navigation en mer. Des cris inarticulés s'échappaient de sa bouche, puis des plaintes auxquelles se mêlaient des noms qu'il prononçait avec des larmes. Cependant, à mesure que se fermèrent les plaies, cette exaltation diminua. Le calme remplaça le délire ; le regard retrouva sa lucidité.

La première fois que le vieillard fixa sur le médecin une prunelle éclairée par l'intelligence, l'expression de la surprise, puis de la terreur s'y refléta subitement ; alors l'œil se voila, et la paupière abaissée ne se releva plus.

Le docteur saisit la main du malade, et constata un mouvement fébrile du pouls.

Il en savait assez pour ce jour-là.

Pendant le reste du jour il demeura préoccupé, et Octave lui ayant rappelé sa promesse de l'entretenir du malade, il se contenta de répondre :

— Plus tard, s'il le veut.

Après le départ du docteur Lasseny, le vieillard fut pris d'un violent accès de fièvre. Il le dompta à force de volonté. Désormais il avait peur de lui-même. Ce qui le torturait davantage, c'était la pensée que peut-être durant son sommeil, il avait laissé échapper une parole imprudente. Son angoisse devint si grande qu'il résolut de savoir à tout prix ce qu'il devait attendre de considération et d'affection de ceux qui l'entouraient.

Les religieuses venaient souvent près de son lit, bordant ses couvertures, mettant à portée de sa main des fruits, des boissons rafraîchissantes. On le gâtait un peu. La protection spéciale du docteur Lasseny lui valait mille prérogatives dont il avait jusqu'alors l'instinct, plus que la certitude. Même à travers son délire et sa fièvre il se sentait aimé, choyé. Garderait-il les bontés dont on l'entourait, ou brusquement allait-il tomber dans un abîme de souffrances, voilà ce qu'il se demanda avec une terreur folle.

Tandis qu'il se posait un problème dont dépendait sa vie, une religieuse passa. Sœur Rose l'avait soigné depuis son entrée à l'Hôtel-Dieu, et ressentait pour lui une immense pitié.

En la voyant, le malade se souleva :

— Sœur Rose... dit-il.

La religieuse accourut.

— Dieu soit loué ! fit-elle, vous me reconnaissez ! Maintenant vous guérirez vite, pauvre homme. Avons-nous été inquiets sur votre compte !... Nous n'osions pas dire toute notre pensée à votre petite-fille, et nous lui refusions la permission de venir s'asseoir près de votre lit... Le délire effraie les enfants, voyez-vous.

— Ah ! fit le blessé, j'avais le délire ?

— Il ne vous a point quitté depuis quinze jours.

— Et que disais-je ?

— Tout ce qu'on dit dans un accès de folie... Vous vous croyiez menacé, poursuivi ; oh ! je vous soupçonne d'avoir lu un grand nombre de romans de voyages, car vous racontiez des aventures extraordinaires dans des îles lointaines... Buvez un peu de vin d'Espagne, mon ami, la tranquillité est revenue, vos blessures sont en voie de guérison, et désormais le docteur répond de vous.

— Vous appelez ce chirurgien ?

— Le docteur Lasseny... Un homme de science et de cœur.

— Quand pourrai-je quitter l'hôpital, sœur Rose ?

— Quitter l'hôpital ! vous n'y songez pas !

— Je ne songe qu'à cela depuis que je n'ai plus la fièvre.

— Si vous répétez cette méchante parole, je croirai que votre accès vous reprend... Quitter l'hospice! Mais vous tomberiez mort sur le pavé, et puis, que deviendriez-vous?

— Je serais libre.

— Libre! Si vous saviez combien l'on vous aime, quel intérêt tout le monde vous porte... Puisque vous avez retrouvé la lucidité de vos idées, votre petite-fille passera désormais ses journées près de vous... Ne soyez inquiet de rien, tout ce que vous possédiez est mis en bon ordre. Votre caban et vos vêtements sont nettoyés. On a retrouvé votre mandoline, et le docteur l'a envoyé chez le premier luthier de Paris. J'ai mis de côté vos papiers et ceux de l'enfant.

— Mes papiers... dit le blessé avec une certaine hésitation.

— Oui, mon ami, il n'en manque pas un seul... Voulez-vous que j'aille les chercher?

— Je vous en prie, ma sœur, je vous en prie... dit le vieillard.

Sœur Rose revint peu de temps après, tenant sur son bras le chaud vêtement que, durant la soirée de la catastrophe, l'Italien avait mis sur ses épaules. Puis, tirant de la poche un petit agenda, elle étala sur le lit du blessé un passe-port.

— Vous voyez, dit-elle, c'est bien cela. MATTEO, sujet italien, *musicien de profession*, voyageant avec une petite fille de dix ans, répondant au nom de MADOVE...

— Ma sœur, reprit le malade, je vous remercie, oui, je vous remercie mille fois... Pouvez-vous me procurer des journaux racontant cette horrible catastrophe de Gagny... On a dû beaucoup en parler... On a cité les noms des victimes...

— Oui, mon ami, répondit la religieuse, nous avons conservé une collection de journaux parlant du sinistre, des dessins sont même joints à plusieurs; dans un moment vous les aurez.

Sœur Rose s'éloigna sans bruit et revint un moment après.

« Voici, dit-elle, ne vous fatiguez pas trop... Le docteur Lasseny l'a bien défendu... »

— Je serai raisonnable, ma sœur...

Un moment après, le blessé se trouvait seul.

Alors seulement il ouvrit les journaux. Les articles commençaient par des phrases servant de cliché chaque fois qu'il s'agit d'annoncer une catastrophe. Puis venait une description imagée du lieu du sinistre, et du tableau que présentait l'éventrement des trois wagons par la locomotive. Les rédacteurs avaient réussi un article à sensation... Ils faisaient ensuite le procès aux compagnies de chemin de fer, à leurs employés, et terminaient par donner la liste des victimes... Il y avait eu *onze morts*. Un grand nombre avaient sur eux des papiers, des bagages, rendant facile d'établir leur identité; deux morts seulement ne possédaient rien qui fût capable de déterminer leur état civil : un homme âgé de soixante ans environ, portant un costume italien, une petite fille de huit à dix ans. L'homme avait eu la tête broyée, et l'enfant la poitrine brisée. On les avait enterrés à Gagny.

— Lui ! murmura le blessé de l'Hôtel-Dieu, mort !... Et l'enfant, morte aussi !...

Il reprit sa lecture lentement, posément ; après le nom des morts, on publiait une liste des blessés, avec l'indication de l'endroit où on les soignait.

Sur les trente blessés ramenés de Gagny à Paris, cinq se trouvaient à l'Hôtel-Dieu, et recevaient les soins du docteur Pierre Lasseny, c'étaient : MM. Rocher, mécanicien ; Auguste Pichel, bonnetier; Lucien Carambouge, marbrier; Matteo, musicien ambulant ; Madone, sa petite-fille.

— Ainsi, murmura le vieillard, l'autre est mort, et comme un souvenir de notre courte amitié, on dirait qu'il me lègue un moyen de salut.

Il s'absorba longtemps dans ses pensées. Quel problème se présentait à la fois à son esprit et à sa conscience ! Que de regrets traversèrent son cœur, que d'angoisses étreignirent son âme ! Tout ce que depuis huit ans il avait enduré se représenta à son souvenir avec une lucidité effrayante. C'était lui, ce Pauvre Homme dont il avait raconté à la Petiote la sinistre histoire. Après avoir traversé l'enfer, il voulait tenter de rentrer dans la vie; il demandait à une enfant, la seule créature aimée qu'il plût à Dieu de lui laisser, une compensation aux douleurs subies. Parfois il s'était rassuré, se fiant à l'oubli qui chasse de la mémoire des hommes les crimes et le visage des coupables. Mais à peine rentrait-il dans Paris que le regard d'un homme se fixait sur lui avec une persistance obstinée. Ce regard ne menaçait pas, il interrogeait ; mais le vieillard ne voulait même pas qu'on s'occupât de lui. Tout devenait piège et danger pour sa misère. Le péril fondait sur lui en même temps qu'un malheur nouveau. Ce n'était pas assez d'être vieux, il devenait borgne, il resterait infirme. Un mot du docteur Lasseny le pouvait perdre, mais ce mot, il le savait, le docteur ne le prononcerait jamais. Hélas ! il n'était pas nécessaire que le docteur parlât, un soupçon aurait suffi pour appeler près de son lit cette police qui garde des dossiers, des signalements, des portraits. Il aurait manqué d'aplomb pour mentir, de courage pour lutter, et on l'aurait renvoyé dans ces terres lointaines où le sol brûle comme le ciel, où les poumons se dessèchent, où s'éteignent lentement les sources de la vie. Aurait-il la force de subir ce voyage pour la seconde fois ? Il est probable que non. Les souffrances endurées, les blessures reçues, la douleur frappant de nouveau sur ce vieux cœur, comme un balancier heurtant la même pièce de métal, tout concourait à lui faire croire que c'en serait vite fini de lui... Mais l'enfant ? Que deviendrait la Petiote, cette chère créature dont le visage ressuscitait pour lui un autre visage pâle qu'il ne revoyait plus qu'en rêve, avec ceux de ses morts ? Il ne voulait pas quitter l'enfant. Il l'aimait de toute la puissance de son âme. A l'idée d'en être séparé, il estimait que les douleurs passées n'étaient rien, en comparaison de ce qu'il ressentirait. Que lui resterait-il quand elle ne serait plus là ? Il comptait si bien l'emporter, la cacher comme un trésor, vivre avec elle et pour elle, employer tous ses soins à la rendre heureuse, et résumer sa vie à lui dans sa vie à elle. Quand il prit la résolution de revenir à Paris, le seul endroit de France où les criminels et les malheureux aient l'espoir de se cacher, le Pauvre Homme s'était bien dit qu'il inventerait un nom, qu'il se ferait une individualité, qu'il changerait de peau, en un mot; beaucoup l'avaient fait. Avec de l'adresse et une bonne conduite on parvient à reconstituer une vie. D'ailleurs la police ne s'inquiète point des gens tranquilles; elle a assez à faire de surveiller les filous et de chercher les assassins. Il savait bien qu'il éprouverait des difficultés de plus d'un genre, et quand Dieu lui fit trouver sur sa route Matteo, il le regarda comme un envoyé de la Providence. Matteo le couvrirait de son nom, lui servirait de répondant, ils arriveraient à ne former qu'une seule famille...

Matteo était mort.

Mais comme si le malheureux avait pressenti qu'il pouvait sauver un frère en misère, tout ce qu'il possédait en ce monde, son manteau, ses papiers et sa mandoline étaient restés entre les mains du grand-père de la Petiote.

Et pour remplir le rôle de Matteo, rien n'embarrassait le blessé. Il parlait l'italien, et il jouait un peu de tous les instruments.

Il ne s'inquiétait point de ce que penserait l'enfant; entre deux baisers, il lui persuaderait tout ce qu'il voudrait.

Et cependant la conscience du blessé se révoltait. Il allait commettre un crime. Lui qui, durant toute sa vie s'était montré si scrupuleux à l'égard du bien d'autrui, allait dépouiller un mort.

— Tu vois qui je suis, et ce que je veux, pensa-t-il; tu me juges, maintenant, comme je me juge moi-même... Suis-je coupable d'accepter ce legs d'outre-tombe? Ton vieux manteau, ta mandoline brisée, un nom que nul ne connaît, et dont tu ne te servirais plus... Non! non! Je crois sentir que tu m'approuves au contraire... Tu étais père, tu sais ce que l'on est capable de faire pour les enfants... Je contracte avec toi une dette, et largement je la paierai... Quant au nom, je suis un honnête homme! Je le puis dire devant toi qui lis clairement dans les consciences et dans les destinées...

Le blessé pensait tout cela, tandis que ses doigts fiévreux effleuraient les journaux, et palpaient les papiers que lui avait remis la religieuse. Quand la lutte qui se livrait fut finie, quand il eut pris une résolution, un calme relatif fit place à son agitation. Il se trouva délivré d'un poids énorme. C'était Dieu qui venait à son aide, afin qu'il pût vivre libre, heureux, avec l'enfant arrachée des mains de Marthe Lavoine.

Comme il pria avec effusion, avec reconnaissance!

A l'intérieur du caban de l'Italien était cousu un scapulaire, il l'enleva, et le fixa à ses rideaux.

— Mon Dieu! dit-il, j'accepte le salut de votre main... Si les hommes apprennent mon secret, ils me condamneront peut-être; devant vous, je ne me sens pas coupable... Si vous ne voulez pas la mort du pécheur comment voudriez-vous celle de l'innocent...

Il serra les papiers dans l'agenda et les glissa sous son oreiller. Désormais, il ne voulait plus les quitter.

— Eh bien! Matteo, demanda sœur Rose, êtes-vous mieux aujourd'hui?
— Je sens que je guérirai, ma sœur.
— A la condition de ne point vous agiter.
— Regardez comme je suis calme.
— Alors je vous récompenserai.
— Que ferez-vous, ma sœur?
— Laissez-moi vous ménager une surprise.
— Toutes me seront bonnes de votre main.

La religieuse s'éloigna et gagna la petite chambre dans laquelle se trouvait la Petiote.

— Chère enfant, lui dit-elle, vous êtes assez bien pour vous lever; nous allons aller voir votre grand-père.

— Oh! merci, ma sœur! répondit l'enfant, je suis forte, allez, je resterai bien debout désormais une partie de la journée... Mais, dites, ma sœur, est-ce que vous allez m'habiller avec ce vilain costume gris de l'hôpital... J'ai toujours eu les cheveux au vent, et il me semble que je ne respirerais pas si on les enfermait dans un béguin... D'ailleurs, mon grand-père croirait qu'on a changé sa petite-fille.

— Chère enfant, revêts ton joli costume italien; aussi bien, nous n'avons pas ici de vestiaire d'enfant. Tu as raison, il ne faut pas attrister les regards de ton cher malade.

La Petiote se souvenait à peine qu'elle avait durant une journée porté l'habillement du dimanche de Madone, songeant à ses hardes à elle, la pauvrette soulevait une à une les pièces d'habillement que la religieuse venait de poser sur une chaise.

— Vous n'avez que cela, ma sœur? demanda l'enfant.
— Oui, chère petite, tout le reste a été perdu.

La Petiote ne répondit rien, et commença à s'habiller, mais inaccoutumée à passer cette chemisette de guipure, cette jupe éclatante, ces colliers, il fallut que la religieuse lui vînt maternellement en aide.

Enfin la toilette s'acheva, la petite fille chercha du regard un miroir, et n'en voyant pas, elle sourit à la religieuse dont elle prit la main.

Toutes deux parvinrent jusqu'à la grande salle dans laquelle se trouvait le grand-père.

La Petiote avançait avec crainte sur le parquet glissant comme une glace. La vue de ces lits rangés entre les fenêtres, et dans lesquels des fronts pâles se renversaient sur les oreillers blancs, lui causa une impression douloureuse. Elle tremblait en entendant les plaintes des malades, elle s'épouvantait devant les lits fermés, comme si chacun d'eux renfermait un mort. Ses yeux se portaient sur les pancartes comme si elle allait lire le nom de son grand-père... Quel nom aurait-elle lu? L'avait-elle jamais appelé autrement que par ce titre qu'elle répétait d'une voix si tendre et si profonde?

Le lit du vieillard se trouvait à l'extrémité de la salle. Il y gagnait de n'avoir qu'un vo sin. Lorsqu'il se tournait du côté de la muraille, il pouvait se faire l'illusion qu'il habitait une chambre particulière.

Ses rideaux étaient fermés depuis le moment où sœur Rose lui avait remis les papiers et les journaux, et ce fut la main frêle de l'enfant qui les entr'ouvrit.

— Madone! s'écria-t-il, ma Petiote!

Il l'attira sur son lit, couvrit son front de baisers et parut prêt à défaillir de joie.

— Je vous laisse ensemble, dit sœur Rose, parlez tous deux. Seulement, je t'en supplie, mignonne, si tu veux que ton grand-père guérisse, ne lui cause pas d'émotions trop vives... Je reviendrai te prendre à l'heure du repas, tu dîneras près de Matteo, vous fêterez ensemble votre convalescence.

Ils restèrent l'un près de l'autre, la main dans la main. Le vieillard fixait son œil unique sur l'enfant, il la trouvait pâle, et cependant il remerciait Dieu de l'avoir sitôt guérie. Elle n'osait lui demander quand on enlèverait le bandeau couvrant la tempe gauche, et les bandelettes entourant son front. L'idée que son grand-père avait dû souffrir des douleurs plus horribles que jusque-là elle ne l'avait soupçonné lui poignait le cœur jusqu'à l'angoisse.

— Si tu étais mort! si tu étais mort! répétait-elle en couvrant sa main de baisers, que serais-je devenue? Peut-être m'aurait-on reconduite chez Marthe Lavoine, et je n'aurais pas tardé à te rejoindre. Tu vas guérir vite, maintenant, n'est-ce pas? On me soigne bien ici; la sœur est très bonne, et cependant j'ai hâte d'en sortir, il me semble que j'y étouffe... Ne peux-tu pas guérir ailleurs, grand-père? Si tu savais comme je te soignerais bien...

— Non, ma chérie, répondit le vieillard, nous ne pouvons partir d'ici, je ne pourrais point avoir ailleurs un médecin et des remèdes... Je veux vivre pour t'aimer, pour te protéger, et je supporterai tout ce qu'il faudra... Nous sommes pauvres, ma mignonne, très pauvres... les quelques pièces de monnaie que j'avais encore ont disparu dans le sinistre; je n'ai plus un sou, que deviendrions-nous tous deux? Plus tard, plus tard, tu auras du pain pour le reste de ta vie, les compagnies de chemin de fer paient largement les malheureux qu'elles estropient; la blessure que j'ai reçue me vaudra de l'argent, beaucoup d'argent peut-être, il sera pour toi...

Elle prit à deux mains la tête de son grand-père et l'embrassa avec une tendresse ardente. Le vieillard la regarda longuement.

— Veux-tu me donner une grande consolation? lui demanda-t-il.

— Parlez, parlez, grand-père, je sacrifierai ma vie pour vous...

— Eh bien! fit le vieillard en observant attentivement le visage de l'enfant, garde toujours ce costume... Tu es si jolie avec! Il me rappelle...

— Ceux qui sont restés là-bas, grand-père, le vieil Italien et Madone...

— Oui, le pauvre joueur de mandoline et l'enfant... Son nom était bien joli, le tien ne te rappelle que les douleurs endurées chez Marthe Lavoine, j'aimerais à t'appeler Madone... En souvenir... Et puis, la Vierge semble nous protéger si visiblement...

La petite fille parut comprendre au delà des paroles que lui disait le vieillard; son visage devint grave, elle se recueillit et répondit:

— Je me suis toujours appelée Madone... et toi ?
— Et moi Matteo...
— Alors tu ne pleureras plus jamais ! tu ne songeras plus à des choses tristes comme jadis en dormant, tu ne parleras plus de Canaques, de la mer, du naufrage... Comme tu le fais quand l'histoire du Pauvre-Homme te revient à la mémoire ?
— Tais-toi ! tais-toi ! s'écria le vieillard.
— Oui, grand-père Matteo, répondit l'enfant.

Le docteur Lasseny venait de soulever le rideau.

Il sourit à l'enfant qu'il caressa, puis il lui dit avec une extrême douceur :

— Il ne faut pas abuser de tes forces, ma mignonne, va reposer, joue avec ce que je t'ai envoyé ; demain si tu en veux d'autres, je t'en donnerai ; un médecin a tous les droits, même celui de distraire ses malades.

— Que vous êtes bon, docteur ! dit-elle avec une grâce charmante. Jamais je n'oublierai ce que vous faites pour moi, pour mon grand-père.

— Quoi que je fasse, hélas ! répondit Pierre Lasseny, je ne ferai jamais assez.

L'enfant s'éloigna du lit du blessé et rejoignit sœur Rose.

Quand le chirurgien et le vieillard se trouvèrent seuls, Lasseny dit au blessé :

— Vous allez mieux, beaucoup mieux, mais il vous faudra des soins longtemps encore ; si le régime de cette maison vous répugne, en dépit des efforts réunis pour le rendre supportable, vous n'avez qu'un mot à dire, je me charge de vous trouver un logement, d'y installer des meubles, une garde-malade, et d'aller vous y soigner... Ne me dites pas que dans cette catastrophe vous avez perdu ce que vous possédiez ; à la honte de l'humanité, il s'est trouvé des voleurs parmi ceux qui feignaient de courir au secours des blessés... Je me suis d'ailleurs occupé de vous près de la Compagnie du chemin de fer de l'Est. J'en connais le directeur... Je suis autorisé à faire ce que vous souhaiterez.

— Je ne sais comment vous remercier, monsieur, répondit le vieillard, pour moi, pour cette enfant qui est ma dernière joie, mon unique espérance en ce monde. Non, docteur, je ne ressens aucune répugnance pour cette hôtellerie des pauvres qui nous est ouverte au nom de Dieu... Je sais bien que je recevrai une indemnité, vous comprenez que je me réjouirai si elle est forte... Non pour moi, monsieur, je suis sobre... Tous les Italiens sont sobres, ajouta-t-il en regardant le docteur, mais pour l'enfant... Il faut songer à son avenir. Ce que je recevrai, je le placerai sur sa tête, afin qu'elle ait une dot quand elle comptera vingt ans ! Je ne serai plus là, alors... Et l'idée que ma petite Madone pourrait souffrir me brise le cœur dans la poitrine...

— Elle s'appelle Madone, et vous Matteo ?
— Oui, docteur.
— Vous êtes pourtant d'origine française, les races se reconnaissent, et vous avez une prononciation trop parfaite pour n'avoir point parlé le français de très bonne heure.

— En effet, dit le blessé, ma famille était originaire de France... J'ai voulu amener ici ma petite Madone, nous y vivrons mieux qu'en Italie, mais je ne suis pas né pour le bonheur, vous le voyez, monsieur ; au moment où j'allais atteindre mon but je tombe à demi broyé sous un amas de décombres, et je dois encore bénir Dieu de m'avoir conservé la vie. Il est vrai, monsieur, que vous avez contribué à ce miracle, et je ne puis trop vous témoigner ma reconnaissance.

— Ne me remerciez pas, répliqua Pierre Lasseny, vous me devez moins que vous ne croyez. Certes, un sentiment d'humanité me portera toujours à secourir mes semblables, mais ce que j'ai fait en votre faveur, ce que je suis disposé à faire encore, je l'accomplis au nom d'un autre; en vous soulageant, il me semble que je secours un autre homme, envers qui j'ai contracté une dette...

— Quel que soit le motif qui vous ait porté à vous montrer compatissant, docteur, je vous en sais également gré, croyez-le, j'en resterai toujours reconnaissant.

Pierre Lasseny regarda le blessé, mais il ne put rien surprendre sur son visage. L'œil unique qui pouvait animer son visage était baissé, et les cordes de la voix semblaient volontairement éteintes.

— Evidemment, pensa le docteur, il y a ici un parti pris.

— Un moment il parut hésiter, mais il reprit avec une lenteur pénétrante, comme s'il voulait ajouter à ses paroles quelque chose de plus puissant encore :

— Les malades aiment les histoires comme les enfants, voulez-vous que je vous en raconte une ?

— Volontiers, docteur.

— Cette histoire m'a laissé un souvenir poignant comme un remords, je n'y songe jamais sans me sentir le cœur déchiré, et depuis ce jour un voile de deuil s'est étendu sur une existence que chacun envie... J'ai causé le déshonneur d'un galant homme, je suis la cause involontaire de la condamnation d'un innocent... Cet homme m'avait rendu un service en me rapportant une somme considérable trouvée par lui, et on l'accusa d'avoir remplacé par de faux billets de banque les deux cent mille francs trouvés dans mon portefeuille. Je savais, je sentais qu'il était innocent. Je l'ai dit aux juges, aux jurés, j'ai tenté l'impossible pour l'arracher au malheur qu'il semblait vouloir attirer sur sa tête, il a rendu mes efforts stériles. On eût dit qu'il avait hâte de se voir condamné, tant il mettait d'empressement à accumuler les preuves contre lui... Un grand dévouement devait être au fond de ce mystère... Je n'osai point l'interroger... Près de lui se mourait une jeune femme, sa belle-fille... Le fils était loin... Il était parti la veille du jour où fut découverte la fraude... Il ne revint ni pour assister son père durant les débats, ni pour consoler sa jeune femme à sa dernière heure, ni pour donner un baiser à son enfant...

Le vieillard tressaillit.

« Je m'étais promis de me dévouer si je le pouvais à cette famille; mais soit fausse délicatesse, soit qu'il redoutât ma perspicacité, celui que venait de frapper la justice humaine demeura sourd à mes appels, à mes prières.

Il refusa ma protection, mon amitié, et partit pour Nouméa sans consentir à me voir... Il devinait que j'avais pressenti son secret. Est-il mort là-bas je ne le crois point. Il semblait adorer une petite créature qui, aujourd'hui aurait l'âge de Madone; il aura voulu vivre pour elle; mais s'il a gardé ce courage, peut-être a-t-il voulu devancer l'heure de la liberté! J'ai tout lieu de croire qu'il s'est évadé... Si le malheureux tombait entre les mains de la police, on ne lui tiendrait compte ni de l'exactitude de sa conduite, ni de son amour paternel, on le traiterait en forçat en rupture de ban... S'il savait combien je suis disposé à le soutenir, à le consoler, peut-être m'avouerait-il la vérité; je serais heureux de réparer mes torts involontaires, j'ai la crainte de mourir insolvable à son endroit. Pour moi cet homme est plus qu'une victime, c'est un martyr de l'amour paternel. »

— Quand bien même, monsieur, vous ne parviendriez pas à réparer ce qui sans doute est irréparable, Dieu vous tiendra compte de votre bonne volonté.

— Est-ce donc assez? s'écria le docteur.

— Oui, pour votre conscience, monsieur.

— Mais pour ce malheureux?

— Il saura un jour ce que vous avez voulu, et ce sera pour lui une consolation; les grands cœurs sont si rares !

Pierre Lasseny se leva.

— Où irez-vous en quittant l'Hôtel-Dieu?

— Dans la Cité des Modèles. Ma petite-fille posera chez les peintres... Je découperai le jour des silhouettes que je montrerai le soir... Nous vivrons, monsieur, nous vivrons...

— Mesquinement, pauvrement... et si vous le vouliez!

— L'indigence ne fait pas le malheur, monsieur, et la tendresse aide à tout supporter.

— Matteo, dit le docteur en se levant, et en appuyant sur ce nom, si jamais vous souffrez, promettez-moi de venir me trouver.

— Je vous le promets, monsieur.

— Vous me direz seulement: — « Je vous demande ceci au nom de celui dont vous avez eu pitié, » — et quoi que ce soit, je le ferai.

L'enfant prit la pose et la garda avec une exactitude rare. (Voir page 126.)

Chapitre XI

LA CITÉ DES MODÈLES

Il n'est pas un Parisien qui ne connaisse la rue Saint-Victor et ses environs. Là vit une population complètement distincte de celle du centre de Paris. Elle possède un langage, un costume, des habitudes à part. Presque tous les individus formant cette population sont d'une beauté réelle, sinon par la régularité des traits, du moins par l'expression du visage. La jeunesse y domine, jeunesse alerte, pimpante, réservée et gaie tout ensemble. Une fraternité unit entre eux les membres de cette colonie. Les vieillards y sont moins rares que les individus d'âge moyen. Les métiers qu'ils exercent sont divers, tous se rapprochent à une branche de l'art : l'Italien, à quelque classe qu'il appartienne, est éminemment artiste.

Comment se forma cette colonie? pourquoi a-t-elle choisi ce quartier retiré? Peut-être en raison du bon marché des logements, puis à cause de la proximité du Jardin des Plantes, où les jeunes enfants peuvent prendre leurs ébats; enfin et surtout, parce qu'un jour il se trouva là un homme assez habile pour centraliser et exploiter les Italiens arrivant à Paris.

Avare comme un juif, et fin comme un grec, Beni-Bouffe-Tout, issu de la tribu fantastique des Beni-Moufflard, n'ayant ni religion, ni scrupules, se moquant de Dieu plus que de la police, résolut de devenir riche à l'aide de tous les moyens possibles, hors ceux qui conduisent sur les bancs de la cour d'assise.

A force de vendre des vieux fers, il parvint à acheter un fonds de marchand de curiosités. Sans doute il ne possédait pas d'objets de valeur, mais lentement la nature de ses marchandises s'améliora; les faïences, qui devenaient à la mode, succédèrent aux fers rouillés et aux boiseries piquées des vers. Beni-Bouffe-Tout eut l'adresse de vendre bon marché, puis de se créer une clientèle à part dans le monde des artistes.

Beni-Bouffe-Tout eut un jour une idée qu'il appela « charitable », mais qui, par certains côtés, touchait au génie. Après avoir meublé les ateliers des jeunes artistes, il résolut de leur fournir des modèles. Dans ce but, il loua un immeuble énorme situé près d'une petite place plantée de quelques arbres, puis chaque fois que dans l'atelier d'un de « ses artistes » il rencontra une famille italienne, il lui glissa l'adresse de la *Cité des Modèles*. Ces romains, ces florentins, exilés pour ainsi dire dans Paris, se réjouirent de trouver un centre où il leur devint possible de se réunir.

Une des maisons appartenant à Beni-Bouffe-Tout fut bientôt remplie; il en loua une seconde aux Italiens faisant métier de poser chez les peintres, et y joignit ceux qui jouaient de la harpe ou de la mandoline. Enfin les mouleurs, les montreurs de singes, tout ce qui de près ou même d'un peu loin tenait à l'Italie, au Piémont, à la Savoie, se groupa dans le quartier Saint-Victor.

Les Italiens envoyant des nouvelles dans leur pays donnèrent l'adresse de la *Cité des Modèles*, qui, au bout de cinq ans, était devenue populaire.

Dès lors Beni-Bouffe-Tout gagna plus d'argent avec les Italiens qu'avec ses bibelots.

Quand un homme, une famille, un enfant arrivaient à Paris, ils se rendaient à la *Cité des Modèles*, touvaient une chambre, et priaient ensuite l'étrange patriarche de cette tribu de leur procurer du travail dans les ateliers. Beni-Bouffe-Tout possédait un registre d'adresse tenu avec un art admirable. A côté du nom de chacun des peintres formant sa clientèle, se trouvait une note indiquant le genre de modèle dont il avait besoin. Les uns préfèrent de robustes garçons, et reproduisent ces pâtres dans des attitudes diverses; les autres choisissent des enfants, ceux-ci copient des jeunes filles. Mais, avant de remettre aux modèles les adresses des artistes, ces Italiens, de quelque âge qu'il fussent, s'engageaient à payer le dixième du prix de leurs séances. Jamais le directeur de la *Cité des Modèles* n'eut à se plaindre d'un manque de parole; les camarades de celui qui se serait montré indélicat se serait considérés comme solidaires. En effet, quoiqu'il dîmât une forte somme sur l'argent perçu, l'habile homme rendait de véritables services. On ne blâmait pas son avarice, on l'aimait même en dépit de sa dureté. Sa bourse s'ouvrait facilement quand il se regardait comme certain d'être payé. Son avarice se détendait par moments. On l'avait vu soigner avec dévouement un pauvre vieux qui posait les Saint-Pierre avec beaucoup de majesté.

C'est pour Beni-Bouffe-Tout que le pauvre Matteo apportait une lettre d'Italie. Son ami Beppo, après avoir habité longtemps la *Cité des Modèles*, y envoyait à son tour des camarades.

Un matin d'hiver, un homme dont l'œil gauche disparaissait sous un bandeau de taffetas noir, et dont la pâleur accusait de longues souffrances, entra dans la cour de la *Cité des Modèles*, et demanda M. Beni-Bouffe-Tout. Le vieillard était accompagné par une ravissante petite fille portant un costume italien.

Il fut introduit dans une pièce qui parut à l'enfant le dernier mot du luxe, mais qui sans exciter l'admiration du vieillard, lui arracha cependant un soupir.

Il présenta silencieusement sa lettre d'introduction.

— Ah! ah! ce bon Beppo! fit Beni-Bouffe-Tout, je me le rappelle, corbleu! une tête superbe! Il posait invariablement les brigands Calabrais... Vous, mon brave homme, vous ne pouvez garder de prétentions semblables... Si vous étiez aveugle je ne dis pas... De temps en temps un peintre est tenté d'exécuter un Bélisaire tendant son casque à l'aumône, un Milton dictant le Paradis perdu à ses filles... Mais vous êtes borgne... et je ne devine pas, à moins qu'un peintre exécute un Horatius Coclès ou un Camoens... Mais il ne faut pas compter sur ces hasards-là.

— C'est l'enfant qui posera, répondit le vieillard.

— Ah! l'enfant! Bon! Elle réussira, je vous l'affirme! Comme elle est jolie! On se la disputera dans les ateliers... Mais vous n'arrivez pas d'Italie...

— Nous avions pris le chemin des écoliers, et ce n'était pas le bon... Il y a trois mois... vous souvenez-vous de la catastrophe de Gagny... J'y perdis l'œil gauche, et Madone eut le bras cassé...

— Mais, demanda Beni-Bouffe-Tout que préoccupaient vite les questions d'argent, on vous a compté une indemnité?

— Dix mille francs... Je suis vieux, on trouve sans doute qu'un œil peut suffire pour travailler... J'ai placé l'argent sur la tête de Madone; quand elle voudra se marier, à vingt ans, sa dot l'attendra.

— Et vous n'avez rien conservé?
— Si, en dehors de cette somme, une personne influente m'a obtenu deux mille francs. Je puis donc m'installer et vivre quelques mois en attendant de gagner quelque argent.
— Avez-vous des meubles? demanda Beni-Bouffe-Tout.
— Je sors de l'hospice.
— Voulez-vous un bon conseil?
— Ils sont rares, je les accepte donc volontiers.
— La petite fille est ravissante, et ne tardera point à se créer une clientèle dans les premiers ateliers de Paris... Je n'ai pas besoin de me vanter, on me connaît... Je fournis de ma main des modèles aux peintres les plus célèbres... Eh bien! ne mettez pas cette petite dans un taudis, arrangez-lui un nid assez coquet, pour que nul n'ose lui offrir moins de cinq francs l'heure... Il faut de la mise en scène, et le charlatanisme a pu faire tort aux badauds, jamais aux charlatans... Un pauvre garçon que la maladie a ruiné m'a rendu hier un mobilier artistique... Je vous le céderais à bon compte, arrangez-vous-en. Il serait un merveilleux cadre pour l'enfant. Quant au logement, j'ai votre affaire : une chambre, un cabinet, et une armoire dans laquelle se trouve le fourneau. Je vais vous montrer le mobilier... Une tenture reprisée, je l'avoue, mais qui tient encore le long des murailles, un bahut dans lequel vous renfermerez vos habits, un divan sur lequel vous couchez, et j'ajouterai un lit pour la petite. Vous aurez cela pour 400 francs, et comme je suis bon homme, j'accrocherai chez vous quelques plats de faïence afin d'ajouter à la gaieté de l'ameublement. Je sais bien que quatre cents francs sont une mise de fonds, mais vous les aurez vite regagnés avec le prix des séances. A tout autre que vous je me serais gardé de faire cette proposition, mais j'ai compris tout de suite qu'il fallait placer votre bijou dans un écrin.
— Allons, reprit le vieillard, marché conclu, à la condition que vous ajouterez de plus les ustensiles nécessaire, pour notre cuisine.
Le soir même le pauvre mobilier de l'artiste se trouvait placé dans le logis de Matteo.
Lorsqu'il se trouva seul avec l'enfant dans cette petite chambre garnie de tentures, le vieillard les palpa de la main comme des objets familiers. Il éprouvait une véritable satisfaction à se trouver installé de la sorte. Pendant huit jours il se promena dans la cité, sur la petite place, au Jardes Plantes. Ce coin tranquille de Paris lui plaisait.
Au bout d'une semaine le maître de la *Cité des Modèles* entra chez ses locataires.
— Vous êtes reposés, leur dit-il, et le quartier n'a plus de secrets pour vous, il me semble que le moment est venu d'employer la lettre de recommandation de Beppo. Monsieur Salvator Guerchin est très habile et très bon, la petite Madone l'intéressera; le moment est favorable : il veut peindre une sainte Cécile, et cherche des modèles pour anges.
L'heure était venue de se rejeter dans ce combat de la vie, tant de fois commencé, tant de fois suivi de défaites. Au moment de sortir du pauvre

coin perdu qu'il habitait, il semblait au vieillard que tout allait lui devenir piège et danger. Il reculait l'heure décisive et s'accusait de faiblesse ; il se rendait compte que sa timidité le pourrait compromettre. L'argent reçu de la compagnie du Chemin de fer de l'Est, pour subvenir à ses besoins pressants, et dont une partie avait servi à l'installation du grand père et de sa petite-fille ne durerait pas éternellement. Il fallait prendre un parti.

Un matin Matteo monta en omnibus et descendit place Pigale.

Salvator Guerchin demeurait dans une grande maison ne renfermant que des ateliers.

Le cœur battait à Matteo, lorsque, tenant Madone par la main, il sonna à la porte de l'artiste.

Salvator Guerchin était en ce moment à l'apogée de sa réputation. Jeune, beau, intelligent, il s'était vite ménagé une place honorable. Son talent fin, distingué, se plaisait aux choses exquises, et ses toiles, très appréciées des amateurs, s'enlevaient rapidement.

Il songeait en ce moment à préparer son tableau d'exposition.

Une grande esquisse, placée sur un chevalet énorme, représentait sainte Cécile jouant d'une sorte d'orgue portatif, tandis qu'un groupe d'anges l'accompagnait avec des instruments divers. Quelque chose de moins accentué que l'archaïsme, mais rappelant cependant les écoles anciennes, donnait un caractère spécial à cette œuvre.

L'ordonnance en était très large ; le type de la sainte, admirable de pureté, aurait suffi pour motiver un succès, et cependant Salvator Guerchin ne se tenait pas pour satisfait.

Les têtes d'anges esquissées à la sanguine ne réalisaient pas l'idéal entrevu dans ses rêves. Il en trouvait les types trop humains.

Il faisait part de ses inquiétudes à quelques amis, quand son valet de chambre vint lui apporter une lettre et une carte.

— Voilà qui est plaisant ! s'écria l'artiste. Au moment où je demande un modèle d'une beauté miraculeuse, Beni-Bouffe-Tout qui depuis un mois se plaint de la pénurie de ce qu'il appelle « l'assortiment », m'envoie sa carte avec ces mots : « — Matteo vous conduit sa petite-fille, vous utiliserez cette tête charmante dans votre tableau de *Sainte Cécile*. » — Faites entrer, Robert.

Un instant après la portière fut soulevée et le vieillard parut en tenant Madone par la main.

L'entrée de ces deux êtres produisit une sensation dans le groupe des amis de Salvator Guerchin.

Le vieillard était guéri de ses blessures, mais une ligne rouge cerclait son front, et se perdait sous le bandeau noir cachant l'œil gauche qui lui manquait. Sa barbe, très longue et presque blanche, tombait sur sa poitrine, tandis que ses cheveux rasés après la catastrophe de Gagny, ne formaient autour de sa tête qu'une étroite couronne. Ses traits, naturellement beaux et fins, avaient pris, durant son séjour à l'Hôtel-Dieu, une pâleur seyant à cette tête intelligente. La bouche était triste, l'œil vif. Les mains, que nul labeur grossier n'avait déformées, conservaient une forme élégante.

Le vieillard tremblait en pénétrant chez l'artiste, et ses doigts serraient nerveusement la petite main de Madone.

L'enfant rayonnait de beauté et de grâce. Ses longs cheveux blonds repoussaient sa coiffure italienne, une mélancolie au-dessus de son âge chargeait son regard; quand elle se tournait vers son grand-père, il reflétait une tendresse infinie.

— Monsieur, dit le vieillard d'une voix dont le timbre sonore surprit l'artiste, vous avez, je crois, besoin d'un modèle pour votre tableau, je vous amène ma petite-fille... Un ange...

— La ravissante créature ! s'écria Guerchin. Vous arrivez ici avec un à propos tel que je ne marchanderai pas vos services. Nous conclurons un marché... Personne ne vous connaît encore à Paris... Si vous y consentez, je vous paierai cent francs par mois, vous me donnerez trois séances par semaine, et vous vous engagerez à ne jamais entrer dans un autre atelier que le mien.

— J'accepte, monsieur, répondit le vieillard. Je n'ajoute qu'une seule condition à ce traité, vous me permettrez de rester ici pendant les séances ; je me dissimulerai dans un coin de l'atelier, je vous demanderai un livre, et votre travail fini, j'emmènerai l'enfant.

— Soit ! nous pourrons commencer aujourd'hui même.

— Volontiers, monsieur.

— Mignonne, dit le peintre à l'enfant, ôte ta coiffure, et laisse tomber tes beaux cheveux blonds... ils sont d'une teinte ravissante... Si je ne peins pas des anges merveilleux avec un semblable modèle, je suis indigne de compter parmi les artistes.

L'enfant prit la pose indiquée par Salvator Guerchin, et la garda avec une exactitude rare chez les modèles plus âgés.

Au bout de deux heures, Salvator Guerchin rendit la liberté à l'enfant.

— Je suis absolument content de toi, lui dit-il, et tu trouveras au prochain jour de séance une boîte de bonbons à ta disposition.

Madone remercia avec grâce, puis, accompagnée de son grand-père, elle descendit l'escalier et gagna la place Pigale. Un grand tartan bleu dérobait sa taille mignonne, on ne voyait plus de toute la gentille enfant que sa figure ravissante, entourée de cheveux blonds, et les petites mains qu'elle croisait sur son châle.

Matteo, un grand chapeau noir rabattu sur les yeux, le bas du visage enfoncé dans un cache-nez blanc, restait blotti dans son coin. En rentrant à la *Cité des Modèles*, il alla remercier Beni-Bouffe-Tout, et lui apprendre le succès de l'enfant.

Dès qu'ils se trouvèrent dans leur logis, Matteo fit asseoir Madone sur ses genoux.

— C'est maintenant seulement, lui dit-il, que nous pouvons organiser notre vie; sois tranquille, si pauvre que nous soyons, nous la ferons belle et paisible. D'abord la vieille Guilia, qui nous aide depuis notre entrée ici, continuera à faire le ménage, et tu auras soin de toujours parler italien avec elle, afin de t'accoutumer à la prononciation. Tu verras combien nous allons être heureux.

La vieille Guilia servit le dîner. Quand le couvert fut enlevé et que le grand-père, installé dans son fauteuil, eut à côté de lui une lampe, en face de lui Madone, assise sur un petit tabouret, il prit une paire de ciseaux dans le tiroir de la table, une feuille de papier, et tout en découpant avec une adresse et une rapidité prodigieuse, il reprit son entretien :

— L'avenir ne sera pas triste pour toi, je l'espère, ma mignonne. Tant que tu resteras enfant, tu poseras comme tu as fait aujourd'hui ; mais quand tu seras une jeune fille, cela deviendra impossible ; il faudra donc que nous trouvions un autre moyen d'existence. Je cherche si souvent dans ma tête la solution de ce problème que je finirai par la trouver. Si je suis vieux, pauvre, infirme, je ne suis pas ignorant. Mes matinées seront consacrées au travail, et mes économies à l'achat des livres dont tu as besoin. Tu as huit ans ; en cinq ans, sous ma direction, tu apprendras beaucoup de choses et tu possèderas déjà des notions de dessin et de peinture suffisantes pour te permettre d'exécuter de petits travaux. Il m'est venu dans l'esprit de proposer plus tard à M. Guerchin de te donner des leçons de peinture... C'est un homme habile, et qui finira par s'intéresser à nous. Les courses que nous ferons chaque jour pour nous rendre chez lui, ou pour revenir à la Cité nous serviront de promenades. Jusqu'à la fin de ce mois, j'occupperai mes soirées à faire des découpures. Je les montrerai et je les vendrai ensuite sur les boulevards.

— Mais, grand-père, demanda l'enfant, pourquoi vous donner cette peine, puisque M. Guerchin nous remettra cent francs par mois ? Cette somme suffira à nos dépenses...

— Oui, ma chérie, mais il faut prévoir les malheurs. M. Guerchin ne reproduira pas sans fin ton joli visage, nous ne trouverons peut-être plus de séances régulières. Enfin, il sera prudent de réaliser des économies. Grâce à Dieu je garde un billet de mille francs en réserve, j'y ajouterai quotidiennement le produit de mon travail.

— Comme vous voudrez, grand-père, mais j'aurais été contente de me dire que je suis capable de vous venir en aide.

« Que découpez-vous là, grand-père ? »

— Regarde, dit le vieillard.

— Ah ! je vois, une pauvre fille qu'une mégère tient d'une main par les cheveux, tandis que de l'autre elle l'accable de coups de bâton... C'est Marthe Lavoine, et la petite fille, c'est moi... Ah ! grand-père ! comme c'était cela, et que vous avez bien fait de venir me prendre au moment où j'allais mourir...

— Voici une autre découpure, dit le vieillard.

Cette fois elle représentait un homme demi nu, monté dans une pirogue et ramant de toutes ses forces. A l'expression du visage, à la flexion du torse, on comprenait que bientôt le malheureux retomberait épuisé. Sur une roche située à gauche, se dressaient trois sauvages tendant un arc dont la flèche était sans nul doute destinée au malheureux.

— Ah! fit Madone, je me souviens, c'est le Pauvre-Homme!
Elle se jeta en pleurant dans les bras de son grand-père.

Vers dix heures tous deux prièrent d'une voix émue, comme prient les malheureux et les souffrants, et s'endormirent d'un paisible sommeil.

Le lendemain tous deux allèrent chez Salvator Guerchin.

Le peintre se trouvait seul dans l'atelier.

Tandis que Madone posait, Matteo tira d'un carton qu'il avait apporté, une feuille de papier, prit des ciseaux dans la poche de son gilet, puis, avec une habileté prodigieuse, il entreprit de reproduire une grande toile placée en face de lui et représentant la mort d'Holopherne. Pour arriver à rendre ce tableau, il avait été obligé de surmonter des difficultés extrêmes, puisqu'il devait montrer les deux personnages de profil. Mais rien ne semblait capable de l'arrêter quand il s'agissait de cet art fantaisiste et charmant qu'il n'avait pas inventé, sans doute, mais qui, jamais, n'avait été poussé à un si haut point de perfection.

— Mais vous êtes artiste! s'écria Salvator qui s'était approché pour regarder ce qu'il faisait, et un artiste de grand talent encore! Quelle singulière idée vous avez de choisir cette façon de prouver votre science du dessin et du modèle! Je vous achète cette découpure, trois louis si vous voulez, Matteo.

— Monsieur, dit le vieillard avec une courtoisie qui semblait en complet désaccord avec le triste aspect de Matteo, vous me faites grand honneur d'y attacher quelque prix. Permettez-moi de vous l'offrir.

— Me l'offrir! dit Guerchin, ce serait abuser de vous, Matteo. Au surplus, vous avez raison, peut-être! Ne faisons point de cérémonie entre nous. Je prends la découpure, en échange je vous donnerai une tête d'ange peinte d'après votre petite-fille.

— Ceci, je puis l'accepter, monsieur, dit le vieillard, avec dignité, et vous vous montrez trop généreux pour que je me permette de vous faire remarquer combien le marché que vous concluez est mauvais.

— Ce n'est pas tout, reprit Salvator, si vous voulez exécuter d'autres découpures, je vous promets de les placer avantageusement.

Matteo remercia de nouveau, termina sa Judith et la posa sur un petit chevalet de guéridon où elle produisait un effet saisissant.

A partir de ce jour, tandis que Madone posait, le vieillard copiait une toile, s'inspirait d'une esquisse, travaillant avec une sûreté de main merveilleuse, exécutant des chefs-d'œuvre que Guerchin se chargea de mettre à la mode. Le vieillard n'eut pas la peine d'aller vendre son travail sur les boulevards. On s'arracha ses silhouettes.

Salvator Guerchin aimait à parler avec lui de l'Italie. Pendant les premières séances, Matteo se tint sur la défensive, il évitait de montrer ses connaissances, il tentait de jouer sérieusement son rôle de vieux Lazzarone, mais il dut y renoncer avec un homme doué d'autant de cœur et de perpicacité que l'artiste. Il s'abandonna dès lors plus volontiers, gardant ses secrets, mais montrant tour à tour les qualités de son esprit et celles de son cœur. Ce qui avait pu l'effrayer tout d'abord en songeant que Madone deviendrait un « modèle » s'était effacé d'une manière absolue. Il semblait au vieillard, en conduisant l'enfant chez Guerchin, qu'il la menait chez un ami. L'artiste ne tarda pas à porter un intérêt puissant à Matteo. Il eût voulu pouvoir entrer davantage dans sa vie, mais celui-ci ne le permit pas. Seulement il emprunta des livres à l'artiste, des gravures; il se montra serviable, avec une nuance de dignité qui empêchait de voir jamais la servilité dans ses bons offices.

Il arriva un jour chez Guerchin, au moment où celui-ci recevait une lettre annonçant qu'un prince étranger, de passage à Paris, visiterait son atelier dans la journée. Les domestiques de l'artiste se trouvaient tous sortis. Matteo fit un signe à Madone, lui glissa de l'argent dans la main, et lui dit :

— Des fleurs, vite!

L'enfant descendit.

Pendant son absence, avec une rapidité merveilleuse et avec un goût inné spécial aux artistes, Matteo commença à ranger l'atelier de Salvator. Les toiles furent enlevées des cadres qu'elles couvraient, les tableaux rangés dans leur jour, les statues groupées avec grâce, les objets curieux venus de tous les coins du monde formèrent des panoplies bizarres. Guerchin commençait à se sentir satisfait, quand il s'écria avec l'accent du regret :

— Il aurait fallu des fleurs ici!

— En voici, monsieur Salvator, répondit une voix douce.

Madone, qui en tenait une brassée, était suivie d'un commissionnaire dont le crochet formait une belle corbeille de feuillages et de corolles.

Cinq minutes après l'atelier avait un air de fête.

Salvator Guerchin ne remercia ni Madone, ni son père, mais il plaça très en évidence une des découpures de Matteo.

— Est ce que vous travaillerez tout de même à votre tableau, monsieur? demanda Madone.

— Certes, mon petit ange, reprends ta pose; le prince peut arriver quand il voudra maintenant.

Deux heures plus tard l'altesse entrait dans l'atelier. Sa visite fut longue; le prince s'intéressait aux arts d'une façon intelligente et prodigue. Avant de quitter Salvator il lui commanda deux grandes toiles, puis avisant Madone :

— Quelle tête ravissante, dit-il, exécutez pour moi le portrait de cette enfant et envoyez-le au Salon l'autre année, je le paierai ce que vous voudrez.

Ses regards se fixèrent sur les découpures de Matteo.

— Voilà un art étrange! dit-il. Je regrette que vous ayez chez vous cette petite merveille à titre de souvenir et de curiosité, sans cela...

— Mon prince, dit en souriant Guerchin, je vais faire porter ce tableau enlevé à la pointe des ciseaux dans votre voiture, c'est le père de Madone qui compose ces œuvres-là.

— Alors vous remettrez ceci à l'enfant, dit le prince.

Il tira un billet de cinq cents francs de son portefeuille et le déposa dans une coupe de cristal de roche.

— Bonne journée pour tout le monde, fillette, dit l'artiste; voici d'abord pour la tirelire, ensuite j'ai la plus belle des commandes, sans compter ton portrait.

Les jours s'écoulaient heureux, paisibles. Vingt fois des sculpteurs et des peintres, qui avaient eu l'occasion de voir Madone chez leur camarade, se rendirent à la *Cité des Modèles*, afin de tenter Matteo par des offres magnifiques. Ils reçurent tous des refus. Le vieillard ressentait une véritable amitié pour l'artiste. Il se sentait aimé, estimé, protégé dans cette maison. Grâce à lui le pauvre homme gagnait de l'argent, et voyait grossir la somme de ses économies.

— Messieurs, répondait-il d'une façon invariable, j'ai conclu un traité avec M. Salvator Guerchin, et je le respecterai. Tant qu'il aura besoin de Madone elle posera pour lui.

— Mais, reprenaient les plus obstinés, nous n'empêchons pas qu'elle continue, mais vous ne conduisez Madone que trois fois par semaine chez Guerchin, donnez-nous les trois autres jours. Nous offrons double, triple prix.

— Je manquerais à ma parole, répondait Matteo, je n'ai pas seulement promis que Madone poserait chez M. Salvator, j'ai dit encore qu'elle ne poserait que pour lui.

— Vous ne tenez donc pas à l'argent?

— Je tiens encore plus à rester honnête homme.

Guerchin apprit à quelles tentations avait été exposé le vieillard, et son estime pour lui s'accrut beaucoup en raison de la conduite de Matteo en cette circonstance. Madone commençait à prendre des leçons de dessin de son grand-père, et ses progrès étaient rapides. Dans l'atelier de Guerchin, au lieu de se reposer, elle maniait un crayon pendant ses instants de repos.

Un jour l'artiste lui demanda si elle connaissait les danses italiennes, et avisant un tambour de basque, Madone commença un pas que lui avait montré la pauvre petite fille morte à Gagny, celle dont elle avait gardé le nom en héritage. Elle ne songeait alors qu'à être agréable à l'artiste, mais quand elle eut fini, elle se rappela avec une vivacité si terrible la scène de la catastrophe qu'elle fondit soudainement en larmes.

— Qu'as-tu ? mais qu'as-tu ? lui demanda l'artiste qui ne comprenait rien à cet attendrissement subit.

— Ne vous tourmentez pas, monsieur, dit Matteo en serrant l'enfant contre sa poitrine, cette tarentelle lui fut enseignée par une fillette de son âge avec qui nous avons voyagé l'espace de deux mois. Elle périt dans un accident de chemin de fer, où Madone eut le bras brisé et où je perdis l'œil gauche... Ne pleure plus, Madone, c'est demain l'anniversaire du sinistre, nous irons nous agenouiller sur la tombe de nos anciens compagnons et remercier Dieu de nous avoir sauvés.

Les pleurs de l'enfant se séchèrent sous les baisers du vieillard.

Le lendemain, en effet, tous deux prirent le chemin de fer de l'Est et se rendirent au cimetière de Gagny. Le vieillard avait depuis longtemps acheté un terrain pour le pauvre Italien dont la tombe ne portait aucun nom. Il lui semblait qu'il restait son débiteur. N'avait-il pas emporté son nom? La tombe fut couverte de fleurs, Matteo chargea un prêtre de célébrer deux messes, et quand le vieillard et Madone rentrèrent à Paris ils avaient tous deux le cœur soulagé d'un grand poids.

Lorsque le lendemain Madone entra dans l'atelier de Salvator Guerchin, elle poussa un cri de surprise : le docteur Lasseny et son fils Octave étaient là.

Pierre Lasseny embrassa l'enfant avec une véritable amitié, et Octave, la faisant asseoir près de lui, la questionna longuement sur sa vie, ses plaisirs, ses travaux, ses peines.

— Des peines, dit-elle, grand-père les prend sans doute pour lui, il est si complètement bon. Mes travaux se confondent avec mes plaisirs. Pendant toute la matinée j'étudie.

— Qu'apprends-tu ? demanda Octave.

— Le français, l'italien, l'histoire, la géographie, la musique, il paraît que j'ai une jolie voix, le dessin...

— Tu as donc un grand nombre de professeurs ?

— Moi, monsieur Octave, un seul, mon grand-père.

— Comment, ton grand-père ?

— Ah ! mon grand-père sait tout, d'abord. Il n'a jamais besoin de livres pour m'enseigner quelque chose ; sa tête est une bibliothèque. Les leçons ne m'ennuient jamais. Je suis très heureuse, je vous l'assure, le dimanche nous allons dans les églises, nous visitons les musées... Il me fait comprendre la beauté des monuments, des œuvres d'art. Je visite les jardins, les squares. Il ne semble pas se fatiguer de moi, nous restons toujours seuls, tous deux, et c'est assez pour nous, monsieur Octave, nous nous aimons tant.

— Est-ce que cela t'amuse de poser, mon enfant ?

— Chez M. Salvator, oui ; il se montre très bon, très généreux pour moi, et très affable avec mon grand-père. Il ne semble plus que nous sommes de pauvres gens lorsque nous nous trouvons dans cet atelier. Cependant, je sais bien que cela ne durera pas, M. Salvator ne fera pas des centaines de portraits de moi. Quand il y renoncera je saurai déjà un peu dessiner. Je peindrai donc plus tard des porcelaines, des émaux. Grand-père me donne des leçons, je deviendrai vite habile.

— Tu es une brave petite fille ! s'écria Octave. Je ne t'ai jamais oubliée. Tu souffrais avec tant de patience quand on te fit un premier pansement. Je vois encore ton épaule couverte de sang, ton petit bras brisé. Tu ne criais pas, comme la plupart des blessés, un seul mot s'échappait de ta bouche. « grand-père, mon grand-père ! »

— C'est que, voyez-vous, monsieur Octave, je n'ai que lui à aimer. Vous ne le connaissez pas, c'est le meilleur et le plus doux des hommes ! Je crois que des méchants lui ont fait beaucoup de chagrin, et cependant, jamais il ne maudit personne...

— Je te crois, je te crois, Madone, vous êtes dignes l'un de l'autre. Je ne regrette qu'une seule chose, c'est que ton père ait refusé les services du mien.

— Eh bien ! dit Madone avec une grâce souriante, je vous promets, moi, monsieur Octave, de m'adresser sans crainte à vous, si jamais j'ai besoin d'un service.

Le docteur Lasseny se montra rempli de bienveillance pour Matteo. Il ne fit aucune allusion aux choses passées, et se borna à lui demander si sa vue se soutenait.

Le vieillard répondit avec une politesse mêlée de reconnaissance. Mais rien dans ses paroles ne prouva qu'il serait heureux de revoir le docteur Lasseny.

— Quel homme étrange ! fit le docteur en prenant congé de Salvator Guerchin.

— Oui, répondit l'artiste, étrange et intéressant tout à la fois.

Le soir Madone témoigna au vieillard la joie qu'elle avait ressentie en voyant Octave. Elle rappela en termes émus les bontés dont Octave et son père les avaient comblés. Puis elle ajouta, en entourant de ses bras le cou du vieillard :

— Pourquoi n'aimes-tu pas M. Octave? Pourquoi sembles-tu fuir le docteur Lasseny?

— Tu te trompes, mon enfant ; ce que j'évite avec soin, c'est de me rapprocher de gens trop riches pour être jamais des amis, et qu'il me serait impossible de traiter en égaux. Les malheureux ne doivent voir que les malheureux.

La conversation s'arrêta subitement, Matteo ouvrit un livre, et Madone devint soucieuse.

Quelquefois le vieillard, laissant sa petite-fille aux soins de la vieille Guilia, sortait durant la soirée. Il se rendait alors dans le quartier Saint-Sulpice, et régulièrement faisait une sorte de tournée, toujours la même. Il se rendait d'abord au numéro 76 de la rue de Rennes, et demandait au concierge :

— N'avez-vous eu aucune nouvelle de M. Olivier Marson ?

— Aucune, répondait le concierge d'une voix cassante.

La tête baissée, le pas alourdi, il gagnait la rue Gay-Lussac. Entrant alors dans un couloir bien éclairé des feux du gaz, il entrait chez une petite femme courte et riante qui, voyant un pauvre homme pâle et défait, lui répondait avec une bonté amicale.

— Mme Suzane Sermaise ? disait-il.

— Toujours en Russie, monsieur, et je ne saurais vous indiquer dans quel gouvernement, à mon grand regret, croyez-le, puisque vous lui portez tant d'intérêt.

— Je reviendrai, disait le vieillard, merci.

Il revenait, en effet, mais chaque fois qu'il recommençait ces courses, ces questions, il gardait sur le visage les stygmates d'une douleur profonde, comme s'il venait d'exhumer des souvenirs de deuil et de mort.

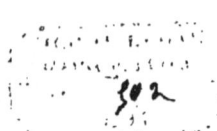

Tout à coup ses regards tombèrent sur quatre petites lignes. (Voir page 136.)

Chapitre XII

DANS UN JOURNAL

Il y avait foule au Salon, le jour de l'ouverture de l'Exposition annuelle. Les riches toilettes des femmes, l'allure triomphante des artistes connus, l'empressement des critiques, fiers d'avoir déjà un jugement formé sur les œuvres remarquables, les groupes de jolies curieuses, tout concourait à rendre intéressant le mouvement qui régnait dans les salles.

Parmi les triomphateurs de cette exposition on citait à grand renfort d'éloges, Salvator Guerchin, que son immense composition : *La Mort de Vercingétorix* plaçait au rang des premiers peintres d'histoire, tandis qu'un portrait d'enfant se trouvait entouré d'une foule sympathique. C'est que cette toile était une de ces œuvres vivantes et merveilleuses, comme l'artiste le plus habile en produit rarement plusieurs dans sa vie, page intime, imprégnée d'idéal, qui faisait rêver et laissait attendri. La beauté du modèle, l'expression ravissante de cette figure d'enfant enlevaient tous les suffrages. Au bas du cadre se trouvait écrit sur un cartouche :

MADONE

Un mouvement de curieux régnait depuis l'ouverture du Salon devant cette toile ravissante, lorsque deux êtres, très différents d'allure et de costume des personnes groupées devant ce portrait, se glissèrent avec des peines infinies au milieu de la foule, et parvinrent à se placer au premier rang. Leur arrivée suscita une sorte de mécontentement; l'homme avait joué des coudes, l'enfant s'était glissée entre les femmes élégantes avec des allures de couleuvre; mais bientôt un vif sentiment d'intérêt s'éveilla. On venait de reconnaître l'original du portrait. Contrairement à ce qui arrive d'ordinaire, on trouva l'enfant plus jolie que la toile. Le nom de Madone circula, et bientôt la petite fille qui, par un mouvement de naïf amour-propre avait souhaité constater son succès à l'exposition, se trouva embarrassée de l'admiration qu'elle excitait. Serrant avec force la main de son grand-père, elle s'efforçait, sans y parvenir, de sortir du cercle qui l'emprisonnait, et commençait à regretter sa curiosité.

Au nombre de ceux qui examinaient la toile avec une attention persistante, se trouvaient deux hommes âgés d'environ trente-cinq ans, vêtus avec une ancienne élégance, mais dont les visages accusaient une vie de désordres. Evidemment ils s'efforçaient de dissimuler leur pénurie présente. Le linge était reprisé, la redingote trouée, les gants nettoyés. La cravate seule paraissait neuve. L'un deux conservait un admirable type de visage, une de ces beautés qui constituent le chef-d'œuvre humain. Mais ces grands yeux noirs trahissaient la fatigue de l'orgie, la déception avait donné à ces lèvres un pli amer. Il y avait évidemment des ruines dans l'âme de cet homme.

Placé au dernier rang des admirateurs du portrait de Madone, il paraissait avoir oublié l'ami qui l'accompagnait.

— C'est étrange! bien étrange! murmurait-il, quelle ressemblance!

Tandis qu'il restait absorbé par la contemplation de cette toile, Salvator qui avait donné rendez-vous à un ami devant ce portrait, arriva, et devinant l'embarras de Madone et de son grand-père, leur dit en caressant la joue de l'enfant :

—Si vous êtes fatigués, prenez ma voiture, vous me la renverrez...

Puis, frayant un passage au vieillard et à l'enfant, il leur aida à gagner la porte de sortie. Pendant l'espace d'une seconde, le jeune homme qui avait trouvé dans la tête reproduite par l'artiste une ressemblance avec un autre visage, entrevit la petite fille; il eut l'idée de la suivre, et il allait s'élancer à sa poursuite, quand son ami lui prenant le bras le força soudainement à se retourner. Ce mouvement suffit pour lui faire perdre de vue l'enfant et le vieillard.

— C'est dommage! fit-il, c'est dommage!

Puis il fit un geste insouciant et continua sa promenade.

Les deux hommes ne quittèrent l'exposition qu'au moment de la fermeture des portes. Qu'y cherchaient-ils? Rien. Pourquoi s'y rendaient-ils? Ils l'ignoraient eux-mêmes. Réduits à une misère croissante, à la veille de manquer de pain, ils se mêlaient à la foule, comme si un hasard les pouvait subitement enrichir, et ils marchaient l'un près de l'autre, absorbés dans une même pensée.

— Combien te reste-t-il? demanda le plus âgé.

— Trente sous, répondit son compagnon.

— On ne dîne pas avec trente sous. Entrons au café, et tâchons d'engager une partie de billard, c'est la dernière de nos ressources.

Les deux hommes entrèrent dans un café de second ordre. Avec leurs minces ressources il leur eût été impossible de se faire servir un verre d'eau sucrée dans le premier café de Paris. Ils eurent soin de se placer non loin des billards, et tout en composant une absinthe avec la sage lenteur de ceux qui ont fait une habitude de ce breuvage, ils se mirent à raconter d'une voix assez haute, et en posant pour la galerie, le succès qu'ils avaient remportés sur les premiers joueurs du monde, notamment un Américain qui faisait des tournées en Europe, et voyageait avec son billard.

Un voisin de table se mêla modestement à leur entretien. C'était un amateur forcené, mais dont les maladresses ne se pouvaient compter. Il questionna les deux amis, les supplia de jouer avec lui, mais ceux-ci alléguèrent l'heure avancée, et la nécessité de dîner. L'amateur résolu à ne pas lâcher les deux hommes qui pouvaient lui enseigner la finesse du jeu, comme un bretteur montre une botte secrète, se garda bien de laisser échapper ceux dont il attendait des leçons; il les conjura d'accepter à dîner, et insista tellement que les deux amis acceptèrent.

Alors seulement ils déclinèrent leurs noms.

— Je me nomme Aristide Beauséjour, fit l'amphitryon, trente-cinq ans, bon pied, bon œil, l'amour de la vie facile, et quinze mille francs de rentes en attendant plusieurs héritages.

Les deux amis saluèrent, se présentèrent mutuellement; un dîner soigneusement choisi fut servi aux trois dîneurs, et deux d'entre eux y firent honneur comme des gens affamés depuis longtemps. Mais il faut convenir que s'ils mangèrent à belles dents, ils donnèrent à l'amateur de billard une leçon dans les règles, leçon dont celui-ci se déclara enchanté.

Vers onze heures Beauséjour les quitta.

— Nous aurions dû lui emprunter un louis! fit celui des deux amis dont la beauté physique était incontestable.

— On ne pense pas à tout! répondit-il. Nous avons atteint notre but, et fait un excellent dîner dont le besoin se faisait grandement sentir. Quant à demain, nous avons pris l'habitude de ne jamais regarder en face ce spectre-là.

— Si tu avais voulu, Olivier, il y a longtemps que de nouveau nous aurions tenté la fortune.

— Comme la première fois?

— Sans doute.

— Ne m'en parle plus, ne m'en parle jamais! J'ai refusé de le faire, je refuserai encore, je refuserai toujours! N'est-ce point assez du passé qui me hante, sans que de temps à autre tu viennes le remuer pour faire jaillir du feu de ces cendres. Dieu sait combien de méchantes actions j'ai commises depuis près de dix années, mais quelque effort que j'aie fait pour endurcir mon cœur, il est un souvenir qui l'a dévoré comme un cancer ronge la chair vive.

— Trouve autre chose, alors.

— Cela est facile à dire : trouve autre chose! Les coffres-forts vont-ils se détacher de la muraille et nous suivre dans nos taudis. Tant qu'on remue de l'argent il est facile de faire des dupes, quand on en manque, il ne reste de ressources que le vol maladroit, parce qu'il n'est pas suffisamment préparé. Il nous faut maintenant le temps de préparer une affaire... C'est ta faute, je ne voulais pas aller à Monte-Carlo et tu m'y as entraîné.

— N'en arrivons pas aux reproches, Bois-Galais, puisque nous avons résolu de partager la bonne fortune qui nous adviendra, et la mauvaise quand le vent soufflera à la ruine.

— Nous ne connaissons que celle-là depuis longtemps! Ma parole, j'en viens à croire que les faiseurs sont peut-être les premières dupes du monde, et que les honnêtes gens sont seuls heureux.

— Bah! fit Olivier, il y a quinze jours tu raisonnais autrement. Tu n'as jamais connu le remords, et tu ne souffres que du manque de satisfaction de tes appétits. Ne nous querellons pas plus sur ce sujet que sur d'autres, passe-moi un journal, il arrive quelquefois qu'un article vous suggère une bonne idée!

Bois-Galais et Olivier prirent chacun un journal. Olivier lut attentivement la quatrième page, celle où il est question d'affaires, et où, par conséquent, on peut trouver des moyens plus ou moins délicats de gagner de l'argent.

Tout à coup ses regards tombèrent sur quatre petites lignes qu'il lut et relut avec une attention extrême.

— C'est cela! fit-il, c'est bien cela!

— Quoi? demanda Bois-Galais.

— Écoute : « *Monsieur Auguste Aubry, avocat, est chargé de retrouver dans le plus bref délai possible, plusieurs membres de la famille Auvilliers. M. Luc Auvilliers désire savoir ce que sont devenues sa sœur Blandine Auvil-*

liers, *et Claire Auvilliers sa nièce. Les renseignements concernant ces personnes doivent être remis à M. Auguste Aubry, 6, rue du Monthabor.* »

— Eh bien? demanda Bois-Galais.

— Mais Claire Auvilliers était ma femme !

— J'ignorais son nom de famille, je me souviens maintenant qu'elle s'appelait Claire. Alors M. Luc Auvilliers...

— Est ce négociant de Java, dix fois millionnaire, qui, jusqu'à l'époque de mon mariage, pourvut libéralement aux dépenses de sa sœur Blandine et de sa nièce, et lui promit cent mille francs de dot qui ne me furent jamais comptés... Cette somme m'était indispensable, il me fallait de l'argent à tout prix! et... ce Luc Auvilliers a brisé ma vie !

— A quoi servira maintenant son retour? demanda Bois-Galais. Il ne te connaît pas, et te portera un intérêt fort médiocre.

— S'il ne restait que moi, sans doute, mais il y a l'enfant..

— Au fait, c'est possible! Il était garçon, et problablement ne s'est pas marié ; en revenant en France il éprouve le besoin de se créer une famille... l'enfant est la fille de Claire... Tu sais où la trouver?

— Naturellement. La petite habite Luzancy, chez une fermière appelée Marthe Lavoine. Une amie de Claire, Suzanne Sermaize, s'est chargée de payer sa pension, pendant que nous voyagions en Amérique et en Angleterre. Je verrai demain M⁰ Aubry; si la situation de Luc Auvilliers est bonne, s'il cherche les membres de sa famille pour les enrichir, je reprends la petite fille qui maintenant est déjà grande... Si elle ressemble à sa mère elle sera jolie, très jolie... Eh mais! voilà un rapprochement bizarre, te souviens-tu de l'obstination avec laquelle j'examinais tantôt un portrait d'enfant : cette petite Italienne peinte par Salvator Guerchin, inscrite au livret sous le nom de *Madone*! En contemplant cette toile, il me semblait y retrouver les traits de Claire enfant, telle que je l'ai vue représentée sur une miniature appartenant à sa mère. Le hasard nous sert à merveille, peut-être n'aurons-nous pas besoin de chercher une combinaison hasardeuse pour retrouver une fortune.

Olivier écrivit l'adresse de M⁰ Aubry, puis les deux amis sortirent du café et rentrèrent dans la chambre garnie qui leur servait de logement.

Olivier se leva de bonne heure, et mit dans sa toilette autant de recherche que le permettaient les minces ressources de sa garde-robe. Bien qu'on lût sur son visage les vestiges d'une vie irrégulière pour ne rien dire de plus, les traits gardaient une correction de lignes qui devait longtemps encore faire paraître Olivier admirablement beau. Ses cheveux ondés ajoutaient à la coupe harmonieuse de son visage; ses yeux conservaient un éclair rapide, sa bouche, qui connaissait la raillerie mordante, savait encore sourire. Capable de perdre dans une orgie le respect de soi et des autres, il pouvait encore prouver que sa première éducation avait été bonne.

M⁰ Auguste Aubry venait d'entrer dans son cabinet quand Olivier se fit annoncer.

Il raconta en peu de mots qu'ayant lu l'article du *Moniteur*, il venait fournir à l'avocat les renseignements dont celui-ci avait besoin pour les transmettre à son client.

Auguste Aubry se leva, prit dans un cartonnier un dossier assez volumineux, et s'apprêta à le feuilleter, à mesure que son visiteur lui fournirait des indications.

— Je vous écoute, monsieur, dit-il.

— Il y a dix ans, reprit Olivier, j'épousai Mlle Claire Auvilliers, dont la mère, Blandine Auvilliers vivait encore. J ai lu plus d'une fois des lettres ecrites à sa sœur par M. Luc Auvilliers, il se montrait avec elle d'une générosité sans bornes, et poussait la bonté jusqu'à songer à doter sa nièce... Quel malheur survint et empêcha M. Auvilliers de tenir cet engagement? Je l'ignore... J'aimais ma femme et sa pauvreté me la rendit plus chère encore... Mme Auvilliers mourut quelques semaines après notre mariage, et n'eut pas le bonheur de bénir sa petite-fille... Hélas! Monsieur, les coups les plus douloureux me devaient successivement atteindre: ma femme, ma Claire bien-aimée expira à son tour dans mes bras...

— Vous possédez sans doute, monsieur, des pièces établissant votre identité?

— Voici, monsieur, mon acte de mariage, l'acte de décès de ma femme et l'acte de naissance de Marie, ma petite fille...

L'avocat prit ces trois copies d'actes, les lut, et releva vivement la tête, en fixant sur Olivier un regard scrutateur.

— Olivier Marsan, dit-il, vous vous appelez Olivier Marsan?

— Oui, monsieur, répondit Olivier d'une voix moins assurée.

L'avocat se leva, retourna au cartonnier, y prit un nouveau dossier et le feuilleta.

— Il y a dix ans, fit-il, que je n'ai remué ces notes; elles me mettent en mémoire un des plus tristes épisodes de ma carrière d'avocat... Il s'agissait du procès de Pascal Marsan.

Olivier fut pris d'un tremblement.

— Ce fut un grand malheur! dit-il.

— Ce fut surtout une iniquité! s'écria l'avocat, en frappant de la main le dossier poudreux; quand j'emploie ce mot, je ne m'adresse point à la justice; elle remplit son devoir et se montra même miséricordieuse. L'iniquité fut du côté du véritable coupable, car votre père se sacrifia. Jamais cet homme loyal n'avait tenté de contrefaire un billet de banque. Il était sans passions, sans besoins. Son passé répondait de son présent. Il avoua le crime qu'on lui imputait avec un empressement qui seul suffisait pour donner des doutes. Mais ce qui me convainquit davantage de son innocence et de l'intérêt mystérieux qu'il avait à se faire condamner, ce fut de le voir refuser l'aide de mon expérience. Je l'aurais sauvé, je le jure! Mais je ne le pouvais faire qu'en cherchant, qu'en trouvant le criminel, qu'en le traînant au banc d'infamie, et Pascal Marsan ne le voulut pas...

L'avocat regarda Olivier, non pas d'une façon brutale, mais avec une persistance étrange. Le coude appuyé sur la table, le menton dans la paume de la main, il considérait ce visage superbe et cherchait à y trouver le reflet d'une âme.

— Vous étiez absent pendant ce procès? demanda M⁰ Aubry.
— Je me trouvais alors en Amérique.
— Vous auriez pu revenir, dit l'avocat.
— Ma présence eût ajouté à la douleur de mon père...
— Le respectiez-vous donc assez peu pour le soupçonner?
— Non, monsieur, non! fit Olivier d'une voix tremblante,.. Mon père était le meilleur, le plus honorable des hommes... Mais pouvais-je empêcher qu'un étrange concours de circonstances malheureuses l'accusât...
— Vous n'êtes pas venu... reprit l'avocat, vous n'êtes pas venu... Etrange hasard que celui qui nous rapproche aujourd'hui... Moi, l'avocat de Luc Auvilliers, son mandataire, vous le fils de Pascal Marsan... Je ne veux plus parler de ce malheureux, du moins aujourd'hui... Vous venez de me dire que votre femme était morte dans vos bras... le point est inexact, vous étiez alors absent... Vous avez longtemps habité l'Amérique?
— Huit ans, oui, monsieur.
— Vous comprenez, reprit M⁰ Aubry d'une voix qui devenait de plus en plus brève, à mesure qu'il fouillait davantage dans la pensée de son nouveau client, que M. Luc Auvilliers qui affectionnait sa sœur et sa nièce devra ressentir un attachement médiocre pour le mari de Claire Auvilliers, ce mari qui abandonna sa jeune femme malade et son enfant au berceau... Si Luc Auvilliers connaissait votre conduite, il la jugerait trop sévèrement pour vous témoigner le moindre intérêt... Reste l'enfant... Cette petite fille est bien de son sang, de sa famille, et je suis certain qu'il va l'aimer avec une tendresse profonde. Si vous êtes habile, remarquez que je ne dis point sincère, vous vous effacerez d'une manière presque absolue, profitant des bienfaits de votre oncle avec une sage modération... Où se trouve l'enfant de Claire?
— A Luzancy, un petit village au bord de la Marne.
— M. Luc Auvilliers ne sera pas ici avant trois mois, vous avez le temps de reprendre cette enfant et de lui apprendre qu'elle a un père.
Olivier humilié, blessé, furieux au fond du cœur, se leva.
Un mot encore, reprit l'avocat, je suis autorisé à mettre une certaine somme à votre disposition...
— Combien? demanda avidement Olivier.
— Voici cinq cents francs, dit M⁰ Aubry, je n'ai pas besoin de reçu. Amenez-moi l'enfant le plus vite possible... Où demeurez-vous?
— J'arrive à Paris, répondit Olivier, je suis encore à l'hôtel, je vais m'installer avant d'aller prendre ma fille.
Auguste Aubry salua Olivier sans le reconduire.
— Ah! fit-il, pourquoi ce beau visage masque-t-il une telle âme!
Malgré lui, pour ainsi dire, il se replongea dans la lecture du dossier de Pascal, et après une longue méditation, il répéta·
« Pauvre martyr! pauvre martyr! »
Il commença ensuite une longue lettre à son client Luc Auvilliers. Lors

que Claire se maria à Olivier Marsan, le négociant de Java se trouvait dans une situation de fortune si prospère qu'il songeait à liquider ses maisons de commerce, et à venir rejoindre à Paris sa sœur et sa nièce. Au moment où il donnait à ce projet un commencement d'exécution, la ruine fondit sur lui comme un vautour sur une proie. Les navires se perdirent en mer, les banquiers firent faillite, et quand il eut réglé ses affaires à son honneur, il se trouva aussi pauvre qu'au moment où il arrivait à Java, léger d'argent mais résolu à se créer une fortune. Revenir en France lui était impossible, écrire les malheurs qu'il venait de subir lui parut au-dessus de ses forces. Il dut réaliser des efforts surhumains, employer un crédit dû à toute une vie d'honneur pour remettre sur pied ses comptoirs.

Quand il se retrouva à la tête d'un million, il crut pouvoir revenir à son premier projet, et il écrivit à sa sœur. Ses lettres demeurèrent sans réponse. Il se souvint d'avoir entendu souvent prononcer le nom de M° Aubry, et il s'adressa à lui pour le charger de savoir ce qu'étaient devenus les seuls êtres qu'il chérissait en ce monde. M° Aubry envoya un des meilleurs policiers de Paris à la recherche de Mme Auvilliers et de sa fille, personne ne put lui en donner de nouvelles. Ce fut alors qu'il eut recourt à la voie des journaux, et qu'Olivier, qui rentrait à Paris avec Bois-Galais, put apporter à l'avocat les renseignements que celui-ci désirait.

En quittant le cabinet de l'avocat, Olivier se trouvait partagé entre la joie et la crainte. L'accueil de M° Aubry, aimable d'abord, avait brusquement changé de nature. N'était-ce pas une fatalité que le négociant javanais se fût adressé au seul avocat qui eût gardé un souvenir profond de Pascal Marsan, et qui fut demeuré convaincu de son innocence.

— S'il peut me desservir, il n'y manquera pas, murmura Olivier; cet homme me sera un adversaire, et s'il ne se déclare pas ouvertement mon ennemi, je ferais bien cependant de rester sur mes gardes... L'enfant! il s'agit maintenant de retrouver l'enfant!

Olivier rentra à l'hôtel meublé qu'il habitait.

— Bois-Galais, dit-il, la fortune nous revient. Mon oncle arrive exprès pour enrichir ma fille, et moi par-dessus le marché!

— O Providence! s'écria Bois-Galais.

— Le tableau a un revers.

— Voyons le revers.

— L'avocat de mon oncle Luc Auvilliers s'appelle M° Aubry.

— Diable! fit Bois-Galais, un rude jouteur.

— J'aurai l'enfant pour moi; sans cela, Auguste Aubry parlerait, je le crois, d'une telle façon à mon oncle, que je n'aurais jamais occasion de voir la couleur de ses piastres... J'ai cinq cents francs, c'est peu... Il s'agit de payer cette chambre, d'en partir, de louer un appartement, et de le faire garnir de meubles par un tapissier. Il faut terminer cette affaire aujourd'hui même. Je ne veux pas aller chercher l'enfant avant d'avoir une maison pour la recevoir.

Olivier Marsan connaissait assez son Paris pour être capable d'improviser une installation. L'appartement fut livré au bout de deux heures; le soir même on y apportait des meubles ; au bout de trois jours les tentures étaient posées. Cet intérieur paraissait suffisant.

Olivier alla plus loin, il installa une table et un chassis de graveur dans une des fenêtres du salon, rangea des outils sur un plateau de laque, fit venir une planche de cuivre, des mordants, de l'eau-forte, puis quand tout fut préparé il dit en riant à Bois-Galais :

— La mise en scène est complète.

— Pas tout à fait, répondit celui-ci, pour soigner une enfant, il faut une femme.

— Eh bien ! trouve-la tandis que j'irai à Luzancy.

Olivier prit tout ce qui lui restait d'argent.

— Pourvu qu'on me la rende ! il est peut-être dû beaucoup d'argent à a nourrice.

Il crut prudent d'emporter les actes qu'il venait de montrer à M° Aubry, puis il partit le soir même.

Au moment où il franchit le seuil de la maison de Marthe Lavoine, des cris, des hurlements d'enfants se faisaient entendre. La voix de la fermière ne parvenait pas à les dominer.

En pénétrant dans la salle, les yeux d'Olivier se portèrent tout d'abord sur deux fillettes d'environ huit ou dix ans, qui, le visage rouge de colère, se portant des traces de coups d'ongles, ressemblaient à deux petites furies

En voyant un étranger, Marthe Lavoine prit une houssine, en cingla les jambes des enfants qui coururent geindre dans les coins, tandis qu'Olivier Marsan s'avançait avec une sorte d'inquiétude.

La physionomie dure de Marthe Lavoine trahissait à la fois la brutalité et l'avarice, et certainement, il ne devait rien attendre de bon d'une pareille créature.

— Qu'y a-t-il pour votre service, Monsieur? demanda-t-elle d'une voix qu'elle s'efforça de rendre affable.

— Madame, dit Olivier en pesant chaque mot, et en étudiant avec une fixité gênante la physionomie de la fermière, vous avez eu en nourrice une petite fille...

— J'en ai eu deux..., dit Marthe, et, c'est assez pour ne point souhaiter en reprendre jamais.

— Celle dont je viens vous parler s'appelait Marie Marsan.

— Eh bien ! fit Marthe Lavoine dont la voix trahit l'inquiétude, que lui voulez-vous à cette petite ?

— Je viens la chercher, répondit Olivier.

— Qui êtes-vous, je ne vous connais pas, M. et Mme Sermaize ont payé un certain temps et sont venus voir la Petiote, mais je ne vous ai jamais vu, vous.

— Je suis son père...

— Vous ! s'écria Marthe.

— Moi. Où est ma fille, répondez, et amenez-la-moi...

— Votre fille, répondit Marthe devenue blême, je ne l'ai plus.

— Où l'avez-vous mise ? Chez qui est-elle ? A l'hospice peut-être...

— Non, dit Marthe dont la pâleur était devenue livide, car l'homme qu'elle avait en face d'elle l'effrayait, non, elle s'est enfuie... Dieu sait que nous l'aimions bien, cependant.. et sans intérêt, car depuis deux ans sa pension n'était payée par personne, ses protecteurs avaient quitté Paris pour la Russie, elle restait à notre charge, mais on a bon cœur, quoiqu'on soit pauvre... Un jour la Petiote est sortie pour jouer avec d'autres enfants, elle n'est pas revenue...

— Croyez-vous qu'on l'ait volée? des bohémiens ont-ils traversé le pays?
— Non, dit Marthe.
— Quel bruit courut dans le village?
— On trouva près d'un trou énorme, rempli d'eau, son mouchoir et ses sabots.
— Elle se serait noyée?
— Je le crois.
— La disparition de cette enfant a dû être régulièrement constatée?
— Le maire et le garde champêtre en eurent connaissance.
— Je vais prendre des renseignements, fit Olivier. Quant à vous, coupable tout au moins de négligence, nous verrons de quelle peine vous êtes passible devant la loi.

Olivier sortit la rage dans le cœur.

Quoi! au moment où il lui était possible d'atteindre légitimement à la fortune, à l'heure où cette enfant pouvait lui aider à rentrer dans la société, il apprenait qu'elle était perdue. Que répondrait-il à M. Luc Auvilliers? L'avocat lui avait fait comprendre, avec assez d'impertinence, que le millionnaire retour de Java, se souciait peu d'Olivier Marsan, ce qu'il voulait, c'était l'enfant de sa nièce, la petite-fille d'une sœur qu'il avait tendrement aimée. S'il ne pouvait présenter le dernier rejeton de cette famille, il n'était pas même besoin qu'il franchît le seuil de M. Auvilliers. Me Aubry éprouvait contre Olivier une répugnance secrète dont celui-ci s'était aperçu, et n'en pouvait rien attendre.

— Il me faut l'enfant! s'écria-t-il, il me la faut!

On lui indqua la demeure du maire.

C'était une maison charmante, toute garnie de fleurs. On devinait qu'il devait faire bon vivre dans cette maison calme et fleurie.

Olivier poussa rapidement la grille, et gravit le perron, sans apercevoir le maire occupé en ce moment à greffer des rosiers.

— Que voulez-vous, monsieur? demanda le magistrat horticulteur.
— Un renseignement, monsieur, et une autorisation.
— Je vous donnerai d'abord le renseignement, monsieur, prenez-la peine de venir au salon.

Le maire entra dans une petite pièce fraîche, aérée, d'où le regard embrassait tout le jardin, puis il examina le voyageur avec cette attention lente, mais pleine de finesse des hommes qui vivent au milieu des paysans.

— Monsieur le maire, dit Olivier, j'avais mis en nourrice chez une femme de ce village, Marthe Lavoine, une petite fille que j'aimais profondément La perte de ma femme, l'obligation defaire de longs voyages ne me permettaient point de la garder ; une amie intime de ma pauvre Claire Mme Suzanne Sermaize, se chargea de régler la pension de mon enfant. A mon retour, ma première pensée a été pour Marie. J'arrive à Luzancy, le cœur plein de joie à la pensée de l'embrasser, de l'aimer, de la ramener dans sa famille, et Marthe m'apprend que ma fille a disparu du village...

— Cela est vrai, monsieur, répondit le maire d'une voix calme, malheureusement trop vrai. La personne chargée par vous de veiller sur l'enfant quitta la France, votre fille demeura complètement à la charge des Lavoine. Cette femme, d'un caractère dur, se trouvant elle-même chargée de famille, fut plus d'une fois tentée de confier votre fille à l'Assistance publique ; elle renonça à cette idée, et employa l'enfant à son service. Je crois que cette pauvre créature se trouvait fort malheureuse. Chargée de conduire un troupeau de dindons, elle déclara plus d'une fois à des camarades de son âge que ces bêtes l'effrayaient, lui déchiraient les mains à coups de bec, et qu'elle aimerait mieux mourir que de continuer à vivre ainsi... Un matin, elle quitta la ferme avec son troupeau, mais le soir elle ne rentra pas. Deux jours plus tard, on trouva près d'une ancienne excavation remplie d'eau, les sabots et le mouchoir de l'enfant. Tout le monde crut à un suicide.

— Eh bien ! fit Olivier, je n'y crois pas, moi ! L'idée de la mort volontaire hante souvent le cerveau des hommes, elle ne trouble jamais l'esprit ses enfants.

— Plus rarement, monsieur, mais les exemples ne manquent pas.

— Je souhaite pouvoir du moins élever une tombe à ma fille, si le désespoir l'a poussé à se tuer, dit Olivier, dont l'agitation avait grandi à chaque détail donné par le maire, et je vous demande l'autorisation de faire exécuter des recherches à mes frais.

— Vous commencerez aujourd hui même, si cela vous convient, Monsieur.

Olivier réunit immédiatement une dizaine d'hommes tentés par un salaire élevé, et tous s'employèrent à vider du trou l'eau qui le remplissait Le terrain se trouvant en pente du côté du bois, le travail fut à la fois rapide et facile. Mais quand on fut arrivé au fond de l'excavation rocheuse, on ne découvrit point le cadavre de l'enfant que l'on soupçonnait s'y être noyée.

— Je le savais bien ! murmura Olivier, je le savais bien !

Il rentra à Paris par le train du soir, et trouva Bois-Galais dans le petit appartement de la rue Laffitte.

— Eh bien ? demanda Bois-Galais.
— L'enfant est partie.
— Seule ?
— Qui sait ! enlevée peut-être.

Tout à coup il se frappa le front.

— Je ne me trompais pas, quand, au Salon, j'ai cru reconnaitre dans le portrait d'un enfant, les traits de Claire... Celle que dans le village de Luzancy on appelait la Petiote, est à Paris... Volée sans doute par des bandits qui exploitent sa beauté, car cette enfant est remarquablement belle... Rien n'est perdu peut-être. Il me sera facile de trouver l'adresse de l'artiste chez qui elle pose, et je la reprendrai de leurs mains, je le jure! Quels qu'ils soient, ils paieront cher le rapt de l'enfant.

Le lendemain il se disposa à surveiller l'atelier de Salvator Guerchin.

Il s'installa devant un petit café borgne, prit un journal et feignit de lire, mais son regard ne quitta pas la grille et le petit bosquet de lilas acé devant la maison.

Vers midi, il aperçut une enfant portant le costume des environs de Rome. C'était bien elle, c'était Madone! Mais qui l'accompagnait? Olivier vit un homme vêtu d'un paletot, dont une partie du visage disparaissait sous un bandeau de taffetas noir. Une longue barbe, des cheveux touffus, presque blancs, changeaient sans doute l'expression de sa physionomie d'une façon complète, car Olivier Marsan hésita.

— Ce ne peut être lui! fit-il; non, cela ne se peut... Il est là-bas!el pour cinq ans au moins encore...

Le vieillard et l'enfant entrèrent chez l'artiste, et Olivier reprit sa faction. Elle dura jusqu'à quatre heures.

Alors la petite Italienne et son guide sortirent. Le temps était superbe, et l'enfant dit au vieillard:

— Allons à pied, grand-père.

La course était longue, mais ils marchaient doucement, en flânant, et dans leur ombre se glissait Olivier.

L'enfant semblait très gaie, le vieillard si affectueux, si doux, que l'idée d'une pression exercée sur la volonté de l'enfant ne pouvait plus demeurer dans l'esprit du mari de Claire. Quand il les vit entrer dans le quartier Saint-Victor, il se trouva suffisamment renseigné. Franchissant après eux la Cité des Modèles, il s'adressa à une vieille femme recurant des chaudrons sur le pas d'une porte.

— Je suis artiste, dit-il, je souhaiterais avoir pour modèle la jolie petite fille qui vient de passer avec le vieillard.

— Ce sera difficile, répondit Guilia en mauvais français; d'autres que vous ont essayé, sans y réussir, d'attirer la jolie mignonne chez eux. Enfin vous êtes libre, demandez il signor Matteo... Au fond de la cour, au cinquième étage.

— Merci, dit Olivier en gagnant l'escalier.

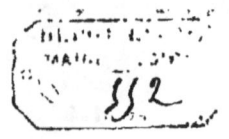

Une main s'abattit sur sa bouche. (Voir page 156)

Chapitre XIII

L'ENLÈVEMENT

La nuit tombait vite dans la *Cité des Modèles*; les hautes murailles y projetaient leur ombre, et même dans la belle saison il fallait de bonne heure y allumer les lampes. Cependant, le concierge faisant des économies au profit de Béni-Bouffe-Tout, au moment où Olivier Marsan s'engagea dans l'escalier, il était impossible de rien distinguer. Olivier compta les étages, heurta a une porte, et le vieillard qui vint lui ouvrir lui indiqua le logis de Matteo.

Madone était occupée en ce moment à préparer la lampe, et le grand-père ne reconnut point le visage de celui qui se présentait chez lui. Mais, dans sa sauvagerie et sa défiance, le vieillard redoutait les étrangers. Jusqu'à ce moment ils étaient toujours venus lui demander une chose impossible : des séances de Madone.

Entrebâillant donc seulement sa porte, Matteo demanda avec l'accent d'un homme que l'on dérange :

— Que voulez-vous?

— Il faut que je vous parle, répondit Olivier, ouvrez vite.

Mais au lieu d'ouvrir, le vieillard s'appuya contre le battant de la porte comme s'il avait l'intention de la fermer au visiteur.

Olivier la poussa avec brusquerie.

— Ne m'avez-vous pas compris? ajouta-t-il en baissant la voix, il faut que je vous parle.

En entendant cette voix qu'il reconnut, Matteo poussa un gémissement sourd, et, trébuchant, comme un homme qui vient de recevoir un coup violent, il recula et s'accota contre la muraille.

Olivier se glissa dans la chambre et en ferma la porte.

— Vous! vous! répéta le vieillard.

— Moi! répondit Olivier. Vous n'attendez pas que je vous exprime des remords et que j'implore ma grâce, n'est-il pas vrai? Le passé est passé, et ce passé est irréparable... Regardons-nous comme deux voyageurs qui se rencontrent après une longue route également pénible. Faites moi grâce de vos reproches; ils me froisseraient à cette heure sans m'attendrir... Je sais tout ce qui, en ce moment, devrait jaillir de mon cœur et me monter aux lèvres; je devine le tumulte des pensées qui s'agitent également dans votre cerveau; gardons tous les deux le silence, croyez-moi, oui, croyez-moi...

— Il ne reste donc plus dans votre âme un seul sentiment humain? demanda le vieillard.

— Vous en êtes certain mieux que personne; quand on a fait ce que j'ai fait, et laissé commettre l'iniquité que vous savez, on est hors l'humaine, ce qui est bien pire qu'être hors la société... Depuis huit ans, j'ai usé et abusé de tout : de l'or, de la paresse, de la débauche; j'ai usé mon corps, et j'ai tenté de tuer mon âme. Je ne sais plus si j'ai jamais senti mon cœur battre sous l'impulsion d'un sentiment honnête, ou si j'ai poursuivi l'idéal dans les rêves de mon esprit.

— Ah! malheureux! malheureux! s'écria le vieillard.

— Dites : misérable! ce sera plus juste.

— D'où venez-vous? lui demanda son père.

— De partout, et dans chaque pays j'ai subi les mêmes luttes, les mêmes déceptions. J'ai dépensé l'or à pleines mains, et je suis resté trois jours sans manger, faute de pain. J'ai couché dans des carrières ou dans des cabanes de bûcherons, et j'ai habité des palais. Ma vie a présenté tour à tour les contrastes les plus violents. J'ai poursuivi le plaisir et cherché l'étourdissement; j'ai trouvé la satiété et la fatigue. Ne me demandez pas si les amertumes de cette vie m'ont converti, je vous répondrais : non ! J'ai gardé mes vices, mes appétits, et, à cette heure, il me faut de l'or encore, il m'en faut toujours.

Pascal Marsan se leva, et ouvrit un tiroir, son fils l'arrêta d'un geste.

— Ce n'est pas cela qu'il me faut, dit-il. Je veux une fortune, et non pas un secours.

— Une fortune! Est-ce à moi que vous allez la demander?

— Vous possédez du moins l'instrument de cette fortune.

— Expliquez-vous, Olivier, mais parlez plus bas, j'ai toujours la crainte que les éclats de votre voix soient entendus...

— Je comprends, fit Olivier.

Il regarda la porte d'un cabinet, derière laquelle on entendait les bruits légers causés par le rangement du ménage.

— Si vous êtes raisonnable, dit Olivier d'un accent plus doux, tout ira bien; vous et moi nous nous entendrons à merveille; seulement, n'essayez pas de vous mettre en travers de ma fortune! car je briserai ce qui s'opposera à la réalisation de mon vouloir.

— Vous ne pouvez que me tuer, dit le vieillard.

— Vous souvenez-vous de Luc Auvilliers?

— Attendez, j'ai souvent entendu prononcer ce nom... Je me souviens, Luc était le propre frère de Blandine Auvilliers, mère de Claire, votre belle-mère.

— Votre mémoire est fidèle. Eh bien! Luc Auvilliers va revenir à Paris.

— Oserez-vous le voir?

— Je veux davantage. Il revient isolé, riche à millions, et il souhaite s'entourer des derniers membres de sa famille.

— Ni vous ni moi ne devons paraître devant lui, répondit Pascal, vous parce que vous avez fait mourir Claire de chagrin, et moi... parce que vous êtes mon fils!

— Il reste une troisième personne, répliqua Olivier.

— Qui donc?

— Ma fille.

— Votre fille! s'écria le vieillard qui ne put contenir son indignation. Osez-vous lui donner ce titre, vous qui l'avez oubliée pendant huit ans, ne vous inquiétant pas même si elle trouvait du pain chez des étrangers... Votre fille! On voit bien que vous ignorez ce qu'est la force du sentiment paternel, sans cela vous n'oseriez pas prononcer le nom de votre enfant...

— Ne faisons pas de sentiment, dit Olivier; en entrant chez vous, j'a commencé par cette recommandation. Que j'aie négligé de remplir mes devoirs, c'est possible; mais malgré mes torts, mes crimes, si vous voulez, vous ne pouvez faire que Madone ne soit pas ma fille.

— Vous lui avez donné la vie, soit! ce n'est pas assez.

— Devant la loi, cela suffit.

— En ce moment vous êtes devant moi, ne l'oubliez pas.

— Je reprends l'entretien où je l'ai laissé, dit Olivier Marsan, vous allez vous perdre dans des digressions qui m'éloigneraient du but que je veux atteindre. Luc Auvilliers a chargé un avocat que vous connaissez de retrouver les membres encore vivants de sa famille... Je revenais d'Angleterre, sans argent, aux abois, quand une annonce mise dans un journal m'a rendu l'espérance. J'ai couru chez Mᵉ Aubry...

— Mᵉ Aubry... Je me souviens.

— Lui aussi, dit Olivier, lui aussi se rappelle votre cause. Il faut être juste, sa politesse à mon endroit a été assez sommaire... S'il n'avait considéré que je suis le neveu et l'héritier de son riche client, il m'eût traité d'une façon fort leste, tandis que, je dois l'avouer, il a semblé réservé quand j'ai prononcé votre nom... Mon identité bien établie, il ne me restait plus qu'à me retirer... Mais alors il m'a fait comprendre que l'enfant seule intéresserait Luc Auvilliers, et que j'eusse à lui amener l'enfant. Il me fallait la trouver, d'abord. Je courus à Luzancy, on m'apprit qu'elle avait été volée... Heureusement dans la matinée, tandis que je me mêlais à la foule au Salon de peinture, un portrait d'enfant attira mon attention. Il m'avait semblé voir la figure plus jeune de Claire... Vous devinez le reste, je vous ai suivi, et je viens vous redemander ma fille.

— Jamais, dit le vieillard, jamais je ne vous la rendrai.

— Mon intention n'est pas de vous séparer complètement de cette enfant. Elle viendra vous voir tous les jours si vous le désirez. Ce que je veux seulement, c'est que Luc Auvilliers la trouve chez moi, avec moi, s'attache à elle, et me donne par amour pour elle une situation qui me permette de vivre suivant mes goûts.

— C'est justement parce que je connais vos goûts que je ne vous laisserai pas cet ange ! Quel monde verrez-vous ? Quels seront les compagnons de votre vie de débauche ? Qui veillerait sur cette créature charmante ? Non ! Non ! vous n'êtes pas digne qu'on vous la confie, et je la garde !

— Je prendrai une gouvernante pour Madone, et je vous promets que jamais, jamais, elle ne sera mêlée à ma vie.

— Elle ne doit pas même la soupçonner.

— Je m'arrangerai pour qu'il en soit ainsi.

— Vous n'y parviendrez pas.

— Je viens de vous le promettre, et je m'y engage de nouveau. Comprenez que ma situation est désespérée.

— Travaillez, dit le vieillard.

— Je ne sais plus ! Je ne veux plus !

— Nous travaillons bien, elle et moi ! Madone pose les anges, moi je fais des découpures... Cependant je suis borgne de l'œil gauche, et l'œil droit est bien faible... Mais ce qu'on veut, on le peut... Nous vivons de ce double labeur, et je la rends heureuse... Je l'instruis, elle m'aime ; j'en ferai une fille vertueuse et charmante comme sa mère... Tenez, Olivier, vous avez été bien coupable ! si coupable, que pas un père ne vous offrirait son pardon... Eh bien ! si vous me laissez Madone, j'oublierai tout, oui tout...

Songez qu'elle est ma dernière tendresse... Avec elle je recommence la vie... Nous nous suffisons tous deux... C'est un ange... si douce, si tendre... Une intelligence qui devine ce qu'on ne lui a point appris encore... Laissez-la moi, abandonnez, je ne dis pas pour toujours, mais pour un peu de temps, la pensée de la conduire à Luc Auvilliers... Laissez-moi achever mon œuvre, en faire une belle et charmante jeune fille... Alors je lui trouverai un mari, et je lui rendrai son père...

— A moins qu'il ne soit mort de misère comme un chien au coin d'une rue.

— Olivier, promettez-moi que vous me la laisserez.

— Je suis venu la chercher, répondit Olivier, et je l'emmènerai.

— Vous vous entêtez, dit le vieillard, je m'obstine... Les hommes ne vous ont pas jugé, moi je vous condamne devant un tribunal sacré, le plus grand après celui de Dieu, le tribunal du père et du chef de la famille. J'aurais voulu n'avoir à vous adresser aucune parole de reproche, et jeter sur le passé un voile qui se dérobât même à mon souvenir. Vous m'obligez à vous parler sévèrement, sans merci... Olivier, vous n'aurez pas votre fille, vous êtes indigne de l'élever.

Une rougeur de honte monta au front du misérable.

— Je la veux ! il me la faut !

— Je la garde.

— Je saurai bien l'arracher de vos mains !

— Alors soyez juste, si vous ne pouvez être bon... Demandez-lui son avis, à elle ; j'aurais préféré qu'elle ne vous vît même pas ; si vous l'exigez, je vais l'appeler, vous lui proposerez de vous suivre, vous ferez miroiter devant elle une fortune, des parures, tout ce que l'or peut donner, et vous verrez ce que pensera Madone. Je vous jure de respecter sa décision.

— Vous savez bien à l'avance qu'elle voudra rester près de vous.

— Ce mot vous condamne.

— Madone ne connaît que vous, mes chances ne son pas égales. Il y a environ six mois que vous êtes allé la prendre à Luzancy, dans un an vous viendrez, si vous le voulez, lui offrir de revenir avec vous. Elle aura pu comparer.

— Pas un mot de plus, dit le vieillard, j'ai dit non, c'est non.

— Vous lassez ma patience à la fin, s'écria Olivier. Je veux ma fille, et je l'aurai. Je suis indigne de l'avoir, dites-vous, et de l'élever dans les principes de la vertu... Voulez-vous que nous prenions des juges pour décider de cette question..

— Olivier ! Olivier ! fit le vieillard en portant les mains à son front, priez Dieu qu'il me donne la force de ne pas vous maudire !

Le cri du vieillard avait été si navrant que Madone, qui s'étonnait déjà depuis longtemps que son grand-père eût un si long entretien avec un étranger, crut subitement que le vieillard se trouvait mal, et, ouvrant la porte du cabinet, se précipita à son cou en lui demandant avec une visible angoisse :

— Qu'as-tu, grand-père, qu'as-tu ?

Le vieillard ne répondit que par des sanglots.

Alors se tournant vers Olivier, Madone lui demanda :
— C'est vous qui êtes cause du chagrin de mon grand-père... Il s'est montré gai et heureux toute la journée, vous êtes un méchant !

Pascal Marsan attira l'enfant dans ses bras, et lui murmura à l'oreille :
— Tais-toi ! tais-toi !
— Non, je ne me tairai pas, grand-père. Il faut être très méchant pour vous affliger, vous qui êtes si bon et si doux.
— Ecoute, ma chérie, ce monsieur, regarde-le bien, sans colère, je t'en prie... Il ne voulait pas me faire de mal, ni à toi non plus... Au contraire, il demandait si tu voulais devenir bien riche...
— Riche ! moi, pourquoi ? demanda Madone. Je suis très joli avec mon pauvre costume italien ; je sais bien que vous manquez de beaucoup de choses, et si je pouvais vous les donner et vous voir content, à la condition de ne jamais me séparer de vous, j'accepterais tout ce que l'on m'offrirait...
— Tu l'as deviné, mignonne, il faudrait nous quitter...

Madone s'avança résolument vers Olivier.
— Jamais, dit-elle, jamais, entendez-vous, monsieur, je ne quitterai mon grand-père.
— Même pour suivre votre père ?
— Je n'ai pas de père, dit froidement Madone.
— Vous vous trompez, mon enfant, il existe.
— Alors, pourquoi n'est-il pas venu m'arracher aux mauvais traitements de Marthe ?
— Il était loin, alors, bien loin...
— Moins loin que le Pauvre-Homme dont mon grand-père m'a conté l'histoire...

Olivier saisit la main de Madone, mais d'un brusque mouvement la petite fille lui échappa et courut se réfugier dans les bras du vieillard.
— Défendez-moi, grand-père ! dit-elle, défendez-moi.
— Même contre votre père ! reprit Olivier livide de rage.
— Oui, oui, je n'aime que mon grand-père.
— Regardez-moi cependant en face, poursuivit Olivier, dont les yeux étincelèrent en se fixant sur sa fille, je suis votre père, et ce vieillard qui pleure n'ose pas me démentir, vous le voyez... J'ai des droits sur vous, tous les droits... ne me forcez pas à les réclamer...
— Grand-père m'a sauvé la vie, je suis la petite-fille de mon grand-père.
— Restez donc près de lui ! s'écria Olivier en repoussant Madone, c'est la police qui viendra vous arracher de ses bras.
— Va-t'en, Judas ! dit le vieillard.

Il étendit la main avec un geste empreint d'une telle autorité qu'Olivier, courbé sous cette parole comme sous une malédiction, s'enfuit de la chambre du vieillard, tandis que celui-ci tombait de toute sa hauteur sur le plancher.

Madone se précipita sur le corps de son grand-père, le couvrant de baisers, l'appelant des noms les plus tendres, et multipliant les caresses pour le rendre à la vie. Mais les soins de Madone demeurèrent sans résul tat, une mortelle épouvante s'empara de l'enfant qui, descendant les escaliers en pleurant, appela Guilia à son aide.

La vieille femme monta, poussa deux ou trois exclamations de pitié, mouilla les tempes du malheureux avec de l'eau aromatisée, puis dit à l'enfant :

— Il faut un médecin.

Madone mit une pièce de cinq francs dans la main de l'Italienne, puis elle écrivit une adresse.

— Courez vite, ou plutôt prenez une voiture, Guilia, et ramenez le docteur.

Une demi-heure après un tout jeune homme, ramené par Guilia, montait l'escalier de la maison des Modèles.

— Monsieur Octave ! s'écria l'enfant en joignant les mains, monsieur Octave...

Le jeune homme se pencha sur le vieillard.

— Il était temps ! murmura-t-il.

Avec l'habilité d'un maître, il saigna rapidement le vieillard après l'avoir transporté sur son lit.

Le premier regard de Pascal Marsan tomba sur sa petite-fille.

— Tu es là ! fit-il, tu es là !

— Oui, bien-aimé grand-père, et jamais je ne vous quitterai, jamais, entendez-vous.

— Matteo, dit Octave Lasseny, mon père se trouvait absent au moment où la vieille Italienne m'a prié de passer chez vous ; j'ai voulu vous prouver mon empressement, mais mon père viendra lui-même, je vous le promets.

— Merci, dit le vieillard, vous êtes bon, monsieur.

Pascal ne sentait plus qu'une grande faiblesse ; le cerveau se trouvait dégagé, et son âme passait dans ses yeux tandis qu'il contemplait Madone.

Pendant ce temps Octave promenait autour de lui un regard rempli de plus d'intérêt que de curiosité. Tout ce qu'il voyait confirmait sa croyance et celle de son père, que le vieux joueur de mandoline, victime de la catastrophe de Gagny, avait connu de meilleurs jours. Il examinait tour à tour les tentures déteintes, le bahut piqué par les vers, mais ayant encore une assez grande tournure, les plats d'étain, les plats de cuivre mettant une note éclatante dans ce milieu tranquille. Les découpures artistiques de Pascal attirèrent son attention. Il vit dans une corbeille les travaux à l'aiguille de l'enfant, une bande de tapisserie aux tons harmonieux qu'elle destinait à son grand-père ; des fleurs dans de gros verres bizarres. Puis sur l'un des panneaux, bien éclairé, se trouvait le portrait de Madone peint par Salvator Guerchin.

Octave, fils d'un homme à la fois savant et bon, environné depuis son enfance de soins et de tendresse par Pierre Lasseny et par son ami le docteur, avait grandi sans que rien déflorât les sentiments exquis de son cœur. Il possédait une imagination vive, impressionnable, mais ce qui une fois s'était gravé dans son âme ne s'en effaçait jamais. Accoutumé à jouir d'une grande fortune, il y tenait seulement pour les bienfaits qu'elle lui permettait de répandre. Octave ne connaissait aucune vanité, mais il gardait des fiertés nobles. Son inclination le portait toujours vers les souffrants, et, si jeune qu'il fût, il savait déjà consoler.

Tandis que Madone s'entretenait du regard avec son grand-père, Octave composait un roman d'aventures étranges au milieu desquelles la blonde enfant jouait un rôle. Jamais romancier ne trouva plus vite un scénario que cet adolescent. Il ne paraissait point songer à partir. Cette chambre lui semblait hospitalière, et la petite fille, avec sa beauté merveilleuse, son nom étrange, appartenait à un monde enchanté.

— Monsieur Octave, demanda l'enfant, que dois-je donner à mon grand-père ?

— Beaucoup de bonheur, ma mignonne.

- Oh ! dit l'enfant, ce n'est pas moi qui le fais souffrir !

— Paix, dit le vieillard, paix, ma fille.

— J'enverrai des remèdes, reprit Octave. Que votre susceptibilité ne s'étonne pas, mon cher malade, si je me charge de ce soin, c'est afin d'être sûr qu'ils seront préparés comme je le désire. Evitez les émotions vives. Fermez la porte sur votre trésor...

Octave tendit la main au vieillard, mais celui-ci feignit de ne point voir ce geste amical, et ce fut Madone qui la saisit.

— Au revoir, mon enfant, dit le jeune homme. Veux-tu des jouets?

— Merci, monsieur, répondit Madone, je suis grande, maintenant, je préfère des livres.

Le jeune homme quitta son malade et rentra chez son père. Lasseny l'attendait.

Il comprit tout de suite que son fils venait d'éprouver une émotion violente.

— Voyons, dit-il, qu'est-il survenu?

— Une chose étrange, une aventure, un roman, un drame; ne ris pas, mon père, j'ai le cœur troublé... Tu te souviens de Madone et de Matteo...

— Certes ! répondit Pierre Lasseny.

— Pendant ton absence. Madone, folle de douleur, m'a envoyé chercher par une vieille Italienne. Ou plutôt, c'est toi que l'on demandait ; mais tu n'étais pas là, le pauvre homme était ou paraissait mort, et j'ai couru... Une congestion amenée par un chagrin violent... On eût dit que l'aïeul et l'enfant venaient d'échapper à un danger imminent. Leurs regards, leurs sourires, leurs larmes, car tous deux retenaient mal les pleurs sous leurs paupières, révélaient qu'une scène terrible venait de se passer. En redescendant j'ai trouvé Guilia qui sert de domestique à Madone, car cette enfant ressemble, dans le milieu qu'elle habite, à une petite princesse travestie en contadine. Un louis m'a suffi pour délier la langue de Guilia. Elle m'a raconté qu'une heure environ avant l'attaque de Matteo, un homme d'environ trente-cinq ans, très beau, elle a fortement appuyé sur ce détail, avait demandé l'adresse du vieillard et était entré chez lui. En montant chez un autre locataire, Guilia avait entendu parler très haut, avec une sorte de violence. La voix de Matteo paraissait implorer, tandis que le beau jeune homme parlait avec violence comme s'il imposait sa volonté. Puis celui-ci était parti, et au moment où il fermait la porte, Matteo tombait comme une masse. Alors Madone avait appelé à l'aide, puis Guilia m'était venue chercher.

— Oh! s'écria Lasseny, pourquoi ce malheureux n'a-t-il pas plus de confiance? Croit-il donc m'en imposer avec ses réticences? Ne connaît-il point le fond de ma pensée, ne comprend-il point que je voudrais réparer le mal dont involontairement je fus cause!

— Mais, demanda Octave, vous connaissiez donc Matteo avant la catastrophe de Gagny...

— Il me semble du moins que le nom de Matteo, que le travestissant Italien masque mal un autre homme... Ne me demande point encore de te raconter cette histoire, mon fils, je ne m'en reconnais pas le droit.

— Je suis certain qu'elle est à la louange de Matteo.

— Oui, répondit Lasseny, j'en suis également sûr, et c'est pour cela que j'ai tout mis à l'œuvre afin d'obtenir un aveu qui m'eût permis de le protéger, et de le sauver...

— Court-il un danger?
— Incessant.
— A-t-il un ennemi?
— Un seul.
— Tu le connais?
— Cet ennemi est son fils!
— Tu as raison, cet histoire est horrible.

Je risquerai une dernière tentative; si elle échoue, Octave, il n'y aura plus rien à faire, et peut-être le malheur de deux êtres également dévoués et bons sera-t-il à jamais consommé. Oh! les pères doivent tendrement chérir les fils qui les comblent de consolations et de joie, puisque les enfants ingrats les conduisent au désespoir et à la mort.

Octave serra les mains de son père, et tous deux dînèrent avec Jean Comte en s'efforçant de mettre le plus d'entrain possible dans la causerie, mais la préoccupation à tous deux restait évidente. Ils se séparèrent de bonne heure. Dès qu'Octave pensa trouver ouvertes les librairies élégantes, il sortit, acheta plusieurs beaux volumes, puis il rejoignit son père à l'Hôtel-Dieu. Après sa visite quotidienne, Pierre Lasseny devait se rendre chez Matteo.

Le vieillard avait passé une nuit paisible; mais Madone ne s'était pas couchée. Elle comprenait que le plus grand soulagement possible à l'angoisse de son grand-père était sa présence. Assise dans un fauteuil en face de lui, elle reposa par intervalles, se levant quand elle s'éveillait pour l'embrasser et lui adresser de douces paroles. Quand le docteur, à qui Guilia ouvrit la porte, entra dans la chambre, il trouva le malade souriant.

Matteo rougit en le reconnaissant.
— Merci, monsieur, dit-il, merci.
Il fit signe à Madone qui sortit sans bruit.

Pierre Lasseny s'assit dans le fauteuil de l'enfant.

— Écoutez-moi, lui dit-il, vous refuserez ensuite mes offres si vous le voulez, mais il me semble qu'un danger menace à la fois votre santé et votre bonheur, et je viens vous offrir mon aide... Je suis influent et riche, disposez de moi...

— Monsieur, répondit le vieillard, je puis vous avouer qu'un danger et un chagrin me menacent, mais ni vous, ni personne n'y pouvez rien... Dès que mes forces vont me le permettre, je quitterai cette maison, et j'emmènerai Madone... Nous étions heureux et tranquilles, et nous n'en avions pas le droit...

— Mais quelle sera la vie de cette enfant, y songez-vous, Matteo? Les ennemis qui s'acharnent à vous poursuivre ne renonceront point à leur persécution... Ils doivent être poussés par un intérêt grave... En fuyant, vous ne remédiez peut-être à rien... Si un misérable possède un droit sur vous ou sur Madone, ne peut-il mettre la police dans ses intérêts... Parlez! oh! parlez, je vous en supplie... Demandez-moi quelque chose... Disposez de ma force et de mon crédit... Pascal Marsan, ne comprenez-vous pas que je vous ai reconnu?

Une angoisse terrible passa sur le visage du vieillard.

— Alors, monsieur, vous comprenez que ma fuite est nécessaire. Ne craignez rien pour moi. Je vis de peu, et ce peu, je saurai le gagner... Madone est un petit ange qui refuse de me quitter, et que je n'aurais pas le courage de perdre... Peut-être ai-je tort! Je repousse en ce moment pour elle la fortune de son oncle, parce que pour qu'elle eût sa part ou même la totalité de cette fortune, il faudrait me séparer d'elle et la remettre en des mains indignes d'un tel dépôt... Je l'emporterai, nous nous en irons, n'importe où... Je crois à la Providence, monsieur... Elle n'aurait pas permis que j'échappasse à tant de dangers, si elle ne voulait pas me sauver.

— Me permettez-vous de vous adresser une question grave?

— Je répondrai, monsieur, à tout ce que vous me demanderez.

— Vous deviez passer dix ans, là-bas...

— Je me suis évadé... dit Pascal Marsan.

— Malheureux! une dénonciation peut vous perdre.

— Et l'on m'a menacé hier de cette dénonciation.

— La situation est terrible, mais non perdue. Je vous le répète, je crois pouvoir être certain qu'en m'adressant à un très haut fonctionnaire à qui j'ai sauvé la vie, il me promettra que l'on vous laissera tranquille à Paris. D'ailleurs, lors du procès qui vous fut intenté, on trouva dans toute cette affaire assez de détails bizarres et mystérieux pour qu'un doute restât dans l'esprit de plus d'un homme de cœur et d'intelligence. Quant à moi, Pascal, je n'ai jamais douté... Plus tard seulement j'ai compris à qui vous vous sacrifiez, et vous avez eu tort! Mieux valait laisser agir la justice.

— Docteur, répondit Pascal, le mal est fait, et ma vie brisée... Dans tout ce qui se passe, je ne vois que l'enfant. Forçat évadé, je n'ai ni le pouvoir ni le droit de me plaindre... Le père de Madone est revenu... Il redemande sa fille... Je refuse de la lui livrer, parce que je ne veux pas qu'il rende sa fille témoin d'une vie de désordre. Mais alors devant la justice, même si cette justice me croyant assez châtié me laissait libre, il dira : « De nous deux quel est le père le plus digne de garder l'enfant, le forçat ou le libertin? » Vous savez, monsieur, ce que vous répondrait votre conscience, mais vous n'ignorez pas ce que dirait la justice... L'homme en rupture de ban compte moins qu'un mort...

— Ah! malheureux! malheureux! s'écria le docteur.

— Ne me plaignez pas, j'emmènerai Madone, et tout sera dit... Nous vivons l'un pour l'autre, nous nous suffisons...

— Oui, vous suffisez à l'enfant, mais l'enfant deviendra jeune fille.

— Il faut toujours compter sur Dieu, docteur.

— Votre main, dit Pierre Lasseny, votre main, cher et noble martyr.

Pascal tressaillit en prenant la main loyale qui lui était tendue. Depuis longtemps le sentiment de la flétrissure ne lui permettait plus d'accepter un témoignage d'amitié! Quand le docteur se disposa à partir, Pascal lui dit :

— Je suis mieux, je me sens fort; je quitterai Paris demain peut-être.. Ne me cherchez pas... Si le malheur m'atteint, de moi-même j'irai à vous...

— Vous me le jurez?

— Sur le bonheur de mon enfant.

— Dans tous les cas, voici une ordonnance, il faut vous y conformer pendant une semaine; ne quittez point votre chambre avant ce temps, vos forces vous trahiraient.

— Huit jours, c'est bien long.

— Il s'agit de la vie.

— J'obéirai, docteur.

Pierre Lasseny quitta le vieillard le cœur soulagé d'un grand poids. Sans doute Pascal n'avait pas livré le nom du coupable, et le chirurgien savait que jamais on n'obtiendrait de lui cette concession, mais en avouant son identité, en arrachant le masque de Matteo pour laisser voir le visage de Pascal Marsan, le graveur, il permettait à Lasseny et à ses amis de faire plus qu'il n'espérait pour sa liberté et pour son bonheur.

Octave se réjouit d'apprendre que son père allait s'occuper du vieillard d'une façon efficace, mais il ne put arracher à celui-ci le secret du passé du vieux graveur.

— Aime-le, estime-le, lui dit-il, il est digne d'inspirer la plus grande sympathie. Mais ne me demande rien de plus, Matteo a bien assez souffert pour que je respecte son secret.

Pascal éprouva un grand soulagement de l'aveu qu'il venait de faire. Il savait que Pierre Lasseny serait un protecteur pour Madone, si l'enfant avait besoin d'être défendue. Il comprenait que jamais le mystère de sa vie ne serait trahi, et toute douleur humaine a besoin de s'épancher.

Par une précaution que pouvait motiver sa vie accidentée, le vieillard prévint Béni-Bouffe-Tout qu'il gardait son logis, et il en paya une année d'avance. La bête traquée a besoin d'un refuge. Il annonça en même temps que sa santé exigeant qu'il changeât d'air il ne tarderait pas à entreprendre un voyage.

Cette affaire réglée, il annonça à sa petite-fille sa résolution.

— Oh! oui, grand-père, partons, dit-elle, partons ce soir même si vous vous jugez assez fort. Je vous demande seulement de me permettre d'aller chez M. Salvator, lui dire que je quitte Paris. Je ne veux pas qu'il nous croit ingrats.

Pascal Marsan consulta un annuaire des chemins de fer, et dit à Madone :

— Nous prendrons un train qui quitte Paris à onze heures.

— Et où irons-nous, grand-père?

— Dans les bois...

— Bien, grand-père. Faut-il vous acheter des vêtements? Avez-vous besoin de quelque chose?

— Non, fillette; de menus outils, ma mandoline, ton violon, deux ou trois livres, et tout ce que nous possédons d'argent; avec cela des bohémiens comme nous vont loin.

Madone descendit en courant l'escalier, prit l'omnibus et courut chez Salvator.

— Enfin, te voilà, mignonne, lui dit-il. Mais, qu'as-tu? tes yeux sont rouges... Tu as un chagrin...

— Grand-père a manqué mourir, et nous quittons Paris pour quelque temps...

— Pauvre petite, reviens, au moins... Tiens, prend ces quinze louis, j'ai vendu ton portrait assez cher pour t'offrir cette bagatelle.

Madone mit ses doigt effilés dans la main de l'artiste.

— Je vous regrette, lui dit-elle, ne m'oubliez pas.

Un instant après elle reprenait la route de la *Cité des Modèles*.

Il faisait nuit, l'enfant marchait vite; sans regarder autour d'elle, Madone courait, songeant à son grand-père, se préoccupant de sa santé, mais ne s'inquiétant nullement de l'avenir qui l'attendait dans cette vague demeure que le vieillard appelait « les bois ». Quand elle approcha de la cité, une voiture barrait la porte, elle voulut tourner l'obstacle, mais au moment où elle cherchait à se glisser du côté gauche du portail, une main s'abattit sur sa bouche, en y collant une emplâtre de poix. En même temps on l'enveloppa dans une couverture, elle fut jetée dans un fiacre, et le cocher enlevant ses chevaux courut sur le pavé, en prenant la direction des quais.

Les yeux clos, les mains tendues, elle avança jusqu'à ce que les bras de Guilia se tendissent. (Voir page 168.)

Chapitre XIV

LA PISTE

Pascal Marsan attendit Madone avec patience, jusqu'au moment où l'ombre descendit dans la chambre. Cependant il ne s'inquiétait pas encore.

Au moment de perdre un modèle auquel il tenait beaucoup, et de voir éloigner une enfant à laquelle il portait un véritable intérêt, Salvator Guerchin pouvait avoir demandé une courte séance, afin de finir un détail sur la toile.

Guilia vint mettre le couvert, Pascal consulta dix fois la pendule du regard ; lorsque sonnèrent sept heures il commença à s'inquiéter. A huit heures il ressentit une véritable angoisse. Quelque chose était arrivé à l'enfant... Quoi? Les accidents sont si fréquents, un malheur arrive si vite...
Guilia, chargée de chercher un commissionnaire, en ramena un qui s'engagea à revenir en moins d'une heure. Il devait se rendre chez Salvator s'informer de l'heure à laquelle Madone était sortie.

L'Auvergnat fut exact. L'enfant avait quitté l'atelier à six heures et demie.

Alors le cœur du vieillard battit à l'étouffer; Madone était morte ou perdue Que faire? Il se sentait trop malade pour se lever.

Il n'éprouvait qu'une pensée ; aller à la Morgue, voir si l'enfant, écrasée dans les rues, ne se trouvait point sur les dalles de cette lugubre hôtellerie.

Mais il était tard, il sentait qu'il lui serait impossible de se traîner, il résolut d'attendre au lendemain.

L'infortuné ne put fermer les yeux. Dès que le jour se leva, il s'habilla et sortit.

L'énergie de son cœur communiquait la force à ses membres. La surexcitation de son cerveau chassait les faiblesses de la veille.

Il attendit l'ouverture de la Morgue. Sur les dalles il aperçut un noyé, un maçon dont le crâne avait été broyé sur le pavé; un vieillard étranglé dont on avait ramené le corps sur les berges de la Seine.

Madone n'était pas morte.

Il se sentit le cœur soulagé, mais cette allègement à sa souffrance ne fut pas de longue durée : — Si l'on avait volé Madone? — Il avait refusé de la livrer, Olivier venait de la lui prendre...

Quand cette pensée lui traversa le cerveau, il crut être pris d'un nouvel étourdissement, et s'appuyant contre le parapet de pierre des quais, il demeura un moment immobile, la tête ballottante sur les épaules, le cœur comprimé comme dans un étau.

Agir lui-même, il n'y devait pas songer.

Un seul homme pouvait lui rendre service, Auguste Aubry, l'avocat qu'il refusa jadis, et qui ne l'avait jamais oublié.

Avec une lenteur expliquée par sa faiblesse, le vieillard se traîna chez l'avocat.

Celui-ci se trouvait seul dans son cabinet, quand le valet de chambre annonça :

— Monsieur Matteo.

A ce nom inconnu, l'avocat tourna la tête et parut se demander quel était le visiteur.

— Monsieur, lui dit le vieillard, je n'ai rien à cacher, je viens me livrer en vos mains, j'ai besoin de vous. Je me nomme Pascal Marsan...

— Enfin! dit l'avocat, je vous attendais.
— Vous m'attendiez? vous, monsieur!
— Sans aucun doute. Vos chagrins vont finir; Luc Auvilliers annonce son retour à Paris, je le rapprocherai moi-même de vous si vous le voulez...
— Cela est impossible, monsieur, je suis, et je resterai flétri; rien ne peut faire que je ne sois pas un forçat en rupture de ban.
— Que voulez-vous de moi?
— Je veux que vous me rendiez ma petite-fille!
— L'enfant de Claire Auvilliers?
— Oui, le seul, le vivant souvenir de cet ange... J'ai traversé tous les dangers pour la retrouver; cent fois j'ai bravé la mort. Je l'avais sauvée du désespoir...Nous vivions ignorés, heureux, quand l'avis publié par vous dans les journaux a tout perdu. Son père, qui venait de rentrer à Paris, est venu me la demander, j'ai refusé de la rendre, et il me l'a enlevée, hier au soir, quand elle revenait de l'atelier de M. Guerchin. Il l'a prise et il en a le droit, elle est sa fille! sa fille! Mais elle est mon cœur et ma vie, à moi, monsieur, tandis que pour lui elle représente une part de l'héritage de Luc Auvilliers.
— Vous ignorez l'adresse de votre fils?
— Oui, monsieur.
— Et volontairement, sans doute, il a négligé de vous la donner. Cependant, ne vous désolez pas, nous le trouverons, je vous le promets. Je puis m'adresser à la police sans éveiller aucun soupçon. L'enfant doit être intelligente, et vous dites qu'elle vous aime. Son père est pour elle un étranger... Durant les courts instants où je l'ai vu, il m'a été possible de le juger, et jamais je ne vous ai plaint davantage qu'aujourd'hui... Olivier Marsan connaît son Paris mieux que personne. Dépourvu d'argent avant hier, il a les cinq cents francs que je lui ai remis. Maigre capital pour qui doit préparer une installation... Raisonnons tranquillement, Pascal... Je ne vais pas au tribunal aujourd'hui, j'ai donc le temps de vous entendre, et de prendre ma revanche de la plaidoirie que vous avez refusée il y a dix ans... Olivier demeurait dans quelque misérable garni avant de venir me trouver.
Or, pour recevoir Luc Auvilliers, il lui fallait sinon un appartement luxueux du moins un milieu présentable... Il a donc quitté son garni, et loué un appartement... Dans quel quartier? Luc Auvilliers millionnaire ne peut manquer de descendre sur les boulevards, au Grand-Hôtel probablement... Et Olivier a choisi son appartement dans le voisinage... Il est impossible de courir à la recherche d'Olivier de rue en rue, de maison en maison... Mais nous pouvons admettre cette hypothèse que, se trouvant dans l'impossibilité d'acheter tout de suite un mobilier, il s'est adressé à un tapissier pour lui en meubler un en attendant. Il ne veut pas effrayer l'oncle millionnaire par sa pauvreté, et le milieu dans lequel le trouvera Luc Auvilliers sera du moins décent...
— Vous avez raison, monsieur... dit Pascal qui suivait les raisonnements de l'avocat avec une attention fiévreuse.

— Dans toute autre circonstance, d'après ce que m'ont révélé sur les habitudes de votre fils son visage ravagé, sa vie nomade, on aurait pu craindre qu'il prît un nouveau nom à Paris, et changeât de personnage, mais il ne le peut ; il faut qu'il soit bien connu pour être Olivier Marsan, lorsque Luc Auvilliers arrivera à Paris. Je vais tout simplement charger un agent de la police secrète de prendre des renseignements chez les tapissiers de Paris, jusqu'à ce qu'il ait trouvé celui qui a meublé l'appartement de votre fils.

— Et moi, monsieur, que puis-je, que dois-je faire?

— Votre plan était-il tracé avant le départ de l'enfant.

— Je voulais quitter Paris avec elle.

— C'est le plus sage, jusqu'à voir.

— Quand pensez-vous me donner des nouvelles?

— Nous sommes au 15 mai, le 18 je vous apprendrai certainement l'adresse de votre fils.

— Et l'enfant?

— Quant à elle, vous userez de représailles : on vous l'a prise, vous la reprendrez; et sitôt qu'elle sera bien à vous, ne restez pas une heure à Paris, si vous avez pour moi un peu de confiance, vous m'écrirez. Je vais sortir et m'occuper tout de suite de votre affaire.

— Monsieur, dit le vieillard, je ne puis vous témoigner ma reconnaissance, mais je suis sûr que vous y croyez.

— Oui, répondit l'avocat d'une voix émue, oui, j'y crois... Restez chez vous et attendez mon envoyé.

— Ce ne sera pas l'agent de police? demanda le vieillard en tremblant.

— Rassurez-vous, je vous expédierai mon valet de chambre.

Quelques minutes plus tard, l'avocat montait en voiture, arrivait à la Préfecture de police, et se faisait mettre en rapport avec un de ses meilleurs agents.

Le surlendemain le domestique de M° Auguste Aubry portait chez Matteo un billet renfermant cette seule adresse : *rue Laffitte*, 14.

Le vieillard sortit immédiatement. Il acheta chez un fripier une vieille houppelande, une casquette à énorme visière noire, emprunta l'orgue d'un Italien de la Cité des Modèles ; il courut à la fourrière afin de se procurer un caniche, puis ses cheveux blancs dissimulés sous une perruque jaune, tournant d'une main la manivelle de l'orgue, et de l'autre tenant en laisse le caniche remplissant la sinécure de le conduire, il se dirigea vers la rue Laffitte.

La maison était trop bien tenue pour que d'habitude, on permît aux mendiants d'y chanter; les aveugles ont des privilèges, la concierge s'apitoya sur sa misère, et laissa entrer le malheureux qui joua avec entraînement une valse et le grand air de la *Favorite*.

Tandis qu'il jouait, Pascal observait les dispositions de la maison.

Elle avait cinq étages. En arrière de la maison était une cour étroite, et au delà de cette cour une maison dont l'entrée donnait sur la rue voisine. Par un des côtés le n° 14 formait un angle. Il fut possible au vieillard d'apercevoir, dans la partie en retour du bâtiment, un chevalet et des toiles garnies de grands cadres.

— Bon, pensa-t-il, un peintre demeure là.

Il en avait déjà beaucoup appris. Le lendemain il confia une lettre à un commissionnaire, en lui recommandant de venir le trouver, une fois sa missive portée.

— A quel étage demeure ce monsieur? demanda Pascal.

— Au quatrième, répondit l'Auvergnat.

— Dieu soit loué! pensa Pascal, c'est au même étage que l'artiste dont l'atelier se trouve dans la partie formant en quelque sorte l'aile de la maison.

Le vieillard rentra chez lui plein d'espérance.

Il descendit chez Béni-Bouffe-Tout, et lui demanda des renseignements sur les artistes habitant la rue Laffitte.

— Je ne suis en relations qu'avec deux, répondit le maître de la Cité des Modèles : Jean Louvenet et Paul Hartois; l'un peint des paysages, c'est Louvenet, l'autre, des intérieurs.

— Avez-vous parmi vos modèles quelqu'un posant chez lui?

— Guilia Cavari, répondit Béni-Bouffe-Tout, elle y a passé huit jours dernièrement avec sa fille.

— Je les connais, dit le vieillard, Madone les aime beaucoup.

— Mais où est-elle donc, Madone?

— A Barbizon, pour trois semaines.

C'était maintenant du côté de Guilia Cavari que Pascal Marsan devait manœuvrer. Tandis que le vieillard ne songeait qu'au moyen d'arracher Madone à Olivier, la malheureuse enfant restait en proie à un horrible désespoir.

Son enlèvement s'effectua d'une façon si brusque, si inattendue, qu'elle n'eut pas même la pensée de la résistance. Paralysée dans ses mouvements, étouffée par son bâillon, elle demeura comme une chose inerte, sentant bien qu'elle se trouvait au pouvoir de gens ayant pris toutes les mesures pour qu'il lui devint impossible de s'échapper. Dans la voiture qui l'emportait se trouvaient deux hommes. Ils parlèrent un moment à voix basse, dans une langue que l'enfant ne comprit pas. Durant plus de trois heures la voiture roula dans les rues, sur les boulevards, dans la campagne sans doute, car Madone ne distinguait plus le bruit sonore des roues sur le pavé. Il paraissait à l'enfant qu'elle ne verrait jamais la fin de ce voyage; suffoquée, brisée d'angoisse et de douleur, elle s'oubliait encore pour songer à son grand-père.

Quant à l'auteur de cet enlèvement, elle n'avait pas besoin de regarder son visage pour le reconnaître. Elle savait trop que l'homme qui, deux jours auparavant, avait menacé son grand-père était seul capable de ce nouveau crime.

Enfin la voiture s'arrêta; les deux hommes descendirent, le cocher partit avec une rapidité qui devait suffire à prouver sa complicité, et Madone se sentit enlevée à la façon dont on emporte un ballot de marchandises. Tandis qu'un des hommes pénétrait dans la loge, afin de disraire l'attention de la concierge, l'autre gravissait les escaliers, chargé de son fardeau.

Elle n'était pas lourde la pauvre fillette! Aussi le misérable qui l'emportait gravissait lestement les escaliers. La porte du cinquième étage, tenue sans doute entrebâillée depuis longtemps, s'ouvrit sans bruit, l'homme se glissa dans l'appartement, et déposa la pauvre Madone sur un divan. Il déroula les lourdes couvertures qui l'enveloppaient, lui enleva son masque de poix, et, à la clarté des bougies éclairant cette chambre, l'enfant revit le visage de l'homme qui l'avait si fort effrayée dans la Cité des Modèles.

En dépit de la beauté de cette tête superbe, il était impossible de ne point se sentir épouvanté en rencontrant un regard aigu comme la lame d'un poignard.

— Écoutez, dit l'homme à Madone, vous ne m'aimez pas, sans doute vous ne m'aimerez jamais... Et cependant je suis votre père... Je ne tenterai point de lutter contre votre indifférence, je ne chercherai pas à conquérir votre tendresse, ce serait long, et je n'ai pas de temps à perdre. Il me suffit d'avoir sur vous des droits pour les exercer... Vous êtes mon bien, je vous garde... La loi est pour moi; l'aïeul n'est rien tant que le père existe... Votre grand-père le sait... Pour cette raison que je ne sens pour vous aucune tendresse, je n'ai pas non plus de haine... En ce moment je vous enlève, et je vous garde afin de servir des desseins d'ambition... S'ils échouent, vous êtes certaine que je vous rendrai à votre grand-père... Mais ne vous faites aucune illusion, ne tentez pas de m'attendrir, j'ai un cœur de pierre... N'essayez pas de vous évader, je suis un geôlier qui se changerait aisément en bourreau... Pliez-vous à mon vouloir... Ici personne ne vous fera de mal, si vous vous montrez raisonnable... On ne peut à Paris mettre des grilles aux fenêtres, vous n'êtes pas prisonnière dans le sens complet de ce mot... Mais si vous appelez à l'aide, si vous vous plaigniez d'une violence, outre que cette tentative resterait inutile puisque je suis votre père, je me vengerais de vous sur le seul être que vous aimez... Si peu que vous vous révoltiez contre moi, je m'en prendrai à votre grand-père... Soyez sage, rien ne vous manquera. Je vous donnerai des vêtements élégants, et une jeune dame viendra vous tenir compagnie, et continuer votre éducation.

— C'est inutile, répondit l'enfant, je ne pouvais apprendre qu'avec mon grand-père.

— Me promettez-vous de ne pas vous révolter, de ne point chercher à vous enfuir?

— Vous m'avez enlevée, volée, dit Madone, vous êtes un lâche et un menteur. Vous affirmez être mon père, ce n'est pas vrai! J'étais bien malheureuse à Luzancy, je voulais mourir, où étiez-vous pendant qu'on me traitait de mendiante, qu'on me frappait du matin au soir, qu'on me nourrissait plus mal que le chien de basse-cour? Si vous étiez mon père vous ne m'auriez pas abandonnée...

— Il ne faut pas me haïr, dit Olivier d'une voix moins âpre, j'étais loin, si loin...

— Pourquoi me torturer quand vous revenez ?

— Il a bien fallu employer la force, vous ne m'auriez pas suivi de bonne volonté.

— Non, je ne l'aurais pas fait, pas plus que je ne resterai ici.

— Vous resterez, fit Olivier, vous resterez ! Il le faut, je le veux !

Brisée par les émotions, Madone tomba sur le divan, Olivier jeta sur elle deux couvertures, la regarda avec un indéfinissable sentiment dans lequel se confondaient l'amertume et un sentiment plus doux, puis il joignit Bois-Galais.

— Eh bien ! demanda celui-ci, la colombe s'apprivoise-t-elle ?

— Moins que jamais, répondit Olivier, je ne m'en effraie point cependant, nous aurons pour la vaincre l'obstination et le temps. D'ailleurs Rosa Maurel est une créature adroite, je serais bien surpris si elle n'acquiert pas vite de l'influence sur Madone. Ambitieuse et résolue à parvenir, elle se dévouera à notre cause en raison des profits qu'elle comptera en tirer. Rosa Maurel est le type complet de la fille pauvre et envieuse, qui prend les chemins de traverse pour arriver à son but. Sa conduite a jusqu'ici été, paraît-il, irréprochable, mais je ne suis point tenté de lui en faire son mérite ; pour elle la sagesse fait partie de ses petites combinaisons. Rosa sera un instrument utile que nous mettrons de côté, quand il ne nous sera plus nécessaire.

— Ne retourneras-tu pas bientôt chez Mᵉ Aubry ?

— Très prochainement, au contraire, afin d'apprendre s'il est autorisé à remplir de nouveau ma caisse.

— Il serait bon qu'il vît Madone.

— Je l'inviterai à venir ici, car j'éviterai soigneusement de laisser sortir la petite. Un malheur est vite arrivé. Madone est résolue, Madone est bien ma fille... Elle s'échappera le jour où elle en aura la possibilité.

— Iras-tu demain chez l'avocat ?

— Naturellement.

— Alors bonsoir, dit Bois-Galais, j'ai horreur des expéditions du genre de celle de ce soir. Lutter contre des hommes, vos égaux en agilité, en force, c'est bien, mais torturer des enfants, j'avoue que cela me répugne.

Les deux compagnons se séparèrent.

Vers huit heures, le lendemain, Mlle Rosa Maurel fit son entrée dans l'appartement d'Olivier Marsan.

C'était une jeune fille d'environ vingt ans, sans beauté, mais d'une physionomie étrange. Ses yeux énormes, la finesse de ses sourcils, la longueur de ses cils recourbés et la pâleur mate de son teint suffisaient pour rendre cette physionomie curieuse comme un problème.

Elle inquiétait, et cette inquiétude n'était pas sans charme. Son costume noir, d'une simplicité austère, l'expression froide de son visage confirmaient ce qu'avait dit Olivier. Elle se présenta posément et presque dignement.

— Mademoiselle, dit Olivier qui lui témoigna un profond respect, vous allez avoir pour élève une sorte de petite sauvage, très décidée sans doute à ne rien apprendre. Elle est intelligente, très intelligente même, mais excessivement volontaire. Gâtée dans toute l'acception de ce mot, elle ne connaît que sa volonté, je vous serai reconnaissant de lui imposer la vôtre. Comme vous le verrez, c'est une petite Française, Française de père et de mère, et cependant elle porte un costume italien ; je vous serai obligé de lui commander des vêtements plus convenables.

— Puis-je voir mon élève?

— La nuit a été fort agitée, elle s'est endormie tard, mieux vaut ne point la réveiller ; voici quelques objets de son costume, profitez des deux heures pendant lesquelles son repos se prolongera pour faire des emplettes indispensables... Savez-vous coudre? Oui... Eh bien! quelque bizarre que cela puisse vous paraître, je vous prierai de faire vous-même et le plus vite possible les objets que vous ne trouverez point confectionnés.

— Fort bien, répondit la jeune fille, mais de ce côté je ne suis pas en peine. Je ne suis pas riche, et je m'habille moi-même.

Olivier lui remit quatre louis.

— Avisez au plus pressé seulement, dit-il ; dans quelques jours nous compléterons ce trousseau.

— Bien, monsieur, répondit tranquillement Rosa Maurel.

L'institutrice de Madone prit quelques mesures et sortit. Une heure plus tard, elle revenait apportant elle-même un paquet assez lourd.

Madone venait de s'éveiller.

— Je vous la confie, mademoiselle, dit Olivier, cette enfant, que je n'ai point élevée, regrette ceux près de qui elle a grandi ; il faudra l'acclimater à la vie de famille.

Rosa Maurel se contenta d'incliner la tête et passa dans le salon.

Assise sur le divan, Madone attendait qu'on lui apportât ses vêtements.

Quand elle s'éveilla, le sentiment de la réalité s'empara d'elle avec une puissance inattendue. Évidemment, entreprendre une lutte en ce moment était impossible. Son aïeul l'avait tenté, et il avait failli en mourir. Olivier ne s'était pas trompé en affirmant que cette enfant était bien sa fille et qu'elle devait posséder une indomptable énergie.

L'enfant avait réfléchi. Olivier était dur, mais il n'affirmait rien que de vrai. Son droit ne pouvait être mis en doute. Il fallait se soumettre et guetter une occasion. D'ailleurs le grand-père ne restait pas inactif. S'il n'agissait point ouvertement, il trouverait le moyen de s'informer d'elle, de la reprendre. Le docteur Lasseny lui aiderait. Du reste, dans les paroles échangées entre son père et son aïeul, la petite fille avait sinon compris, du moins pressenti plus d'un mystère. Sans doute le père possédait des droits inaliénables, mais quelque chose avertissait l'enfant qu'il hésiterait à les faire valoir devant la justice. Si le vieillard était tombé comme mort sous le coup d'une menace, Olivier en la faisant semblait lui-même frémir d'épouvante. Madone résolut donc d'attendre, avec une patience inaltérable, qu'il lui fût possible de s'évader avec l'aide de son grand-père qu'elle savait fécond en ressources. Au lieu de se trouver en face de l'enfant sauvage et révoltée que lui avait annoncée Olivier Marsan, Rosa Maurel trouva une jolie fillette pâle et triste qui l'accueillit sans plaisir, mais avec une politesse tranquille. Madone se laissa habiller comme on voulut, seulement elle fit un paquet de son costume italien, et le cacha dans le tiroir d'un meuble.

Il ne fut point question de travail pendant deux jours, et Madone prit ses repas avec son institutrice. Vers le milieu du troisième jour Rosa Maurel prépara sur une table, des livres, du papier, des plumes, annonçant ainsi à Madone que les leçons commenceraient bientôt. Loin de s'en effrayer, la petite fille s'en réjouit. Apprendre, c'était continuer à songer à ce bien-aimé grand-père qui lui avait enseigné tant de choses en si peu de temps. Elle s'inquiéta tout de suite si son institutrice connaissait l'italien, et sur sa réponse affirmative, elle ouvrit un volume en cette langue et commença tranquillement une version. Elle fut distraite de son travail par un orgue de Barbarie jouant cette ravissante mélodie populaire appelée la *Marinière*. Tant qu'elle vibra, Madone, la tête ensevelie dans ses mains, s'absorba dans ses souvenirs. Lorsque l'orgue cessa de jouer, la petite fille dit doucement à son institutrice :

— Si vous avez de l'argent, mademoiselle, donnez quelques sous au musicien, je vous en prie.

Rosa entra dans la pièce voisine chercher son porte-monnaie.

D'un bond, Madone se trouva près de la fenêtre. Déjà trop prudente pour essayer de l'ouvrir, elle se contenta de jeter dans la cour un regard avide.

Un vieillard enveloppé d'une houppelande était debout au milieu. Une haute visière dérobait la moitié de son visage. Pour toute autre créature que Madone, il eût été impossible de reconnaître Matteo, mais l'enfant n'eut pas une seconde d'hésitation. Certaine désormais d'être protégée et défendue de loin, elle ne voulut pas donner prise au moindre soupçon, et quand l'institutrice, revenant avec quelque monnaie, ouvrit la croisée pour jeter son aumône au mendiant, la petite fille était de nouveau penchée sur sa table de travail.

Une semaine se passa de la sorte.

Ni Olivier, ni Bois-Galais ne troublaient les deux jeunes filles. Rosa Maurel se montrait calme plutôt que douce. Rien ne paraissait capable de réchauffer ce cœur de vingt ans déjà glacé par le calcul. Aucune pitié ne pénétrait dans son âme à la vue d'une frêle et ravissante créature dont elle devinait le mystérieux désespoir. Avec une régularité d'horloge elle lui donnait des leçons variées ; Madone sentait, quoiqu'elle fît, qu'elle ne serait point aimée. L'unique intérêt qu'elle inspirait à l'institutrice provenait de la force d'âme qu'elle témoignait. Jamais Rosa Maurel n'eut la peine de rappeler Madone à l'observation du devoir. L'enfant, mûrie par la souffrance, sut contenir et renfermer dans le fond de son âme tout ce qui s'y accumulait d'ennuis et d'angoisses.

Il survint un événement qui opéra une diversion dans son esprit, et fit naître en elle une espérance.

Un jour Olivier Marsan entra dans la chambre d'étude ; il n'était pas seul. Un homme à la physionomie bienveillante l'accompagnait.

Il regarda attentivement l'institutrice, plus longuement encore la petite Madone, puis se tournant vers Olivier Marsan :

— Voyez-vous un inconvénient, lui demanda-t-il, à me laisser librement causer avec cette enfant.

Olivier blêmit, mais la situation d'Auguste Aubry ne lui permettait sans doute pas de refuser, car il salua, et se contenta de dire à Rosa Maurel :

— Venez, mademoiselle.

L'avocat s'assit dans le fauteuil de l'institutrice, puis tendant la main à Madone :

— Ayez confiance, dit-il, je connais votre grand-père.

— Alors, monsieur, rendez-moi à lui.

— Ceci, mon enfant, m'est impossible. Si j'avais pu intervenir, je l'aurais déjà fait. Votre père compte faire de vous l'élément d'une fortune. Peut-être ignorez-vous pourquoi il est allé vous chercher à Luzancy, et pour quelle raison il vous garde. Un de vos oncles est attendu ici, et cet oncle vous enrichira sans nul doute...

— Et mon grand-père sera-t-il riche ?

— Non, mon enfant.

— Alors peu m'importe ! Je ne tiens qu'au bonheur de mon grand-père.

— Vous maltraite-t-on ici ?

— Jamais, monsieur, je patiente et j'attends.

— Qu'attendez-vous ?

— Tout de l'amour de mon grand-père. Puisque vous le connaissez, monsieur, vous savez combien il est bon, dévoué et tendre ; vous savez comment il m'a retrouvée... Quand on devrait m'offrir plus de richesses que jamais un homme n'en posséda, je les refuserais pour le suivre... Je le vois de temps en temps, rarement, mais enfin, je le vois, je sais qu'il ne m'a point oubliée... Si l'oncle dont vous parlez pouvait ne pas m'aimer, et ne me ferait point part de sa fortune, et si mon père comprenait que je lui suis inutile, il ne me garderait pas avec lui.

— Je ne voulais aujourd'hui savoir qu'une chose, mon enfant, on ne vous maltraite pas, on n'abuse pas d'une autorité... légale, il faut bien en convenir.

— Non, fit Madone, jamais l'homme qui se dit mon père ne vient me trouver. Je travaille avec Rosa Maurel qui est très instruite. Par exemple, j'ai demandé à prendre des leçons de violon, et on m'a refusé un professeur ; mais, pour me contenter un peu, on a fait venir un piano, Rosa Maurel en joue quelquefois ; je chante, le chant peut toujours servir, tandis qu'on ne peut traîner un piano après soi. Il faut que mon grand-père constate un progrès quand nous nous retrouverons ensemble.

— Votre oncle arrive dans un mois, ajouta Mᵉ Aubry.

Madone se mit à trembler, et ses yeux s'emplirent de larmes.

— J'espère en Dieu, monsieur, dit-elle, j'espère en Dieu.

L'avocat se leva, se baissa vers l'enfant et l'embrassa au front.

— Au revoir, lui dit-il, votre grand-père sera heureux d'apprendre que je vous ai donné une caresse.

L'avocat sortit lentement, et rejoignit Olivier dans le salon voisin où celui-ci s'entretenait avec Rosa Maurel.

Madone s'était machinalement approchée de la fenêtre, et regardait les hirondelles, quand le vieux joueur d'orgue entra dans la cour. Elle était seule, bien seule... D'un mouvement rapide elle ouvrit la fenêtre, et appuya ses deux mains sur sa bouche avec une expression de tendresse indéfinissable.

Au même moment une petite Italienne qui connaissait Madone, la fille de Guilia, lança aux pieds de son ancienne compagne un billet enveloppant un objet un peu lourd.

Le joueur de vielle tourna plus rapidement la manivelle de son orgue. Madone referma la fenêtre, et quelque tentation qu'elle éprouvât de lire le billet, elle eut le courage d'attendre. Rosa Maurel la trouva à sa table de travail.

— Comment, lui demanda l'institutrice, vous n'êtes pas plus radieuse que cela à la pensée de devenir bien riche? Il paraît que votre oncle de Java est millionnaire... M. Aubry a promis de me recommander à lui, au cas où cet oncle souhaiterait que vous habitassiez près de lui. Vous serait-il désagréable de continuer à vous instruire sous ma direction?

— Non, mademoiselle, répondit Madone, vous ou une autre, qu'importe! Vous ne m'aimez pas plus que je ne vous aime, et nous avons toutes deux le mérite de ne pas nous tromper.

L'enfant ne se trouva pas seule une minute. Le lendemain seulement, elle put lire le billet que lui avait lancé sa petite camarade de la Cité des Modèles.

« Ton grand-père t'attendra tous les soirs à la porte de la maison voisine. Il te sera facile de t'évader si tu le veux. Nous avons mis tout le monde dans nos intérêts, et si tu n'as pas peur, tu seras sauvée.

« A partir de ce soir, j'aurai à ma disposition une planche assez longue pour aller de ta fenêtre à celle où tu m'as vue. Trouve le moyen d'ouvrir ta croisée, passe sur ce pont sans regarder ni à droite ni à gauche, dans la crainte d'avoir le vertige, et ne t'embarrasse pas du reste. Depuis deux semaines, nous habitons ma mère et moi, l'appartement de Louvenet, absent pour affaires de famille. »

Son grand-père lui tenait parole, tout était prêt. Il fallait seulement profiter d'un moment de liberté, et ces instants étaient rares. Rosa Maurel ne la quittait presque jamais. Cependant la defiance des premiers jours s'était endormie, l'attitude de Madone avait suffi pour diminuer les appréhensions d'Olivier. Il s'imaginait l'avoir non pas brisée, mais au moins assouplie. Quant à l'avenir, il ne s'en tourmentait nullement, et il croyait certain qu'en transportant Madone dans un milieu opulent, il achèverait de la détacher du souvenir de son grand-père. Quatre jours se passèrent sans que Madone trouvât le moyen de profiter de l'aide qui était promis.

Le cinquième jour, Bois-Galais et Olivier se trouvaient absents; Rosa Maurel et l'enfant travaillaient dans le salon d'étude. Un brusque mouvement de Madone renversa la lampe qui, tombant avec fracas sur le parquet, se brisa en laissant l'appartement dans une obscurité complète.

— Que je suis maladroite! dit Madone, ne bougez pas, mademoiselle, l'huile gâterait votre robe, je vais chercher la cuisinière, afin qu'elle nous donne de la lumière.

L'enfant sortit rapidement et ferma la porte derrière elle.

Au lieu de rejoindre Jeanne pour la charger de porter de la lumière dans le salon, elle gagna la salle à manger dont elle ouvrit la fenêtre et appela Guilia.

— Viens! dit une voix.

Le pont volant fut placé sur la fenêtre, et Madone monta sur ce frêle appui. Les yeux clos, les mains tendues, elle avança jusqu'à ce que les bras de Guilia se tendissent.

Elle n'eut le temps ni de remercier ni de parler, on la couvrit d'un châle, et la cantadine descendit avec elle l'escalier.

— C'est moi, madame Rochard, dit-elle en passant devant la concierge.

— Bien, fit celle-ci.

Devant la porte se trouvait une voiture.

La portière s'ouvrit, deux mains tremblantes attirèrent Madone.

— Dieu vous bénisse, Guilia, dit une voix tremblante d'émotion.

— Grand-père! grand-père! dit l'enfant en se suspendant au cou du vieillard.

Celui-ci pencha la tête en dehors de la portière.

— Cocher, dit-il, gare d'Orléans. J'ai peur d'être en retard, cent sous de pourboire si vous me conduisez en vingt minutes.

Madone pressait Pascal dans ses bras avec une sorte de furie de tendresse.

— Je savais bien, disait-elle, je savais que tu me retrouverais! Tu ne pouvais pas m'abandonner, car je serais morte au milieu de ces geôliers.

Elle ajouta au milieu de ses caresses :

— Où allons-nous, grand-père?

— Dans les bois, avec les loups, répondit-il.

Il s'occupa de son volume pendant les heures du soir. (Voir page 179.)

Chapitre XV

LUC AUVILLIERS

M⁰ Aubry achevait de préparer la plaidoirie d'une affaire criminelle qui devait être jugée le lendemain lorsque son valet de chambre vint lui annoncer que M. Luc Auvilliers désirait lui parler.

— Faites entrer, dit l'avocat qui avait été prévenu de la visite du millionnaire.

Le domestique introduisit un homme d'une quarantaine d'années. Haut de taille, robuste, le teint basané, n'ayant pas un cheveu blanc, il paraissait avoir conservé toute la verdeur et tout l'entrain de la jeunesse. Les épreuves par lesquelles il avait dû passer, avaient fondu sur lui sans l'abattre, semblable aux chênes qui subissent sans plier les efforts de la tempête et les fracas de la foudre. On devinait en le voyant que, sous son écorce un peu rude, il possédait une nature loyale, brusque peut-être, mais excellente à coup sûr.

— Ne m'attendiez-vous pas? demanda-t-il à Auguste Aubry qui, en le voyant entrer, avait abandonné son travail et jouait d'une façon machinale avec un couteau d'ivoire. Il me semblait vous avoir annoncé mon retour d'une façon précise....

— Très précise, en effet, monsieur.

— Ma visite semble pourtant vous embarrasser. Veuillez donc m'expliquer les motifs de la gêne que je lis sur votre visage et que révèle toute votre attitude.

— A vous parler franchement, monsieur, j'éprouve à votre vue, moins d'embarras qu'un regret. Vous êtes un homme de cœur et d'énergie — les luttes que vous avez soutenues pour arriver à conquérir la fortune en sont une preuve suffisante — vous êtes un galant homme — et vous l'avez montré en recherchant votre famille — aussi il m'en coûte d'avoir à vous causer une déception. A des hommes tels que vous on ne voudrait apporter jamais que de bonnes nouvelles.

— Une déception! Encore! murmura Luc Auvilliers, je croyais avoir épuisé jusqu'à la lie la coupe des épreuves. Mais quoiqu'il en soit, hâtez-vous de parler, monsieur, je vous en prie ; rien ne m'est plus douloureux que l'incertitude ; un chagrin poignant m'effraie moins que le doute.... Il s'agit bien certainement de ceux dont je vous ai prié de rechercher les traces.

— Oui, répondit l'avocat, c'est bien des derniers membres de votre famille qu'il sagit.

— Ainsi Pascal Marsan?...

— A disparu depuis longtemps et malgré tous mes efforts, il ne m'a pas été possible de retrouver sa trace.

— Son fils Olivier?

— Habite Paris.

— Et l'enfant? demanda Luc Auvilliers, avec, dans la voix, une inflexion de plus grand intérêt.

— Je vais vous parler de l'enfant...... Après une suite de péripéties, dont je vous donnerai plus tard les détails, si vous le désirez, son père venait de la reprendre chez lui, il s'occupait enfin de lui faire donner une instruction digne de la fortune qui l'attendait, lorsque soudainement, il y a peu de jours, la petite fille a disparu, enlevée sans aucun doute.

— A-t-il fait des recherches?

— Oui, mais jusqu'ici toutes ses recherches sont restées infructueuses.

— Ainsi, voilà pourquoi je suis revenu! Que reste-t-il de mes beaux projets? J'arrive le cœur confiant et gonflé de joie, bâtissant encore à mon âge des châteaux en Espagne, en attendant l'heure d'en construire en France. Toute cette fortune que j'avais amassée, Dieu seul sait au prix de quels labeurs! je me réjouissais de sa conquête, non pour moi qui n'en saurais que faire, mais pour ma sœur, pour ma douce Claire, pour ses enfants, et aujourd'hui, en débarquant à Paris, j'apprends à la fois que je suis désormais sans famille, et que si la peste avait fauché dans cette ville, elle n'eût pas laissé un plus grand nombre de morts autour de moi. Si vous saviez quels trésors d'affection j'avais accumulé pour Claire et pour son enfant! Et ce n'est pas assez de savoir que je les ai perdues l'une et l'autre, il règne dans la façon dont me sont enlevés mes derniers parents un mystère qui m'effraie. D'après ce que vous m'avez écrit, aucun médecin ne pourrait me dire de quelle maladie est morte Claire? Qui sait! de chagrin peut-être... Oui, ce doit-être de chagrin. Avant mon départ pour les Indes, j'avais eu l'occasion de me rencontrer avec Olivier Marsan. C'était un jeune homme de vingt ans, bien pris de sa personne, aux traits réguliers et énergiques, à la voix captivante; il était doué en un mot, d'une de ces beautés foudroyantes auxquelles les femmes résistent rarement. Mais je m'étais informé du caractère de ce jeune homme, et les renseignements que j'avais obtenus ne m'avaient pas satisfait. Aussi quand ma sœur m'apprit qu'il demandait Claire en mariage, je soulevai les objections que me dictait l'expérience, je la suppliai de réfléchir plus à loisir, d'attendre quelques mois, d'avertir sa fille des dangers présentés par la nature d'Olivier. Ma sœur suivit mes conseils, mais en vain elle tenta de persuader Claire; elle se heurta à une passion irrésistible : Claire s'obstina à vouloir épouser cet homme. Il fallut s'incliner devant une résolution aussi fermement arrêtée. A quoi bon tenter d'endiguer le torrent dévastateur? Qui sait à quels dangers nous eussions exposé la chère enfant, en nous opposant d'une façon absolue à son mariage? Je promis de la doter; faible dot : cent mille francs! Certes, j'aurais pu la quadrupler et je l'eusse fait si son futur mari m'avait inspiré confiance, mais il me semblait prudent de ne pas remettre entre les mains d'Olivier toute la fortune que je destinais à Claire et de conserver à celle-ci une large indépendance pour le cas où son mari viendrait à ne pas lui donner tout le bonheur qu'elle espérait. Je n'avais pas à Paris les fonds nécessaires pour constituer la dot promise. Je retournai aux Indes. C'est à ce moment que des malheurs écrasants fondirent sur moi : un cyclone détruisit toutes mes plantations : des négociants qui me devaient des sommes considérables ne me payèrent pas. Bref, je fus complétement ruiné et je ne pus même pas payer cette malheureuse somme de cent mille francs.... Qui sait si la pauvreté de Claire ne contribua pas à doubler son malheur; qui sait si son mari ne lui reprocha pas les engagements pris et non tenus par sa famille? Une sorte de honte s'empara de moi; pour la première fois, je mentais à mes promesses; pour la première fois, je faisais faillite à ceux qui mettaient en moi toutes leurs espérances. Cependant, de toute cette fortune subitement détruite, il me restait quelques épaves. Je crus pouvoir les recueillir assez vite pour que ma sœur et sa fille ne souffrissent pas trop longtemps de mes malheurs. Je me trompais. Je fis de vaines tentatives pour obtenir au moins une partie des sommes qui m'étaient dues. De nouveaux revers vinrent s'ajouter à ceux déjà subis. Il me fallut recourir à des amis généreux afin de recommencer le négoce, unique moyen de me reconstituer une fortune. Ces avances je les remboursai vite, je doublai mes spéculations, afin de me retouver promptement à même de tenir ma parole et de remplir mes engagements. Que vous dirai-je, j'en vins à me dire qu'au lieu d'écrire pour expliquer ma conduite, mieux vaudrait arriver le cœur gonflé de tendresse, les mains pleine de ducats et je retardai d'envoyer une lettre qui, peut-être, eût prévenu bien des malheurs. Je me faisais une si grande joie de jouer dans ma famille le rôle d'un dieu tutélaire, d'installer ma sœur dans mon hôtel, avec Claire... J'essayais de ne point songer qu'elle avait un mari. Je l'avais vu peu de temps, mais tout en lui me repoussait, tout trahissait le mystère. On le devinait avide de vivre, ambitieux, sans volonté de travailler, affamé de jouissances, et subordonnant tout à la satisfaction d'appétits impérieux. D'autres fois j'essayais de me rassurer sur son compte. Sans doute, me disais-je, Olivier est doué de passions vives, il aime le luxe, sans vouloir le conquérir par le travail; mais son cœur n'est pas gâté. S'il rend Claire heureuse, qu'est-ce que cela me fera de lui compter une pension plus forte? Tout le monde n'est pas comme toi, vieux Luc! tout le monde n'a pas le courage de museler les passions de la jeunesse, pour vivre comme le plus avare des négociants. Il est impossible que le fils de Pascal soit complètement mauvais. J'avais connu celui-ci dans ma jeunesse. C'était alors un brillant prix de Rome pour la gravure, apte à tous les arts, faisant des vers ravissants, jouant de tous les instruments avec une facilité égale. Plus de cœur encore que d'intelligence! Olivier n'eût jamais été un obstacle à mes desseins; les hommes à passions vives se manient facilement : incapable d'aimer longtemps et de donner tout son cœur, il m'eût confié Claire et l'enfant... Cette enfant eût été mon bien, ma joie; je l'aurais franchement adoptée. Toute petite elle se fût attachée à moi, avec la candeur de son âge. Et de tous ceux qui me manquent aujourd'hui, c'est celle que je regrette davantage. Vous avez prononcé un mot étrange tout à l'heure, vous avez dit qu'elle avait été enlevée... Enlevée à son père, alors, puisque Olivier l'avait chez lui...

— Oui, enlevée de chez lui.

— Mais la police doit agir, la police la retrouvera. Olivier a d'ailleurs un trop grand intérêt à reprendre son enfant pour ne point multiplier tous les efforts imaginables.

— Ces efforts seront vains pour le moment, répondit Me Aubry. Voulez-vous avoir en moi une confiance absolue?

— Complète.

— Eh bien! jusqu'à ce que je vous dise qu'il est possible de reprendre l'enfant de Claire, ne cherchez pas à la retrouver.

— Encore un mystère! s'écria M. Auvilliers.

— Et celui-là est plus douloureux que vous ne pouvez l'imaginer.

— Ah ! c'en est trop, oui c'est trop d'épreuves ; les unes visibles, et que j'ai pu saisir corps à corps, pour ainsi dire ; les autres ténébreuses, et au milieu desquelles je me débattrais en vain. Je suis né franc, loyal et bon, on finira par m'endurcir le cœur. Je venais ici prêt à prodiguer à tous les trésors amassés là-bas, on va me rendre avare et dur. Je comptais habiter Paris, y vivre d'une façon fastueuse, encourager les arts et les jeunes artistes, moi l'ancien marchand d'épices ! Je me sentais une soif insatiable de tout ce qui est bon, simple et grand. Le bonheur allait dilater mon âme, et je sens que mon cœur se serre, et je vais peut-être vivre comme un mauvais riche au milieu de mes millions.

— Non, répondit l'avocat, vous ne le ferez pas : il restera toujours des pauvres.

— Je reviendrai vous voir, dit Luc Auvilliers, vous m'aiderez à retrouver l'enfant.

L'avocat serra la main de son client, l'accompagna courtoisement, puis il dit en reprenant sa place :

— Non, pauvre homme, je ne vous aiderai point à retrouver Madone, celui qui l'a emportée dans ses bras n'a plus qu'elle pour tendresse ; quant à vous, il vous reste un nom respecté et une fortune. La providence est grande, ajouta-t-il, qui sait si elle ne rapprochera pas un jour ses deux êtres.. Maintenant que j'ai vu Luc Auvilliers, je crois qu'on pourrait lui révéler tous les secrets, même celui de Pascal.

En quittant M° Aubry, Luc Auvilliers se sentait complètement découragé.

Il ne lui restait ni tendresse, ni une espérance, ni un parent, ni un ami.

Pendant un moment il se demanda s'il ne ferait pas mieux de retourner à Java.

Une espérance si faible qu'elle fût l'empêcha de s'arrêter à cette pensée.

On pouvait retrouver l'enfant.

Quand il rentra à l'hôtel son domestique le prévint qu'un visiteur attendait.

Luc Auvilliers ouvrit rapidement la porte du salon, et aperçut près de la fenêtre, dont la clarté tombait en plein sur son visage, un homme qu'il reconnut tout de suite en dépit des années écoulées. Il était toujours beau, et la régularité de ses traits devait lui permettre de garder longtemps ce galbe superbe. Ses yeux magnifiques avaient perdu le rayonnement clair, l'humidité transparente qui trahit tant de qualités généreuses. Le feu des veilles les avait brûlés. Une ligne noire creusait les paupières inférieures, la bouche gardait un pli amer, mais enfin il était encore capable d'attirer l'attention. Généralement l'extrême beauté paraît incompatible avec le vice. On voudrait toujours que le visage fût un reflet de l'âme.

— Je vous reconnais, dit Luc Auvilliers en s'avançant ; vous êtes Olivier Marsan.

— Je m'estime heureux de n'avoir pas été oublié par vous, mon oncle...

— Ne me donnez pas ce titre, reprit vivement Luc Auvilliers. Je vous aurais avoué pour mon parent si vous étiez entré ici avec l'enfant de Claire; vous venez seul, je ne vous connais pas.

— Me ferez-vous un crime d'un malheur?

— Un malheur, repondit Auvilliers; il y a plus qu'un malheur dans ce qui se passe. Je puis tout croire, tout attendre... J'ai presque le droit de vous soupçonner... d'après ce que j'ai appris, vous n'avez point élevé votre enfant, et cette enfant s'était enfuie de la maison dans laquelle on l'avait placée. Qui m'affirme que vous l'aviez retrouvé? Qui me prouve que pour un rôle indigne, et capter une fortune, vous n'aviez point loué ou acheté une enfant qui s'est lassée par avance de cette comédie ignoble et qui brusquement vous a quitté...

— Je vous jure!...

— Ne jurez rien... Vous vous êtes trouvé rentrer à Paris au moment précis de mon arrivée, voici déjà un singulier hasard... Vous installez chez vous une enfant dont l'âge coïncide avec celui de la fille de Claire, et au moment où vous devez me la présenter, l'enfant est de nouveau perdue... Il faut convenir que vous n'avez pas de chance dans vos combinaisons... Je vous demande votre père... Il a disparu... Votre femme? Elle est morte... Votre fille? Elle vient d'être enlevée... Je pouvais, vous retrouvant entouré de ceux qui m'étaient chers, vous subir, vous accepter; maintenant que vous êtes seul, je vous renie.

— Vous vous servez de mes douleurs pour m'accabler.

— Taisez-vous! s'écria Luc Auvilliers, croyez-vous donc que j'aie oublié votre conduite durant vos premières années? Doué de facultés rares, ayant pour père un homme éminent dans son art, pour mère une sainte, la vie s'ouvrait devant vous plus facile que pour personne. Autour de vous les bons exemples préparaient un chemin droit; dès l'âge de quinze ans vous graviez assez bien pour vous suffire. Mais vos amis, ou du moins ceux à qui vous donniez ce titre, vous entraînèrent vite dans une voix fatale; vous trouvâtes plus commode de dépenser l'argent de votre père, que d'en gagner vous-même. Pascal dissimula vos vices, il ne réussit pas toujours à cacher des chagrins croissants. Si je vous demandais ce qu'est devenu votre père, vous refuseriez sans doute de me répondre; si je vous demandais de quoi votre femme est morte, vous baisseriez la tête comme un coupable... Enfin, si je voulais savoir quelle excuse vous pouvez présenter pour n'avoir pas élevé votre fille, vous resteriez muet... Pauvre petite créature, combien je l'aurais aimée en souvenir de Claire.

— Mais, dit vivement Olivier, on peut la retrouver... la police est habile...

— Ne m'en parlez plus, plus jamais, répondit Luc Auvilliers. Bien que je connaisse vos fautes, vos vices, votre passé déplorable, car c'est toujours une vie honteuse que celle de l'homme qui se refuse au travail, je vous aurais souffert mieux près de moi, ou du moins pas assez éloigné de votre fille, pour qu'elle crût devoir vous respecter. J'aurais tenté de vous relever par le labeur; après une longue épreuve je vous aurais pardonné et vous auriez repris tous vos droits. Mais l'enfant est partie, morte sans doute... Je ne vous considère plus comme étant de ma famille.

— Cependant, monsieur, dit Olivier, je vous jure qu'à l'annonce de votre arrivée, je me suis réjoui à l'idée de trouver en vous un ami et un guide... Je ne nierai point que j'ai commis des fautes... Vous devez être plus rigide que tout autre à cet égard, vous dont l'existence s'est dépensée dans un travail acharné... Mais ce labeur même vous a gardé des entraînements que j'ai subis... Il est facile de tomber, dans un milieu où les tentations se multiplient... Des artistes plus fantasques que sérieux, des amis ou du moins des hommes usurpant ce titre, s'efforcent de vous détourner de la bonne voie... Croyez-vous donc qu'il soit trop tard pour y rentrer?

— Non, répondit Luc Auvilliers, et nul homme n'a le droit de se montrer sur ce point plus exigeant que le Christ lui-même... Je ne vous refuserai donc point mon aide si ce que vous dites maintenant est sincère. Retenez seulement ceci : je ne vous crois pas quand vous me promettez de vous corriger. On ne guérit pas la gangrène. Tout membre qui en est atteint doit être coupé. Le repentir que vous manifestez aujourd'hui coïncide d'une façon trop évidente avec mon retour, pour que je me montre facilement convaincu d'une conversion pouvant avoir votre intérêt pour mobile...

— J'en ai un autre, fit Olivier d'une voix presque farouche.

— Lequel?

— Le regret d'avoir perdu ma fille.

— Vous devriez dire le remords.

— Soit! le remords... Mais quoique vous pensiez, monsieur, mon devoir est de la chercher, de la retrouver, et je n'y faillirai pas.

— Vous me laisserez ce soin, dit froidement Luc Auvilliers. Pour réussir dans de semblables démarches, il faut deux choses vous faisant défaut d'une manière absolue : des relations influentes et de l'argent. J'arrive de Java, et je ne connais presque personne à Paris, cela est vrai, et cependant avant six mois, grâce à l'honorabilité d'une vie dont je puis, année par année et jour par jour, raconter les heures, il me sera facile de me créer des amis. Quant à l'argent, je n'épargnerai rien pour retrouver l'enfant de Claire. Vous me donnerez des indications, je les transmettrai à mon avocat, et nous agirons. Ne faites rien par vous-même...

— J'obéirai, monsieur, répondit Olivier.

— Tout à l'heure, vous m'avez parlé de vous relever par le travail, il ne faut décourager personne... J'apporte de Java des matériaux considérables, pour lesquels il me faudra le concours d'un dessinateur habile et d'un graveur intelligent. Pour occuper les heures d'un loisir forcé, je vais commencer cette tâche; soyez prêt de votre côté à travailler à la même œuvre. Elle devra se faire rapidement. Dans les œuvres d'art, ce n'est pas le tout d'arriver, mais souvent d'arriver le premier.

— Je vous remercie de penser à moi, monsieur...

— Acceptez-vous?

— Certainement, avec une grande reconnaissance... Je tremble seulement à l'idée de me montrer insuffisant pour une semblable tâche... Ma main à perdu de son habileté pendant huit années de paresse, et je crains...

— Je comprends, répondit Auvilliers.

— Oserais-je ajouter, monsieur, que, si grande que soit la hâte avec laquelle vous et votre dessinateur vous vous mettrez au travail, il s'écoulera plusieurs mois avant que vous me confiiez une planche à graver... Et je suis absolument sans ressources...

— N'en parlons plus, fit Luc Auvilliers. Vous ne demandez point du travail, mais de l'argent. Il ne vous faut point un parent, mais un banquier...

— Vous vous trompez, monsieur, je vous affirme...

— Je ne me trompe pas! Et j'agirai comme un homme convaincu, dont les idées ne changent jamais... Vous êtes sans ressources, me dites-vous... Je le sais depuis longtemps... Encore une fois, je ne vous dois rien! Rien! et si je le voulais même, j'aurais à vous demander plus d'un compte. Si vous avez négligé pendant dix ans l'art qui vous faisait vivre, et dans lequel votre père était un maître, je vous crois, en effet, incapable de graver habilement les planches de mon livre... Il ne me convient pas de vous renvoyer de chez moi sans un secours, mais ce secours sera le seul que vous recevrez jamais! Vous ne m'êtes point parent, et je ne garde pour vous ni sympathie ni estime.

— Votre jugement est sévère, monsieur....

— Voici dix mille francs qui vous feront oublier l'amertume de mes paroles. Désormais, ne l'oubliez pas, nous restons complètement étrangers l'un à l'autre...

Olivier sentit la flamme de la honte lui monter au visage, mais en même temps, et plus encore, le regret, âpre, amer de voir passer près de lui cette opulence dont il avait espéré de prendre sa part.

Un instant il eut la pensée d'essayer si, en repoussant une aumône offerte avec un semblable dédain, il ne parviendrait pas à modifier sur lui les idées de Luc Auvilliers; le regard du millionnaire ne le quittait point. Ce regard était à la fois curieux et sardonique. Il paraissait défier l'habileté d'Olivier.

Le misérable saisit les billets de banque, les mit dans un porte-feuille défraîchi, boutonna par dessus son vêtement, et quitta Auvilliers avec une politesse affectée, dissimulant une sourde rage.

Quand la porte se fut refermée sur lui, Luc Auvilliers sonna un domestique javanais qui ne l'avait pas quitté depuis dix ans.

— Négli, dit-il, tu reconnaîtras facilement l'homme qui sort d'ici?

— Oui, maître.

— Rappelle-toi que, toujours et partout, ma porte lui est fermée!

— J'obéirai, répondit Négli.

Quand il se trouva seul, Luc Auvilliers tomba dans une tristesse profonde.

— Ah! fit-il, j'ai été fou, aveugle, orgueilleux. Pour ne pas avouer que je venais de subir des pertes successives annonçant une ruine complète, j'ai cessé d'écrire à tous ceux que j'aimais... Pendant ce temps, la misère, le chagrin et la mort ont fait leur œuvre... Et me voici seul, tout seul à Paris, sans famille! sans amis! Les amis et la famille ne s'improvisent pas! Je trouverai des relations, des sympathies, mais la tendresse et l'affection, animée par les liens du sang, cela est impossible à rencontrer quand la vieillesse arrive... Être seul, quelle désolation de chaque jour, quel vide immense! Vide que rien ne comblera sans doute...

Il demeura longtemps immobile, puis faisant demander une voiture, il se fit conduire chez Mᵉ Aubry.

L'avocat l'accueillit cordialement.

— J'ai vu Olivier Marsan, lui dit Auvilliers, il n'y a rien à attendre de cet homme, sinon de nouvelles infamies. Nul doute qu'avec sa perversité il n'essaie de me donner le change, et de me persuader quelque jour que sa fille est retrouvée. Jamais je ne la reconnaîtrais, s'il me la présentait lui-même... L'appât d'une grande fortune pousserait des parents ambitieux à lui livrer une petite fille dans les conditions d'âge de la pauvre créature... C'est à nous de multiplier nos efforts pour la retrouver. N'épargnez pas l'argent, je suis riche, presque trop riche!

— Soyez tranquille, monsieur, je ferai agir un ami.

— Si j'avais su quelles déceptions m'attendaient en France, je ne serais sans doute pas revenu. J'y suis, j'y resterai... Un vague espoir me soutient encore... Vous m'indiquerez un notaire, je le chargerai de me trouver un hôtel à Paris, et j'achèterai ou je ferai bâtir une villa à quelques lieues. J'ai vécu si longtemps au milieu d'un pays admirable que j'étoufferais vite au milieu de rues et de boulevards, si magnifiques qu'ils puissent être... Il me faut de grands bois, un vaste horizon, un air libre. Pendant que j'organiserai ma vie d'une façon complète, je rentrerai peu à peu dans une civilisation dont j'ai presque oublié les raffinements. Je reverrai les Musées, je monterai ma bibliothèque. Vous me procurerez un secrétaire intelligent, assez instruit pour suppléer à ce qui manquera, ayant suffisamment de cœur pour s'attacher à moi; je me montrerai bon pour lui. Je voudrais un orphelin, de préférence; il trouverait en moi un guide, un ami; quand il me quitterait, sa fortune serait faite...

— Soyez tranquille! répondit Auguste Aubry, je vous procurerai ce qu'il vous faut. Il ne manque pas à Paris de jeunes gens intelligents et pauvres, dénués d'argent et privés d'amitié. Combien, parmi ceux qui ont achevé de brillantes études et dépensé le maigre patrimoine de la famille, dans l'espérance d'arriver à une haute situation, se trouvent tomber subitement du haut de leurs rêves... Il s'en présente souvent ici. La place de secrétaire d'un avocat est enviée, et j'ai le regret de repousser des jeunes gens qu'il me serait consolant d'accueillir. Je vous garderai le premier sur lequel il sera possible de compter.

Quinze jours après, le notaire qui s'était chargé de trouver un hôtel pour Luc Auvilliers, le prévint qu'avenue Friedland se trouvait à vendre un hôtel arrangé à la mauresque, d'une façon fantaisiste, et ravissante. Les plafonds étaient peints par des hommes de talent. Les murs tendus avec luxe. On souhaitait vendre le mobilier. Le marché fut vite conclu, et Luc Auvilliers devint pour le prix de trois cent mille francs propriétaire d'une habitation charmante. Il s'y installa, y rangea ses curiosités. Au moment où il lui semblait le plus ennuyeux d'en dresser un catalogue raisonné, un jeune homme d'environ vingt-deux ans se fit annoncer chez lui.

Victor Bérard fit remettre avec sa carte personnelle, celle d'Auguste Aubry qui recommandait chaudement son jeune protégé.

— M⁰ Aubry a dû vous dire, monsieur, fit le millionnaire au jeune homme, que je suis isolé et vieux, deux mauvaises conditions pour qu'à mon âge on se trouve heureux. Je reçois peu ; j'habiterai Paris l'hiver, et l'été la campagne... Vous manquerez donc de distractions...

— En ai-je jamais eu! répondit Victor Bérard. Ma mère était une ouvrière restée veuve très jeune, habile dans son métier, et possédant un de ces cœurs qui ne reculent devant aucun sacrifice. J'avais, disait-on, des dispositions remarquables; au lieu de me faire apprendre un état, elle me permit d'aller au collège. Je ne trompai point ses espérances, et mes succès encouragèrent son abnégation.. Mais une fois obtenus, ces brevets de bacheliers qui vous donnent le droit d'apprendre et de chercher quelle carrière vous souhaitez suivre, les sacrifices devinrent plus onéreux. Elle poursuivit néanmoins sa tâche. Je fis mon droit, espérant compenser plus tard, par une renommée et une fortune laborieusement acquises, ce que faisait pour moi cette chère sainte du foyer. Deux années se passèrent pendant lesquelles elle me cacha ses souffrances et le dépérissement d'une santé qu'épuisait le travail. Quand elle dut interrompre sa tâche il était trop tard... A force de patience et d'intelligence elle avait monté un atelier. On ne s'aperçut donc pas tout de suite du manque de bénéfices. Ce fut seulement quand ma mère garda le lit, quand il lui devint impossible de se rendre chez ses clientes, que l'argent devint plus rare... Alors on vendit les petits bijoux, l'argenterie. Je continuais à prendre mes inscriptions. Encore un peu de temps, et je serais avocat... Ce serait à mon tour de travailler. Quelque désir que j'eusse de lui prouver ma bonne volonté, j'aurais cru mal répondre à ses sacrifices en négligeant des études avancées pour trouver un moyen quelconque de gagner de l'argent. Il fallut lui donner la satisfaction suprême d'achever la tâche complète. Mon grade de licencié obtenu, je tombai dans ses bras, à la fois fier et désespéré... Pauvre femme! Elle me sourit avec une joie ineffable : « — J'ai fait un homme de toi, » me dit-elle. Un mois plus tard elle succombait sans deviner que son orgueil maternel m'avait jeté dans une voix fausse, où je pouvais ne trouver que la famine et le désespoir... Tout entier à ma douleur je ne songeais pas même, durant les premiers temps, à chercher du travail. Je me contentais des rares épaves qui me restaient encore. Lorsque le dénûment fut complet, j'appris, monsieur, qu'on peut avoir faim dans Paris, même quand on se sent prêt à faire n'importe quel métier honnête pour gagner sa vie. J'ai copié des drames et des romans, j'ai pris des notes dans les bibliothèques pour des savants et des romanciers. J'ai tour à tour exercé les états qui n'en sont pas, et pour lesquels, je vous jure, il n'est guère besoin d'avoir passé sa thèse. Une pensée d'espérance me porta à aller voir M° Aubry il y a huit jours. Après m'avoir longtemps questionné sur mes goûts, et m'avoir promis de ne point m'oublier, il me congédia, en me chargeant de dépouiller un dossier considérable. Je lui ai porté ce matin un mémoire dont il a paru satisfait, et c'est alors, monsieur, qu'après m'avoir expliqué ce que vous attendrez d'un secrétaire, il m'a donné votre adresse... Je suis sans famille, et sans amis. J'ignore ce que c'est que le plaisir. Je désire travailler, et j'ai besoin de donner un peu de mon cœur...

— Installez-vous, dit Luc Auvilliers en tendant la main au jeune homme.

A partir de ce jour le vieillard ne fut plus seul.

Il s'occupa de son volume pendant les heures du soir. Le jour il visita avec son secrétaire les musées, les monuments, les bibliothèques. Ils travaillaient avec un zèle égal. Victor Bérard, intelligent, doux et modeste témoignait à Luc Auvilliers un respect affectueux sans servilité. Sachant le vieillard fort riche, il semblait craindre de se montrer trop empressé ! Et comme Luc lui reprochait un soir amicalement de ne pas se livrer à tous les sentiments qu'il paraissait éprouver :

— Monsieur, lui répondit Victor, si vous étiez revenu des Indes avec un revenu modeste, il m'eût été plus facile de faire de vous mon ami. Je ne puis ni ne dois oublier que je suis votre serviteur, sous peine de m'amoindrir, et de vous laisser douter de ma sincérité.

— C'est trop fort ! s'écria Luc Auvilliers avec une affectueuse brusquerie, vous allez essayer de me prouver que votre dignité vous empêche de m'aimer un peu ?

— Non point, mais de vous manifester tout ce que je pense. Les millionnaires deviennent facilement défiants. C'est si naturel ! Tant de gens avides les entourent ou s'en rapprochent. Je n'ai d'autre bien qu'une fierté sans exagération, laissez-la moi.

— Et si j'ai besoin qu'on m'aime ! dit Auvilliers.

Victor Bérard sentit une larme lui monter aux yeux.

— Je vous aime beaucoup, lui dit-il.

— Vous ne me le témoignez guère.

— Il dépendra de vous que je devienne pour vous presque un fils par la tendresse.

— Que faut-il faire pour cela ? demanda Luc Auvilliers.

— Une simple promesse.

— Je m'engage d'avance.

— Je reçois cette parole.

— Et vous voulez ?

— L'engagement que jamais vous ne ferez ma fortune.

— Quel singulier garçon vous êtes.

— Singulier, je ne le nie pas, mais loyal, je vous l'affirme.

— Eh bien ! soit ! repondit Luc Auvilliers. Jamais pour prix de vos services et d'une amitié dont je comprends le prix, je ne vous offrirai d'argent ; cet argent bête et brutale qui fait commettre tant de lâchetés, et dont le mépris est déjà en vous, mais je ne prends point l'engagement de ne pas vous faciliter une entrée plus large dans la vie. Quand vous vous serez dévoué au pauvre millionnaire qui, revenu en Europe affamé de tendresse, n'a trouvé autour de lui que des tombes ou des cœurs plus durs que le marbre qui les couvre, il gardera le droit, le devoir et la joie de vous faciliter le moyen de faire votre chemin. Si vous me regardez comme un ami aux cheveux blancs, je me réserve la faculté de vous traiter un peu comme un fils.

— Je n'ai qu'à remercier, répondit Victor Bérard.

A peine l'installation de Paris fut-elle terminée, que M. Luc Auvilliers s'occupa de faire bâtir la villa qu'il rêvait. Il en détailla les plans avec un soin minutieux, puis il fit l'acquisition d'un terrain considérable aux environs de la forêt de Fontainebleau. Il sentait que dans cette retraite où il retrouverait un souvenir lointain des grands bois d'un autre monde, il vivrait deux fois plus heureux qu'au milieu du mouvement de Paris. Afin de surveiller les travaux, il loua provisoirement une maisonnette. Mais ni le soin de sa villa, ni le classement de ses notes de voyage ne lui firent oublier de se rendre de temps en temps chez M⁰ Aubry, afin de lui demander si la police était parvenue à trouver les traces de l'enfant de Claire.

La police ne découvrit rien.

— Les belles fleurs ! dit la malade. (Voir page 185.)

Chapitre XVI

LA MAISON DU GARDE

Pascal Marsan et Madone, en sortant de la maison d'Olivier, se firent conduire non point à la gare d'Orléans, ce qui aurait mis trop vite sur leurs traces, mais à un café de troisième ordre dans lequel ils entrèrent pour se concerter. La petite fille portait le costume que lui avait choisi sa gouvernante, et par-dessus lequel son grand-père avait jeté un plaid l'enveloppant de telle sorte qu'on ne pouvait apercevoir que son visage pâli par le chagrin.

Le vieillard était nanti d'un paquet assez volumineux et d'un sac de cuir. Lorsqu'il eut rangé ses bagages sur un banc occupant toute la longueur de la salle, il retourna sur le seuil du café, s'assura que le fiacre venait de reprendre le chemin de Paris, et, tranquillisé sur ce point, il revint près de l'enfant, et lui fit servir une tasse de lait chaud. Un quart d'heure après il prenait le dernier train partant pour Fontainebleau.

Seuls dans le wagon, loin de tout regard indiscret, ils purent enfin se livrer à toute la joie de se revoir.

Madone serrait d'une façon convulsive la main de son grand-père. Bientôt elle s'endormit la tête sur son épaule, et ne s'éveilla qu'au moment où le train entrait en gare.

Pascal la descendit toute ensommeillée. L'enfant se réveilla à l'air frais du soir, et trouva la force de gagner la ville. Ils y passèrent la nuit, dans une humble auberge, réglèrent leur compte de bonne heure, puis le vieillard se rendit sur la place, avisa un de ces voituriers qui font métier de promener les voyageurs dans la forêt, lui donna ordre de le conduire près de l'arbre colossal appelé le Chêne de la Reine-Blanche. La course n'était pas longue. Le cocher arrêta bientôt sa voiture à l'endroit désigné. Pascal le paya alors et le renvoya.

Lorsque la voiture eut disparu, le vieillard serra l'enfant dans ses bras.

— Nous sommes chez nous, lui dit-il, et voici notre empire. Tu ne t'ennuieras jamais ici, ma mignonne. Je t'apprendrai le nom des fleurs et celui des plantes. Nous composerons des herbiers. Nous prendrons au trébuchet de jolis oiseaux que nous élèverons. De quelque façon que ce soit, je trouverai le moyen de gagner ta vie et la mienne. Cette forêt ressemble à une immense colonie de peintres. Quand je devrais me louer au service de l'un des artistes qui, durant la belle saison, peignent les arbres admirables, et les rochers que je te montrerai, je me trouverai encore heureux. Je suis toujours le vieux Matteo, et tu redeviendras Madone. On ne nous trouvera pas ici, crois-le. La forêt est assez grande pour cacher un vieillard et un enfant. Nous ne ferons pas plus de mal à nous deux que les jolis chevreuils que tu verras dans les fourrés et les oiseaux qui chantent dans leurs nids. L'homme seul est mauvais, la nature reste douce, maternelle.

— Mais l'Homme! l'Homme! demanda Madone, celui qui m'a enlevée à votre affection et qui se disait mon père, ne tentera-t-il point de me retrouver?

— Il faut toujours compter sur la Providence, ma chérie; Dieu ne nous abandonnera pas.

— Père, n'est-ce pas qu'il mentait en disant que j'étais sa fille? Je ne veux pas avoir d'autre père que vous.

— Tu es à moi seul, Madone, à moi qui t'ai empêchée de mourir, qui t'ai protégée, aimée... Oui, tu es bien à moi et je ne permettrai jamais à personne de nous séparer.

— Je le croyais bien! Si tu savais combien il me faisait peur. Du reste il avait beau répéter : « Je suis ton père, » il ne faisait rien pour m'attirer vers lui. Jamais il ne m'a embrassée. J'étais plutôt sa prisonnière que son enfant. La gouvernante qu'il chargeait de me garder ne semblait aimer ni moi ni l'Homme... Je ne disais jamais : « mon père... » Rosa Maurel ne se montrait pas dure, mais ferme J'étais un objet dont on l'avait chargée d'avoir soin, voilà tout. Je songeai d'abord à me révolter, puis à mourir... Je pouvais refuser de manger. Mais mourir, c'était renoncer à te voir. D'ailleurs je savais bien que tu trouverais ta petite-fille... Je n'ai pas hésité, va! quand tu es venu dans la cour avec ton orgue de Barbarie... Je t'ai tout de suite deviné et j'ai bien pensé que tu trouverais le moyen de me reprendre. A partir de ce moment, ma gouvernante n'a eu qu'à se louer de moi... Ne fallait-il pas lui donner confiance?.. Il paraît que je devais servir à l'Homme qui m'avait enlevée à conquérir une grande fortune. . Oh! grand-père! quel bonheur d'être pauvre avec toi!

L'enfant disait ces choses de sa voix pure en marchant à côté de Pascal. De temps à autre celui-ci, dont les pleurs gonflaient les yeux, la prenait dans ses bras et la couvrait de baisers. Ils se reposaient à l'ombre d'admirables bouquets de chêne, sur des tapis de mousse d'une douceur de velours Madone s'oubliait à regarder les profondeurs sombres des bois dont son regard ne pouvait deviner les limites. Elle se sentait libre, heureuse, au milieu de la paix qui l'entourait. Le passage d'un chevreuil ou d'un daim, le vol des oiseaux la charmaient. Elle dîna avec son grand-père sous l'un des géants de la forêt. De temps à autre, elle apercevait un chevalet dressé en plein air, un peintre essayant de traduire les magnificences de ces chênes séculaires. Deux ou trois enfants vinrent lui proposer d'acheter des couleuvres vivantes, souple collier dont les dames romaines aimaient à entourer leur cou. Quand le jour baissa, Pascal reprit la main de la fillette.

— Il nous faut maintenant un logis pour la nuit, dit-il.

Alors il se dirigea vers Franchard. Là, les beautés sont d'un autre genre On dirait un cahos des premiers jours. Les pierres énormes affectent toutes les formes et s'entassent dans un magnifique désordre. Des bruyères courtes, d'un violet rose les entourent. Des genévriers amaigris poussent entre les rochers. Des houx à baies rouges dressent leurs feuilles saignées. Sous les pieds s'étend un sable d'une finesse extrême, brillant comme de l'argent. Parfois le cri d'un oiseau traversant à tire d'aile cette nature désolée, vient seul interrompre le silence majestueux qui y règne.

Quelquefois les deux voyageurs suivaient un étroit chemin entre deux murailles de granit; puis à l'extrémité de ce couloir sombre s'étendait une sorte de crique que l'on eût dit préparé pour des scènes de fantasmagorie nocturne Avec un peu d'imagination, il eût été facile de reproduire par la pensée quelques-unes de ces scènes étranges, comme Shakespeare aimait à en présenter.

La lune se levait dans sa splendeur carressante et virginale. Sans être fatiguée, Madone sentait cependant qu'elle serait heureuse de se reposer.

— Sois tranquille, dit le vieillard, nous arriverons bientôt au logis sur lequel je compte pour cette nuit.

— Vous connaissez donc la forêt ?

— Comme un Sylvain.

En effet, au bout d'un quart d'heure de marche à travers les rochers, Madone entendit un bruit léger, comme celui d'une source coulant à travers d'étroites fissures.

— Je ne me suis pas trompé, dit le vieillard, nous voici à la *Roche qui pleure.*

A quelques pas de là un rocher gigantesque, creusé en dessous, et promettant un abri commode, s'offrit aux voyageurs. Pascal y entra le premier. Défaisant son paquet, il en tira un chaud paletot, l'étendit sur le sol, enleva le châle de Madone dont il fit une couverture, et borda l'enfant dans ce lit improvisé où elle ne tarda pas à s'endormir. Quant à lui, sans redouter la fraîcheur de la nuit, il se coucha en travers de la grotte. Les yeux fixés sur un ciel étincelant d'étoiles, entendant le souffle régulier de la petite fille, il pria Dieu avec un vif sentiment de foi et de reconnaissance.

Le sommeil descendit sur ses yeux fatigués. Quand ils s'ouvrirent, après de longues heures d'un sommeil réparateur, ils aperçurent Madone, un bouquet de bruyères roses à la main.

C'était bien Madone! Dans le paquet de celui que Béni-Bouffe-Tout et ses locataires appelaient Matteo, l'enfant avait trouvé un de ces costumes italiens qui la rendaient si jolie, et comprenant le secret désir de son grand-père, elle l'avait revêtu à la place de la robe achetée par Rosa Maurel. Le sommeil avait effacé de son visage toute trace de fatigue. Agenouillée près du vieillard, elle secouait sur son visage les gouttes de rosée s'échappant de son bouquet de bruyère. Et elle riait la mignonne, de ce rire charmant qu'elle ne connaissait plus depuis le jour où on l'avait volée à Pascal Marsan. C'était un spectacle ravissant bien fait pour séduire un artiste.

— Toi! toi! fit le vieillard avec un geste de joie, viens dans mes bras, ma chère petite Madone.

— J'ai dormi bercée par les anges et veillée par mon grand-père, dit-elle. Il me semble que toute cette forêt est à moi. Tu m'as lu autrefois un livre racontant les aventures d'un homme jeté par un naufrage dans une île déserte. Nous lui ressemblons aujourd'hui. Autour de nous il n'y a que des roches et des arbres. Nous vivrons en Robinsons ; moi je te tiendrai lieu du bon Vendredi, et nous serons très heureux, tu verras, grand-père.

— Très heureux, ajouta le vieillard, en serrant l'enfant sur son cœur.

En effet, pendant trois jours nos voyageurs vécurent des provisions achetées à Fontainebleau, dormirent dans les roches ou sur les tapis de bruyères, et vécurent en partageant la facile existence de ceux à qui Dieu donne la pâture.

Ils allaient au hasard, sans but, s'asseyant quand ils étaient las, trouvant toujours une source pour leur soif. Elle s'émerveillait de tout ; s'enthousiasmant avec elle, Pascal oubliait ses malheurs, son terrible voyage à Nouméa, sa vie à côté de misérables, indignes du pardon des hommes et n'en pouvant espérer que de Dieu. Il ne se souvenait plus de cette traversée de vingt jours, faite dans une pirogue, de la faim et de la soif subies. Il ne voyait que les yeux bleus de l'enfant retrouvée, et une action de grâce montait de son âme vers Dieu.

Le soleil descendait derrière la forêt ; on ne pouvait le distinguer du milieu des énormes masses de feuillage, mais l'horizon en feu indiquait assez son déclin. L'enfant, un peu lassée, marchait moins vite. Pascal Marsan, se laissant envelopper par le charme de la nature, considérait ce coucher du soleil, avec ce regard d'artiste à la fois vif et profond, capable de fixer un jour sur la toile les tableaux entrevus et les secrets surpris des beautés de la nature.

Le lourd paquet dont il s'était muni chargeait l'épaule du vieillard, Madone portait la mandoline, se demandant parfois s'il était possible d'imiter sur un instrument les arpèges de gosier et les chansons des oiseaux.

Tout à coup, au sortir d'une avenue sombre, toute ensoleillée par les derniers feux de soleil, ils aperçurent une maisonnette drapée de vignes vierges grimpant jusque sur le toit. Les briques rouges luisaient par plaques sous cette draperie verte ; les volets grands ouverts laissaient entrer l'air libre. La porte de la maison n'était pas fermée. Dans la pénombre on voyait une femme de tournure jeune et qui semblait jolie, aller et venir, s'occupant sans hâte des soins du ménage, avec une sorte de grâce rustique.

Devant la maison, adossé à la muraille, et placé juste au-dessous d'une fenêtre voisine d'un grand banc de pierre, on avait roulé un énorme fauteuil. Fauteuil d'aïeul, ou de malade, garni de coussins, d'appuis pour les bras, d'oreillers. Et au milieu de ces coussins d'une blancheur de neige, était couchée une enfant d'environ dix ans, dont le visage amaigri, les yeux enfiévrés, les lèvres pâles, trahissaient une longue maladie. Ses bras allongés sur les accoudoirs, la tête abandonnée sur les oreillers, elle regardait le soleil se baisser à l'horizon avec une expression de tristesse navrante. La pauvre créature regrettait le soleil comme un ami, elle qui avait toujours froid. A ses pieds gisaient des joujoux modestes qu'elle avait laissé tomber dans un mouvement de lassitude. On eût dit que rien ne pouvait plus distraire cette enfant menacée par la mort.

Cependant, lorsqu'elle vit s'avancer Madone, dans son joli costume italien, les bras chargés de bruyères, le teint animé par la marche, un sourire erra sur ses lèvres, et elle tourna vers elle ses grands yeux tristes.

Les regards des enfants se croisèrent.

— Les belles fleurs ! dit la malade.

Madone s'avança joyeusement et couvrit les genoux de la fillette avec sa moisson de bruyères. Les doigts délicats et blancs de la malade se jouèrent dans les branches de clochettes roses. Peut-être lui en avait-on apporté le matin même qu'elle avait délaissées comme les jouets ; mais celles-ci lui semblaient charmantes, données par cette enfant de son âge qui paraissait la contempler avec un sentiment de pitié profonde.

Les yeux de la malade qui d'abord n'avaient vu que les fleurs aperçurent aussi la mandoline que Pascal portait sur son épaule.

— Oh! de la musique! fit-elle.

Son regard exprima un désir si intense, si rempli de supplication, que Madone à son tour leva sur son grand-père ses yeux pleins de douce commisération.

Le banc de granit qui semblait attendre les voyageurs se trouvait tout près du fauteuil de la petite malade. Pascal et Madone y prirent place. Alors le vieillard se penchant vers l'enfant qui n'avait plus que le souffle :

— Vous aimez donc bien la musique ?

— Oh oui ! c'est pour cela qu'on roule mon fauteuil devant la maison. J'écoute tout le jour les oiseaux. Ils me connaissent. Je leur émiette souvent du pain, et quelquefois ils s'enhardissent jusqu'à se percher sur mon fauteuil et manger dans mes doigts. Mais la musique est douce aussi, et autrement. Il me semble qu'elle fait plus penser que les chansons des rossignols, et si vous vouliez me jouer de la mandoline, vous me feriez bien plaisir.

— Alors, dit Madone qui se tenait bien près du fauteuil de la malade, je vais chanter pour vous. Grand-père, accompagne-moi la *Batelière*, je suis certaine que cette pauvre petite l'aimera; car moi, je l'aime beaucoup.

Pascal prit sa mandoline, et Madone commença cette jolie chanson italienne.

A mesure qu'elle chantait, le visage de la petite fille pâle se transfigurait. Ses yeux brillaient, un rayonnant sourire effleurait ses lèvres. Elle joignait les mains pour remercier, et si elle n'eût craint d'être indiscrète elle eût fait répéter sans cesse la romance.

Cette scène si simple était charmante. Madone lançait toutes les notes de sa voix perlée; le vieillard, sa mandoline sur les genoux, accompagnait avec un véritable talent. Au-dessus de ce groupe se pencha une femme, celle qui lors de l'arrivée des voyageurs, rangeait activement son ménage. Inclinée vers son enfant, elle examinait, avec une surprise mêlée d'ivresse, le changement qui s'opérait dans sa physionomie.

Quittant rapidement la salle basse, elle rejoignit Pascal et Madone, au moment où le vieux musicien, ayant pincé un dernier accord, posait sa mandoline sur le banc de pierre, pendant que Madone embrassait au front la petite malade.

— Vous êtes bonne ! vous êtes bonne ! dit celle-ci, combien je vous suis reconnaissante.

— Josane ! ma Josane a souri ! dit la mère en s'agenouillant près du grand fauteuil. Les couleurs reviennent à ses joues. Vous avez opéré ce miracle avec vos chansons ! Hélas ! depuis bien des mois nous ne parvenions ni moi ni son père à ramener un peu de gaieté sur sa petite figure pâle. Je vous remercie, mon enfant, je vous remercie, monsieur, oui, du fond du cœur je vous remercie, chaque jour je prierai Dieu qu'il vous bénisse.

Elle s'éloigna, et revint un moment après avec une tasse de lait écumeux :

— Buvez, ma mignonne, dit-elle à Madone, il fait bien chaud, et le chant a dû vous altérer.

Madone sourit et accepta sans se faire prier. La jeune femme prit place sur le banc :

— Josane est notre joie et notre désespoir, dit-elle. Le médecin ne comprend rien à sa maladie. Il parle de consomption. Nous ne savons point ce que ce mot veut dire. Il y a deux ans, elle était rieuse et charmante comme votre fille... Sans que nous sachions pourquoi, elle a pâli subitement ; la fièvre l'a minée, les forces ont disparu, et son état de faiblesse est devenu si grand qu'elle n'a plus la force de se lever... Nous avons essayé de tout sans réussir même à la réveiller, car elle ne demande rien, ne veut rien et nous n'avons pas même la satisfaction de lui entendre exprimer un désir... Son père devient fou de douleur... Son père ! un homme grand et robuste, eh bien ! il en pleure, quelquefois la tête dans ses deux mains... Jamais depuis deux ans Josane ne nous a demandé des fleurs ou des joujoux. On dirait que sa petite âme est envolée... Et cependant elle nous aime, oui, elle nous aime bien... Quelle différence entre ma Josane et votre fille si rose, si vivante, dont les yeux brillent, dont les joues sont fraîches comme les fleurs... Sans doute vous allez de ville en ville pour gagner de l'argent ? De quel côté vous dirigez-vous maintenant ? demanda la jeune femme avec une certaine inquiétude.

— A Barbizon, répondit Pascal. Il se trouve là une colonie de peintres et l'enfant pourra sans doute poser pour quelques artistes, pendant que je jouerai de la musique.

— Etes-vous attendus ?

— Non, et nous voyageons tranquillement à petites journées, sans nous presser. La saison est belle, la forêt admirable, nous avons encore un peu d'argent d'avance. Il sera toujours temps d'arriver.

— Alors, demanda la jeune femme, vous pourriez dîner avec nous... Je ne peux pas vous offrir de l'argent pour vos chansons, car vous les avez données à ma Josane comme une charité d'un cœur compatissant... Mais je serais heureuse de vous voir assis à notre table... Mon mari vous plaira tout de suite... Il est garde dans la forêt... Les braconniers le redoutent, je vous en réponds... Dame ! il exerce son métier en conscience !... Mais la tournée finie, quand il se trouve avec sa femme et sa fille, il retrouve sa bonté naturelle, car c'est bien le meilleur des êtres.

— Reste ! dit Josane en saisissant la main de Madone dans ses doigts amaigris. Oh ! reste, je t'en prie, je serai si contente ! Tu ne peux refuser ce plaisir à une pauvre malade comme moi.

— J'accepterais volontiers, mais Barbizon est loin encore.. le jour baisse..

— Si je vous invite à partager notre dîner, ne croyez point que ce soit pour vous permettre de quitter notre maison ce soir... Est-ce que la mignonne pourra't traverser la forêt la nuit? Non point. Elle partagera le lit de Josane. Quant à vous, bon père, vous occuperez la chambre de mon aïeul, quand il vient nous voir. C'est offert de bon cœur, acceptez de même. Vous voyez bien que ma demande est presque égoïste ; j'espère que vous ferez encore sourire ma fille chérie.

Josane ajouta en joignant les mains :

— Acceptez! acceptez!

— Eh bien! répondit Pascal, nous restons.

La jeune femme saisit prestement son paquet, comme si elle redoutait que le vieillard revînt sur une parole qui causait à Josane une joie si grande, puis elle monta ranger la modeste chambre qu'elle lui destinait.

Pascal Marsan avait assez souffert pour se défier de tout, même des nouvelles amitiés. Mais en même temps sa situation lui paraissait si précaire, si désespérée, il se demandait avec une telle angoisse comment il parviendrait à faire vivre Madone, qu'il se laissait aller à accepter la première main qui se tendait vers lui et qui pouvait lui offrir ce salut.

Dieu seul savait si le garde ne trouverait pas à l'occuper. La Providence se sert de tous les moyens pour venir en aide à ceux qui souffrent, quand ils l'implorent avec une filiale confiance, et Pascal était de ceux qui, chaque jour, se mettent sous la protection du ciel.

Ayant donc pris la résolution de rester, et de tirer s'il se pouvait parti de la sympathie que la petite malade ressentait pour Madone, le vieillard reprit sa mandoline et joua un air de tarentelle, tandis que Madone exécutait devant Josane, émerveillée, le pas que lui avait appris la petite morte dont elle portait le nom.

Rose André, la femme du garde, ne tarda pas à redescendre, ayant achevé de préparer la chambre du vieillard.

— J'ai mis des draps blancs dans votre lit, dit-elle, ils embaument le serpolet sauvage. Je vais préparer un lapereau dont vous me direz des nouvelles. Vous le savez, les femmes de gardes forestiers excellent dans la confection de certains plats. Il s'est donné ici plus d'un rendez-vous de chasse, je vous assure, quelquefois deux ou trois voitures s'arrêtent devant la maison. De belles dames en descendent, des cavaliers mettent pied à terre : « — Madame Rose André, nous venons dîner chez vous! » Je sais ce que cela veut dire. Les coffres des calèches sont pleins, mais on veut manger mes lapereaux sautés, mes truites fraîches, et mon fromage à la crème. Je vais vous traiter comme des grands seigneurs, vous qui avez fait sourire Josane. . Et comme les promeneurs laissent quelquefois une bouteille d'excellent vin pour mon mari, j'ai le soin d'en garder derrière les fagots... ce soir nous boirons la meilleure de toutes, car aujourd'hui est pour moi un vrai jour de fête.

Rose André s'épanouissait dans sa joie. Il y avait longtemps qu'elle ne s'était sentie aussi alerte, aussi vivante. Sa Josane avait souri. Josane paraissait désirer quelque chose. Que ne donnerait-on pas à cette enfant adorée, pour voir briller ses grands yeux d'un bleu d'azur, pour entendre le rire de sa voix claire. N'étaient-ce pas des amis que ceux qui opéraient ce prodige de ressusciter la pauvre créature mourante, et pouvait-on trop faire pour remercier de leur charitable intervention le vieillard et l'enfant errants dans la forêt.

Tout en préparant le repas, Rose allait du grand fauteuil au siège de Pascal. Les pères et les mères s'entendent vite, surtout quand ils ont souffert. Bientôt ils en vinrent aux confidences. Le vieillard se plaisait à entendre vanter Madone, et Rose André renaissait à l'espérance en écoutant Pascal lui prédire que la santé refleurirait sur les joues de sa fille.

Le garde arriva vers huit heures et demie, le fusil sur l'épaule et les bottes couvertes de poussière.

C'était un beau et robuste garçon ayant tout à fait belle mine dans son uniforme. Il entra sans voir les étrangers. Quand il les aperçut il interrogea sa femme du regard.

— Remercie-les, dit Rose André avec sa bonne voix franche, ils ont obtenu sans peine le résultat que nous poursuivions. Josane et Madone sont maintenant deux amies. Ils restent avec nous tous deux, et la chambre du père est préparée. Les petites filles partageront le même lit.

Jacques André tendit la main au vieillard avec un geste de franche cordialité.

— Ce que fait ma femme est toujours bien fait, dit-il, et je vous remercie, monsieur, d'avoir accepté.

Le souper fut exquis d'abord, charmant ensuite. Pascal sentit sa contrainte prudente fondre à cette expansion de bienvenue. Josane et Madone parlaient tout bas. Madone forçait Josane à manger. Elle l'encourageait, la servait comme une seconde mère. Jacques André tordait parfois ses moustaches pour cacher son attendrissement. Il voyait déjà sa Josane guérie, et mille rêves de bonheur se pressaient dans sa tête.

Après le repas, et sans qu'on le lui demandât, Pascal, sentant qu'il ferait plaisir à ses hôtes, prit sa mandoline, joua une valse charmante, puis commençant la ritournelle d'une chanson napolitaine, Madone la chanta avec un goût exquis.

Josane paraissait suspendue aux lèvres de la petite fillette. Quand Madone se tut, de grosses larmes coulaient sur les joues de la petite malade.

Dans la crainte de trop ébranler cette organisation frêle et nerveuse, Pascal posa l'instrument sur la table. Mais alors trouvant une paire de ciseaux dans la corbeille de travail de Rose André, il la prit, découvrit un morceau de papier, et se mit avec la rapidité de l'inspiration à exécuter une de ces découpures dont il possédait l'art de faire un tableau. Cette fois, il avait choisi son sujet dans son entourage. Lorsque le petit chef-d'œuvre se détacha sur la muraille blanche, il fut facile de reconnaître un chasseur suivi de son chien, et revenant la carnassière gonflée, tandis qu'un gendarme le poursuivait.

Le garde battit des mains en devinant l'allusion à sa profession.

Une causerie aimable, facile, s'échangea entre les voyageurs et leur hôtes, puis le garde prit un flambeau, et dit d'une voix émue à Pascal :

— Venez vous reposer ; monsieur, si, comme on s'accorde à le reconnaître, les bonnes actions procurent de doux songes, vous aurez des rêves heureux, car vous avez fait à mon enfant malade l'aumône d'un peu de bonheur.

Pendant ce temps Rose André, fouillant dans son armoire, tira d'un coffret des objets sculptés, dont le bois à peu près de la couleur du buis exhalait un parfum très doux.

— Grand-père ! grand-père ! s'écria Madone, vois donc ce que vient de me donner Mme André...

Pascal Marsan regarda les bibelots, puis il demanda :
— Comment s'appelle ce bois ?
— Du genévrier.
— Où le trouve-t-on ?
— Dans la forêt.
— Est-il difficile d'obtenir le droit d'en abattre un de temps en temps ?
— Cela regarde l'inspecteur général.
— Je ferais mieux que cela ! murmura le vieillard en tournant et retournant les sculptures naïves.

Il les rendit à Madone qu'il embrassa, et suivit Jacques André.

La vue de la petite chambre saine et propre dans laquelle on venait de l'introduire lui fit affluer au cœur un sentiment de joie. Sans doute, depuis son départ de Paris il s'enivrait de liberté, d'air pur et d'espace. Il n'avait plus la crainte qu'on vint arracher Madone de ses bras. Mais cette vie possible pendant quelques jours, une semaine peut-être, ne pouvait durer. La santé de l'enfant en souffrirait. Sans doute, comme il l'avait dit à Madone, il trouverait quelque moyen de gagner un peu d'argent à Barbizon ; cependant ce sont les peintres de paysages qui s'y réfugient ; et dans la forêt de Fontainebleau, il n'était guère possible de faire poser Madone en italienne. On en ferait, il est vrai, à l'aide d'un changement de costume, une chercheuse de violettes ou une ramasseuse de bois mort... Mais si par hasard Salvator Guerchin reconnaissait son petit modèle... Il fallait abandonner bien des choses à la Providence... Le vieillard ouvrit sa fenêtre. La lune toute blanche brillait au ciel au milieu des constellations étincelantes. La vue de l'œuvre de Dieu le calma. Il appela à son aide Celui qui connaissait la pureté de son âme, et il s'endormit pour ne s'éveiller qu'au chant des oiseaux.

André et sa femme n'avaient point joui d'un sommeil aussi paisible.

Chacun d'eux, préoccupé de la même idée, redoutait de la révéler.

Enfin le nom de Josane servit de transition à ce que tous deux avaient à dire.

— Mon Dieu ! fit Rose, est-ce donc que la distraction manquerait à notre enfant ? Je ne l'ai jamais vue comme ce soir...

— Bien souvent des amies à elles sont venues sans réussir à la désennuyer. Madone seule, Madone et son grand-père savent la distraire et la consoler.

— C'est vrai, dit la femme qui n'ajouta rien de plus.

Un moment après elle reprit :

— Le vieillard et Madone semblent pauvres. Ils se rendent a Barbizon afin d'y chercher le moyen de gagner leur vie... Qui sait si ce moyen n'est pas tout trouvé... Le pauvre homme nous a dit qu'il savait mieux sculpter le genévrier que Marcelin... les objets de ce genre sont d'un débit facile... Je n'ai nul besoin des mansardes, où nous pourrions les coucher. En hiver il ferait son atelier dans le grenier ; en été, il travaillerait au soleil devant la maison... Et Madone resterait là, toujours...

— Voudra-t-il? demanda Jacques André.

— Je lui demanderai demain. On devient hardi lorsqu'on songe à son enfant... Quant à la pension, pour le rassurer envers lui, promettons d'en accepter une, quand il gagnera suffisamment d'argent avec ses sculptures sur genévrier.

— Arrange tout, dit Jacques. Ce que ton cœur t'inspire sera toujours bien.

Dès l'aube le vieillard se leva.

Il avait bouclé son paquet et le redescendit dans la salle basse.

Rose préparait le café.

— Ah ! fit elle, déjà les préparatifs du départ.

Elle n'osa point parler tout de suite au vieillard, mais il lui fut facile d'entraîner Madone au jardin ; là, après l'avoir embrassée avec tendresse, Rose André lui demanda :

— Vous aimez bien votre grand-père, n'est-pas?

— Ah ! madame, plus que tout au monde.

— Croyez-vous, ma mignonne, qu'à son âge, las et infirme comme il est, cette vie de voyage lui soit saine ? Il aurait besoin de se reposer, de vivre paisible, sans émotions, avec de bonnes gens qui l'aimeraient. Son travail gagnerait à sa tranquillité d'esprit, il travaillerait, et je vous assure que nous placerions facilement ses sculptures, puisque celles-ci se vendent, si médiocres qu'elles soient. Madone, mon enfant, ce n'est pas cela que je devrais dire... Votre grand-père ressemble aux artistes qui viennent copier les arbres de la forêt. Quelque vieux et infirme qu'il soit, on comprend qu'il est un monsieur... Ce qu'il ferait en restant au milieu de nous serait un acte de charité pour Josane... Ah ! je vous en supplie, si ma pauvre enfant mourante vous inspire quelque pitié, ne nous quittez pas...

— Moi, dit Madone avec son aimable sourire, je resterais bien, mais je ne suis pas la maîtresse.

— Je le sais, mais votre grand-père vous aime, il vous consultera, que répondrez-vous?

— Qu'il faut rester pour guérir Josane.

— Tu es un petit ange! dit la femme du garde en embrassant Madone. Puisque je suis certaine de t'avoir pour alliée, je vais parler a Matteo.

Le grand fauteuil de la malade venait d'être placé devant la maison, et Josane appela Madone du regard.

Pendant ce temps le garde s'entretenait avec Pascal Marsan.

— Je sais bien que je vous demande un sacrifice, lui dit-il. Vous voulez vous rendre à Barbizon, et je vous arrête à mi chemin... Consultez donc moins vos intérêts que votre cœur. Vous trouverez ici une amitié franche, une table frugale, un logis suffisant. En échange vous permettrez à ma fille de partager les leçons de Madone. Ne soyez pas en peine de nous devoir quelque chose. Du reste, si votre délicatesse s'alarme, quand vous vendrez cher vos sculptures, nous prendrons des arrangements... Chaque jour, aux grottes de Franchard, à la fontaine Sanguinille, les étrangers et surtout les Anglais affluent pendant la belle saison. Vous réaliserez des journées superbes... Qui sait même si vous ne ferez point fortune parmi nous. Ce qui est certain c'est que vous nous rendrez bien heureux, et qu'il me semblera avoir deux filles.

— C'est dit, monsieur Jacques André, j'accepte, fit Pascal Marsan en serrant les mains du garde.

Puis se penchant à la fenêtre, il cria :

— Embrasse Josane, Madone, vous ne vous quitterez plus...

— Une vipère... (Voir page 196.)

Chapitre XVII

LA VIPÈRE

Il est dix heures. Le brave Jacques est parti de bonne heure pour la forêt; en même temps Matteo, car le vieillard ne veut être connu que sous ce nom, s'est éloigné à travers le bois, se dirigeant vers la fontaine Sanguinède qui semble pleurer des larmes de sang. Le conseil de Rose

André était bon. Il ne se passe pas de jour sans que le vieillard vende aux promeneurs les charmants objets sortis de ses mains. Trop artiste pour ne point communiquer le mouvement et la vie à tout ce qu'il reproduit, Pascal exécute des petits chefs-d'œuvre que les amateurs se disputent. Jacques a obtenu pour lui la permission de prendre le bois de genévrier nécessaire pour son travail. Durant ses matinées, tandis qu'il attend les voyageurs et les touristes, à côté du foyer de Mme Rose, il sculpte des cannes merveilleuses, des manches d'ombrelles fouillés avec la patience d'un chinois, des porte plumes dont la fantaisie doit inspirer des pages charmantes, des cachets d'un goût exquis. Puis des objets d'une dimension plus grande : coffrets d'un style pur, dessus de brosses destinées à faire l'ornement d'une table de toilette. Matteo vendait ces objets sans réclame, sans obstination. Après avoir montré son travail, il attendait l'appréciation de l'amateur. Seulement, sur le prix demandé il ne diminuait jamais rien. Artiste, il veut être traité en artiste, préférant avoir un moins grand nombre de clients, et les choisir. Le succès dépassa rapidement ses espérances. Il gagna bien davantage à exécuter ses sculptures de bois de genévrier, qu'il n'aurait fait en se rendant à Barbizon. Madone se trouvait complètement heureuse. La vie au grand air raffermissait sa santé. Josane fleurissait comme une primevère des bois. Durant les premières heures de la matinée et après son retour, le vieillard s'occupait de l'instruction des enfants. Madone tenait à ne rien oublier de ce qu'il lui avait appris à Paris. A son tour elle devenait l'institutrice de Josane. Jamais, depuis de longues années, le vieillard ne s'était senti aussi tranquille. Il lui semblait que jamais ses ennemis ne viendraient le troubler dans cette retraite. Son cœur, facile à l'affection, chérissait déjà André et sa femme, et il bénissait Dieu d'avoir permis qu'il les rencontrât sur sa route.

Par une brillante matinée de printemps, deux calèches s'arrêtèrent devant la maison du garde. Deux femmes élégantes, des enfants et plusieurs hommes en descendirent. Les domestiques vidèrent les coffres de la voiture renfermant des provisions de toutes sortes, et les promeneurs entrèrent dans la maison.

Leur arrivée interrompait une scène charmante : Madone donnait en riant une leçon de tarentelle à Josane. Celle-ci n'était plus la petite malade respirant à peine, privée de l'usage de ses membres, et si pâle qu'elle paraissait prête à descendre au tombeau.

La joie d'avoir une compagne, les soins de sa nouvelle amie, l'avaient guérie en quelques mois. Elle devenait rieuse et vivante, et souvent Rose et Jacques les regardant toutes deux, également jolies et gaies, sentaient des larmes leur monter aux paupières. Si dans ce moment ils rencontraient le vieillard, ils ne manquaient point de lui dire :

— Matteo, vous avez sauvé notre fille, jamais nous ne vous prouverons assez notre amitié et notre reconnaissance.

Et Matteo serrait la main de ses amis en répondant :

— Soyez tranquilles ! nous sommes quittes !

Comme deux bergeronnettes effarouchées, Madone et Josane cessèrent leur tarentelle en voyant arriver la voiture, puis, se dissimulant derrière un buisson de lilas, elles regardèrent les jeunes dames et les beaux enfants.

— Madame André, dit M. Le Rebours en s'avançant, nous venons déjeuner chez vous en nombreuse compagnie. Ne vous effrayez pas du nombre des hôtes, nous apportons des volailles et des pâtés. Mais nous vous demandons le couvert sous les grands arbres, des œufs frais, de l'eau courante pour rafraîchir le champagne, et du café comme vous savez le faire.

— Vous déjeunerez dans une heure, répondit Rose. En attendant je vais dresser la table. Je suppose que vous êtes munis de votre argenterie comme d'ordinaire?

— Les domestiques y ont pensé.

Mme Le Rebours était une femme de vingt-huit ans, blonde, très jolie, chérissant profondément son mari, et gâtant les trois ravissantes petites filles qui jouaient sur l'herbe avec la chèvre de Josane.

Mme Lincelle, veuve depuis trois années, grave, un peu triste, avait une beauté plus incontestable que celle de Mme Le Rebours. Des cheveux d'un noir de jais, des yeux gris profonds, un teint d'une blancheur mate, une distinction exquise, en faisaient le type de l'élégance et de la grâce. Bonne parce qu'elle avait beaucoup souffert, aimant et consolant les pauvres, elle vivait un peu retirée depuis son veuvage, et ne voyait à la campagne qu'un petit nombre d'amis. A Paris, elle n'avait point encore reparu dans le monde. Sans être d'une gaieté expansive, elle possédait un caractère aimable et doux. Ceux qui la connaissaient l'adoraient. Une seule joie lui avait manqué : elle regrettait de ne point avoir d'enfant pour animer sa solitude. Quelquefois elle affirmait qu'elle adopterait une orpheline, mais elle attendait que la Providence lui envoyât la petite créature destinée à prendre une place dans sa vie et dans son cœur.

Deux amis de M. Le Rebours complétaient la réunion. L'un était un banquier hollandais un peu lourd, espérant vaguement que Mme Lincelle lui accorderait sa main; l'autre un gentilhomme riche, amoureux des voyages qui, après avoir fait le tour du monde, parlait de recommencer pour n'en pas perdre l'habitude.

Le déjeuner fut plein d'entrain ; à peine était-il terminé qu'on attela et les calèches prirent à travers bois. Le temps était admirable, les cimes des chênes avaient la fraîcheur des premières feuillées; un tapis de mousse s'étendait sur les chemins, et à perte de vue les espaces vides paraissaient tout roses de bruyères. Un moment vint où chevaux et voitures s'arrêtèrent. Les promeneurs voulaient errer à leur fantaisie dans la forêt. Les cochers reçurent ordre d'attendre; les enfants s'élancèrent en avant, les deux jeunes femmes cueillaient des anémones des bois : le Hollandais parlait géologie avec le voyageur. De temps à autre on faisait halte près d'une masse de granit ou d'un chêne merveilleux. M. Le Rebours, qui connaissait assez la forêt pour en faire les honneurs, racontait les légendes peuplant sa mémoire, depuis celle du *Veneur Noir*, jusqu'aux drames sinistres dont la forêt de Fontainebleau a plus d'une fois été le théâtre.

De temps à autres les éclats de rires des enfants leur arrivaient, avec un appel de Mme Le Rebours. Un chevreuil traversait le fourré, un faisan s'envolait des bruyères. Tout était distraction et plaisir dans cette promenade. On s'était promis de prendre un peu de repos à la fontaine Sanguinede, et lentement la réunion joyeuse se dirigeait de ce côté.

Tout à coup un cri aigu, cri strident s'éleva.

— Nathalie ! c'est Nathalie ! dit Mme Le Rebours effrayée.

Suivie de son mari et de ses amis, elle se dirige vers l'endroit d'où l'appel est parti, et avec une frayeur indicible, elle aperçoit, couchée sur sur un lit de bruyère, Mme Lincelle étouffant des cris désespérés.

— Qu'as-tu ? qu'as-tu ? demanda Mme le Rebours épouvantée.

— Une vipère... répondit la jeune veuve.

Puis avançant un peu son pied, elle montra au-dessus de la cheville une tache de sang noirâtre.

— Oui, c'est une vipère ! ajouta une voix douloureuse près du groupe attristé des promeneurs.

En même temps Pascal Marsan s'approcha, tenant à l'extrémité d'un bois fourchu la bête expirante et réduite désormais à l'impossibilité de nuire.

— Un médecin ! il faut un médecin ! dit M. Jacob Van Hotten.

— Un médecin, monsieur, dit le vieillard, mais quand il arrivera cette jeune femme sera perdue.

— Perdue ! N'y a-t-il ni remède ni ressource ?

— Un seul remède, répondit Pascal.

— Et vous le connaissez ?

— Je suis de la forêt, répondit évasivement Pascal.

— Sauvez-moi ! monsieur, sauvez-moi ! dit la jeune femme avec l'expression d'une ardente prière.

— Avez-vous du courage ? demanda Pascal.

— Je n'en manque que pour mourir...

— Il ne s'agit pas de mourir, Madame, mais de souffrir.

— Faites, alors ! répondit Mme Lincelle.

Pascal enleva de son cou le petit éventaire soutenant ses objets de bois sculpté, puis s'agenouillant sur le sol, il ôta le soulier de la jeune femme, arracha son bas de fil, et ouvrant rapidement un canif, il fit sur la plaie une incision cruciale et suça longuement la blessure.

Pendant ce temps, les hommes étaient graves. Mme Le Rebours soutenait son amie dans ses bras, et les enfants pleuraient, le visage caché dans leurs petites mains.

Le vieillard prit ensuite le mouchoir de batiste de la jeune femme, banda la plaie avec soin, passa le bas léger, et dit d'une voix respectueuse et douce :

— Votre voiture est loin, Madame, permettez-moi d'aller à sa recherche.

— Nous acceptons avec reconnaissance, dit M. Le Rebours.

Nathalie Lincelle, très pâle, mais rassurée désormais, put répondre aux affectueuses questions de ses amis. De temps à autre elle regardait avec effroi la vipère morte étendue sur l'herbe. Mme Le Rebours l'embrassait en pleurant, et les enfants se rapprochaient avec lenteur. La blessée, appuyée contre un arbre, ne souffrait plus et s'inquiétait seulement du retard de sa voiture.

Pendant ce temps le vieillard courait de toute la vitesse de ses jambes vers l'endroit le plus prochain où d'habitude stationnaient les voitures.

Auprès d'une calèche de grand style, il aperçut un cocher et un valet en livrée de fantaisie, et leur demanda s'ils appartenaient à Mme Lincelle.

— Il est arrivé un accident grave à cette dame, reprit-il en apprenant que le maître de la calèche se promenait à quelque distance, j'ignore où rencontrer les gens de Mme Lincelle...

— Attendez une minute, répondit le valet de pied, le château de mon maître et celui de cet dame sont voisins ; je suis certain qu'il va mettre sa voiture à la disposition de Mme Lincelle. Pendant ce temps il sera facile de trouver les cochers de M. Le Rebours et de ses amis.

Une seconde après, un homme âgé d'environ soixante ans, et accompagné d'un jeune homme, s'approcha de Pascal.

— Conduisez-nous, je vous prie, près de cette dame, répondit le maître de la voiture, je serai trop heureux de me mettre à sa disposition.

Pascal hésita. Il pouvait courir afin de rendre un service. Monter sur le siège du cocher lui répugnait. Cependant il prit son parti, et grâce à ses indications la voiture arriva en moins d'un quart d'heure sur le lieu de l'accident.

Les deux hommes descendirent ainsi que Pascal.

— Madame, dit le maître de la voiture en s'avançant vers Mme Lincelle, me permettrez-vous d'user de mon privilège de voisin de campagne pour vous offrir cette calèche. Je me nomme Luc Auvilliers... et vous le savez, nos parcs se touchent...

— Je vous remercie, monsieur, répondit Nathalie Lincelle. Votre offre est si spontanée et si obligeante que j'aurais mauvaise grâce à la refuser... Je viens d'être piquée par une vipère...

— Une vipère ! répéta Luc Auvilliers, mais alors le danger est pressant.

— Moins que vous ne paraissez le craindre, monsieur, cet homme dévoué, dont j'ignore encore le nom, a fait une incision, et aspiré le venin.

Luc Auvilliers tendit la main à Pascal.

— Vous êtes un brave ! dit-il.

Pascal ne vit pas ou feignit de ne point voir le mouvement spontané du millionnaire. En entendant prononcer le nom de Luc Auvilliers, il avait tressailli de la tête aux pieds ; puis son regard rapide se fixant sur les traits de Luc, il avait murmuré : « C'est bien lui ! » Au moment où M. Auvilliers lui tendit la main, Pascal paraissait fort occupé à relever son éventaire couvert de sculptures en bois de genévrier.

— Montrez-nous donc ces merveilles ! s'écria M. Van Hotten en regardant les bijoux sortis des mains de Pascal. Vous êtes donc sculpteur ? Prodigieux de fini et de délicatesse, sur ma foi ! Vous me permettrez bien de

vous dépouiller au profit de ces dames, de ces enfants et de mes amis...
— Non, monsieur, répondit le vieillard avec une dignité singulière. Vous êtes riche, et je suis pauvre. Vous m'offririez de ces bagatelles plus qu'elles ne valent sans doute, essayant de cette façon délicate de reconnaître un service que j'aurais rendu avec la même spontanéité au dernier bûcheron de la forêt... Vous feriez dégénérer le remerciement en aumône, et ce n'est pas possible !
— Quel singulier marchand vous êtes, monsieur ! dit Van Hotten avec un sentiment de regret. Ainsi vous allez me priver du plaisir que j'aurais eu à posséder cette canne.
— Nullement, Monsieur, répondit en souriant Pascal. Permettez-moi de vous l'offrir en souvenir de cette rencontre bien imprévue, mais que je n'oublierai jamais.
— L'accepter ! fit Van Hotten avec hésitation.
— Vous me causerez un grand plaisir, ajouta Pascal.
— A une condition, répondit le Hollandais.
— Laquelle, monsieur.
— C'est que vous me donnerez votre adresse.
— Rien de plus simple, dit Pascal en souriant. J'habite la forêt.
Et, avec toute la rapidité que comportait son âge, il s'éloigna.
— Certainement voilà un grand original, monsieur ! fit le Hollandais en s'adressant à Luc Auvilliers, tandis que Mme le Rebours aidait à transporter son amie dans la calèche. Sa mise est celle d'un être pauvre, son langage est d'une correction et d'une élégance indiquant une éducation complète. Enfin ses sculptures sont charmantes.
— Sa voix m'a presque ému, répondit Luc Auvilliers, elle m'a rappelé celle d'un vieil ami.
— Monsieur, dit Mme Lincelle, je ne veux point abuser de votre obligeance. Nous ne sommes pas éloignés de la maison du garde. j'y vais retourner, et je ne manquerai de rien. Je vous renverrai ici votre voiture..
— Me sera-t-il permis d'aller demain prendre de vos nouvelles?
— Nous sommes voisins, répondit Nathalie avec un sourire.
Dans la calèche montèrent également Mme Le Rebours et les enfants. Les hommes déclarèrent qu'ils iraient à pied.
Victor Bérard, qui était devenu pâle, demanda vivement à Luc Auvilliers :
— Etes-vous bien certain qu'il n'y ait pas de danger ?
— Très certain : vous pouvez m'en croire, mon jeune ami, j'ai vécu vingt ans dans le pays des serpents.
— Comme cette jeune femme doit être bonne !
— La mère des jolis babys?
— Non, Mme Lincelle.
— Ce qui est certain, c'est qu'elle est fort jolie, veuve, et à la tête d'une grande fortune.
— C'est trop, dit Victor Bérard avec un soupir.
— Bah ! fit Luc Auvilliers, n'en croyez rien. Ce sont les gens qui ne raisonnent pas, ou qui raisonnent mal, qui se plaignent de voir une dot

à une femme charmante. La pauvreté seule est triste ; et encore n'y a-t-il jamais de pauvreté absolue pour ceux qui aiment le travail... N'est-ce pas que vous êtes content d'avoir quitté Paris? Il est des jours où l'on porte comme un fardeau cette vie parisienne. On y revient, mais beaucoup ne sauraient toujours y exister sans perdre quelque chose de la sérénité de leur âme. Nous avons préparé et amassé les matériaux de notre travail, nous l'achèverons paisiblement ici.

Une heure plus tard seulement le cocher de M. Luc Auvilliers revint avec la voiture. Mme Lincelle souffrait, et l'on avait dû aller au pas.

D'après les indications qu'il avait reçues, Jean retrouva les gens de Mme Lincelle et leur enjoignit de sa part de se rendre à la maison du garde.

Le retour fut bien différent de la brillante arrivée des promeneurs.

La jeune veuve qui s'était montré courageuse pendant le danger, sentit tout à coup se détendre ses nerfs; et quand on la descendit dans la salle de Rose, elle était si pâle que ses amis craignirent de la voir s'évanouir.

On l'étendit dans le fauteuil qui, si longtemps, avait servi de lit à Josane.

Elle se remit bientôt, et trouva même la force de plaisanter.

— Madame, lui dit Rose, cette chambre est bien modeste, mais il serait plus prudent de l'accepter que d'entreprendre de rentrer chez vous. Une bonne nuit vous remettra. Je vous veillerai si vous le voulez.

— Je ne crois point qu'il en soit besoin, répondit Nathalie, mais j'accepte votre hospitalité. Vous trouverez bien un enfant capable de porter une dépêche à Fontainebleau, mon médecin viendra me rassurer tout à fait.

— Oui, madame, il y a Jacquet.

— Qui ça, Jacquet?

— Un ramasseur de couleuvres.

— Ah! mon Dieu! fit Nathalie, on n'entend parler que de reptiles ici...

— Va quérir Jacquet ma Josane... Oh! c'est un rude et bon petit gars, tout de même... Il n'a peur de rien... Vous avez été bien effrayée de la morsure d'une vipère; mais Jacquet s'en souci comme d'une guigne... C'est un don qu'il a comme cela... Son père aussi charmait les vipères, quand il ne les tuait pas... Les deux métiers lui rapportaient de l'argent, et j'ai vu des savants de Paris offrir gros d'or comme une tonne au père Jacquet et Jacquet refuser la fortune... les dons se transmettent, disait-il toujours, ils ne se vendent pas... Et le vieux étant mort, l'enfant a hérité du père, comme de juste... Il ne charme pas souvent les bêtes, il affirme que cela le fatigue et le brise pour quinze jours. Mais quant à les tuer, c'est affaire à lui, et l'an dernier il en a vendu pour six cents francs...

— Et Jacquet est seul au monde? demanda Nathalie que le récit de Rose intéressait.

— Non point. Il élève sa petite sœur. Tous deux vivent de la forêt, et dans la forêt... Vous ne devineriez jamais où ils logent? Dans le tronc creux d'un arbre; ils y ont ajouté une porte et un toit. Ce n'est pas grand, mais ils sont si petits tous deux que cela leur suffit. Jamais Jacquet n'a mendié. Il vend ses couleuvres aux étrangers, ses vipères lui rapportent une prime.

— Et quel âge a-t-il?
— Dans les douze ans.
— Et sa sœur?
— Lotte vient d'avoir quatre ans. C'est gentil comme un chérubin. Jacquet dit comme cela qu'il lui apprendra à connaître les herbes de la forêt, et qu'elle gagnera beaucoup d'argent.

En ce moment Josane rentra en tenant Jacquet par la main.

Il avait les cheveux en broussailles, le regard hardi. Son pantalon rentrée dans des bottes allant aux genoux, sa veste ouverte, son cou libre lui donnaient une charmante crânerie. Il prit l'argent de la dépêche, la grosse pièce de cinq francs qu'on y ajouta, et il partit en courant.

— Madame Rose, dit Nathalie Lincelle, vous porterez quelques-uns des reliefs du dîner à l'arbre habité par Jacquet.
— Avec plaisir, Madame, Lotte sera bien contente.

Tout en causant la femme du garde dressa la table, car Mathilde Le Rebours voulait quitter son amie le plus tard possible. Le repas, l'histoire de Jacquet le charmeur de vipères, l'expérience qu'avait Rose des accidents de ce genre, accidents dont l'unique remède était l'héroïque moyen employé par le vieux sculpteur, tout concourut à rassurer la blessée, et lorsque le couvert fut mis, Nathalie déclara qu'elle mangerait avec un appétit proportionné à ses émotions.

Rose venait de servir le dessert, quand une ritournelle de mandoline se fit entendre au-dessus de la salle, et une ravissante voix d'enfant entonna une chanson italienne. La douceur du timbre, la pureté de la prononciation, le sentiment naïf de la chanteuse captivèrent tout de suite les amis de Nathalie. On oublia le café pour prêter l'oreille aux mélodies venues de la campagne de Rome et des lagunes de Venise.

Quand la chanson fut achevée, Nathalie demanda à Rose :
— Vous avez donc des musiciens chez vous?
— Nous logeons Madone et son grand-père.
— Madone est l'enfant qui possède une si jolie voix?
— Oui, Madame, une ravissante et bonne créature... Mais vous l'avez vue ce matin, dans son costume italien, elle donnait à ma fille une leçon de danse.
— Je me souviens, dit Mme Lincelle. Mais la voix de cette enfant est cultivée, de qui reçoit-elle des leçons?
— De son grand-père.
— Un homme de talent?
— Oh! je vous assure, madame, il a tous les talents. Je l'ai vu dessiner des arbres mieux que les peintres les plus habiles qui vendent leurs tableaux au poids de l'or. Il exécute des découpures si fines qu'on ne croirait jamais qu'il les enlève à la pointe de ses ciseaux; enfin il sculpte le bois de genévrier avec une perfection rare...

— Comment, demanda le Hollandais, ce serait ce vieillard qui a refusé de me vendre la canne que vous voyez, et qui m'en a fait cadeau ?
— Justement.
— Rose! il m'a sauvé la vie, ce sculpteur, ce peintre, ce musicien !
— Il est capable de tout, madame, répondit en riant la femme du garde.
— Il est une seule chose à laquelle il ne s'entend guère, ajouta M. Le Rebours, c'est le négoce. S'il agit souvent de la sorte avec les étrangers, son éventaire ne doit pas souvent se renouveler. Il n'a point voulu nous céder des objets qui nous faisaient envie, sous prétexte qu'il venait de nous rendre service, et que nous aurions l'air de le payer.
— Il est fier, ajouta Rose. C'est un monsieur, un vrai monsieur, en dépit de son habit râpé et de sa misère. Rien ne m'étonne de sa part, quand il s'agit de délicatesse... Seulement, je ne pousserai pas si loin le scrupule, et si vous souhaitez quelques-unes de ses sculptures, comme j'en garde un dépôt, je me ferai un plaisir de vous en céder au prix le plus élevé possible... Ne vous gênez pas, il s'agit de la dot de Madone...
— J'achète tout, dit le Hollandais.
— Cinquante louis, répliqua Rose en tendant une tire-lire.
— Vous êtes généreux comme un banquier, monsieur Van Hotten, ajouta Mme Le Rebours.
— Corrigeons cette malice en ajoutant : et comme un homme de cœur, fit Nathalie.
Le millionnaire rougit de plaisir en entendant cet éloge fait d'une voix douce par la jolie veuve.
Après avoir accaparé la collection des sculptures du vieillard, il la distribua à ses amis.
— Et vous? demanda Nathalie.
— La canne qu'il m'a donnée me suffit.
— Quel dommage ! dit Mme Le Rebours, nous n'entendrons plus chanter cette délicieuse enfant.
— Si vous le souhaitez, madame, Josane ira lui demander de vous dire une de ses romances. Elle ne se fait jamais prier. Comme les oiseaux du bon Dieu elle dit les refrains à qui les aime.
— Eh oui, madame Rose, dites-lui de monter, ajouta Nathalie, elle me causerait un vif plaisir.
La femme du garde entra chez la fillette.
— Matteo, dit-elle, la jeune dame que vous avez secourue tantôt serait bien heureuse d'entendre encore une fois chanter votre petite-fille. Je viens de sa part. Ne la refusez point elle semble si aimable et si bonne...
— Jamais, répondit le vieillard, Madone ne sera plus contente que lorsqu'il lui sera possible d'être utile dans la mesure de ses moyens... Avant que vous ayez rejoint votre brillante compagnie, dame Rose, nous aurons commencé notre chanson.
En effet, le vieillard détacha son instrument, préluda, et Madone, debout près de la fenêtre, regardant se lever les étoiles dans un ciel clair, dit cet air charmant qui commence ainsi : *Rondinella Pellegrina*...

Aucune chanson ne pouvait mieux convenir à la voix et à la situation de Madone. N'était-elle point voyageuse comme l'hirondelle? Ne cherchait-elle pas souvent un nid pour s'abriter...

Quand elle acheva cette romance des bravos éclatèrent dans la salle basse, et Madone, ravie, se jeta dans les bras de son grand-père.

Une demi-heure plus tard les voitures revenaient prendre M. et Mme Le Rebours, leurs enfants, le Hollandais et Henri Vernois.

Vers onze heures, Rose quitta Mme Lincelle et rejoignit son mari dans une pièce située au premier étage.

Il ne resta bientôt plus que deux personnes éveillées dans la maison : Mme Lincelle, qui souffrait toujours, et Pascal Marsan.

Quel conflit de pensées s'agitaient dans l'esprit du vieillard?

On eût dit que la Providence amenait sur son chemin ce Luc Auvilliers qui tenait dans ses mains la fortune et l'avenir de Madone.

Pascal avait tenté de le fuir, et Dieu le ramenait sur sa route.

Le vieillard était trop chrétien pour lutter contre ce qui lui semblait un vouloir de la Providence.

Pourquoi était-il resté à la maison du garde, contrairement à ses résolutions? Il venait de rendre un éminent service à une femme riche et bonne, dans laquelle, sans nul doute, il trouverait une protectrice pour l'enfant.

Et Luc Auvilliers...

Se résoudrait-il à lui révéler la vérité? Non, il n'en avait point le courage. Il faudrait tout dire, tout... Il faudrait raconter un procès infâme, et avouer cette chose terrible qu'il n'était point seulement un forçat, mais un forçat en rupture de ban... Un homme que l'on pouvait traquer comme une bête fauve, que la gendarmerie chercherait en faisant une battue, s'il le fallait, à qui on mettrait des fers aux pieds et aux mains, et que pour la seconde fois on jetterait à bord d'une de ces prisons flottantes qui transportent à Nouméa les grands coupables, et souvent les grands malheureux... Dans le présent, jamais le vieillard n'aurait la force de révéler la vérité... Quant à dire ce que savait Dieu, ce qu'avaient tour à tour deviné Auguste Aubry et le docteur Lasseny, la pensée n'en venait pas même à Pascal... Il se dit seulement qu'un jour, si Luc Auvilliers revoyait l'enfant, il pourrait s'y intéresser, et qu'alors il lui apprendrait quel lien les attachait l'un à l'autre.

— Le cacher serait mal! le cacher serait un crime! dit Pascal. Mais plus tard, quand elle sera grande, quand elle n'aura plus besoin de son grand-père, qui sait, quand peut-être son grand-père sera mort...

Pascal passa à la croisée une partie de la nuit.

Le lendemain il se leva de bonne heure, donna sa leçon habituelle à Madone, puis il se disposait à partir pour la forêt, quand Mme Lincelle le fit demander.

Il entra dans la salle basse avec l'enfant.

— Venez m'embrasser, je vous en prie, ma mignonne! dit Nathalie à Madone, vous avez chanté pour moi hier, et je tiens à vous en remercier.

Madone s'approcha de la jeune veuve, se laissa caresser, promit de chanter de nouveau, puis Mme Lincelle dit au vieillard :

— Monsieur, j'aime beaucoup les enfants, promettez-moi d'amener de temps en temps cette aimable petite fille à la villa des Fleurs près Fontainebleau. Tout le monde vous l'indiquera. Je suis certaine que les chansons de votre Madone achèveraient de me guérir.

— C'est une bonne et charmante créature, répondit le vieillard, elle est l'unique joie de ma vieillesse.

— Je le comprends, répliqua Mme Lincelle; aussi je n'abuserai pas. Seulement je crains que vous oubliiez la parole donnée, et vous me causeriez un sincère chagrin.

— Non, madame, non, répondit le vieillard. Avant une semaine vous nous verrez tous deux à votre villa.

Il allait s'éloigner du lit de la malade quand la porte s'ouvrit rapidement.

— Ah! c'est vous, docteur! s'écria Mme Lincelle, j'ai failli mourir... et ce n'est pas à vous cette fois que je devrai la vie, mais bien à monsieur...

— Tiens! fit le médecin en appuyant sur ces mots, Matteo cumule : les arts et le dévouement. Eh bien! pour mon compte, je vous remercie. Matteo; je tiens beaucoup à ma cliente. Et que faites-vous ici, Matteo. quand vous ne sauvez pas la vie des gens?

— De la sculpture, docteur.

— Vous vous connaissez donc? s'écria Mme Lincelle.

— Beaucoup, répondit Pierre Lasseny.

Un regard épouvanté de Pascal se croisa avec le regard souriant du docteur.

— Contez-moi cela, je vous prie, les malades sont comme les enfants, ils adorent les histoires...

— Avez-vous entendu parler de l'accident de Gagny?

— Je crois bien! des morts. des blessés, quelque chose d'épouvantable..

— J'y étais, reprit le docteur; quand j'arrivai on venait de retirer du milieu des décombres notre pauvre mignonne qui se montra douce comme un agneau et Matteo qui endura tout ce que je lui fis subir sans pousser un cri. Je garde toujours un profond souvenir de mes malades, surtout de celui-là.

— Je vous remercie, monsieur le docteur, dit Pascal d'une voix tremblante, je vous remercie du fond de l'âme.

Il sortit avec Madone.

— Vous semblez porter un vif intérêt à cet homme, demanda Nathalie au docteur.

— Moi! Je regarde Matteo comme un héros! et si vous pouvez quelque chose pour lui ou pour sa fille, faites-le, ce sera de la bonté justement placée... Voyons votre blessure, maintenant... Rien! ce ne sera rien! Matteo est habile et dévoué, allez! Quel cœur! Jamais, non jamais, vous ne saurez ce qu'il vaut!

Une heure après Mme Lincelle, accompagnée du docteur Lasseny, reprit la route de sa villa, dans une voiture que Madone avait remplie de bouquets de bruyères.

Au détour d'un chemin, Nathalie aperçut la petite fille sur une roche. L'enfant lui envoya un baiser, puis elle commença de sa voix claire la chanson : *Rondinella Pellegrina*...

Nathalie Lincelle se rendit chez Mme Rose. (*Voir page* 208.)

Chapitre XVIII

ADOPTION

En dépit de sa sauvagerie qui semblait être plutôt une règle de conduite que le trait saillant de son caractère, Pascal résolut de tenir la promesse faite à Mme Lincelle. Il eut de la peine à se décider cependant. Admettre une personne étrangère dans son intimité, car il comprenait que Nathalie prendrait très vite une grande influence sur Madone, lui fut un cruel sacrifice. Il se montrait si jaloux de la dernière tendresse fleurissant sur sa route ! Mais Pascal était vieux, infirme. Il pouvait devenir aveugle, être une charge pour l'enfant, une entrave dans ses plans. Le jour où il ne pourrait plus sculpter que deviendrait-elle ? Sans doute les 10,000 francs placés sur sa tête constitueraient une petite dot quand elle aurait vingt ans, mais elle était si loin de cet âge !

Il fallait encore accomplir ce sacrifice pour Madone.

Un jour le vieillard dit à la petite fille :

— Fais-toi la plus belle que tu pourras, cueille un gros bouquet de bruyères, nous allons faire une visite.

— Chez Mme Lincelle ? demanda vivement Madone.

L'empressement de l'enfant à prononcer ce nom, la façon affectueuse dont elle le dit, serra subitement le cœur du vieillard.

— Elle n'aura pas de peine à l'aimer, pensa-t-il ; elle la chérira tout de suite...

Avec un élan soudain, Madone se jeta dans les bras de son aïeul.

— Je te remercie de me procurer ce plaisir, dit-elle. Cette dame m'a paru très bonne et très douce ; mais si charmante qu'elle soit jamais, ne crains pas que je te la préfère. Je ne puis vraiment aimer qu'une créature au monde, grand-père ! Toi, qui m'as sauvée des mains de Marthe Lavoine, et qui, je le sais, mourrais pour mon bonheur.

Le vieillard la serra tendrement dans ses bras.

Un moment après, Madone souriante, les bras chargés de fleurs, prit avec son grand-père le chemin de la villa de Mme Lincelle.

La jeune femme, couchée sur une chaise longue, près de l'embrasure d'une fenêtre, aperçut dans l'avenue de platanes le vieillard et l'enfant. Elle sonna, en donnant ordre de les introduire. Un moment après tous deux entraient dans le petit salon où elle se tenait d'habitude. Elle tendit les deux mains à Madone et prit son bouquet.

— J'en ferai remplir cette jardinière, dit-elle, voilà de vraies fleurs de forêt, et je les préfère souvent aux fleurs rares qui croissent à grand'peine dans la serre. Monsieur Matteo, je vous remercie d'avoir amené la mignonne. J'ai beaucoup songé à elle depuis notre rencontre, et je craignais de vous voir oublier votre parole...

— Non, madame, répondit le vieillard d'une voix pénétrée. Je me suis souvent efforcé de chasser le mal de mon souvenir, j'y ai toujours enchâssé le bien comme un joyau...

— Le bien ! n'intervertissez pas les rôles, monsieur Matteo, c'est bien moi qui vous dois de la reconnaissance...

Mme Lincelle fit causer Madone, et témoigna sa surprise en constatant la somme des connaissances de l'enfant.

— Il n'y a pas longtemps que je l'instruis, répondit Pascal ; pendant sa première enfance elle fut profondément malheureuse, et forcée d'exécuter des travaux grossiers. Elle se repose maintenant, et ne manie plus que le crayon et la plume.

— Vous oubliez l'aiguille, monsieur Matteo...

— J'avoue sous ce rapport mon incapacité, madame ; le jour où il me sera possible de faire enseigner à Madone des travaux de femme, je m'y prêterai entièrement.

— Le moyen est tout trouvé : je me ferai son institutrice pour ce qui lui manque ; et je serai une maîtresse patiente, mon enfant... Acceptez-vous ? Il serait si facile, monsieur Matteo, d'amener cette enfant plusieurs fois par semaine à la villa... Vous viendriez la reprendre après avoir vendu vos sculptures... qu'en dis-tu Madone ?

Le regard de l'enfant répondit pour elle ; il se leva plein de joie sur la jeune veuve, et questionna ensuite son grand-père avec une sorte d'inquiétude.

— Vous êtes bonne, madame, très bonne... J'amènerai Madone quand vous le voudrez bien.,.

— Demain, alors ?

— Demain, fit le vieillard avec un soupir.

En quittant le salon de Nathalie Lincelle le front de Pascal était couvert d'un nuage de tristesse.

On allait lui prendre son enfant... Peu à peu, d'abord, bien lentement, car Mme Lincelle était excellente, possédait une grande délicatesse et redouterait de l'affliger ; Madone l'adorait... Mais un travail latent, continu, s'opérerait dans cette âme malléable. Et le pauvre vieux sentait l'attendrissement gonfler sa poitrine, et le désespoir envahir son cœur. Il dormit mal, ou plutôt il ne dormit pas. Une hallucination douloureuse pesa sur lui jusqu'au matin ; mais alors Madone arriva les bras ouverts, la chanson aux lèvres, et pour un instant sa tristesse s'évanouit.

Il eut le courage de conduire Madone à la villa ; seulement, cette fois, il n'entra pas, soit qu'il craignît de se montrer indiscret, soit que le courage lui manquât.

D'un regard rêveur il suivit l'enfant le long de l'allée, et quand il la vit disparaître il s'éloigna, la tête courbée.

Et tandis qu'il cheminait solitaire, Mme Lincelle donnait à Madone sa première leçon de tapisserie.

L'enfant apprit divers points avec une rapidité surprenante. Jamais écolière ne fit plus vite honneur à sa maîtresse.

— A quoi servira cette tapisserie ? demanda Madone.

— Nous en ferons une paire de pantoufles pour ton grand-père. Pressetoi de les achever, il sera si heureux et si fier de ton travail.

Ce fut une grande joie pour Madone de broder ces pantoufles. Un mois plus tard la petite fille les lui apportait montées, prêtes à chausser ses pieds lassés d'avoir parcouru les chemins douloureux de la vie.

— Tu es toujours contente ? demandait de temps en temps le vieillard.

— Certes, maintenant j'apprends le solfège.

Les soirées passées avec l'enfant compensaient la longueur des journées que Pascal passait loin d'elle.

Un changement s'opérait dans l'esprit, dans les habitudes de la petite fille. Elle prenait un soin plus grand de sa personne, et commençait à trouver étrange le costume italien qu'elle portait. Mme Lincelle n'avait élevé à ce sujet aucune objection, mais Madone devina sa pensée, et un jour Pascal la trouva cherchant au milieu d'un paquet de vêtements, la robe que lui avait achetée Rose Maurel.

— As-tu donc envie de la mettre? demanda Pascal avec une certaine inquiétude.

— Oh! non, grand-père, je songe seulement que ma jupe verte s'est déchirée dans le bois, tandis que celle-ci est toute neuve.

— C'est vrai, répondit Pascal, tout s'use... Tu me semblais bien jolie avec, et puis, c'est sous ce costume que je t'ai vue bien à moi.

— Mais je suis toujours à toi, grand-père.

— Je m'entends... je m'entends, murmura Pascal.

Pendant les beaux jours, Madone se rendit régulièrement chez Mme Lincelle.

Mais l'automne amena les pluies; la petite fille, qu'une longue course aurait pu fatiguer, demeura dans la maison du garde, achevant les travaux commencés avec Nathalie. Certes, l'enfant chérissait ardemment son grand-père, elle aimait toujours Mme Rose et Josane, mais son affection pour Mme Lincelle n'avait pas tardé à prendre un caractère impérieux. Ses leçons, ses entretiens lui manquaient. Elle ne comprenait plus qu'il lui fût possible de vivre sans travailler près de cette jeune femme.

De son côté, Nathalie, qui s'était accoutumée à la présence de l'enfant, la regrettait beaucoup. Elle comprit vite que la santé de la petite fille pouvait souffrir de ses courses quotidiennes, et faisant atteler, elle se rendit chez Mme Rose.

Elle trouva Madone dans la mansarde qu'elle habitait, assise près d'une table couverte de livres que son grand-père lui achetait avec le produit de ses sculptures. La petite fille, absorbée par son travail, n'avait pas entendu le bruit de la voiture.

Elle bondit en reconnaissant Nathalie, faillit renverser la table, puis elle se jeta spontanément à son cou.

— Il faut bien venir à toi, puisque tu ne viens plus!

— Les chemins sont difficiles, madame.

— Il fallait m'écrire, j'aurais envoyé une voiture te prendre.

— Je serais bien allée malgré le vent, la pluie, et les mauvais chemins, madame, je ne l'ai pas osé à cause de mon grand-père... Il ne l'avouait pas, mais je comprenais qu'il était content de voir arriver les jours courts et froids... Il sortait moins, il me gardait près de lui, comme s'il avait beaucoup souffert de mon absence... J'ai compris qu'il y aurait de la cruauté à le quitter dans ce moment-là...

— Tu as bien fait, mignonne, j'arrangerai cela avec lui...

Lorsque le vieillard rentra, il trouva Nathalie dans la salle basse, se chauffant et causant gaiement avec Mme Rose et les enfants.

Pascal rougit comme s'il venait d'être pris en faute.

— Ne me dites rien! s'écria Nathalie, l'hiver arrive, et l'hiver séparera les amis, c'est pour cela que je suis venue vous voir.

Elle effleura dans l'entretien mille sujets très différents de la pensée qui la préoccupait, puis au bout d'une heure, elle dit à Pascal :

— Madone ne peut mouiller demain ses pieds sur les routes de la forêt je lui permets de finir chez elle la bande de tapisserie qu'elle destine à votre fauteuil. Mais vous, monsieur Pascal, vous n'avez pas à me donner les mêmes raisons, ne manquez pas de venir, j'ai besoin de causer avec vous... Je vous attendrai à deux heures...

— Je serai exact, madame, répondit le vieillard.

Le lendemain il brossa le mieux possible ses vieux habits, et s'achemina lentement vers la *Villa des Fleurs*. Quand il entra dans le salon, il était si pâle, que Nathalie crut qu'il allait se trouver mal.

— Ne vous préoccupez pas de moi, madame ! dit Pascal d'une voix faible ; je suis vieux, mes forces s'en vont ; quelque jour je tomberai dans un des carrefours de cette forêt, sans pouls, sans voix, sans pensée et le premier passant venu me ramassera.

— Si vous avez souvent de semblables craintes, Matteo, pourquoi ne prenez-vous aucune précaution contre cet avenir...

— Parce que je ne puis rien, madame... Rien ! Ne parlons pas de moi, je vous prie, d'autant moins que c'est de Madone que vous êtes inquiète.

— Je ne vous ai jamais séparé dans ma pensée, répondit Nathalie ; ne me jugez point assez dépourvue de cœur pour être capable d'enlever au pauvre de l'Évangile son unique brebis... Il est arrivé ce que j'espérais, ce que vous pressentiez, je devrais dire ce que vous redoutiez et désiriez tout ensemble... J'ai pris pour Madone une affection profonde, et son absence me laisse un vide que je ne parviens pas à combler. J'ai toujours souhaité avoir près de moi, pour en développer l'âme et l'intelligence, une enfant capable de s'attacher à moi, et à qui je pourrais assurer ce que le monde appelle un brillant avenir. Quand je vis Madone, la douceur plus encore que la beauté rayonnant sur son visage m'attira vers elle. D'ailleurs, je vous devais trop pour ne point songer à m'acquitter envers elle. Puis, l'aimer, n'était-ce pas une façon de vous remercier encore... Depuis qu'elle vient ici je l'étudie, je l'apprécie davantage. Si vous saviez avec quelle joie je développerais dans l'esprit et dans le cœur de cette enfant des qualités qui y sont en germe... Vous voulez son bonheur, laissez-moi y contribuer largement...

— Madame ! Madame ! dit le vieillard en joignant les mains, vous voulez me prendre Madone...

— Moi ! je considérerais comme un crime une semblable pensée... J'ai à vous faire une offre que j'ai mûrie, et vous me reconnaissez bien le droit, je l'espère, de ne pas demeurer insolvable... Je suis riche, très riche, ce qui est souvent un malheur. Naturellement je suis exposée à être volée par tous les gens qui m'entourent. Je ne me sens aucune vocation pour le rôle de surveillante que je devrais remplir. Chargez-vous de ce soin, et devenez mon intendant. Vos émoluments vous permettront de vivre d'une façon honorable. Vous resterez avec Madone, et cependant elle ne me quittera pas. Vous lui enseignerez ce que vous savez, j'y ajouterai ce que j'ai appris ; à nous deux nous en ferons une fille parfaite... Voyons, est-ce dit? vous voyez bien que loin de vous séparer de Madone, je vous en rapproche à jamais, en vous facilitant la vie matérielle... Si vous me refusez, que deviendrait un jour cette enfant ? Rose la garderait chez elle, me répondrez-vous, Rose est bonne, et dans votre prévoyante tendresse, vous avez assuré le sort de votre enfant à sa majorité... Mais qui vous dit que Madone se contentera longtemps de cette vie dans les bois ? Qui vous assure qu'elle ne rêvera pas davantage ? Près de moi, elle partagera mes distractions comme ma fortune. Je la ferai riche, je la rendrai heureuse... Vous voyez bien que vous pouvez accepter...

— Non, madame, non ! répondit le vieillard d'une voix désespérée. Vous êtes bonne comme un ange, je devrais vous remercier à genoux, et je me demande si je ne dois pas maudire le jour où je vous ai rencontrée... Moi ! devenir votre intendant ! Avant trois mois peut-être, je serai aveugle ! Cela ne se peut pas ! Je ne le veux pas ! Il me faut l'ombre, la solitude comme aux vagabonds et les ténèbres comme aux hiboux. J'entraîne Madone dans une voie désolée, sans issue peut-être, et cependant je l'aime, madame ! Je l'aime à verser pour elle la dernière goutte de mon vieux sang... Madone n'est pas une part de mon cœur, mais mon cœur même... Vous ne savez pas, vous ne saurez jamais ce que j'ai fait pour la rejoindre... Madame ! Tenez, je pourrais remercier celui qui m'arracherait à cette vie de lutte, de misère et de désespoir, mais celui qui me prendrait mon enfant...

Il s'arrêta. Ses poings se crispèrent, son œil étincela, il redressa sa taille courbée, et parut presque menaçant à Mme Lincelle.

Son visage à elle reflétait une immense pitié.

— Et je ne puis rien ! rien ? demanda-t-elle d'une voix atterrée par les larmes.

— Rien ! répondit le vieillard, Dieu lui-même serait impuissant à guérir l'irréparable. Je suis ingrat et lâche, oubliez-moi, oubliez-nous ! Tenez, je croyais aimer ma fille, et voilà que vous m'en faites douter à présent.

— Non, Matteo, n'en doutez point, et ne vous accusez pas. Vous êtes un grand et brave cœur, et à cette heure vous vous calomniez. Je ne puis que vous deviner, mais je ne retire rien de l'estime que je vous ai vouée...

— Merci, madame, fit le vieillard, merci pour la dernière fois ; et adieu...

Il salua Mme Lincelle et sortit.

— Le malheureux ! dit Nathalie, le malheureux ! combien il faut avoir souffert pour refuser ainsi toute consolation.

Sans nul doute, en dépit de sa reconnaissance, Mme Lincelle aurait tenté de ne plus songer à Matteo, et l'aurait rangé parmi les êtres indéchiffrables, atrabilaires ou peut-être coupables dont il eût été imprudent de chercher à approfondir les secrets. Mais si, repoussée par le vieillard, elle avait eu cette tentation, les dernières paroles du docteur Lasseny l'auraient vite rappelée au sentiment d'une volonté plus ferme. Devant l'affirmation du médecin son intérêt avait grandi. L'imagination venant en aide au cœur, elle composa un roman bizarre dans lequel Matteo devait avoir joué un rôle héroïque. Loin de se décourager, elle résolut de tout attendre du temps. Ou elle se trompait étrangement sur le compte du vieillard, ou lui-même viendrait quelque jour lui rappeler son offre, et réclamer pour Madone la protection qu'il déclinait aujourd'hui. Calmée par cette espérance elle laissa passer les jours et même les semaines, retardant son retour à Paris afin de voir si Matteo ne changerait point de décision. Au mois de décembre, elle quitta Fontainebleau. Rendre une visite à Madone lui eût semblé non seulement aller contre le vouloir du grand-père, mais encore commettre une imprudence. Nathalie se contenta de préparer dans une grande caisse tout ce qu'elle croyait capable de distraire et de charmer l'enfant : des boîtes d'aquarelle, des papiers à dessin et des albums, des livres de sciences et de voyages, des laines et des canevas, quelques coupons de chaudes étoffes, une poupée gigantesque, de la musique, et même des bonbons.

En apportant la caisse le domestique se contenta de dire :
— Pour Mlle Madone.

L'enfant ne commettait donc aucune indiscrétion en l'ouvrant. Josane poussait des cris d'admiration à chaque objet nouveau tiré de cette caisse inépuisable. Madone plus grave, le cœur très ému, dépliait chaque objet, fouillait dans les albums, dans les portefeuilles. Evidemment elle cherchait quelque chose, et ne le trouvant pas, elle souffrait d'une déception.

Lorsque son grand-père revint, elle lui montra ses richesses, lui remit un nécessaire de toilette dont la plaque portait le nom de Matteo, puis elle dit d'une voix triste :
— Grand-père, ai-je donc fâché Mme Nathalie en quelque chose, elle ne m'a pas écrit.
— Je ne veux pas que tu l'accuses, dit-il d'une voix grave...

Elle est partie, peut-être ne la reverrons-nous jamais, il faut que tu gardes son souvenir vif, ardent et pur, car elle est digne de toutes les affections et de tous les respects... Sais-tu pourquoi elle ne t'a pas écrit? C'est afin de ne pas éveiller les susceptibilités jalouses de ton grand-père. Tu ne sais pas, tu ne peux pas comprendre combien elle est bonne! Te l'apprendre sera le châtiment de mon égoïsme...
— Vous, égoïste, grand-père! vous vous calomniez!
— Je me juge peut-être, dit gravement le vieillard... Mme Lincelle m'a proposé un jour de me prendre pour son intendant, de rétribuer mes services d'une façon généreuse, et de te considérer comme sa fille.
— Si nous ne devions pas nous séparer, vous pouviez accepter, grand-père...
— C'est justement parce qu'il aurait fallu nous séparer que j'ai repoussé bien loin cette idée! Je ne pouvais devenir l'intendant de Mme Lincelle.. Je devais te donner à elle et m'enfuir loin, bien loin... Alors, que serai-je devenu, pauvre vieux? Le désespoir m'aurait tué... Je suis abattu, faible, tu le vois! car enfin, pour toi, c'était le bonheur, la fortune...
— Le bonheur! dit Madone en jetant ses bras autour du cou du vieillard, c'est de vous aimer, de vous le dire, de vivre pour vous et avec vous.

Oh! maintenant je vous approuve, grand-père! Me séparer de vous, jamais! jamais! vous avez sauvé la Petiote, gardez-la...

— Ma fille! mon enfant!

— Qu'ai-je besoin de fortune, vous m'avez appris à vivre comme une fourmi, et je n'en souffre pas, croyez-le. Avec votre tendresse, je m'estimerai toujours riche. Vous avez bien fait de m'apprendre la vérité, je comprends maintenant les raisons du silence de Mme Nathalie. Elle m'envoie un souvenir d'amitié, mais elle ne peut avoir l'air de braver votre défiance.

— Chère Madone, il faudra me répéter souvent que tu m'aimes et que tu te trouves heureuse, pour m'enlever les remords qui ne manqueraient pas de m'assaillir. Je te garde à mes côtés, comme une plante sauvage et un oiseau frileux, et cependant, chérie, ta mère était jeune, belle et presque aussi élégante que Mme Nathalie.

— Ma mère! répéta Madone en joignant les mains avec un geste d'adoration, oh! pourquoi ne m'en avez-vous jamais parlé! grand-père? Je pensais que vous ne l'aviez pas connue, que j'étais née pendant votre voyage... Bien des fois je me suis affligée de n'avoir jamais appris ce qu'était cette mère que j'aurais tant aimée. Je n'osais t'en parler, dans la crainte de rappeler des souvenirs de famille peut-être douloureux. Mais je t'en prie, je t'en supplie, mon bien-aimé grand-père, parle-moi d'elle... Tu disais qu'elle était jeune et belle, élégante... qu'elle était une dame comme ma grande amie Nathalie Lincelle...

— Oui, et tu regrettes peut-être en l'apprenant d'être une pauvre petite fille, habitant les bois comme une vagabonde, sans maison à toi... trouvant à Paris des dangers pires que la mort, et réduite à te voir privée de toutes les jouissances modestes pour lesquelles tu semblais née, et vers lesquelles ton instinct t'attire... Pauvre mignonne! Tu souffres sans te l'avouer à toi-même du genre de vie que tu mènes... Il faut me dire si tu préfères une autre existence.. Tout peut se réparer encore, tout, entends-tu bien...Ce que j'ai refusé, je puis l'accepter encore... Parle, et tu deviens l'enfant d'adoption d'une femme riche et bonne qui t'aimera comme sa fille.

— Non! dit Madone, non jamais! je ne me séparerai point de vous grand-père, ce serait pour moi le désespoir et la mort... Je me demanderais sans cesse ce que vous devenez, ce que vous faites... Je n'accepterais pas cette vie dont vous parlez, quand bien même vous devriez me venir voir tous les jours. Votre présence suffit à mon bonheur. Ne vous tourmentez point à mon sujet, je serai toujours satisfaite si je ne vous quitte pas...

Elle se jeta dans les bras du vieillard en fondant en larmes.

Celui-ci la berça doucement sur son cœur, apaisant l'orage de tendresse soulevé dans cette jeune âme. Il suffoquait de joie à la pensée que sa fille ne le quitterait point et qu'elle le préférait à tout. Il régna entre eux un moment de bonheur. Si grande fut l'expansion de tendresse de Madone qu'elle oublia Mme Lincelle, ou plutôt elle évita de prononcer son nom, dans la crainte d'attrister son aïeul. Par accès de délicatesse elle renferma même les objets qu'elle lui avait envoyés le jour de son départ, ne gardant que la poupée qui causait l'émerveillement de Josane, et les livres qu'elle ut et relut avidement.

Pascal fut profondément touché de la conduite de Madone, et durant trois mois pas un nuage ne vint obscurcir sa joie paternelle. Cependant un soir, inquiet d'entendre du bruit dans la chambre de l'enfant, à une heure où il la croyait endormie, il ouvrit doucement la porte de Madone, et sans qu'elle l'aperçut, il l'observa à loisir.

Madone avait tiré d'un petit meuble les objets qu'elle devait à l'amitié de Nathalie; elle regardait les pièces d'étoffe, et les comparait à son petit costume qui s'effrangeait d'en bas. Sa tristesse se décelait dans son regard, dans son attitude... Elle semblait apercevoir des objets lointains et regrettés! Quoi qu'elle eût dit à Pascal, elle n'oubliait donc point la rapide vision d'un monde plus élevé, d'une existence plus douce. Elle avait, non pas menti, mais atténué quelque chose de la vérité.

Quand elle eut considéré ses trésors, elle les renferma de nouveau, puis s'agenouillant elle pria.

Pascal l'entendit répéter plusieurs fois :

— Mon Dieu! rendez le bonheur à mon grand-père!

Des larmes roulèrent sur la joue du vieillard, il envoya du fond de son cœur la plus sainte bénédiction à l'enfant, puis il referma la porte sans bruit.

— Mignonne, lui dit-il le lendemain, tu ne fais guère honneur des présents de Mme Lincelle. Prie Rose André de t'aider à tailler une autre robe. Tu sembles bien pauvre, et cela m'afflige de voir ce joli costume italien s'en aller en haillons. Au surplus il n'est pas nécessaire que tu sois vêtue en Transtévérine, puisque tu ne poses plus pour les peintres. Habille-toi comme tout le monde, ma chérie, et surtout à ta fantaisie...

— Alors, grand père, vous me donnerez des indications, afin que je m'habille comme ma mère.

— Oui, comme ta mère... tu sembles si raisonnable, que tu auras l'air d'une petite dame.

Rose André se déclarant incompétente, une couturière mandée de Fontainebleau s'installa dans la maison du garde, et remonta d'une façon très moderne et tout à fait charmante la garde-robe de l'enfant.

Lorsque Pascal la vit dans sa toilette neuve, pimpante, souriante, les cheveux flottants sur le dos et retenus par un ruban bleu, il se sentit heureux et fier; en effet Madone ressemblait à Claire d'une façon frappante.

En changeant de costume Madone paraissait avoir pris une allure nouvelle. Elle portait une robe bien coupée avec une singulière grâce. En grandissant elle embellissait encore; dans deux ans elle serait presque une jeune fille. Il remarqua que Madone pâlissait et que ses joues maigrissaient un peu. Sans doute, elle croissait trop vite. Peut-être aussi dissimulait-elle un chagrin. Jamais elle n'avait dessiné avec autant de zèle, et chanté avec plus d'entraînement; cependant le vieillard la trouva plus d'une fois triste, seule, assise au pied de quelque vieil arbre de la forêt. Sans doute elle chérissait toujours Josane, mais Josane ne la comprenait plus. Entre elles deux la différence d'instruction élevait désormais une barrière. L'hiver se passa tristement, lentement.

Au printemps Madone parut se ranimer un peu. Elle courut les bois, cherchant les violettes et les anémones sauvages ; elle en remplit sa petite chambre et la salle basse de Rose André.

La femme du garde lui demanda plus d'une fois
— Es-tu malade?
— Je ne souffre pas, répondait l'enfant.
— Tu deviens pâle, cependant.
— L'été me rendra mes couleurs.

Un soir le garde, en rentrant de sa tournée, annonça, comme une bonne nouvelle, que les riches propriétaires des environs commençaient à revenir dans leurs villas. Il cita M. Luc Auvilliers et Mme Nathalie Lincelle.

Madone rougit en baissant la tête, Pascal devint très pâle.

Huit jours après il se rendit seul à la Villa des Fleurs.

Nathalie donna ordre de l'introduire.

Elle le trouva vieilli, cassé, presque méconnaissable.

— Madame, lui demanda-t-il, êtes-vous encore au sujet de ma petite-fille dans les mêmes intentions?

— Certes, répondit Nathalie ; mais vous, Matteo, avez-vous changé de volonté?

— J'ai compris que je devais me résigner à la volonté de Dieu, madame, sous peine d'être puni quelque jour dans une enfant que j'aime plus que ma vie. Le combat a été dur. Si j'en sors victorieux, ce n'est point sans blessure... Après que vous m'eûtes proposé de prendre Madone chez vous, je soumis ce projet à l'enfant. Elle le repoussa seulement parce qu'elle ne me reconnaissait pas le droit de refuser pour elle, je déclinais pour moi les preuves de bienveillance qu'il vous avait plu de me donner. Madone se jeta dans mes bras, pleura, m'embrassa, me jura qu'elle n'aimait que moi ; qu'elle ne m'abandonnerait jamais, et j'acceptai ce sacrifice. Je ne m'y trompais point, madame ; attirée vers vous elle se rejetait sur mon sein et par tendresse et par devoir. Sans qu'elle comprît toutes les raisons qui la poussaient dans cette maison hospitalière, elle consentait à demeurer avec son aïeul. Mais le mal était fait. Vous lui avez montré un coin du monde qu'elle ignorait encore, et dont malgré elle la pauvre petite se souvient. Elle a lutté ; souvent elle a triomphé d'un regret, parfois l'ennui l'a gagnée. Je me sens impuissant non point à lui donner ce qu'on appelle l'instruction, mais l'éducation par laquelle Madone ressemblera davantage à sa mère..., Prenez-la donc, madame, prenez-la tout à fait, et Dieu fera ensuite de moi ce qu'il voudra.

— Brave cœur ! s'écria Nathalie, mais où irez-vous?
— Le monde est grand, madame.
— Vous ne pouvez renoncer à voir votre enfant d'une façon absolue?
— Pardonnez-moi, madame, dans les premiers temps surtout, Madone

devra croire qu'elle ne me reverra jamais... Sans cela, croyez-moi, elle quitterait votre maison et reviendrait partager ma misère.

— Vous la tromperez donc ?

— Pour son bien, oui, madame.

— Il ne faut rien pousser trop loin, pas même la vertu. J'exigerai au contraire que vous veniez voir votre enfant quand vous la croirez accoutumée à sa nouvelle vie. Sa grande tendresse pour vous lui donnerait trop de regrets. Si vous craignez qu'elle souffre d'une vie en désaccord avec ses instincts, il serait tout aussi douloureux qu'elle pleurât, près de moi, le grand-père qui l'a tant aimé...

— Quant à cela, madame, nous verrons... Mon plan est combiné. Demain, j'apprendrai à Madone que je l'amène chez vous pour quelques jours ; à l'expiration du terme fixé pour son séjour à votre villa, Madone recevra une lettre dans laquelle je lui annoncerai que des intérêts de fortune m'obligent à quitter la France pour plusieurs mois... Mes lettres lui feront paraître le temps moins long, et qui sait ! peut-être m'oubliera-t-elle...

— Vous la calomniez, répondit Nathalie. Cependant j'adopte votre plan... Vous éviterez des adieux déchirants pour tous. Madone n'oubliera jamais, mais le temps modifiera vos résolutions, et vous reviendrez à nous. A quelque heure que ce soit, monsieur Matteo, vous serez le bienvenu...

Pascal tourna la tête.

— J'amènerai Madone dans deux jours, dit-il.

Le vieillard salua profondément et sortit.

Le soir, pendant le souper, espérant sans doute que la présence de Rose et de son mari lui donnerait du courage, il dit à Jacques :

— Vous aviez raison, garde ! les propriétaires reviennent, et les Anglais reprennent le chemin de Fontainebleau. Bonne affaire pour moi, n'est-il pas vrai, je vais trouver l'écoulement de mes marchandises. En ai-je creusé, fouillé, sculpté du genévrier durant l'hiver. Madone, devine qui j'ai rencontré aujourd'hui ? Madame Lincelle...

— Ah ! fit Madone, vous lui avez parlé ..

— Je n'aurais pas dû sans doute, j'ai des reproches à m'adresser à son égard, mais elle est venue au-devant de moi, et m'a tendu les mains... Ma foi ! je n'y ai pas tenu, et pour faire la paix avec elle j'ai promis que tu irais passer une semaine à la Villa des Fleurs...

— Oh ! merci, grand-père ! dit l'enfant, merci ! je serai bien heureuse de la revoir...

— Nous irons après-demain matin... La journée de demain m'appartient encore... Elle sera à moi, toute à moi, celle-là...

Pascal se leva de bonne heure :

— Faisons un tour dans la forêt, dit-il à Madone.

Le vieillard visita avec elle les roches de Franchard ; il voulut s'asseoir sous la grotte où ils avaient passé leur première nuit en revenant de Paris.

Ils déjeunèrent près d'un amas de rochers où souvent Madone avait trouvé de curieux fragments de grès. Elle en ramassa un dans le sable, et le vieillard le serra dans sa bourse avec une vivacité singulière. Plus loin elle cueillit des bruyères et en passa trois brins à sa boutonnière. Il sourit et les garda. Ils revinrent vers l'arbre de Jacquet ; le vieillard embrassa le petit charmeur de vipères, et quand il rentra chez Jacques André il tombait exténué de fatigue.

Cependant il fut d'une gaieté étincelante pendant le repas. Jamais Madone ne l'avait vu si vif, si enjoué. Il raconta de curieuses histoires de voyages, il parla tendrement à Jacques des bontés qu'il avait eues pour lui. Il manifesta la plus vive tendresse à Madone. Josane obtint qu'il exécuterait pour elle une découpure, et Madone l'ayant prié de jouer de la mandoline, il répéta ses plus jolis airs sur cet instrument bizarre qui ne manque pas d'un certain charme. Madone chanta, et Rose dit avec son bon sourire :

— Il y a longtemps que nous n'avions passé une si bonne soirée, monsieur Matteo.

— Oui, en effet, une bonne soirée! fit le vieillard.

Quand il monta dans sa mansarde, il s'appuya contre le mur ; il lui semblait que la maison tournait et qu'il allait tomber frappé de vertige. Pendant toute la nuit, le front caché dans ses mains, il pleura. Le lendemain, à l'aube, Pascal descendit dans la forêt, lava son visage dans une fontaine et revint à la maison du garde :

— Es-tu prête, fillette ? demanda-t-il.

Il avait hâte d'accomplir son sacrifice. Un peu plus et le courage lui manquait.

A dix heures la voiture de Mme Lincelle s'arrêta devant la maison.

La jeune femme était sérieuse et pâle. Madone se jeta spontanément dans ses bras.

— Emmenez-la, madame, je vous la donne, dit Pascal en étouffant un sanglot.

Une heure après la voiture s'éloigna, et l'on relevait le vieillard qui venait de tomber comme mort au détour du chemin où il l'avait vu disparaître.

Il lui enseignait la géographie. (*Voir page* 222.)

Chapitre XIX

VIE NOUVELLE

Deux jours après le départ de Pascal, Madone transformée, grâce à l'habileté d'une couturière, était assise dans le petit salon d'été de la Villa des Fleurs. Une Anglaise, à l'aspect sérieux, placée près d'elle à une petite table, corrigeait ses devoirs. Lorsqu'elle eut écrit une bonne note au bas du cahier, Mme Lincelle entra, lut cette note, sourit, puis attirant l'enfant, elle prit un livre et commença à expliquer à Madone une religion que celle-ci ignorait.

Pascal lui avait parlé de Dieu, sans doute, mais sans lui apprendre à prier. La révélation que lentement Nathalie fit pénétrer dans cette âme l'épanouit spontanément. Dans ce jeune cœur éprouvé, la foi devait subitement fleurir.

Aux premières leçons de Mme Lincelle se joignirent bientôt celles d'un vieux prêtre, et les progrès de Madone dans la science divine dépassèrent les espérances de tous. On eût dit que cette enfant avait jusqu'alors mystérieusement aspiré vers la lumière, et que son regard s'en trouvait ébloui. C'était pour elle une initiation à une nouvelle existence.

La semaine se passa rapidement, et plus d'une fois durant ses heures de repos, tandis que l'enfant jouait dans les vastes jardins, elle se demanda pourquoi son grand-père ne consentait point à la laisser vivre près de Mme Lincelle, à se fixer dans son voisinage, et à lui permettre de confondre de la sorte les deux meilleures tendresses de sa vie. L'enfant n'était ni égoïste, ni ingrate ; elle se souvenait avec une profonde reconnaissance des bontés de Rose André, de l'amitié de sa fille ; mais elle sentait que le lien de tendresse qui l'attachait à Mme Lincelle s'appuyait sur des raisons plus fortes. Son intelligence et son cœur se trouvaient complètement d'accord pour lui inspirer un dévouement absolu et une confiance sans bornes. Madone s'estima donc complètement heureuse durant la semaine qu'elle passa chez Mme Lincelle.

M. Luc Auvilliers, qui avait progressivement pris des habitudes de voisinage, surprenait souvent Mme Lincelle et l'enfant dans le jardin, ou sous la vérandah fleurie. Son secrétaire, Victor Bérard, l'accompagnait. La conversation ramenait le plus souvent des souvenirs de voyage, épisodes de chasses, excursions dans les temples ruinés dont Java garde les merveilles à l'abri de ses forêts.

Durant ces longues causeries, il semblait à Madone qu'elle se trouvait transportée au sein d'un monde enchanté. Ses regards se fixaient sur Luc Auvilliers avec une curiosité avide ; quand il se taisait, elle éprouvait le besoin de le remercier, et son naïf enthousiasme débordait dans des phrases imagées.

Après l'avoir captivée, Luc Auvilliers l'intéressa d'une façon plus profonde. Sans entrer dans le détail des mécomptes dont son cœur avait eu à souffrir, lors de son retour de Java, il parla avec une tendresse profonde de la sœur dont il avait été séparé, de cette nièce qui, mariée durant son absence, était morte si vite, laissant une enfant que vainement il avait cherchée, afin de lui consacrer ses dernières tendresses, et lui laisser la magnifique fortune qu'il rapportait des Indes.

— J'ai vu s'envoler mon dernier rêve, dit-il un soir à Mme Lincelle. A mon âge on ne saurait espérer de nouvelles tendresses ; je voulais m'appuyer sur la famille, et tout me manque à la fois, tout...

— En ce moment, le facteur apporta le courrier, qu'un valet de chambre remit à Mme Lincelle.

Celle-ci jeta un regard sur une lettre assez lourde, l'écriture ne lui en était pas connue. Un cachet noir la scellait. Nathalie eut le pressentiment que cette lettre venait de Matteo.

Elle la décacheta rapidement, lut quelques lignes à son adresse, puis trouva une seconde lettre adressée cette fois à Madone.

— Prends, mon enfant, dit-elle avec une tendresse presque craintive.

Elle comprenait que Madone allait souffrir.

Puis elle ajouta :

— Va dans le jardin, Madone, tu pourras plus tranquillement y lire les nouvelles qui te sont données; plus tard tu nous rejoindras.

L'enfant embrassa Nathalie. Du premier regard elle avait reconnu l'écriture de son grand-père. Etonnée d'en recevoir une missive au lieu de le voir venir, elle courut à travers le jardin jusqu'à ce qu'elle se trouvât sous une tonnelle enguirlandée d'ipomées et de cobéas. Ses lèvres effleurèrent le papier, puis elle commença sa lecture.

« Ma bien-aimée fille, disait la lettre, quand tu recevras ces pages, je serai loin, bien loin... Je croyais en avoir fini avec les luttes de la vie, et je m'aperçois que tout est à recommencer... Ce qu'il me faut, aujourd'hui ! de courage pour consommer mon sacrifice, tu ne le sauras jamais ! Ce qui me console, si quelque chose pouvait me consoler de t'abandonner pour un temps dont je ne saurais prévoir la durée, c'est que j'accomplis un devoir sacré.

« Ah ! chérie ! chérie ! c'est la vie même que je vais perdre en te perdant...

« Depuis deux jours et deux nuits, moi, un homme, je pleure comme un enfant ! Si tu avais été ici, près de moi, le courage m'eût manqué pour accomplir mon sacrifice. Mais tu étais loin, et après avoir longtemps tremblé devant mon calice, j'ai conservé assez d'énergie pour ne point le repousser... Tu as bien compris qu'il sagit de toi, n'est-ce pas? Sans la pensée que ton avenir dépend de ce voyage, de cette absence, y aurais-je jamais consenti? Il me faut si peu à moi! ce peu, je le gagnais, et le gagnais près de toi. Toute misère m'eût semblé douce près de l'enfant que le ciel m'avait rendue comme par miracle, et dont la tendresse me donne la force de vivre... Moi loin, ta situation sera changée dans deux ou trois ans... Il m'est impossible de te révéler aujourd'hui pourquoi l'espoir d'une grande fortune te reste. Dieu t'a donné d'autres parents que le vieillard qui t'a aimée sans réussir à te défendre contre celui qui peut encore te poursuivre. Mon départ est à la fois pour toi le salut et la richesse. Je réglerai tout ce qui te concerne. Ne crains point de ne pas me revoir. Ne te dis pas que je suis perdu pour toi. On revient de loin, ma chérie... Dès qu'il me sera possible d'accourir vers toi, sois certaine que je le ferai.

« Ah ! ma pauvre mignonne ! Combien tu vas pleurer en lisant ces pages ! Et je ne serai pas là pour essuyer tes larmes sous mes baisers; je n'entendrai plus tes sanglots et tes cris... Je serai loin, bien loin... Il y aura entre nous plus que des lieues, un monde! Ah! ma fille, mon enfant bien-aimée! si je ne croyais travailler à ton bonheur en séparant ma vie de la tienne, plutôt que de te quitter, je vivrais de pain noir dans un grenier. Mais qui peut dire qu'il aime réellement s'il ne se dévoue d'une façon complète? Il te reste un moyen de me prouver une affection égale à la mienne : suis avec une tendre obéissance les conseils de Mme Lincelle; apprends près d'elle ce que je ne t'aurais jamais enseigné. Une femme seule sait donner certaines leçons. Enfin, souviens-toi de ce que je t'ai raconté le jour où tu voulus apprendre ce qu'était ta mère. Pour te rapprocher d'elle, pour me la rappeler un jour, instruis-toi, deviens ce que doit être une jeune fille destinée à vivre dans le monde. Où t'entraînerais-je, ma pauvre bien-aimée? Dans quels sentiers épineux te serais-tu sans fin déchiré les pieds? Notre séjour à Paris fut notre perte. Ah! ma fille! afin de pleurer moins mon départ, dis-toi que la présence du pauvre vieux t'aurait sans fin signalée à tes persécuteurs. Moi parti, ils ne te retrouveront jamais, ou s'ils te retrouvent, alors pour te défendre, la Providence aura groupé près de toi des défenseurs...

« Adieu! Adieu! encore! et tous les baisers de ton père qui souffre, qui pleure, et qui te bénit... »

Quand Madone acheva cette lettre, qu'elle lut au milieu de ses sanglots, de ses larmes, elle resta un moment comme privée de vie. Son esprit ne pouvait s'habituer à l'idée qu'elle allait se trouver seule, et que désormais elle vivrait au milieu d'étrangers. Pour lire tranquillement cette longue missive, Madone s'était assise sur un hamac; elle y resta renversée, demi morte, sans notion du présent, sans autre sentiment que celui d'une douleur qui la submergeait.

Les yeux clos, les doigts crispés sur sa lettre, pleurant sans avoir conscience des larmes qu'elle versait, elle demeura dans cet état jusqu'à ce que Nathalie la vînt chercher dans le jardin. La jeune femme devinait que la douleur serait grande, elle ne croyait pas qu'elle atteindrait ce degré d'intensité.

Madone, brisée, à demi évanouie, ne répondit point à l'appel anxieux de la jeune femme, et quand celle-ci la trouva dans le hamac, si abattue par la douleur qu'elle ne se sentait plus ni la force de réagir contre elle, ni le désir d'en triompher, elle ne put que la prendre dans ses bras, la serrer sur son cœur avec une tendresse puissante et lui murmurer des consolations dont le sens échappait à l'enfant, mais qui, cependant, apportaient un allégement à sa douleur. Elle se laissa couvrir de caresses, elle reçut d'abord les baisers sans les rendre; puis, lentement, l'influence d'une chaude tendresse agit sur son cœur; le besoin d'affections qui emplit les cœurs d'enfant lui fit comprendre que son grand-père disait vrai, en lui affirmant qu'elle serait aimée par Nathalie. Madone pleura encore, mais elle pleura dans les bras de Nathalie. Puis elle se laissa soulever du hamac où elle restait blottie, et sans qu'elle en eût complètement conscience, elle fut emportée par Mme Lincelle dans le petit salon où se trouvaient Luc Auvilliers et son secrétaire.

Au moment où Nathalie plaçait maternellement Madone sur un divan, le valet de chambre annonça le docteur Lasseny et son fils Octave.

— Ah ! Dieu vous envoie ! s'écria Mme Lincelle en prenant les deux mains de Pierre.

— Qu'est-il arrivé ?

— Ce que me faisait espérer le caractère de ce pauvre vieillard... Il est parti....

— Parti ! Matteo !

-- Oui, répondit Nathalie.

— Oh ! cela est horrible ! fit le docteur. Vous avez agi pour le bien de Madone, je le sais, mais vous n'avez pas réfléchi que vous demandiez à ce malheureux un sacrifice pire que la mort. Oui, celui-là aussi, il le devait accomplir, parce que rien ne lui coûtera quand il s'agira de cette enfant. Cependant je n'aurais ni demandé, ni accepté son exil ! N'aura-t-il donc jamais une heure de joie cet homme qui pour moi est un héros méconnu... Ah ! Madame ! vous assumez sur vous une responsabilité bien grande, car vous devez à Madone tout le bonheur dont vous avez privé son aïeul.

— Le sacrifice est consommé, répondit Nathalie, et si j'éprouvais un regret à cet égard, je ne saurais même où en faire parvenir l'expression à Matteo...

Tandis que Mme Lincelle et le docteur s'entretenaient du départ du vieillard, Octave s'était rapproché de Madone. Il tenait dans ses mains la main glacée de l'enfant ! il lui parlait du retour prochain sans doute de Matteo ; et dans un de ces beaux mouvements de confiance qui sont le charme de l'enfance, Madone prenant la lettre de son grand-père la remit à Octave.

— Lisez, dit-elle, vous verrez combien j'ai raison de pleurer...

Octave prit les pages que Matteo avait mouillées de ses larmes, et que Madone avait couvertes de baisers. Lui aussi se sentit grandement ému ; lui aussi, à travers les mots, découvrait l'âme de l'aïeul, et la jugeait à la fois grande et sainte.

— Dites, reprit-elle, fut-il jamais un plus grand cœur ?

— Non, Madone, et vous le devez chérir doublement, puisque son départ est une nouvelle preuve de tendresse... Mais il vous reste une consolation à lui donner dans sa douleur ; cette consolation vous la lui devez entière, absolue. Ce que redoute Matteo, c'est que vous n'appreniez jamais près de lui une existence pour laquelle vous êtes née, et qu'une longue suite de malheurs l'empêche de vous donner ; quand il saura, et croyez qu'il saura tout, quand il saura que vous faites des progrès réels en tous genres, que vous vous rapprochez de cette mère si parfaite dont il vous parle avec vénération et tendresse, il reviendra près de vous. Vous aimez, je le sais, Mme Lincelle, chérissez-la davantage encore. C'est à elle que votre aïeul vous donne. Vous voilà seule au monde, son cœur et ses bras s'ouvrent pour vous. Un nouvel avenir vous est offert, et celui-là décidera de toute votre vie... Ah ! Madone ! Si vous compreniez quelle affection vous porte tous ceux qui vous connaissent, si vous saviez quelle sympathie mon père ressent pour vous .. Et moi, donc ! Mon père et moi nous essaierons d'avoir des nouvelles de Matteo, mais, croyez-le bien, le plus habile de tous ce sera lui ; pas un de vos progrès ne sera ignoré de celui qui vous aime plus que tout au monde ; le plus sûr moyen de le voir vite revenir est de suivre des conseils qui sont désormais pour vous des ordres sacrés. Et puis, ne vous affligez pas, Madone, vos amis vous restent, et je me place au premier rang... Du jour où je vous ai trouvée blessée dans la gare de Gagny, je vous ai voué une affection dont il ne faudra jamais douter.

— J'ai confiance en vous, monsieur Octave, confiance en votre père. Je me souviens avec une grande reconnaissance de M. Salvator, et je suis prête à aimer Mme Lincelle... Mais mon aïeul si vieux, presque infirme, seul au monde ! qui n'aura personne pour le consoler... voilà le souvenir qui me navre, la pensée qui me déchire...

Cependant, lentement, la consolation et l'espérance entrèrent dans l'âme de Madone. Elle comprit la sagesse des conseils qui lui étaient donnés. Éloignée du vieillard qu'elle chérissait, elle se jeta avec abandon dans les amitiés tendres et fortes qui lui étaient offertes. L'étude, sans parvenir à lui faire oublier son aïeul, devint une distraction puissante à son chagrin. Ses progrès furent d'autant plus rapides qu'elle croyait fermement, avec ses amis, que Matteo en serait informé. Durant l'été qu'elle passa à la campagne, une métamorphose complète s'opéra en elle. On n'aurait pu, au bout de quelques mois, reconnaître cette petite Madone qui, trois ans auparavant, courait pieds nus sur les chemins. Elle grandissait rapidement, son beau visage perdait les traits de l'enfance ; l'œil devenait profond, la bouche sérieuse.

L'institutrice appelée par Mme Lincelle, Miss Bridgett, ne pouvait se lasser de vanter la grâce et le mérite de son élève. Luc Auvilliers s'était réservé une part de son instruction. Il lui enseignait la géographie, et Madone y faisait de véritable progrès.

Lorsque les feuilles commencèrent à tomber, on prit la route de Paris.

Une installation nouvelle occupa quelques jours. Les soins de la toilette prirent une semaine ; il fallait plus d'un mois pour revoir ses amis, et les prévenir que les réceptions d'hiver allaient recommencer. En même temps, Madone suivit à Saint-Augustin des instructions religieuses destinées à compléter l'enseignement du curé de village. Après deux mois la vie parisienne avait repris son cours pour Nathalie, moins bruyante, moins dissipée cependant. Elle s'accoutumait à son rôle de mère et le prenait au sérieux. Pour rester près de Madone elle se privait de plus d'une soirée, de plus d'une représentation. Ces jours-là Luc Auvilliers prenait sa place près du foyer, il inspectait les cahiers de l'enfant, il constatait ses progrès.

— Je sais bien, dit-il un jour à Nathalie, que moi, vieux garçon, je ne pouvais adopter Madone, mais c'est égal, vous ne m'ôterez jamais de l'esprit que c'est à moi qu'elle devait appartenir. En partageant son amitié avec vous, il me semble que je vous fais une concession. tandis qu'en me laissant venir aussi souvent à votre foyer, vous croyez sans doute me faire un sacrifice.

— Un sacrifice! le vilain mot! s'écria Nathalie.

— Je ne le retire point cependant. Je suis vieux, et les vieillards sont de tristes compagnons pour les jeunes veuves.

— Cela dépend comment elles portent leur veuvage!

— Le vôtre sera-t-il éternel?

— Cette question est si grave, répondit Nathalie avec un sourire, qu'elle approche de l'indiscrétion. Qui peut jurer de l'avenir? Le plus sage, dans la vie, est de n'avoir jamais de parti-pris. Je vous avouerai que j'ai plus d'une fois trouvé les heures un peu longues, mais c'était avant d'avoir Madone près de moi. Elle a rempli mon cœur plus qu'elle ne le croit, la chère enfant. Je ne connais plus l'ennui depuis que je vois sourire son joli visage. Il me semble qu'elle m'est une bénédiction de Dieu. Je crois bien que si jamais j'avais songé sérieusement au mariage, elle m'en ferait perdre la pensée. L'homme qui penserait à unir sa vie à la mienne, pourrait bien ne point vouloir adopter Madone, et je sens que sans elle mon existence manquerait d'un but à poursuivre. Elle m'apprend la maternité. J'en fais la fille de mon âme. Qui vous dit qu'un homme, si bon qu'il fût, accepterait dans sa maison cette enfant mystérieuse dont un grand malheur frappa la famille, et qui me semble parfois être la victime d'un crime dont on nous dérobe le sort? Deux êtres seuls pouvaient l'aimer assez pour la défendre, moi et Matteo... Je dis moi d'abord, parce que ce vieillard, dont Pierre Lasseny garantit l'honneur, ne semble pas avoir la force de protéger Madone. Quand un péril la menace, il l'emporte au loin, dans les bois, dans les cavernes, n'importe où; il la cache à la façon des fauves; mais un mystère horrible se place entre lui et la justice qu'il n'ose faire intervenir. Vous le voyez, comprenant son impuissance, il me l'a donnée, et jamais, je le sais, il ne me la reprendra...

— Avez-vous de ses nouvelles?

— Il m'écrit à de longs intervalles, tantôt d'une ville, tantôt d'une autre. On dirait qu'il se défie même de moi... Je lui réponds à des adresses invraisemblables. Ses lettres, débordantes d'amour paternel, m'ont plus d'une fois arraché des larmes. Il s'inquiète de tout; pas un détail de l'éducation ou de l'instruction de Madone n'est oublié. Deux fois il m'a écrit : « Je l'ai vue! elle est encore embellie. » Je cache soigneusement à Madone et ces voyages à Paris, et ces lettres si tendres. Je respecte la volonté de Matteo. Sans désirer que Madone l'oublie il veut au moins n'être pour elle ni une préoccupation, ni un regret. Elle y pense souvent; mais l'acuité de sa douleur est passée. Elle se fait à une vie dont elle sentait instinctivement le besoin. Si son aïeul l'appelait, elle courrait à lui à travers tous les périls, et accepterait toutes les souffrances pour rassurer l'existence qu'il lui plaisait d'arranger; mais elle respire au milieu d'une atmosphère de calme et d'élégance. Dans un mois une grande transformation se sera faite dans sa vie, les grands devoirs religieux remplis, elle franchira le seuil de la jeunesse. Alors nous devrons doublement veiller sur cette chère créature, et vous m'aiderez, monsieur Auvilliers...

— Oui, répondit Luc, je vous aiderai avec d'autant plus de zèle que, depuis le jour de notre première rencontre, j'ai retrouvé dans cette enfant la profondeur douloureuse du regard de Claire, la fille de ma sœur... Je vous remercie de m'associer à votre œuvre; mais l'égoïsme n'ayant jamais entaché votre cœur, je savais bien que vous vouliez seulement le bonheur de votre fille adoptive. Un jour viendra où j'y contribuerai pour une large part... Ce serait un véritable malheur d'être riche, si l'on n'avait le droit de faire la fortune de ceux qu'on aime...

Plus d'une fois des entretiens semblables, en rapprochant les pensées de Luc Auvilliers et de Nathalie, leur permirent de s'apprécier davantage. Mais loin d'épanouir le cœur et le visage du voyageur, ces causeries amicales semblaient plutôt l'assombrir. Il rentrait chez lui la tête basse, le front soucieux, et il murmurait :

— Etre vieux de visage et jeune de cœur, la triste, la décevante chose!

Comme Nathalie l'avait dit à M. Auvilliers, une fête, dont elle devait sans fin garder le souvenir, s'approchait pour Madone.

Plus âgée, plus grande et plus forte que ses compagnes elle vivait depuis une année dans l'espérance du jour béni de sa première Communion. Elle allait avoir quatorze ans. Sa beauté charmait tous ceux qui la voyaient, et seule, Madone ne paraissait pas s'en douter Nathalie avait voulu mettre la plus grande simplicité dans sa parure blanche; la mousseline en faisait tous les frais; mais la veille un volume merveilleusement relié en ivoire, et décoré de motifs d'argent ancien, lui fut envoyé par le docteur Lasseny, en même temps qu'un écrin bleu lui était remis de la part de Luc Auvilliers.

En recevant ce cadeau Madone fut heureuse d'y trouver la preuve du souvenir de son vieil ami, tandis que Nathalie, comprenant la valeur du présent, poussait un cri d'admiration. Le cadeau de Luc était un chapelet, mais un chapelet composé de cinquante-deux perles semblables de grosseur et d'Orient, tandis que des perles plus grosses, et roses celles-là, marquaient les dizaines. Une croix de diamants le terminait.

« Mon enfant, écrivait Luc Auvilliers, une jeune femme, à qui j'eus jadis le bonheur de sauver la vie, atteinte plus tard d'une maladie mortelle m'envoya ce pieux souvenir. Dans les contrées où une foi ardente s'unit à un grand luxe de culte extérieur, les femmes qui s'agenouillent dans les églises enroulent souvent autour de leurs doigts ces chapelets formés de perles et de diamants. Acceptez celui-ci. Qu'il soit le souvenir d'un jour impérissable ! »

Madone hésitait un peu, et cependant une convoitise naïve se lisait dans son regard. Mme Lincelle eut envie d'adresser le soir un reproche amical au voyageur millionnaire, elle n'en eut pas le courage.

Une sincère angoisse serrait le cœur de Luc Auvilliers. Il lui semblait que de l'acceptation ou du refus de ce présent dépendrait la part d'affection qu'on lui faisait dans le cœur de Madone.

Nathalie conduisit l'enfant à Auvilliers.

— Nous ne serons pas trop de deux pour la protéger et l'aimer, lui dit elle, qu'elle garde donc ce trop riche souvenir, et que sur ce chapelet précieux, elle demande à Dieu pour vous chaque jour le bonheur que vous méritez.

Elle embrassa Madone, puis elle ajouta :

— Les amis qui sont les élus, les parents de choix de notre cœur, possèdent des droits sur nous, Madone, quand ils sont à la fois affectueux, pieux et vieux aussi. Prie donc M. Auvilliers de te bénir, ma bien-aimée, il me semble que cela te portera bonheur.

Le pur regard de Madone se leva vers le vieillard.

Celui-ci sentit monter des larmes à ses paupières, un long soupir s'échappa de sa poitrine. Pendant une minute, il eut l'illusion que la charmante enfant qui s'inclinait devant lui était la fille de Claire que le ciel lui avait miraculeusement rendue.

— Sois heureuse ! lui dit-il, comme tu mérites de l'être, et puisse le ciel réunir un jour près de toi les objets de ton affection.

Un sanglot répondit à ce vœu.

— Grand-père ! Grand-père ! s'écria Madone en tombant à genoux.

Elle pleura longtemps, le cœur brisé, ne pouvant plus contenir la douleur qui lui emplissait l'âme. Nathalie, qui la prit dans ses bras, s'efforçait de la calmer. Mais l'enfant qui, jusqu'alors, avait gardé la force de se contraindre, ne parut plus entendre la voix de sa seconde mère.

— Pourquoi, demanda-t-elle, pourquoi faut-il que son absence me laisse un regret amer pendant cette journée... Le pauvre grand-père est mort dans un bois, sur une grande route, au fond d'un fossé... Il est mort sans un baiser de sa fille, sans avoir pu lui adresser ses recommandations suprêmes. Oh ! il ne me chérissait pas comme je l'aimais ! Le courage lui manque. Il souffrait à me voir subir une misère dont moi je ne me serais pas lassée. Dieu sait combien je vous aime, madame, quelle reconnaissance je vous porte, et combien je suis convaincue qu'une mère, une vraie mère, m'eût à peine davantage aimée. . Et cependant je pleure près de vous, je redemande à Dieu avec des larmes celui qui est parti, moins pour sauvegarder ses intérêts que pour s'occuper des miens...

— Il t'a donnée à moi, Madone.

— Ne pouvait-il me garder aussi ? Nous aurions caché notre vie. Depuis son départ je n'ai pas ressenti une heure de joie sans trouble. Je me le représente cent fois errant et pauvre, tantôt jouant de la mandoline, tantôt exécutant ses découpures de papier, ou à l'aide d'un couteau de pâtre sculptant un bâton de chêne... Il souffre loin de moi, je pleure loin de lui. Pour me rendre du courage je travaille, essayant de me faire l'illusion qu'il sera satisfait de mes progrès, qu'il me dira un jour que je me rapproche de ma mère... J'essaie d'imposer silence à mes craintes, mais elles ne tardent pas à revenir plus amères, plus obsédantes. Je me dis alors que je ne le reverrai jamais, jamais plus...

Nathalie serrait Madone dans ses bras sans trouver le courage de répondre. Elle ignorait l'art de mentir. Depuis plusieurs mois elle demeurait sans nouvelles de Matteo, et les angoisses de Madone trouvaient un écho dans son propre cœur. Elle essayait donc de la consoler et d'endormir en quelque sorte le chagrin de sa fille adoptive, la berçant doucement, couvrant son front de baisers et lui répétant des assurances de tendresse, auxquelles l'enfant ne répondait plus que par des pleurs.

Un double coup de sonnette retentit en ce moment, quelques mots s'échangèrent dans l'antichambre, et Baptiste parut. Il tenait à la main deux bouquets et un coffret.

Le premier bouquet était énorme, complétement blanc, formé d'azalées, de boutons de roses et de boutons de fleurs d'orangers.

Mme Lincelle le prit et en tira une carte :

— Voilà, dit-elle, une charmante attention du fils de notre cher docteur : Octave t'envoie ces fleurs pour embaumer et réjouir ton oratoire.

Madone sourit, mais le regard qu'elle jeta sur le bouquet venu de Nice fut presque indifférent, en comparaison de celui avec lequel elle fixa un modeste bouquet de bruyère.

— Celui-là! donnez-moi celui-là! fit-elle avec une sorte de fièvre. Ne craignez point de me causer une émotion trop vive... Je les reconnais, allez, ces fleurs ; je les reconnaîtrais entre toutes... Ne les ai-je pas foulées durant mes jours de pauvreté et de misère, mais aussi de joie filiale... Elles arrivent de Fontainebleau, voyez-vous... Dieu est bon! oui Dieu est bon mille fois! c'est grand-père qui les a cueillies... Grand-père qui me les envoie... Oh! je ne désire plus rien, maintenant; il veille sur moi, il me suit du regard, il lit au fond de mon âme... Demain, à l'heure où je m'agenouillerai devant l'autel il priera pour moi... Madame! Ma mère! car vous remplacez aujourd'hui ma mère, dites-moi que je ne me suis point trompée et que ces bruyères viennent de lui...

Pendant que Madone couvrait de baisers le pauvre bouquet cueilli si loin, Mme Lincelle examinait le coffret.

Il était en bois de genévrier, et embaumait comme un sachet. Sculpté avec un art infini, il présentait sur chacune de ses faces comme sur le couvercle, un faisceau d'objets religieux groupés au milieu de fleurs symboliques. Ce coffret était une inimitable œuvre d'art. Quand elle l'eut ouvert, Nathalie poussa un petit cri de surprise. Sur les coussins de velours doublant la cassette se trouvait un chapelet du même bois, dont les chaînons d'or étaient loin de valoir les merveilles des perles de genévrier fouillées avec une admirable patience.

Une lettre se trouvait tout au fond du coffret.

Madone s'empara de son trésor, et courut à l'autre bout de la chambre afin de l'admirer à son aise. Elle couvrit le chapelet de bois de baisers, puis elle le passa à son cou, et dévora du cœur et des yeux la lettre écrite par le grand-père :

« Je te suis du regard et de la pensée, écrivait-il; depuis le jour de mon départ, j'ai fait deux voyages à Fontainebleau afin de te voir. Il m'est aussi impossible de vivre sans toi, que de vivre sans air. Si je ne vais pas à toi, c'est que je connais notre faiblesse à tous deux... Je ne saurais plus contenir mon cœur, le courage me manquerait, tu deviendrais complice de ma faiblesse, et cela ne se peut pas, cela ne doit pas être... J'aurais pu frôler ta robe sans que tu me reconnusses ; je redoute trop notre ennemi commun pour ne point prendre toutes mes précautions... Ne me cherche jamais, mais répète-toi souvent que, comme un esprit familier, je reste près de toi, applaudissant à tes progrès, me réjouissant de te voir chaque jours plus grande et plus belle... Je serai là, demain, dans la foule... Sans distraire ton cœur de la pensée de Dieu, parle-lui de moi, dans ta prière d'ange, rappelle-toi que ce que tu lui demanderas à l'heure suprême où lui-même se donnera à toi, te sera accordé... Porte à ton bras le chapelet que je t'envoie... J'ai cueilli pour toi la bruyère près de cette roche de Franchard, où nous nous réfugiâmes tous deux en quittant Paris... Aime bien ton grand-père ! Un jour viendra où nous ne nous quitterons plus... Je te bénis, les deux mains étendues sur ton front... Je te bénis le cœur plein d'espérance et de joie, et je sens cependant mes yeux mouillés de larmes .. Madone, enfant de mon cœur, nous atteindrons le but que je me suis tracé, car je crois en la bonté de Dieu autant qu'en sa justice... »

Madone, après avoir lu et relu cette lettre, la première qu'elle recevait depuis le jour où Pascal l'avait avertie de son départ, sentait renaître subitement en elle cette espérance dont lui parlait le vieillard. Elle courut à Nathalie, lui montrant le chapelet de bois, lui tendant la lettre. Puis, comprenant combien son vieil ami Auvilliers devait souffrir en ce moment, elle lui dit d'une voix qui demandait grâce :

— Mon pauvre grand-père sera là, demain! Vous comprenez bien, n'est-ce pas mon ami, je ne puis pas lui causer cette déception et cette douleur de ne point porter son présent. Il pourrait croire que je le dédaigne.

Nathalie se pencha vers Luc Auvilliers :

— Consolez-vous, lui dit-elle, Madone le portera le jour de ses fiançailles, car nous en ferons une heureuse femme, après en avoir fait une heureuse fille...

Rien ne manquait plus à la félicité de Madone. Elle se recueillit dans sa joie, et le lendemain quand elle s'éveilla, par une admirable journée de printemps, il lui sembla que le ciel même allait s'ouvrir pour elle.

Rien, pas même la pensée que son grand-père allait se trouver dans la foule des fidèles, ne put la distraire du grand acte qui se préparait. Elle y apporta la ferveur d'un ange. Ce fut seulement en descendant la nef, au moment où elle allait franchir le portail, qu'une voix étouffée par l'émotion murmura à son oreille:

— Dieu te garde, enfant bénie!

En même temps quelques brins de bruyère tombèrent à ses pieds.

— Il a tenu sa parole! dit Madone à Nathalie, me voilà pleine de courage maintenant.

Une vie nouvelle commença en effet pour la jeune fille. Elle s'accoutuma à l'idée que le vieillard la suivait sans trêve, prenant sa part de sa vie, veillant sur elle avec une sollicitude faite à la fois d ardeur et de patience. Elle le prit pour témoin éloigné de sa vie, se disant qu'elle apportait une consolation réelle à son exil, à ses travaux, à ses chagrins, en obéissant aveuglément à ses désirs. A mesure qu'elle grandissait elle comprenait davantage le drame mystérieux qui avait dû se passer dans le cœur de Matteo Celui-là était un martyr, un autre était un coupable... Cet autre était celui qui tenta de la reprendre au vieillard, et de la faire servir à des desseins sans doute criminels.

Plus d'une fois Madone ayant exprimé à Nathalie sa terreur qu'à Paris un hasard la mît en présence de son persécuteur, la jeune femme apprit un jour, par une lettre de Matteo, qu'Olivier se trouvait alors en Portugal et qu'il y séjournerait plusieurs mois.

La saison d'hiver pouvait donc s'achever paisiblement à Paris; à Fontainebleau les deux femmes se sentaient plus tranquilles.

Elles s'y rendirent aux premiers beaux jours, et Madone s'en réjouit, bien qu'elle regrettât les soirées pendant lesquelles elle voyait fréquemment, chez Nathalie, Salvator Guerchin, qui chaque jour la trouvait embellie, Octave qui désormais accompagnait son père, et se formait rapidement sous ses ordres, Pierre Lasseny qui semblait se souvenir du passé. Elle fut contente de retrouver l'ombre de la forêt, les bruyères roses des clairières, la maison du garde toute ensoleillée sous ses pampres; la petite Josane revenue à la santé, Rose André épanouie dans son bonheur maternel. Peut-être Matteo, semblable à l'esprit même de la forêt antique, y vivait-il comme il savait faire de si peu que c'était de rien. Elle le trouverait dans quelque carrefour du bois; il lui apparaîtrait près d'une roche. Alors elle le presserait dans ses bras d'une telle étreinte qu'il n'aurait plus le courage de s'enfuir. Cette espérance, si vague, si lointaine qu'elle fût, suffisait pour la faire revivre. Elle n'osait la confier à Nathalie, mais elle s'y réfugiait dès qu'elle redoutait une crise de douleur.

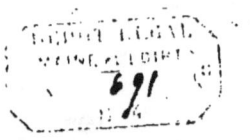

— Je vous marierai de ma main, miss Daisy. (Voir page 235.)

Chapitre XX

ÉPREUVES DU CŒUR

Un changement presque subit, et dont s'attrista Mme Lincelle, sans oser en demander la cause, ne tarda pas à se manifester dans la conduite de Luc Auvilliers.

Certes, il mettait le même empressement à se dévouer à l'éducation et aux intérêts de Madone; il répétait comme autrefois qu'il ajouterait une somme importante à la dot promise par Mme Lincelle, ne se croyant pas le droit de disposer de la totalité de sa fortune, tant qu'il conserverait une lointaine espérance de retrouver l'enfant de Claire; mais à l'égard de Nathalie il était devenu soudainement timide. Tantôt il accourait chez elle de bonne heure, comme s'il était avide de la voir et de reprendre leurs entretiens; tantôt il arrivait tard, triste, morose, paraissant remplir en faisant cette visite, devenue une habitude, une sorte de devoir qui ne laissait pas d'être pesant.

Il parlait peu, s'asseyait près de la haute cheminée, et laissait Nathalie l'entretenir tour à tour de la santé de Madone, de ses études et de ses progrès.

Ce changement se produisit sans transition, à la suite d'une conversation que Luc Auvilliers avait eue avec son secrétaire.

Victor Bérard, doué d'une imagination vive, d'un cœur auquel jamais il n'avait permis de battre, d'un esprit à la fois logique et passionné, se trouva, en entrant dans la maison du voyageur millionnaire, brusquement transporté dans le milieu où il avait rêvé de vivre. Son intelligence eut des éclats, des clartés semblables aux chaudes lumières des aurores boréales, son cœur s'épanouit dans une floraison complète, splendide, semblable à ces fleurs dont un rayon de soleil fait tout à coup ouvrir les corolles.

Cependant, comme il était à la fois tendre, loyal, reconnaissant et bon, ses affections ne l'égarèrent pas; il concentra sur les personnes qui l'entouraient la profondeur de ses amitiés. Rien ne saurait rendre la puissance, le charme et la grâce de ces attachements jeunes, éclatant sous la magique influence du bonheur.

Grâce à la vivacité de ces sentiments, si nouveaux qu'ils pouvaient pour lui créer un danger, Victor échappa aux écarts dont les jeunes hommes remplissent souvent les années de l'effervescence et de l'émancipation du cœur.

Une tendresse profonde, faite d'estime et de respect, prit possession de tout son être, sans qu'il s'en doutât, et quand il comprit que c'en était fait à jamais de son repos, il était déjà trop tard pour étouffer l'affection qu'il avait laissé naître et se fortifier dans l'ombre.

Un soir, tandis que Luc Auvilliers fumait, et que le jeune homme fermait un volume dont il venait d'achever la dernière page, M. Auvilliers lui demanda:

— N'avez-vous jamais songé au mariage?

— Jamais avant le jour où je suis entré chez vous, monsieur.

— Singulière réponse. Achevez votre pensée.

— Tenez, monsieur, ce n'est pas ma faute, je croyais bien être à l'abri d'une surprise de cœur... Quand on travaille, on n'a pas le temps de rêver... et j'ai jusqu'à cette époque dormi à peine assez pour me tenir debout durant le temps que je consacrais à un incessant labeur... Vous le savez, cependant, monsieur, je parvenais à peine à manger du pain... Quand je voyais mes amis, gais et rieurs, partir pour quelque campagne des environs de

Paris, la chanson aux lèvres, une fleur à la boutonnière, leurs vingt ans sonnant toutes leurs fanfares, je les ai tantôt enviés, et tantôt pris en pitié. Il était des jours où je me sentais comme eux avide de liberté, où la tentation de m'enfuir au loin pour entendre les oiseaux des bois et m'interroger moi-même, me prenait au cœur, où je me sentais pour ainsi dire attiré au dehors par des mains invisibles... Mais le sentiment du devoir me retenait. J'ai pleuré souvent des larmes amères, larmes de rage et d'impuissance. Et pourtant, si l'on m'eût offert de changer ma vie laborieuse, misérable, contre des heures de liesse, j'aurais refusé, oui, j'aurais refusé, et je serais resté ce que j'étais quand vous m'avez tendu la main... Mais, depuis... Pour avoir combattu ma jeunesse, je ne l'ai pas étouffée... Mon cœur a subitement battu des ailes comme un oiseau captif à qui on rend la liberté... J'ai rêvé : le rêve console des réalités sombres... Le rêve ne voit rien d'impossible à l'ardeur de son désir... Oh! monsieur! durant certaines heures, tour à tour partagées par la crainte et l'espérance, que n'ai-je osé vous montrer le fond de ma pensée, ou plutôt vous supplier d'y lire, car il est des instants où il me semble que je ne comprends pas moi-même ce qui se passe en moi. Je suis excusable, bien excusable, allez, vous en conviendriez vous-même... Si elle eût été moins parfaite, rien de tout ce qui me trouble et me bouleverse ne fût arrivé... Son charme était si complet, mon âme si avide du bien, du vrai, que brusquement son image y est entrée pour y demeurer à jamais...

— Ah! ça! mon cher ami! demanda brusquement Luc Auvilliers en posant tout à fait sa pipe, sur quelle herbe avez-vous marché ce matin? Vous avez dû lire un roman de La Calprenède ou de Mlle de Scudéry... Vous enveloppez les choses les plus naturelles du monde dans une sorte de pathos qui les rend complètement inintelligibles... Vous pouvez être franc avec moi, Victor! J'ai l'âge d'être votre père. Depuis que vous partagez mes travaux et mes loisirs, j'ai eu le temps d'apprécier vos qualités, elles sont grandes... Je vous suis donc acquis d'une façon absolue... Si je puis vous être utile de quelque façon que ce soit, hâtez-vous de me l'apprendre.

— Je vous remercie, monsieur, répondit le jeune secrétaire d'une voix découragée, je vous remercie du fond du cœur.

— Ce que vous souhaitez est-il donc impossible à réaliser?

— Vous ne pouvez rien contre ma préoccupation et ma tristesse... Je m'attends à voir briser mes pauvres espérances, mais, croyez-le bien, je ne m'en prendrai qu'à moi...

— De quoi s'agit-il donc?

— De la tendresse la plus idéale, la plus pure...

— Si Madone avait dix-sept ans, je croirais que vous songez à elle...

— Madone est une enfant, monsieur, ce n'est donc point vers l'avenir que s'en va ma pensée... Mais celle qui remplace sa mère, cette femme accomplie, ravissante, dont l'intelligence égale le cœur... Madame Lincelle...

— Vous voulez épouser Nathalie Lincelle! s'écria Luc Auvilliers avec une sorte de violence.

— Oui, monsieur.
— Vous êtes un insensé ! un insensé !
— J'ai commencé par vous le dire.
— La question d'âge...
— Mme Lincelle a vingt-six ans, moi vingt-cinq.
— Votre position, alors... Cette jeune femme est maîtresse d'une grande fortune, et n'épousera certainement qu'un homme dont la situation augmentera encore la sienne... Si je vous voyais un avenir ! Mais le secrétaire d'un homme, si influent, si riche même qu'il soit, n'a pas une carrière ouverte en quittant celui à qui il a offert ses services... C'est mal ! très mal ! Vous abusez presque de l'hospitalité qui vous est offerte dans cette maison, en ouvrant votre cœur à de telles pensées ! Si Mme Lincelle le savait...
— Rassurez-vous, monsieur, elle ne l'apprendra jamais. Je croirais manquer à tout ce que je lui dois, à tout ce que je me dois à moi-même, en lui révélant ce que je viens de vous apprendre... J'ai peut-être eu tort de vous le dire.. Pardonnez-le moi... Vous m'avez questionné, je ne sais ni mentir ni me taire, quand celui qui m'interroge a tant de droits à mon affection.
— C'est bien ! fit Luc Auvilliers, c'est bien ! Je ne travaillerai pas davantage aujourd'hui. J'ai besoin de repos. quittez-moi.
— Monsieur ! dit Victor Bérard d'une voix tremblante, dites-moi que vous ne m'en voulez pas, que je ne vous ai pas offensé...
— M'offenser, moi !
— C'est que, depuis ma confidence, votre regard est dur... J'aurais dû me taire ! je le comprends trop tard...
— Que voulez-vous dire ?
— Rien, répondit Victor d'une voix brève dans laquelle vibrait l'amertume, rien monsieur !
— Parlez, je le veux, je vous l'ordonne ! s'écria Luc Auvilliers.
— On ne commande qu'à ses valets, répondit Victor en se levant. Je vous avais voué, monsieur, une affection si grande, que parfois il m'a semblé que je n'aurais pas davantage chéri mon père... Un mot de plus et vous m'obligeriez à me séparer de vous...
— Seriez-vous donc ingrat comme la plupart des hommes ? demanda Luc Auvilliers. Vous me portez de l'affection, soit ! mais un mot vif, un accent élevé, suffit pour vous le faire oublier. Ne pouvez-vous au moins m'apprendre la raison d'une susceptibilité si brusque, et d'un refus d'explication qui m'attriste et qui m'offense ?
— L'exigez-vous véritablement ? reprit le jeune homme.
— Oui, mais non plus en vous intimant un ordre. Il me semble que nous nous devons l'un à l'autre plus de franchise et d'abandon...
— Qui sait, demanda Victor, si le mal résultant de cette explication ne sera pas plus grand que le bien... Vous avez raison, cependant, nous nous devons une explication mutuelle, sous peine de voir briser le charme de nos rapports... Je vous ai suffisamment fait comprendre que j'avais

une affection profonde pour Mme Lincelle... Surprise de l'esprit, émotion du cœur, ne me demandez pas davantage ce que je sens, ce serait impossible... Qu'il vous suffise d'apprendre qu'elle s'est emparée de ma vie pour la dominer... et que, dans l'impatience mêlée d'angoisse de vos questions, j'ai cru comprendre que vous aussi n'aviez pu rester insensible au charme pénétrant de cette jeune femme.

— Moi! s'écria Luc Auvilliers avec une sorte d'épouvante.

— Vous, monsieur, répondit Victor.

— Mais je suis un vieillard, quelle sotte contenance serait la mienne près de cette ravissante femme, pour qui, jusqu'à présent, tout a été joie paisible... Vous figurez-vous quelles soirées elle passerait près d'un mari de mon âge...

— Permettez-moi de vous faire remarquer, monsieur, que vous allez presque tous les soirs chez elle.

— Afin de donner des leçons à Madone.

— Leçons auxquelles assiste Mme Lincelle... Cela ne suffit-il point à prouver qu'elle est loin de s'ennuyer en votre compagnie... Oh! cela est étrange, monsieur, bien étrange! Mais à force de retourner dans ma pensée une idée qui m'est une cause de souffrance, j'ai fini, je crois, par comprendre, mieux que vous-même, ce qui se passe dans votre cœur. Vous vous jugez sévèrement, trop sévèrement, je le vois... Mme Lincelle en appellerait devant vous-même... Ah! je le sais, il est grandement facile de glisser sur la pente, de croire à l'amitié qui lentement se change en affection, pour se transformer en amour... N'ai-je point passé par ces phases diverses? N'ai-je point suivi en moi ces métamorphoses du sentiment? Vous fussiez peut-être demeuré longtemps sans savoir ce qui se passait en vous, je déchire le voile enveloppant la vérité et je vous la montre en face... Nous sommes rivaux, monsieur... Si cet aveu doit changer ma situation près de vous, apprenez-le-moi tout de suite; je sortirai de votre maison la tête haute, le cœur attristé, comprenant qu'il eût été pour vous trop héroïque de me guérir sous votre toit, et de me rapprocher de Mme Lincelle... Et cependant, car il faut tout dire, je suis convaincu que vous l'emporterez sur moi! J'ai la jeunesse sans doute! quel misérable avantage pour une créature de la valeur de cette jeune femme... Je ne compare point ma pauvreté à votre fortune, je la crois assez désintéressée pour n'attacher à la question d'argent qu'une valeur relative... Et d'ailleurs, comment voudriez-vous que j'osasse lui dire: — « Voulez-vous être ma femme? » — avec l'horrible crainte qu'elle se demandât: — « Ma fortune ne le tente-t-elle pas? » — Je suis condamné à me taire, et je me tairai...

Luc Auvilliers, le front penché, écoutait son secrétaire. Une lumière terrible se faisait en lui. Victor avait raison. Éclairé par sa souffrance il venait de fouiller dans l'âme de Luc Auvilliers avec une persistance et une sagacité qui rendaient à la fois Auvilliers heureux et tremblant. Il prêtait l'oreille aux paroles de Victor avec une sorte d'ivresse. Tout ce que le jeune homme lui disait de flatteur le charmait et le rassurait. Il éprouvait, no pas à le croire encore d'une façon absolue, mais à douter un peu, une joie grandissante, Si cela était vrai, cependant. Si quelque jour il pouvait déterminer Nathalie à lui accorder sa main. N'aurait-il pas tout de suite un intérieur, une famille? Nathalie et Madone! quel rêve...

Cependant au bout d'un long silence Luc Auvilliers parvint à dompter son émotion. Il tendit la main à Victor avec une cordialité sincère.

— Mon ami, lui dit-il, car vous êtes mon ami, je souhaite que rien ne soit changé dans nos rapports. Je ne suis pas assez remis du trouble dans lequel m'ont jeté vos paroles pour analyser le fond de ma pensée. Mais, dès ce moment, ma résolution est prise d'une façon irrévocable : — Vous resterez avec moi, je m'intéresserai à vous plus que par le passé, voilà tout. Si ce que vous avez cru démêler dans la tête et dans le cœur du vieux marin est vrai, Mme Lincelle décidera de notre sort à tous deux. Je vous déclare seulement qu'à partir de cette heure une somme de deux cent mille francs sera déposée en votre nom à la Banque de France... Si le sort vous favorise, il faut que le fiancé de Mme Lincelle n'ait pas à rougir.

— Je refuse, monsieur ! Je refuse vos dons! s'écria Vicor. Quoi! je serais assez lâche pour accepter...

— Ce que je vous donne à partir de ce jour, oui, vous le ferez, d'abord afin de me prouver que mon intérêt pour vous était payé d'une façon filiale, ensuite parce que vous ne voudriez pas me réduire à une situation humiliante. Je suis riche, si riche que ces deux cent mille francs ne changeront rien à ma fortune... Quand chacun de nous montrera le fond de son âme à Mme Lincelle je ne veux pas être réduit à me dire que mon argent est pour quelque chose dans sa décision, si cette décision m'était favorable... Si elle m'acceptait jamais pour mari, la dot que je vous aurais constituée vous servirait au moins à jouir d'un repos poursuivi par vous comme un rêve, à terminer dans le silence du cabinet des études commencées avec moi... Vous venez de me faire à la fois beaucoup de bien et beaucoup de mal... Peut-être une sécurité même trompeuse valait-elle mieux que le doute dans lequel je suis aujourd'hui. Vous m'avez obligé à regarder au fond de mon âme, à en éclaircir des replis que je voulais garder dans l'ombre. Jamais l'idée absolue de demander Mme Lincelle en mariage ne s'était présentée à mon esprit. Elle me paraissait si jeune ! Et je me vois si vieux ! Les campagnes comptent double, et les voyages valent bien les campagnes ! Pour la première fois vous avez fait naître dans mon esprit une vague espérance... Ce n'est pas vous dire que j'aurai le courage de parler d'ici longtemps... Peut-être ne l'aurai-je jamais... Après cette soirée nous tâcherons d'oublier tous deux ce que nous nous sommes dit. Jamais ni vous ni moi, nous n'en parlerons ensemble. Il est des sentiments qu'il faut ensevelir comme des morts, quitte à les voir ressusciter.

Luc Auvilliers et Victor Bérard restèrent également fidèles à cette parole. Cependant ni l'un ni l'autre ne fut dupe de la tranquillité affectée de son rival. Auvilliers était sincère. Dans tout ce qu'il avait dit à Victor, pas un mot n'offensait la vérité la plus scrupuleuse. Lorsque sortant de ce salon où il était resté entre Madone studieuse et Mme Lincelle intelligente, gracieuse et charmante, il éprouvait sans doute le regret de se retrouver seul, mais l'idée ne lui venait pas que cette situation pût changer. Son amitié ne souffrait d'aucun malaise. Il aidait Nathalie dans sa tâche maternelle, plus d'une fois il la lui facilita. Mais dans tout ce qu'il entreprenait pour lui plaire, il ne voyait jamais que le plaisir d'obliger une bonne et douce créature isolée, comme lui-même se trouvait isolé.

A partir de l'heure où Victor lui révéla ce qui se passait dans son âme il se sentit gêné, troublé, près de Nathalie. Sa conversation perdit de sa franchise prime-sautière. Il redouta cent fois de laisser deviner un secret si facile à comprendre, qu'un regard avait suffi à Victor pour acquérir la preuve que Luc Auvilliers serait le plus heureux des hommes si Mme Lincelle lui accordait sa main. Il devint triste, embarrassé, presque gauche. Sa conversation se ressentit de ses craintes. Il en vint à redouter à chaque instant de se trahir, et ne trouva sa facilité et sa confiance qu'en racontant des épisodes de voyages ou en donnant des leçons à Madone. Il les fit de plus en plus longues, si bien que Miss Daisy dit un jour à Mme Lincelle :

— Vraiment, madame, M. Auvilliers est un professeur si savant, si complet, que je ne suis plus guère utile pour l'instruction de Madone.

— Vous ne voulez pas dire que vous songez à me quitter?

— Non, madame, et, cependant, je le devrais peut-être.

Miss Daisy acheva ces mots presque bas.

— Madone vous aime beaucoup, reprit Nathalie avec bonté ! Vos leçons et vos exemples lui sont indispensables. Restez ! dans trois ans elle sera une jeune fille, nous verrons alors ce que nous devons faire. Avant de vous permettre de me quitter, d'ailleurs, je vous marierai de ma main, miss Daisy.

— Moi, madame !

— Oui, un projet que je forme seule, et pour lequel je suis certaine de trouver des complices... Vous pâlissez, miss Daisy, vous ai-je blessée, mon enfant ! Dieu m'est témoin cependant que je songeais seulement à votre bonheur. Et tenez, puisque le mot que je viens de vous dire vous a si fort émue, je veux vous l'expliquer tout de suite. La jeunesse va vers la jeunesse, c'est l'éternelle loi de la nature. Il faut, de plus, pour faire le bonheur des époux, une certaine parité de goûts, sans laquelle le calme ne durera pas longtemps dans le ménage. Que pensez-vous de Victor Bérard?

— De M. Bérard... répéta miss Daisy, en rougissant excessivement.

— Voilà que vous changez encore de couleur, miss Daisy. Vous êtes vraiment trop impressionnable ! Eh bien ! oui, de M. Bérard... Est-ce que le secrétaire de M. Luc Auvilliers et l'institutrice de Madone ne composeraient pas un couple charmant. M. Bérard est énergique, instruit : la pauvreté l'a gardé bon, ce qui est rare ; ses principes religieux sont d'accord avec les vôtres, et la fervente Irlandaise pourrait sans crainte s'unir à ce jeune homme qui, grâce à la foi, a sauvegardé sa jeunesse des périls semés autour de lui... Je n'ai pas besoin de vous dire qu'il vient ici avec un empressement dont le but est visible...

— Mais, madame...

— A peine est-il entré qu'il s'assied près de vous, et j'ai surpris plus d'une fois ses regards attachés sur les vôtres avec l'expression de la prière.

Miss Daisy cacha son front dans ses mains.

— Allons ! dit doucement Nathalie, un peu de confiance.

— Vous vous trompez, madame, répondit la jeune fille d'une voix à peine distincte, vous vous trompez, je vous jure, jamais! non, jamais ?

— Monsieur Bérard vous inspire-t-il de la répulsion !

— Lui! Madame, lui! Oh! c'eût été un trop beau rêve... Je suis sage, je ne l'ai pas fait... J'ai compris trop vite que je perdrais mon cœur en lui donnant... et si malgré moi, si en dépit de mes résolutions et d'une sagesse dont je me suis fait une loi, je m'oubliais jusqu'à bâtir des projets d'avenir auxquels il serait mêlé, il me suffirait, madame, de me souvenir pour perdre toute espérance.

— Vous pleurez, maintenant, qu'est-ce que cela signifie ? Avez-vous résolu de me faire des énigmes?

— Non, madame, répondit Miss Daisy, et je vous serais bien reconnaissante de ne plus me parler jamais, jamais, de M. Bérard; je ne sais où vont les ambitions de son esprit, mais je sais où s'arrêtent celles de son cœur.

— Et vous ne pouvez me le dire?

— A vous moins qu'à toute autre.

— Et si je vous priais, si je vous suppliais, Marguerite...

— Vous me feriez beaucoup de mal, madame.

— Obéiriez-vous ?

— J'essaierais.

— Eh bien! je vous en supplie, révélez-moi ce que vous pensez ou ce que pense M. Bérard, puisque vous avez cru le deviner.

— Il ne faut ni vous étonner, ni le blâmer, madame... Songez donc! pouvait-il établir une comparaison entre la jeune Irlandaise que vous payez pour instruire Madone, et une créature à la fois si belle et si bonne ! Il s'est pris comme le papillon à la fleur, et la guêpe au fruit. Vous l'avez vu me regarder avec l'expression de la prière... Oui, sans doute, il comprenait que je le devinais, il me suppliait de ne le point trahir; il demandait de moi le silence... Pauvre monsieur Bérard ! J'ai suivi jour par jour la lutte qui se passait dans son cœur, et je vous assure qu'il a fait tout ce qui était en son pouvoir afin de résister à un entraînement dont aujourd'hui il ne se sent plus maître...

— Comment? Non, j'ai mal compris... Miss Daisy, vous le savez, je ne suis point coquette... Vous ne voulez point me faire comprendre...

— Que monsieur Bérard ne songe qu'à vous? Si, madame...

— Pauvre garçon! murmura Nathalie.

Elle reprit doucement en serrant les mains de l'institutrice :

— Raison de plus, miss Daisy, pour lui offrir quelque jour une réalité saine à la place d'un rêve qui ne le conduirait à rien. Comment n'a-t-il point vu non seulement sa folie, mais l'impossibilité du but à atteindre?

Je vais apprendre la coquetterie afin de le guérir, Daisy, car il faut le guérir radicalement, le malheureux ! Rien de si simple, en vérité. Je reçois fort peu de monde, et je me montre généralement d'une amitié un peu banale, n'est-ce pas ? Cela va changer. Voyons, qui vient ici le plus souvent ? Salvator Guerchin... Si je paraissais le préférer.., Non pas ! il pourrait croire que cela est vrai... Le docteur Lasseny...

J'affligerais peut-être Octave qui chérit jalousement son père... Ah ! j'ai trouvé... Je vais redoubler d'amitié, de prévenances, pour mon vieux voisin. C'est sur M. Luc Auvilliers que vont retomber les plus aimables paroles. De la sorte, Victor Bérard en sera sans cesse témoin. Son affection pour M. Auvilliers, sa reconnaissance, lui rendront la lutte impossible, sa guérison se fera tranquillement, sans bruit. Quand vous croirez qu'il souffre, Daisy, par charité chrétienne, vous le soutiendrez, vous le consolerez un peu. Le baume se répandra doucement, insensiblement, sur la blessure. Peut-être m'accusera-t-il d'ambition, d'avarice. En effet, la fortune de M. Auvilliers est faite pour tenter une femme tenant à jouir des plaisirs d'une vie fastueuse. Le dédain remplacera la sympathie. Ce beau blessé se tournera vers vous. Soyez tranquille, Daisy, il aura à peine été entamé par cette fantaisie. Ces bulles de savon prismatiques s'évaporent vite dans l'air. Cependant, comme j'estime fort ce garçon laborieux, discret, dont l'unique folie est un compliment à mon endroit, je me réserve de le désabuser plus tard, bien tard, quand vous serez certaine de votre bonheur... Et vous jugerez, Daisy, à l'explosion de sa reconnaissance, de la vérité de mes prédictions. Vous aurez une belle corbeille de mariage, Daisy, et j'y mettrai quelques-uns de mes bijoux. »

— Combien vous êtes bonne, madame !

— Oh ! dans ce cas, j'agis presque en égoïste, car rien ne fatigue plus que le sentiment que l'on n'a point autorisé.

En ce moment Madone entra, souriante et gaie, apportant des cahiers et les livres. Elle venait prouver à Mme Lincelle les progrès qu'elle faisait chaque jour.

L'arrivée de l'enfant changea la nature de l'entretien. Nathalie oublia les confidences de miss Daisy pour s'absorber dans son rôle maternel.

Le soir, Luc Auvilliers quitta le petit hôtel de l'avenue Friedland pour venir causer dans le salon du boulevard Haussmann. Plus que jamais il paraissait soucieux, absorbé.

Nathalie devina du premier regard qu'une peine nouvelle frappait le vieillard, elle alla au-devant de lui avec empressement, l'interrogea avec une amicale sollicitude, et par discrétion, Madone, Daisy et Victor, se retirèrent dans un angle du salon. La jeune Irlandaise ouvrit un album, et tandis qu'elle en montrait les aquarelles au jeune homme et à son élève, Mme Lincelle, penchée vers le vieillard, lui demandait affectueusement :

— Que vous est-il arrivé ? Parlez, je vous en supplie. Ne cherchez point à nier que vous ayez un chagrin nouveau, je suis trop votre amie pour ne pas lire dans votre pensée...

— Je vous remercie, dit Luc, oui, je vous remercie sincèrement. Vous l'avez deviné, j'ai aujourd'hui éprouvé une commotion violente. Olivier est revenu, de quel pays, il n'a point pris soin de me l'apprendre. Mais quelles que soit les opérations auxquelles il s'est livré, elles sont loin d'avoir réussi, car je l'ai trouvé plus hâve, plus misérable que jamais. Il portait sur lui des habits dont la coupe de l'étoffe annonçaient qu'il les avait achetés dans un moment de vie plus heureuse. Leur délabrement faisait d'autant plus mal à voir que ce qui a survécu chez ce malheureux, est le sentiment de l'élégance. En dépit de la defense plusieurs fois renouvelée de se présenter chez moi, il y venait demander de l'argent. Ma colère, mon indignation, n'ont eu sur lui aucune prise.

« Je suis votre neveu, répétait-il, quoique vous puissiez dire ou faire, je tiens à votre famille... Cette Claire que vous chérissiez, la propre enfant de votre sœur, était ma femme... Si elle vivait! avec quel empressement vous iriez au-devant de ses désirs. Elle m'aimait, elle m'aimait passionnément... Puisque vous croyez en Dieu, vous devez savoir qu'elle vous voit, qu'elle est témoin de votre inconcevable dureté à mon égard... Et quel moment choisissez-vous pour me refuser votre secours et votre aide, celui où je suis une piste que je crois bonne, où l'espérance me revient de retrouver ma fille... Elle est bien de votre sang, celle-là...

« Ecoutez, lui ai-je répondu, fournissez-moi la preuve que vous dites la vérité, que réellement vous avez l'espérance de retrouver Marie, et je vous aide de tout mon pouvoir. Je mets en avant la police de Paris, je sacrifie cinq cent mille francs s'il le faut...

« Au lieu de se réjouir, il s'est écrié :

« — La police! vous voulez mêler la police à mes affaires, sachez que je ne l'entends pas ainsi, j'agirai seul...

« Soit! mais si je fournis les fonds nécessaires à vos recherches, je veux au moins avoir sur vous droit de contrôle.

« — J'aimerais autant la police, alors! m'a-t-il cyniquement répondu.

« Je n'ajoutai rien, et je repris sur mon bureau les papiers dont il avait interrompu le rangement.

« — Vous me refusez? reprit-il d'une voix plus sourde.

« Je vous refuse, parce que je ne vous crois pas. Non! vous n'êtes point à la recherche de votre enfant! Si cela était, quelle raison auriez-vous de le dissimuler. Je ne paraîtrais que pour vous venir en aide. Vous tentez d'exploiter une fois de plus ma crédulité et ma tendresse. Mais, sachez-le une fois pour toutes, vous m'inspirez une méfiance instinctive qui ne saurait me tromper. Je ne prodiguerai point de l'argent honorablement gagné pour soutenir votre paresse et pour encourager vos vices... Vous avez trouvé le moyen de vivre sans mon appui depuis trois années, vous pouvez continuer.

« — Savez-vous donc comment et de quelle manière j'ai vécu pour me dire de semblables paroles? A force de me jeter le mépris au visage vous finirez par me faire dépasser toutes les bornes... et par vous avouer ce que vous frémiriez d'entendre. Je vis des gains d'un jeu aléatoire, du produit de paris que je suis toujours exposé à perdre... Certains cercles me seraient sans doute fermés, et je suis trop courtisan de la dame de Pique pour qu'on ne m'ait point accusé d'avoir aidé à ses faveurs... et je sais ce que vous allez me répéter : « travaillez. » Ma main s'est alourdie dans l'inaction ; d'autres graveurs sont aujourd'hui à la mode. Si vous ne me venez pas en aide aujourd'hui, par pitié, faites-le dans votre propre intérêt... Le désespoir pousse au crime ou au suicide... Je crois trop peu en Dieu pour respecter son ouvrage, mais si mauvaise que soit ma vie, j'ai le tort d'y tenir... Eh bien ! la police est curieuse, ses agents sont partout... Quelque soir on me trouvera dans un tripot clandestin, et je serai condamné pour avoir tâché de plumer un pigeon naïf.... Vous croyez peut-être que j'aurai la pudeur de ma faute, que je dissimulerai le nom de ma famille? Je ne pense pas! Je m'empresserai de révéler à tous que j'ai pour parent un des millionnaires de Paris, qui me laisserait sans remords mourir sur le fumier de Job... Je vous entraînerai dans l'écroulement de mon honneur, et quand ma fille sera retrouvée, elle aura pour père un misérable flétri par la loi... Elle sera ma fille, cependant, mon bien! J'aurai le droit de la prendre, de la garder...

« — Jusqu'à sa majorité, répondis-je froidement.

« Peut-être! Il est facile de développer dans le cœur des êtres jeunes le sentiment du devoir, d'exalter leur pitié et leur imagination... Elle viendra à moi, justement parce que je serai pauvre, proscrit, malheureux... et je ne vous la rendrai jamais alors! jamais!

« L'aversion que m'inspirait ce misérable était si grande que je ne trouvai d'abord rien à lui répondre. A la fin, cependant, convaincu, non pas qu'il pourrait me rendre l'enfant de Claire, mais certain que suivant sa parole il était capable de bisauter une carte ou de piper des dés, je lui jetai un billet de mille francs.

« — Un grand nombre d'honnêtes gens vivent une année avec cela! lui dis-je.

« Il me regarda avec effronterie.

« — J'en ai pour trois jours, me répondit-il.

« — Ne revenez pas, cependant, repris-je, non, ne revenez pas. Je veux bien déposer chaque année une somme semblable chez un notaire, mais voici la dernière aumône que vous recevez de moi.

« — Je ne reviendrai pas, je vous le promets, fit-il d'une voix dont l'ironie déguisait mal la menace. Implorer si longtemps une misère n'est pas mon fait... Vous me reverrez une fois, une heure... Et alors, retenez bien cette parole, vous me supplierez à votre tour d'accepter une part de votre fortune. »

Il est sorti avec violence, me laissant sous le coup d'une indignation que je ne saurais peindre. Jamais il ne retrouvera l'enfant délaissé par lui, et cet homme qui a passé sa vie à ourdir des trames obscures, ne mentait pas en me jurant que nous nous reverrions un jour face à face, et que cette fois, ce serait à moi de trembler...

— Heureusement, dit Nathalie, l'hiver touche à sa fin, nous allons repartir pour la campagne, et sous les grands arbres de la forêt, au milieu des fleurs du parterre, dans la société de vos amis, vous oublierez ces paroles menaçantes, ces choses qui vous bouleversent. N'est-ce point déjà une consolation de les raconter à quelqu'un qui prend une part si vive à vos peines...

— Oui, répondit Luc Auvilliers, dont le regard s'adoucit subitement, et dont les yeux se fixèrent avec une expression de respect et d'attendrissement sur le beau visage de Nathalie. Croyez que j'apprécie votre bonté, que votre foyer est le seul endroit où je pense, où j'agis suivant mon cœur, en toute liberté et en toute franchise. Oui, nous partirons... Je reverrai la villa des Fleurs; je vous entendrai chanter durant ces longues soirées; nous nous promènerons avec Madone dans la grande forêt...

— Et nous reverrons ensemble l'endroit où, piquée par une vipère, je dus au courage de Matteo et à votre dévouement de ne point sentir les effets du poison.

Madone, Daisy et Victor, devinant que la confidence de Luc Auvilliers était finie, se rapprochèrent. Un regard glissé du côté du jeune secrétaire apprit à Mme Lincelle que celui-ci pouvait l'entendre, et elle continua d'une voix plus affectueuse et plus basse :

— Que de fois j'ai songé à une journée qui me valut votre amitié. Je ne sais qui de nous deux doit de la reconnaissance à l'autre. La vie d'une veuve est bien triste souvent; et subitement, comme une double bénédiction du ciel, Madone et vous, avez pris place dans ma vie.

Le visage de Luc Auvilliers s'éclaira.

En même temps, Victor Bérard, qui paraissait examiner avec une grande attention un petit magot de Chine, le laissa maladroitement tomber.

Un éclat de rire de Nathalie se fit entendre.

— Mon Dieu! madame! quel pardon j'ai à vous demander pour ma maladresse!..

— Un magot de moins! dit Mme Lincelle qui, ouvrant le piano, commença un air de *Norma*.

— Vous aviez raison, mon père, tout cela est mortellement triste. (Voir page 232).

Chapitre XXI

OCTAVE

Les mois s'envolèrent et les années succédèrent aux années. Madone, sous la direction de Nathalie, devint une jeune fille accomplie. Sa beauté, indiscutable, n'était égalée que par ses qualités. Elle avait assez appris pour mériter le titre de savante, si elle avait eu le moindre orgueil. Mais sa simplicité égalait sa grâce. Habile musicienne, peignant avec un talent qui lui valait des succès et pouvait lui mériter des triomphes, elle restait d'une modestie dont lui savaient gré tous ceux qui l'entouraient. Sans être absolument mondaine, Mme Lincelle, depuis surtout qu'elle avait le prétexte de produire sa fille adoptive, recevait chaque semaine, et dans ses salons se pressait une foule de femmes, de jeunes filles également sympathiques à Madone et d'hommes dont plus d'un pensait que l'orpheline rendrait parfaitement heureux le mari qu'elle choisirait. Nathalie ne cachait à personne qu'elle la doterait richement, et qu'à sa mort elle hériterait de toute sa fortune. Jusqu'à ce moment, Madone ne paraissait distinguer personne ; cependant, au fond de son cœur, peut-être cachait-elle une préférence. Depuis le jour de l'accident du chemin de fer de Gagny, la petite fille ne perdit pour ainsi dire pas de vue le docteur Pierre Lasseny qui la soigna, et son fils Octave. L'amitié qu'ils lui portaient, et qu'elle ne tarda pas à leur rendre, grandit avec l'âge. Un attrait plus vif peut-être l'entraîna vers le jeune médecin à mesure que passèrent les années. Dénuée de coquetterie, elle eût été presque surprise que bon nombre des invités de Nathalie l'eussent trouvée charmante, tandis que, de la part d'Octave, le sentiment d'une préférence lui eût paru tout naturel. Mais elle venait d'avoir dix-sept ans et ne songeait à autre chose qu'à la musique, à la peinture, et aux leçons de géographie que lui donnait Luc Auvilliers. Nathalie conservait à l'égard de celui-ci la même grâce amicale, un peu familière. Elle s'était promis de décourager Victor Bérard, et elle y travaillait en conscience. Victor, douloureusement troublé, découragé, ne tarda pas à renoncer au peu de confiance qui, durant quelques mois, avait rempli son cœur. Sans perdre tout espoir, il se résolut à attendre, dévorant sa douleur, et mettant autant qu'il le pouvait un masque sur son visage. Il comprenait les préférences de Nathalie pour M. Auvilliers, il les constatait, les analysait avec l'exactitude d'un praticien étudiant un cas grave. Lui-même se traitait en malade, mais il ne guérissait pas. La froideur, la dureté même de Nathalie ne parvinrent pas à le rebuter. Il se disait qu'elle pouvait changer, que les préférences des femmes varient. Il comptait sur l'inattendu. Sa douleur concentrée lui fit bientôt perdre le brillant de son esprit. Il demeurait de longues heures dans un angle du salon de Mme Lincelle, muet, occupé en apparence à feuilleter des albums, tandis que Luc Auvilliers, Madone et Nathalie causaient avec animation. Parfois Miss Daisy, l'institutrice, le rejoignait, poussée par la pitié. Elle l'interrogeait sur son enfance si triste, sur sa jeunesse, et il lui semblait que ses chagrins s'allégeaient quand elle le plaignait de sa voix douce, en le regardant de ses grands yeux bleus.

On était arrivé au mois de mai 1890, Nathalie songea à regagner Fontainebleau, et Luc Auvilliers quitta l'hôtel de l'avenue Friedland pour regagner sa villa dans la forêt. Chacun semblait heureux de quitter Paris, de rentrer au milieu des fleurs, de la verdure, de respirer l'air des bois embaumés par les parfums des feuillages. Madone seule paraissait un peu triste.

Elle était sans nouvelles de Matteo.

Peut-être le vieillard était-il loin... Qui sait s'il n'était pas souffrant ou malade...

Depuis l'époque de sa première communion, Madone n'avait eu que deux fois des preuves de sa présence à Paris. Quand elle habitait la Villa des Fleurs, elle trouvait souvent sur l'appui de sa fenêtre des bouquets d'anémones des bois ou de bruyères roses. Elle n'avait point besoin de demander qui les avait déposés là. Un jour une lettre fut jointe aux fleurs ; une autre fois un objet sculpté par le vieillard accompagnait son bouquet. Seulement, bien qu'elle comprît que de loin il veillait sur elle, Madone ne le rencontra jamais ni dans la forêt, ni dans les grottes. Il semblait mettre à l'éviter une volonté persistante. On eût dit qu'il tenait une parole donnée.

En allant cette fois à Fontainebleau, elle était résolue à tenter de surprendre Matteo dans une des courses qu'il faisait durant l'été aux environs de la villa.

Luc Auvilliers, encouragé par la bienveillance de Nathalie, dont il ne devinait pas les motifs, s'était fixé une date, afin de connaître si la charmante veuve consentirait à l'épouser, et son secrétaire se promettait, dans un moment de courage ou de désespoir, d'avouer, lui aussi, le secret que jusqu'alors il avait enfermé dans son âme.

Il était loin cependant d'être aussi cuisant qu'autrefois. Une amie l'avait deviné, et cette amie, sans paraître vouloir sonder la profondeur de sa blessure, la pansait avec cette habileté mêlée de tendresse dont les femmes ont le secret. Sans demander de confidences à Victor, sans paraître même les attendre, Miss Daisy les reçut durant une de ces soirées où le cœur trop plein déborde. Il omit une seule chose, le nom que la jeune institutrice avait deviné. A partir de ce jour, il lui parla avec mille précautions de la douleur dont il souffrait. Il la traita non pas en confidente, mais en sœur bien-aimée. La confiance naquit entre eux. Et un soir, tandis que Nathalie et Madone déchiffraient des partitions au piano, le secrétaire de Luc Auvilliers demanda à l'institutrice :

— Et vous, Miss Daisy, n'avez-vous rien à me raconter de votre vie passée ?

— Elle fut à la fois très simple et très douloureuse.

— Je vous écoute, Miss Daisy.

— Brien O'Killy n'avait d'autre protection qu'un seul oncle, très riche, habitant l'Angleterre. Le premier déchirement dont souffrit sa veuve, fut de quitter une patrie qu'elle aimait avec passion.

« Elle redoutait, les chocs qui ne pouvaient manquer de naître au sujet de la différence des cultes. Les parents de mon père appartenaient à la religion réformée, et se montraient d'une farouche exaltation. Ma mère n'eut cependant pas la force de condamner sa fille à la misère, de la priver d'une instruction qu'elle se sentait incapable de lui donner. Au moins, si elle ne lui laissait pas de fortune, voulait-elle employer tous les moyens pour lui fournir la facilité de se suffire plus tard.

« L'ami de la famille Villougy fut plus affectueux pour ma mère que ne l'attendait la veuve. On la plaignit, on eût pour elle les égards dus au malheur. Je devins la compagne de jeunes cousines déjà convaincues de l'importance que leur donnait le chiffre de la fortune paternelle. J'étais douce, complaisante, je devins pour les cousines une occasion d'étaler la bonté de leurs parents pour la veuve et l'orpheline de Brien O'Killy. Le dimanche qui suivit notre arrivée dans ma nouvelle famille, mes cousines Nelly, Judith et Sarah me vinrent chercher de bonne heure.

« — Venez-vous, me dirent-elles, nous sommes en retard, l'office sera commencé au temple.

« Je les regardai d'un air surpris.

« — Ne savez-vous point, leur répondis-je, que je suis catholique ?

« Une expression de colère et de dédain passa sur leur visage.

« — Avez-vous réfléchi au mécontentement qu'éprouvera notre mère ?

« — Songez-vous à quel point j'offenserais Dieu, si je vous accompagnais.

« Ma mère vint en ce moment me chercher. La dignité de son maintien, la tristesse de son visage, ne permirent point aux trois cousines de continuer l'entretien commencé : elles me laissèrent sortir puis coururent raconter à Mistress Villougy ce qui venait de se passer.

« — Je m'y attendais, répondit tranquillement ma tante.

« — Et vous le tolererez ? demanda Sarah.

« — La patience obtient plus que la colère, tu comprendras cela plus tard, ma fille. Si j'entamais la lutte que tu as eu le tort de commencer, le seul résultat qui se produirait serait d'éloigner de cette maison la veuve de Brien O'Killy, et votre père ne le veut pas. Sa première femme était la sœur du père de Daisy. Il a gardé de cette compagne de sa jeunesse un souvenir qu'il serait imprudent d'essayer de détruire. Qu'importe d'ailleurs que Daisy ne vous accompagne pas au temple, si chaque jour les leçons que vous partagerez avec elle font pénétrer dans son esprit et dans son cœur les saines doctrines.

« En effet, à partir de ce jour, je reçus les mêmes leçons que mes cousines ; mais on refusa à ma mère la permission d'assister aux cours, sous prétexte que sa présence deviendrait un sujet de distraction.

« Elle eut donc au fond de son âme l'angoisse profonde de se demander quelles paroles dangereuses étaient prononcées devant son enfant.

« Chaque soir, quand nous nous trouvions seules, ma mère m'interrogeait craintivement, rectifiait les faits dénaturés par les maîtres; m'enseignait les prières catholiques et s'efforçait de faire pénétrer en moi l'ardente foi qui fortifiait et consolait son âme au milieu de ses rudes épreuves. Je me montrais à la fois intelligente, soumise et remplie de bonne volonté. Je m'efforçais de compenser les sacrifices que mon oncle et ma tante s'imposaient, et de satisfaire en même temps ma mère que j'adorais. Mais en dépit de mon bon vouloir, de mon intelligence, de mes instincts, la perpétuité de leçons multipliées sous toutes les formes ne tarda pas à produire des fruits. Ma mère comprit vite que, si elle me laissait dans un semblable milieu, elle m'exposait à un danger si grand que je finirais par l'apostasie.

Quand cette conviction se fut faite dans son âme, un dimanche soir, après avoir cherché des forces dans la prière, elle me fit asseoir sur ses genoux, et me dit en me couvrant de baisers :

« — Ma chérie, tu trouves ici non seulement le pain quotidien que je ne puis te donner, mais une instruction capable de te mettre à même plus tard de gagner honorablement ta vie. Seulement ton âme sera perdue... Pas un jour, tu ne dois rester davantage dans cette maison. Nous allons affronter la souffrance, la misère, nous manquerons de pain et de souliers ; nous aurons faim et froid, mais nous conserverons notre âme fidèle à la loi divine.

« — Mère, lui répondis-je, partons! partons tout de suite. Je ne me plaindrai jamais si nous sommes malheureuses.

« Ma mère me serra dans ses bras avec un transport de bonheur et de tendresse, et pendant le reste de la soirée, elle remercia Dieu de m'avoir donnée à elle.

« Le lendemain notre mince garde-robe fut enfermée dans une petite malle, si peu lourde que ma mère pouvait la tenir à la main. Lorsque ses préparatifs furent terminés elle se rendit dans l'appartement de M. Villougy.

« — Je viens, lui dit-elle, vous remercier et vous dire adieu. Vous avez, en souvenir de votre frère, bien accueilli sa veuve et son orpheline. Je n'ai qu'à me louer de vos procédés et de ceux de votre femme. Je vais cependant vous quitter...

« — Nous quitter ! s'écria Mistress Villougy, quelqu'un dans cette maison vous a-t-il offensée ?

« — Non, répondit ma mère, j'ai à me louer des égards et de la bonté de tous. Les dissidences de nos religions motivent seules mon départ. Je tremble que la foi de ma fille soit menacée par les instructions religieuses que l'on fait à vos filles...

« — Savez-vous à quoi vous la condamnez, cette Daisy que vous dites aimer si fort ?

« — Je le sais ; j'aurai à lui gagner une vie précaire à l'aide de moyens peu nombreux. Je possède peu de science, si j'ai beaucoup d'énergie. Mais Daisy connait à quoi elle s'expose en se séparant de vous.

« — Je devais ce que j'ai fait à la mémoire de mon frère, répondit Villougy. Vous me payez d'ingratitude, j'aurais dû m'y attendre... Souvenez-vous qu'une fois cette porte fermée sur vous, elle ne se rouvrira jamais.

« — Dois-je vous quitter sur cette dure parole, quand mon cœur est plein de reconnaissance pour le passé ?

« — Nous en avons assez dit, quittons-nous... Vous regretterez le toit qui vous abritait, la table qui vous etait servie avec abondance...

« — Vous vous trompez, répondit ma mère avec dignité, je ne regretterai que votre amitié.

« Je voulus baiser la main de mon oncle, mais celui-ci me repoussa brusquement.

« Un moment après nous nous trouvâmes dans la rue. Il restait bien peu d'argent à ma mère; cet argent elle devait l'économiser avec une prudence voisine de l'avarice, car elle ignorait quand et comment il lui serait possible d'en gagner d'autre.

« Pendant plus de deux semaines elle alla de magasin en magasin, demandant des travaux de broderie ou de couture. Elle lisait toutes les annonces des journaux, s'informait dans les bureaux de placement, épuisait tous les moyens, sans réussir à quoi que ce fût. Enfin, un jour, elle entendit raconter qu'une vieille dame aussi riche qu'avare, défiante à l'excès, et devenue valétudinaire, cherchait une personne capable de lui faire la lecture. Ma mère avait la poitrine délicate, la vue faible, cependant, quelque fatigue qui dût résulter pour elle de ce genre d'occupation, elle se rendit chez la malade. La douceur de sa physionomie, l'accent doux et pur de sa voix, prévenaient en sa faveur. La rémunération qu'on offrait en échange de six heures de travail fut faible, et cependant ma mère l'accepta. Elle assurait du pain à son enfant. Avant que de se rendre chez sa malade, Salomé Schipp, ma mère me conduisait dans une école catholique où elle me reprenait en quittant la vieille dame.

« Durant les premiers jours, Salomé Schipp parut rogue, dure et mauvaise, mais ma mère opposa une inaltérable douceur aux fantaisies et aux duretés de la malade. Elle la plaignait non seulement de ses souffrances physiques, mais surtout de ses souffrances morales. Elle prit en pitié cette millionnaire qui mangeait à peine, et à qui le sommeil avait été retiré. Quand elle s'apercevait que la malade se trouvait fatiguée, elle la soulevait doucement dans son lit, retournait ses oreillers, rangeait les couvertures. Le verre de limonade, ou la tasse de tisane, se trouvait toujours à point pour apaiser la soif de la vieille femme.

« Ma mère faisait toutes ces choses tranquillement, sans demander ni remerciement ni reconnaissance... Salomé Schipp reçut d'abord ses services avec une sorte de crainte, comme si elle eût redouté qu'on essayât de s'en faire payer. Quand elle vit que sa gardienne restait aussi modeste, aussi simple, elle accepta ses soins avec une sorte de plaisir. Il lui devint ensuite impossible de s'en passer.

« — Bridget O'Killy, lui dit elle un jour, il existe près de ma chambre une pièce très claire et un petit cabinet ne servant à personne, si vous vouliez vous en accommoder... Je vous aurais toujours, là, près de moi... Les mercenaires qui viennent le soir après votre départ m'inspirent plus que de l'aversion, une terreur profonde... Je tremble toujours d'être assassinée dans mon lit.

« — Je regrette vivement de ne pouvoir accéder à votre désir, répondit ma mère, mais ce que vous me demandez est impossible.

« — Pour quelle raison?

« — Vous oubliez ma fille...

« — C'est vrai, vous avez une fille... Ne pourriez-vous la mettre en pension?

« — Me séparer de Daisy, quand je n'ai plus qu'elle au monde! Jamais! Non, jamais!

« — C'est dommage, répondit la malade, grand dommage!
« La conversation en resta là.
« Quinze jours plus tard Salomé Schipp demanda brusquement à la veuve :
« — Bien que je n'aime pas les enfants, je voudrais voir votre fille.
« Le lendemain était un dimanche. Je vins en même temps que ma mère.
« J'étais une enfant frêle, blanche, à laquelle une transparence de teint étrange communiquait quelque chose de bizarre. Tandis que ma mère s'occupait à préparer une boisson rafraîchissante pour la malade, je pris le livre et je continuai la lecture. Ma voix était douce, et lorsque ma mère voulut reprendre sa place, la vieille dame lui dit :
« — Je vous en prie, laissez lire l'enfant.
« Quand le soir fut venu, au moment où nous allions quitter l'infirme, celle-ci lui dit :
« — Si vous preniez la chambre dont je vous ai parlé, Mistress O'Killy, je suis certaine que jamais Daisy n'y ferait de bruit...
« — J'accepte, répondit la veuve.
« Ce fut un grand soulagement dans notre vie. Le loyer ne nous écrasait plus. Salomé Schipp s'habitua vite à moi et finit par me prendre en affection.
« A mesure que la vieille dame s'affaiblissait, son amitié pour moi paraissait grandir. Ma présence lui devint bientôt indispensable, elle supplia ma mère de me laisser près d'elle le plus possible.
« Notre vie s'écoula presque douce jusqu'au jour où un grand malheur vint me frapper.

. . . .

« Les soins à donner à la malade fatiguaient ma mère outre mesure. Je ne m'aperçus pas tout de suite du changement qui s'opérait dans sa santé. La vaillance de celle-ci l'empêchait de se plaindre. Mais un jour vint où à son tour, elle se vit obligée de s'aliter. Mon désespoir fut sans bornes. Je m'efforçai de rester cependant à la hauteur de ses devoirs. Je soignai les deux malades avec un infatigable zèle, partageant entre elles mon temps et mon dévouement. Cette situation se prolongea pendant quatre années : ce fut Salomé qui mourut la première. Elle expira en me bénissant et en m'affirmant qu'elle ne m'oubliait point dans son testament.
« Trois mois après ma mère expirait à son tour.
« Alors seulement je mesurai l'étendue de mon malheur.
« Je comptais dix-huit ans.
« Mon éducation était complète, sans doute, et j'allais être obligée de chercher une place d'institutrice.
« A la mort de Salomé Schipp, un homme de loi avait remis à ma mère une somme de dix mille francs, en ajoutant que, sans doute, à ce legs ne se bornaient pas les preuves d'attachement de la morte; mais que, lecture faite d'un premier testament contenant des dons d'une faible importance

on avait appris qu'un second testament de Salomé Schipp était déposé en mains sûres et ne devait être ouvert que huit années après sa mort. Il nous invita en même temps à lui laisser notre adresse, certain qu'il était d'avoir un jour besoin de nous faire une communication.

« Je dépensai une partie des dix mille francs afin d'entourer ma mère de tous les adoucissements possibles. Quand je me trouvai orpheline il me restait quatre mille francs.

« Je résolus de partir pour la France.

« Une de mes amies, avec qui j'entretenais une correspondance, me promit de me chercher une situation, et m'offrit en attendant de partager sa chambre. Deux mois après mon arrivée à Paris, j'entrai chez Mme Lincelle afin de m'occuper de l'éducation de Madone. Vous voyez, monsieur Victor, dit la jeune fille, en levant sur le secrétaire un regard humide, que nous avons tous à porter notre fardeau de douleurs. Le mien a été lourd, très lourd... »

— Ne vous êtes-vous jamais inquiétée du bizarre testament de Salomé Schipp ?

— Jamais, répondit Daisy. Cette femme, dont le cœur s'était adouci, gardait dans le caractère des côtés fantasques. Si elle eût vraiment été préoccupée de mon bonheur ne m'eût-elle pas enlevé les angoisses du présent. Quand je parle ainsi, ne croyez pas que je me plaigne de Mme Lincelle, je suis aussi heureuse que ma situation le comporte. Madone me semble une sœur, et Mme Lincelle se montre pour moi d'une bienveillance dont je ne lui serai jamais assez reconnaissante. Ma vie est ici aussi douce que possible, et j'essaie de me plier à cette existence...

— N'est-ce pas souvent un peu dur?

— Non, je vous assure. Il suffit de couper les ailes à ses rêves, quand ces rêves se croient approuvés par la raison et par le devoir.

— Supprimez le rêve, l'ambition, que reste-t-il?

— Le devoir, répondit gravement la jeune fille.

Victor lui prit respectueusement la main.

— Voulez-vous me permettre d'être votre ami? lui demanda-t-il.

— De grand cœur, dit-elle presque bas.

Les confidences de Miss Daisy eurent une grande influence sur Victor Bérard. Elles le rassérénèrent. Sans doute il ne fut pas possible de l'entretenir du sentiment despotique qui s'était emparé de lui, et de mêler le nom de Nathalie à leurs causeries, mais il se rapprocha d'elle, comme le voyageur se penche vers la source fraîche. Elle devinait trop ce qui se passait en lui, pour ne point tenter de le guérir d'un mal qu'elle ne pouvait croire ni chronique ni mortel. Tandis que la présence de Luc Auvilliers troublait parfois Victor d'une façon douloureuse, il se reposait près de Daisy. Nathalie, poursuivant un système qu'elle croyait infaillible pour éloigner d'elle la pensée de Victor, se montrait d'une amabilité charmante pour son riche voisin. Surpris d'abord, celui-ci s'inquiéta ensuite; mais il s'abandonna bientôt d'une façon absolue à un bonheur qu'il n'avait osé espérer. Cependant il ne se pressait point de connaître son sort en interrogeant la jeune veuve. Peut-être ne songerait-elle à se remarier qu'après avoir établi Madone.

Les étés succédant aux étés sonnèrent les dix-sept ans de Madone. Matteo restait toujours éloigné d'elle, mais plus en apparence qu'en réalité.

Certains présents mystérieux, des lettres remises sans qu'elles portassent le timbre de la poste prouvaient que, soit à Paris, soit à Fontainebleau, le vieillard ne cessait de veiller sur sa petite-fille.

Madone ne l'oubliait pas ; sur un mot, sur un signe de lui, Madone eût renoncé à sa vie de luxe et de plaisirs pour tenir le ménage de ce malheureux ou le suivre dans des pérégrinations sans fin.

Un terrible travail s'était fait, opéré dans son cerveau. Tant que petite fille elle avait vécu près de lui, à la Cité des Modèles ou dans la maison du garde, elle avait cru que l'unique danger menaçant le vieillard était la rencontre d'Olivier Marsan, de cet homme qui, un jour, l'avait volée, qui était son père, et pour lequel elle éprouvait une horreur sans bornes. Mais depuis, Madone s'était dit que cet obstacle n'était point le seul qui la séparait de Matteo. Quelque chose de terrible, de personnel, l'obligeait à fuir, à se cacher. Elle ne songea pas un seul instant que ce fût une faute, mais elle devina un horrible malheur. Elle n'osa questionner personne, pas même Nathalie. Deux ou trois fois le docteur Lasseny parlant devant elle du vieillard le fit en termes si chaleureux, qu'elle crut comprendre qu'il connaissait le secret de sa vie, mais elle n'osa pas le lui demander.

Le docteur et son fils avaient été durant tous les hivers les hôtes assidus de son salon.

Depuis le jour où, pour la première fois, Octave vit dans la demi-obscurité régnant dans la gare de Cagny, le visage pâle de la petite fille, cette enfant lui inspira un intérêt croissant. Il l'aimait pour sa souffrance et sa faiblesse, avec une pitié qui se transforma, quand à la place de la fillette en costume de transtévérine, il trouva la pupille de Mme Lincelle, jolie, instruite, gracieuse comme la grâce.

Il vit éclore ce beau papillon, il entendit presque chaque jour les rires ou les chansons de la jeune fille, et Madone resta pour lui une créature à part. Maintenant il avait vingt-cinq ans, elle dix-sept. Peut-être n'avait-il point encore formulé une question d'avenir. Ce fut Pierre Lasseny qui la posa.

Le savant praticien se sentait un peu las. Il avait donné plus que son temps : son cœur et sa vie. Parfois il ressentait un immense besoin de repos pendant lequel il se livrerait, dans le silence du cabinet, à des études d'un autre genre. Il continuerait son service à l'Hôtel-Dieu, mais il céderait progressivement sa clientèle, se réservant d'étayer son fils de son expérience, l'accompagnant quand il s'agirait de consultations graves fondant son avenir sur la célébrité du nom qu'il portait.

Pour atteindre ce double résultat, il fallait qu'Octave fût marié. Jusqu'à ce jour le jeune homme ne semblait point y avoir songé, et le docteur avait dû faire *in petto* un choix qui lui semblait excellent. Blanche Augestel possédait à la fois la beauté, la fortune, une éducation parfaite. Les recherches dont elle était l'objet auraient pu flatter la plus fière. Voyant qu'Octave ne remarquait point Blanche, Pierre Lasseny commença par s'occuper un peu de cette charmante fille. Elle comprit quel but poursuivait le docteur, et son attitude prouva vite qu'elle s'estimerait heureuse d'être sa fille. Ce fut seulement après avoir préparé cette union que Pierre Lasseny résolut d'en parler à son fils.

Au premier mot, Octave l'arrêta :

— Je vous en supplie, lui dit-il, ne me nommez pas celle à qui vous songez pour moi : mon refus serait une double peine pour vous, une injure pour elle. Tant que je l'ignorerai, je me sentirai libre.

— As-tu donc résolu de ne point te marier? demanda le docteur.

— Grand Dieu! A quoi songez-vous mon père? Ne pas y penser?

« J'y rêve peut-être trop, au contraire. D'ailleurs, vous ne pouvez vous refaire un intérieur que le jour où j'amènerai ici une jeune femme belle, attentive, qui vous gâtera pour vous remercier de m'avoir gâté moi-même. »

— Mais celle que je souhaite pour toi eût parfaitement rempli ce programme.

— La mienne y parviendra mieux encore.

— Tu as un secret, Octave, un secret pour moi!

— Vous connaissez mon affection et ma confiance, mon père, ne vous servez donc point de ce mot.

— Dis-moi tout alors.

— Cette confidence me semble prématurée.

— Pourquoi? Si ta décision est prise...

— Mon père, répondit gravement Octave, je suis résolu à ne jamais épouser une autre femme; mais je suis décidé aussi à ne jamais me marier contre votre gré. Je vous dois cette marque de respect et de tendresse, à vous qui, volontairement, et dans l'intérêt de mon bonheur, avez renoncé à toute alliance nouvelle, dans la crainte qu'une belle-mère me rendît malheureux...

— Cette réponse ne me suffit pas d'une façon absolue. Je comprends ta volonté de ne jamais me déplaire, mais je m'explique moins ton silence. Tu crains donc que ton choix n'ait pas mon approbation?

— Je redoute l'influence des préjugés.

— Cette jeune fille...

— Tenez, mon père, ne poussez pas plus loin un interrogatoire qui me ferait cruellement souffrir... Mieux vaudrait m'exposer tout de suite à votre colère que de me laisser arracher peu à peu une confidence qui vous froisserait faite de la sorte. Vous êtes riche, je le sais; généreux, vous le prouvez chaque jour. Vous ne pouvez donc tenir à la dot de la fiancée... Peut-être celle que j'aime ne m'apportera-t-elle rien, peut-être au contraire possédera-t-elle autant que moi. Tout ce que je sais, c'est que les qualités de son esprit et de son cœur me la font préférer entre toutes. Je l'aime comme un fou, et vous-même...

— Madone! s'écria Lasseny, il s'agit de Madone.

Il regarda son fils avec une expression de pitié infinie, et il ajouta :

— O mon pauvre enfant!

Le visage du jeune homme refléta une angoisse si profonde, que le docteur ouvrit ses bras et le pressa longuement sur sa poitrine.

— Je te connais, lui dit Octave, jamais tu n'as fait assez cas de l'argent pour croire qu'il pût être mis en balance avec le bonheur. Dans ton exclamation, dans ton attitude, je vois de la douleur, et non point de la colère. Oublie pour un moment que je suis ton fils, et parle-moi comme à un homme. Pourquoi sembles-tu redouter si fort que j'aime cette pauvre et charmante enfant.

— Je n'ai point à te répondre : Madone est indigne de toi, je mentirais. Non, Madone mérite à tous égards l'affection et le respect, et cependant, tu ne peux devenir son mari... Si Madone était orpheline, je placerais tout de suite sa main dans la tienne, mais Madone a une famille...

— Le vieux Matteo... Mais si j'ai bon souvenir, vous-même faites cas de cet homme?

— Oui sans doute, répondit Pierre Lasseny, et cependant tous ceux a qui je parlerais de ma sympathie pour ce vieillard m'accuseraient de folie s'ils connaissaient la vérité. D'ailleurs, quel que soit mon sentiment personnel, nous nous heurtons contre un fait...

— Apprenez-moi tout, reprit Octave, il y va du bonheur de ma vie

— Eh bien! reprit le docteur, Matteo, ou du moins celui que nous appelons ainsi, n'est autre qu'un forçat évadé de Nouméa, et condamné à quinze ans de travaux forcés pour avoir fabriqué de faux billets de banque... Il se nomme en réalité Pascal Marsan... Tu comprends maintenant les raisons qui le portent à mener cette existence entourée de mystère, à se cacher dans Paris sous des travestissements divers, à courir les bois comme il faisait quand Mme Lincelle rencontra Madone... Tu vas me demander maintenant comment, connaissant le passé de Matteo, je m'intéresse à lui? C'est que j'ai été mêlé à ce drame de famille. Après avoir trouvé dans une voiture 200,000 fr. qui m'appartenaient, cet homme me rendit l'équivalent en faux billets... On trouva chez lui l'outillage complet ayant servi à la perpétration du crime, et cependant, en présence de la douce et franche figure de cet homme, j'ai toujours voulu douter... Il existe un secret dans cette âme, secret de dévouement allant jusqu'au martyre, et faisant de Matteo le héros de l'amour paternel... Pascal Marsan avait un fils paresseux, débauché, ayant tous les vices, réduisant au désespoir une jeune femme douée de toutes les qualités, de toutes les vertus... Pour moi, le véritable criminel était Olivier... Revenu en France après une longue absence, en dépit des années et de la dégradation dont son visage portait les vestiges, je l'ai plus d'une fois rencontré... Matteo nie avec énergie être l'ancien Pascal Marsan, mais rien ne changera ma certitude, et d'ailleurs, pour en acquérir la preuve, il suffirait de lui demander ses papiers ou sa signature. Madone ne peut donc se marier. En supposant que j'aie rencontré juste, Olivier Marsan, qui doit changer de nom dans toutes les villes où il passe, exploiterait à la fois sa fille et ta tendresse pour elle, en attendant qu'il commît un acte déshonorant. Matteo ne peut pas te donner Madone pour femme sous le nom qu'il a pris, sans commettre un faux en écriture publique...

— Vous aviez raison, mon père, tout cela est mortellement triste. Madone la fille d'un misérable, Madone la petite-fille d'un malheureux que la loi a frappé...

— Et cependant, reprit le docteur, je me contenterais de peu pour exaucer tes vœux. Il me suffirait d'avoir la preuve absolue de l'innocence de Pascal, et de la mort de son fils... Matteo resterait Matteo pour moi, et je conserverais la conviction qu'il se laissa condamner pour sauver Olivier... Tu comprends, n'est-ce pas, toute l'horreur de cette situation qui, pour le moment, est sans remède...

— Oui, mon père, répondit Octave, et je vous remercie.
— Tu me promets de renoncer à Madone?
— Je vous promets d'attendre.
— Que peux-tu espérer?
— Tout, parce que je crois à la Providence... La lumière se fera sur ce mystère...

— Mais si la lumière se fait, et qu'on rende à Pascal l'estime qui lui est due, Olivier sera reconnu coupable...

— J'attendrai aussi longtemps qu'il faudra, mon père... Car une tendresse semblable à celle que je porte à Madone ne peut ni s'éteindre, ni même faillir... Si vous le voulez bien, nos relations avec Mme Lincelle et sa pupille continueront comme par le passé... Quelque chose me dit que Madone a deviné ce secret de mon cœur; je vous jure de ne jamais lui parler de mes projets, mais je vous demande la consolation de la voir.

Pierre Lasseny tendit la main à son fils.

— C'est bien, lui dit-il, je n'attendais pas moins de toi.

Le valet de chambre et le jardinier se jetèrent sur Bois-Galais. (Voir page 262.)

Chapitre XXII

UN COUP A FAIRE

Au delà de Fontainebleau, au milieu d'un amas de maisons ressemblant presque à un village, se trouvait un logis bizarre, formé de l'agglomération de bâtiments divers surajoutés à des époques différentes, de façon à former des appentis, une étable, un bûcher. Tous ces bâtiments entouraient à l'arrière et de chaque côté la maison primitive dont la principale pièce, située au rez-de-chaussée, s'ornait à l'extérieur d'une branche de gui et à l'intérieur de tables et de bancs attendant les consommateurs. Trois portes s'ouvraient sur cette pièce. L'une communiquait dans une pièce de taille moyenne, emplie dans la moitié de sa longueur de balais de bouleau et de bruyère.

En face se trouvait un amas de brindilles destinées à être transformées en balais.

Une sellette, une botte d'osier, et de menus outils attestaient que cette pièce servait d'atelier. A mesure qu'elle s'emplissait, on transportait les balais sous le hangar voisin ayant une issue étroite dans cette chambre.

Au fond de la grande salle une porte s'ouvrait sur une cour encombrée de cabanes à lapins, de pigeonniers adossés au mur. Au delà, le jardin laissait voir les juliennes épanouies, les giroflées odorantes, les ruches d'abeilles emplies de bourdonnements printaniers. Enfin la dernière porte dissimulait la spirale d'un escalier conduisant au premier étage. Ce cabaret, ayant pour enseigne: *Au rocher de Francliard*, avait pour propriétaire un homme âgé d'environ cinquante ans, gros, ventru, lourd d'esprit autant que de corps, et paraissant n'avoir d'autre intelligence que celle de son triple commerce. Outre son débit de vin achalandé par les tireurs de sable et de grès de Fontainebleau, les marchands de terre de bruyère, et les pauvres coupeurs de bruyères, il fabriquait des balais qu'il expédiait à la ville, en lourdes charrettes câblées, chargées si haut qu'il semblait toujours qu'elles dussent verser leurs marchandises dans le chemin. On trouvait de plus chez lui tout ce que fournit la forêt, des herbes médicinales, des têtes de vipères, des couleuvres vivantes.

On l'aimait médiocrement dans le pays, mais comme il faisait assez aisément crédit aux buveurs, on ne parlait mal de lui que tout bas, et on le saluait avec une politesse empressée. Sa jovialité le sauvait d'ailleurs de maintes rancunes. En tout temps les restaurateurs de Fontainebleau trouvaient chez lui des lièvres pour leurs civets et des chevreuils. Il achetait à vil prix le gibier des braconniers et le revendait d'une façon raisonnable. Outre la servante, dont l'office était de faire la cuisine, de balayer la salle et de verser à boire aux pratiques, Gaumetan avait toujours un coin quelconque de sa maison pour y loger un ouvrier ou une ouvrière sachant façonner les balais. Il les prenait d'ordinaire vieux et débiles afin de les payer moins cher, ou plutôt il ne les payait pas. En échange d'un certain nombre de balais Gaumetan leur fournissait une maigre pitance. Beaucoup n'avaient besoin de rien en dehors d'une nourriture misérable; les autres s'ingéniaient à gagner quelques sous afin d'acheter du tabac et quelques vêtements. Depuis trois ans, tant que durait la belle saison, Gaumetan avait pour ouvrier un vieillard infirme, presque aveugle, travaillant avec zèle, et payant régulièrement sa nourriture à l'aide de son travail. Souvent il s'absentait pour un jour ou deux, disparaissait sans dire où il allait, revenait presque gai, son pauvre visage éclairé par une joie intérieure. Bien qu'il travaillât ostensiblement à ses balais, le vieillard s'occupait de la fabrication d'objets plus délicats, et les vendait aux marchands de Fontainebleau. Il logeait dans la petite pièce où s'entassaient les balais de bruyère. Une sorte de lit de camp adossé au mur et une table de sapin lui suffisaient. Sur une planche, au fond d'une cassette, il gardait des choses précieuses sans doute, mais que Gaumetan n'avait pu entrevoir. On avait offert au vieillard une mansarde au-dessus du premier étage, il l'avait refusée se trouvant plus libre, disait-il, d'entrer et de sortir à toute heure.

Sa vie semblait inégale comme son humeur. Rarement il causait avec Gaumetan. Parfois il lui adressait cependant des questions sur les propriétaires des environs, les touristes en voyage, les artistes peignant les vieux arbres et les roches de la forêt.

Quand la servante se trouvait occupée, Gaumetan eût souhaité que le vieillard consentît à donner un coup main dans la salle, mais il s'y était toujours refusé, et la dernière fois qu'il en fut question, l'explication fut si vive que le vieillard déclara qu'il allait partir.

Gaumetan le retint, et il ne fut plus question de la clientèle du *Rocher de Franchard*.

Par une belle journée d'été, deux hommes vêtus de redingotes élimées, croisées sur des chemises d'un blanc douteux, entrèrent dans la salle où Rosalie, la servante, se trouvait seule, et lui commandèrent un de ces dîners où elle aurait toute facilité de prouver son talent culinaire.

Tandis que la servante s'empressait autour de ses fourneaux, le plus âgé des deux étrangers la questionna sur le pays.

— J'y suis venu il y a vingt ans, dit-il, et tout doit être bien changé ici.

— Embelli surtout, répondit Rosalie. Dame! On a bâti, vous pouvez m'en croire... Des propriétés superbes entourent la forêt. Chacun croit l'avoir toute à soi... Pendant la belle saison les calèches sillonnent sans cesse les grandes allées, les piétons errent à travers les roches et les groupes d'arbres. C'est un mouvement sans fin dont nous n'avons pas à nous plaindre.

— Les voyageurs couchent-ils donc ici?

— Ce n'est pas cela que je veux dire, monsieur. Vous comprenez bien que les chambres, si l'on peut appeler cela des chambres, ne sauraient convenir aux riches voyageurs. Nous profitons de leurs courses par ricochet, voilà tout. O nous achète des provisions, que l'on sait trouver ici mieux que partout ailleurs.

— Et parmi les propriétés nouvellement construites, quelles sont les plus curieuses et les plus agréables à visiter?

— Cela dépend des goûts de chacun, monsieur.

— Mais encore...

— Dans le château de M. Montenillan sont rassemblées des antiquités dont les savants font grand cas. J'y suis allée un dimanche, pendant l'absence du propriétaire. On ne voyait qu'oiseaux empaillés, images et bonshommes que le valet de chambre appelait des dieux. Dans des coins se trouvaient des armes vieilles comme la guerre, ailleurs des crânes desséchés, c'était à faire frémir. Il paraît que M. Montenillan aime « l'âge de pierre ». Je vous répète cela comme on me l'a dit, attendu que je n'y comprends rien.

— M. Montenillan accueille-t-il bien les savants étrangers?

— On le dit... Est-ce que ces messieurs sont étrangers?

— Non, nous sommes tout simplement des savants.

— Vous n'êtes pas vieux pour cet état-là, répondit en riant la servante.

— Et après le château de M. Montenillan...?

— Dame! il y a le domaine de Mme Monfleury, de M. Armed, et la Villa des Fleurs.

— Un nom encourageant et embaumant.

— Un nom justifié, surtout. Figurez-vous partout, depuis la grille jusqu'à la maison, des fleurs en plates-bandes, des fleurs en bordures, en corbeilles. On les a semées, plantées, cultivées avec profusion. C'est une abondance, un déluge de fleurs. Les nuances, les formes se marient. Le rouge, le jaune et le bleu se confondent. Quand on entre dans la villa de Mme Lincelle, on croit pénétrer dans un paradis.

— On dirait que tu y vas souvent.

— Le jardinier est assez aimable; quand il vient ici boire, il ne manque jamais de m'apporter des bouquets. Je le reçois bien à cause de cela... D'ailleurs Mme Lincelle est la providence du pays...

— Tu réussis trop bien les portraits pour que je ne te donne pas de quoi l'acheter une jupe neuve, à la condition que tu la mettras pour aller cueillir les fleurs de Mme Lincelle.

— Merci, monsieur, dit Rosalie avec un large rire. J'ai oublié de vous parler de la propriété de M. Luc Auvilliers.

— Ah! fit le plus âgé des voyageurs, un étranger, n'est-ce pas?

— Il faut le croire, monsieur. Dans tous les cas, il a rapporté bien des choses curieuses de ses voyages. C'est le valet de chambre qui me les a montrées. Figurez-vous qu'on trouve de tout dans cette maison : des peaux de tigres, des lances de sauvage, des habillements en plumes, des colliers faits de dents humaines, des défenses d'éléphants, des oiseaux empaillés. La galerie dans laquelle on renferme ces curiosités est superbe, j'y ai passé deux grands dimanches.

— Le propriétaire permet-il aisément que l'on visite sa collection?

— Pour cela, non. Il est d'humeur triste et ne reçoit personne. Ses domestiques affirment qu'il est bon, cependant, mais je ne m'y fierais pas.

— Je serais tenté de mettre sa complaisance à l'essai, répondit le second voyageur.

— Sa propriété est-elle éloignée? demanda l'autre.

— Dans un quart d'heure vous y serez.

— A quoi la reconnaîtrons-nous?

— De chaque côté de la grille sont plantés des arbres couverts de fleurs blanches comme la neige. Le château a deux étages. A gauche est une tour carrée, servant de bibliothèque. M. Auvilliers y travaille toute la journée.

— Sa chambre se trouve auprès?

— Non, répondit Rosalie, sa chambre est au premier étage ainsi que celle de son secrétaire.

Les voyageurs payèrent généreusement leur maigre repas et quittèrent la salle basse.

Au même moment, l'ouvrier qui fabriquait les balais de bruyère quitta son atelier et, traversant la cuisine, suivit du regard les deux voyageurs.

— Je ne m'étais pas trompé, murmura-t-il, j'avais bien reconnu sa voix.

Puis se tournant vers la servante.

— Ces deux messieurs reviendront-ils?

— Ils ont commandé le dîner. Ah! ils sont bien aimables! Le plus âgé des deux, et ils sont encore tous deux assez jeunes, m'a donné de quoi m'acheter une jupe neuve.

— Sais-tu s'ils vont dans la forêt?

— Je crois plutôt qu'ils ont envie de visiter la Villa des Fleurs, et le château de M. Auvilliers.

— Qui te le fait croire?

— Dame! c'est curieux, voyez-vous, et je l'ai bien décrit, je vous assure.

L'ouvrier rentra lentement dans la petite pièce encombrée de balais, et au lieu de reprendre son travail, il se jeta sur son lit de camp.

Les deux étrangers, dont Rosalie préparait le repas avec grand zèle, suivirent les indications de la servante, et, au bout d'une demi-heure, ils aperçurent la propriété de M. Luc Auvilliers.

Un jardinier ratissait les allées couvertes de sable fin.

Les voyageurs s'approchèrent de la grille, et certains qu'un jardinier s'estime toujours heureux d'entendre louer ses plates-bandes et ses corbeilles, ils multiplièrent les éloges.

— Oh! ce n'est rien ici! répondit le jardinier, si ces messieurs voyaient la serre, c'est bien autre chose. Dame! j'y mets à la fois mon amour-propre et mon plaisir. Chacun a la passion de son état, et le jardinier de Mme Lincelle, si habile qu'il soit, ne m'en remontrerait pas.

— Je regrette, répondit l'un des voyageurs, de ne pouvoir visiter cette serre, le maître du château l'interdit sans doute?

— Nullement, répondit le jardinier. D'ailleurs, il est absent ainsi que son secrétaire, et si ces messieurs désirent entrer...

Un moment après les deux amis parcouraient le jardin, guidés par le jardinier qui semblait aimer à causer. Après avoir promené les étrangers dans la serre, et avoir recueilli assez d'éloges pour flatter le jardinier le plus exigeant, le plus vieux des deux amis dit d'une façon détachée :

— On affirme que votre maître possède d'incalculables richesses, et des curiosités rapportées de tous les points du globe, ne pourriez-vous pousser la complaisance jusqu'à nous faire visiter le château?

Le jardinier hésita, mais la pièce d'or qu'il venait de recevoir l'avait déjà corrompu à demi; il monta le perron, causa pendant quelque temps avec le valet de chambre, puis il fit signe aux étrangers de le suivre.

En haut d'un perron élevé de six marches se trouvait un vaste vestibule dallé de marbre, et dont les murailles étaient garnies d'armes rapportées de tous les points du monde. Sur ce vestibule s'ouvrait un salon galerie dans lequel s'entassaient les curiosités rapportées par Luc Auvilliers. A travers une porte entr'ouverte il était facile de voir une bibliothèque occupant les quatre panneaux de la pièce formant le rez-de-chaussée de la tour carrée. Un seul coup d'œil fut jeté par les curieux dans cette pièce intéressante. Ils traversèrent de nouveau la galerie, repassèrent dans le vestibule donnant issue dans la salle à manger, un fumoir et les offices; puis ils gravirent l'escalier et se trouvèrent au premier étage. Au-dessus de la galerie étaient la chambre et le cabinet de toilette du millionnaire. En face, le bureau et la chambre de son secrétaire. M. Luc Auvilliers, quand il travaillait avec Victor Bérard, écrivait dans la bibliothèque.

Les étrangers admirèrent franchement toutes choses, sourirent en voyant un coffre-fort gigantesque dans la chambre de Luc Auvilliers, puis ils remercièrent le complaisant jardinier.

Un moment après ils reprenaient le chemin de l'auberge des *Roches de Franchard*.

La servante les attendait debout sur le seuil.

Le dîner répandait une odeur assez alléchante; la table venait d'être dressée avec des soins inusités.

— La jolie fille! dit celui des voyageurs qui semblait le plus hardi. Rosalie n'avait jamais entendu un tel compliment, elle en rougit de plaisir et se rapprocha en faisant une révérence.

— Qu'y a t-il pour votre service, messieurs? demanda-t-elle.

— C'est que vous nous servez dans cette grande salle, et nous n'aimons guère à être dérangés pendant nos repas.

— D'abord, répondit la servante, nous n'avons rien de mieux dans la maison, ensuite, vous pouvez être rassurés, il ne viendra personne... Maître Gaumetan est absent et ne rentrera que demain ; quand vous aurez dîné, je rentrerai dans ma cuisine...

— Mais toutes ces portes ?

Rosalie les ouvrit les unes après les autres.

— Celle-ci donne dans le jardin, cette autre dans la petite pièce où l'on entasse les balais, et vous voyez qu'elle est vide; enfin celle-ci conduit dans la chambre du cabaretier! Soyez tranquilles! si vous avez des secrets à vous dire, ils seront bien gardés.

Rassurés par ces paroles, et affamés par une longue course, les deux amis se mirent à table avec un formidable appétit. Tous deux semblaient d'une grande gaieté, et buvaient avec entrain. Le dîner terminé, ils demandèrent du papier, des plumes et de l'encre, et Rosalie comprit qu'ils allaient se livrer à ce travail pour lequel ils avaient besoin de solitude.

— Eh bien! demanda le plus âgé, nieras-tu encore que j'aie à la fois de l'imagination et du bonheur. Nous avons été servis à souhait et notre projet s'accomplira le plus aisément du monde.

— Peut-être, Bois-Galais, peut-être, et cependant, je te l'ai dit, j'ai peur...

— La plaisante chose! Depuis dix ans tu ne rêves autre chose que l'occasion qui se présente à nous aujourd'hui. Tant que nous avons pu vivre autrement, je ne t'ai point conseillé de jouer une partie difficile, mais nous voilà réduits à une telle misère que nous devons tout risquer afin d'y échapper. En somme les millions de ce vieillard sont bien un peu à toi. Si tu ne t'étais pas sottement laissé enlever ta fille, il t'aurait lui-même offert de les partager. Tu viens d'ailleurs de prononcer un mot sonnant étrangement sur tes lèvres. Peur ! toi ? Mais depuis quinze ans tu vis sur la limite étroite du code pénal. Sauvé une fois par un miracle, car des dévouements semblables à celui qui t'a évité la cour d'assise, ne se rencontrent pas deux fois dans la vie, tu n'as cessé de vivre dans un sentiment de haine, de révolte, d'hostilité contre les lois, la religion et la morale. L'heure serait vraiment trop mal choisie pour mettre en avant des scrupules. Possèdes-tu d'ailleurs un autre moyen d'échapper à la misère ?

— Non, répondit Olivier d'une voix sourde.

— Nous sommes en face de deux hypothèses. Ou nous réussirons sans bruit à nous emparer du contenu de la caisse de M. Auvilliers, ou, surpris par lui nous courons le risque de le voir défendre sa fortune. Ne menaçons pas. dans ce cas; prouvons-lui que le scandale qu'il susciterait, retomberait sur lui-même, puisque nous nous tenons par des liens étroits. Effrayons-le, mais n'épargnons rien pour éviter le bruit et l'effusion du sang. Cela me semble facile...

— Facile ! répéta Olivier.

— Oui, facile, et tu vas aisément le comprendre. Nous avons assez étudié les lieux pour savoir comment nous diriger dans cette maison. Nous y trouverons accès par la bibliothèque. Je ne parle pas de l'escalade des murs rendue facile par un grand nombre d'espaliers qui les tapissent ; les fenêtres de la bibliothèque sont formées de vitres énormes. Il suffit d'en enlever une pour passer aisément. De la bibliothèque nous entrons dans la galerie. Nous gravissons sans bruit l'escalier, et nous nous trouvons dans la pièce renfermant le coffre-fort. De celui-là, quel qu'il soit, je fais mon affaire. Le grand enfantillage de ceux qui les veulent forcer est de les attaquer par la serrure, le seul endroit qui soit soigneusement protégé, il sera plus simple de le desceller, et nous y arriverons...

— Ce sera long.

— Peut-être...

— Et si Luc Auvilliers entend du bruit, il faut tout prévoir.

— Nous aurons des armes, dit Bois-Galais. N'avons-nous pas échappé à bien d'autres dangers Toi reconnu, Luc Auvilliers se taira dans la crainte de faire du scandale autour de son nom.

— C'est dit, fit Olivier d'une voix sombre Au surplus, j'ai prié, j'ai supplié cet homme. J'ai invoqué la pitié, la parenté; j'ai fait valoir ma misère, le besoin que j'avais d'une somme importante afin de retrouver ma fille... c'est un cœur de pierre. Il mérite un châtiment, il l'aura, si nous ne parvenons pas à le dévaliser sans bruit. Comme il travaille jusqu'à dix heures, nous ne pouvons quitter cette maison avant une heure d'ici. D'ici à, buvons et jouons. Le vin et l'eau-de-vie éclaircissent l'intelligence; et si je le gagne une partie difficile, ce sera pour moi d'un bon augure.

Les deux misérables se versèrent une double rasade, tirèrent de leurs poches un jeu de cartes graisseuses, et commencèrent leur partie.

Pendant ce temps une petite lampe s'allumait en arrière du monceau de balais de bruyère, et le vieillard qui travaillait pour Gaumetan se mit à écrire d'une façon fiévreuse.

Bois-Galais crut subitement voir glisser un rayon sous la porte et, se levant brusquement, il ouvrit la porte du réduit.

Mais la petite pièce était plongée dans une obscurité complète. Se croyant certain cependant de ne pas s'être trompé, il saisit une lumière afin d'explorer du regard le retrait du faiseur de balais, mais il n'y trouva personne. Reprenant donc sa place à la table il continua sa partie.

Il faisait une nuit complète. Le vieillard se mit à courir dans la direction de la Villa des Fleurs. La route qui y conduisait n'était pas tracée. Il devait marcher tantôt sur un espace couvert de bruyères, tantôt au milieu de bouquets d'arbres constituant plus d'un danger. Plus d'une fois, au milieu d'une obscurité rendant cette route doublement dangereuse, il se heurta d'une façon cruelle ; cependant il paraissait oublier ses souffrances et les difficultés du chemin, en raison du but qu'il s'agissait d'atteindre. Cependant il tomba si cruellement sur les deux genoux qu'il crut que jamais il ne lui serait possible de se relever. Un cri d'angoisse lui échappa, et il demeura étendu sur le sol, envahi par une sorte d'évanouissement.

— Encore un peu de force ! murmura-t-il, encore un peu de courage...

Mais ses efforts pour se relever demeurèrent vains, et plus d'une heure s'écoula avant que se soulevant sur ses genoux meurtris, il pût reprendre sa course à travers le bois.

Il souffrait cruellement, et marchait avec une peine infinie

Le sang affluait à son cerveau, les battements de son cœur se précipitaient avec violence. Il allait dans la nuit. souffrant un double martyre, se demandant s'il n'arriverait pas trop tard afin d'accomplir son œuvre de préservation.

Le temps durant lequel le vieillard était resté privé de sentiment avait donné une grande avance à ceux qu'il souhaitait prévenir Il dut donc modifier son premier plan. Aller à la Villa des Fleurs le retarderait encore, il ne pouvait maintenant songer qu'à gagner le château de Luc Auvilliers. et qui sait, s'il n'arriverait pas trop tard ? Il voulut se hâter, rassembla son courage et s'élança en avant, en dépit des douleurs cuisantes qu'il ressentait. Mais sa force était épuisée, sa terreur morale doublait son angoisse, il tomba pour la seconde fois, et son front portant sur une souche d'arbre s'entr'ouvrit, tandis qu'un flot de sang inondait son visage. A partir de ce moment il se traîna sur le sol comme un reptile blessé. Heureusement il crut voir la sombre masse du château, et une faible lumière briller du côté de la tour où se trouvait la bibliothèque. Le reste de ce trajet fut une agonie durant laquelle pas une minute le vieillard n'eut la pensée de renoncer à son projet. S'aidant de ses mains meurtries, il avançait avec lenteur, mais il approchait. La petite clarté qu'il voyait dans la tour lui indiquait la direction à suivre. Grâce à elle il gagna le mur du jardin. Cette fois il se crut en présence d'un obstacle infranchissable, mais en tâtonnant le long de cette muraille, il trouva une échelle de corde, celle dont venaient de se servir les misérables qui, arrivés avant lui, accomplissaient sans doute à cette heure leur double crime.

Le vieillard saisit les montants de l'échelle, s'arrêtant pour reprendre haleine, puis il parvint à la crête du mur, et grâce aux espaliers, descendit de l'autre côté.

La fenêtre de la bibliothèque était brisée, il s'aida d'une roche naturelle pour en gagner l'appui, et se trouva dans la grande pièce basse. Se souvenant des indications des bandits, il trouva l'escalier, et d'en bas il perçut un bruit strident.

— Grâce à Dieu, dit-il, j'arrive encore à temps.

Avec des peines infinies il gravit l'escalier, s'appuyant à la rampe, à la muraille, étouffant les cris de douleurs que lui arrachaient ses blessures.

Le bruit continuait toujours.

Absorbés dans leur tâche, les deux voleurs travaillaient à desceller le coffre-fort, et la morsure des outils les empêcha d'entendre le vieillard. Celui-ci chancelait si fort qu'en pénétrant dans la pièce il s'accota contre le chambranle.

Une lanterne sourde dont la clarté se trouvait projetée sur le meuble éclairait en même temps le visage d'Olivier et celui de Bois-Galais.

— Misérable! Misérable! s'écria le vieillard, dont la main s'abattit sur l'épaule d'Olivier.

Celui-ci se retourna, un éclair de rage dans les yeux.

A l'aspect de cet homme chancelant, dont les mains et le visage étaient couverts de sang, il ne reconnut pas d'abord celui qui lui parlait. Pour Olivier comme pour Bois-Galais, l'homme qui les surprenait était un ennemi menaçant qu'avant tout il fallait mettre dans l'impossibilité de nuire.

Bois-Galais saisit les mains tremblantes du vieillard et les serra à les briser.

— Tu te tairas, lui dit-il, tu seras aveugle et sourd, tu nous laisseras achever ce que nous avons commencé, ou bien...

— Ou bien? demanda le vieillard d'une voix indistincte.

— Ou bien, reprit Olivier en s'approchant à son tour, nous t'étranglons sans merci...

— Ose-le donc! répondit le vieillard. Tu ne m'as pas reconnu Olivier Marsan... Regarde... Le sang qui ruisselle sur mon visage, et que je n'ai pas même eu le temps d'étancher, t'empêche sans doute de distinguer mes traits... Reconnais-moi, à cette heure où je te trouve perpétrant un nouveau crime! Je suis ton père! Celui dont tu as fait plus qu'un malheureux, un vagabond et un martyr!

— Mon père! fit Olivier en se reculant, mon père...

— Fuis! dit le vieillard, quitte cette maison avant que l'éveil y soit donné, car si nul ne t'entend, j'appellerai, je crierai...

— Vous vous tairez! fit Bois-Galais qui plaça ses deux mains sur les épaules du vieillard. Vous vous tairez! Au premier cri poussé par vous il nous serait encore facile de nous évader, tandis que vous, infirme, blessé, vous tomberiez entre les mains des valets de M. Auvilliers... Vous forçat de Nouméa en rupture de banc! Croyez-vous que l'on croirait à votre innocence? Vous imaginez-vous que vous pourriez persuader un juge de l'honnêté de vos intentions... Tout concourrait à vous perdre... Le passé vous écraserait sous son poids. Laissez-nous terminer notre besogne dont vous aurez votre part, c'est ce que vous avez de plus sage à faire.

— Non! s'écria le vieillard, non! Quoi que vous disiez, je crois à une Providence vengeresse de l'innocence, et qui réserve aux coupables un châtiment terrible. Olivier! Olivier! c'est à toi que je m'adresse... Tu ne peux avoir renié les derniers sentiments qui meurent au fond du cœur de l'homme... Rappelle-toi ce que tu m'as coûté de sacrifices et de larmes... Rappelle-toi à quel prix je te préservai jadis...

— Vous avez amplement compensé le sacrifice que vous fîtes alors, en me volant ma fille. Avec cette enfant en mon pouvoir, j'obtenais aisément une partie de la fortune de Luc Auvilliers. Vous m'avez pris mon dernier moyen de fortune. Si j'avais l'enfant de Claire en ma possession, en serais-je réduit à voler une fortune... Taisez-vous donc! Je ne lutterai pas contre vous, mais je vous réduirai à l'impossibilité de me nuire.

— Te nuire en t'empêchant de commettre un crime!

— Vous savez si je suis scrupuleux quand il s'agit de me procurer de l'argent.

— J'ai peut-être failli à mon devoir en cachant ton premier crime, répondit le vieillard ; cette fois j'aurai plus de courage. Fuyez tous deux ou j'appelle à l'aide, le maître de ce château s'éveille, ses serviteurs accourent et vous êtes perdus...

Bois-Galais se précipita vers le vieillard et le saisit à la gorge. Le malheureux battit l'air de ses bras, tenta de se défendre, se recula du côté de la cheminée, et un dernier effort qu'il fit afin d'échapper à son adversaire jeta à terre avec un fracas retentissant un grand vase de porcelaine qui se brisa sur le parquet.

Un blasphème s'échappa des lèvres d'Olivier.

Au même instant la porte de Luc Auvilliers s'ouvrit, et le nabab parut. Il tenait un pistolet dans chaque main. La clarté d'une lampe allumée rapidement dans sa chambre éclairait suffisamment la scène, sans permettre cependant qu'il distinguât le visage de ses adversaires.

Olivier se voyant perdu tira un revolver de sa poitrine et ajusta Luc Auvilliers.

Deux coups partirent à la fois, et en même temps un homme se jetait devant le millionnaire pour lui servir de bouclier. Un double cri répondit aux détonations. La porte donnant sur l'escalier fut ouverte; le valet de chambre et le jardinier, armés à la hâte, se jetèrent sur Bois-Galais.

A côté du coffre fort à demi descellé, Olivier Marsan, perdant du sang par une large blessure, se tordait sur le parquet.

Le vieillard qui depuis trois ans confectionnait des balais chez Gaumetan, atteint d'une balle à l'épaule, gisait sans mouvement aux pieds de Luc Auvilliers qu'il venait de protéger au prix de sa vie.

Bois-Galais entouré, réduit à l'impuissance, essayait vainement de rompre ses liens.

Luc avait compris le mouvement qui venait de jeter le vieillard au-devant de lui, et tandis qu'il appelait à son aide, il se pencha vers le malheureux qui venait de s'évanouir. La lampe qu'apportait le secrétaire jeta subitement la lumière sur le visage de Pascal, et le millionnaire s'écria :

— Matteo ! le vieux Matteo !

On déshabilla rapidement le pauvre homme, et de la poche de son vêtement tomba une lettre non cachetée, contenant seulement quelques lignes à l'adresse de Mme Lincelle : « Madame, veuillez avertir M. Luc Auvilliers qu'il court ce soir un grand danger ; recommandez-lui de conserver de la lumière dans toutes les pièces du château, c'est l'unique moyen de déjouer le complot de ceux qui le menacent. »

Un pansement provisoire fut bientôt terminé, et Luc Auvilliers, redoutant que sa présence amenât une émotion trop vive au vieillard, quitta le cabinet dans lequel on l'avait déposé, et rejoignit le valet de chambre et le jardinier qui venaient de descendre dans un petit office le corps sanglant d'Olivier.

Celui-ci sollicitait qu'une mort prompte lui permît seulement d'échapper à la justice. L'émotion de Luc Auvilliers grandissait à mesure qu'il s'approchait du misérable dont les sourdes plaintes s'entrecoupaient de malédictions. Olivier s'efforçait de dissimuler son visage dans ses mains crispées, le vieillard parvint à les écarter et reconnut avec terreur le misérable.

— Vous ! dit-il, vous ! j'aurais dû m'en douter.

— Achevez-moi ! Achevez-moi ! dit Olivier, mon arrestation vous déshonorera.

— Vous avez à expier, dit Luc Auvilliers d'une voix grave.

— L'enfer ne m'attend-il pas ? demanda Olivier.

— Ainsi, vous avez descendu tous les degrés du vice et de l'infamie ; ne pouvant plus rien obtenir de moi, vous avez voulu m'assassiner !

— Si j'avais retrouvé ma fille ! s'écria Olivier avec rage.

Il s'interrompit ; après un long silence il demanda :

— Qu'allez-vous faire de moi ?

— Vous livrer à la justice.

— Je suis frappé en pleine poitrine, répliqua le bandit, quand les magistrats arriveront, ils ne trouveront qu'un cadavre.

Luc Auvilliers quitta le misérable, libella une dépêche, et chargea un domestique de la porter à Fontainebleau en même temps qu'une lettre à un vieux prêtre de ses amis. Il mandait à la fois Pierre Lasseny et l'abbé Sémur.

Trois heures plus tard, Octave et son père franchissaient la grille du château.

En quelques mots le docteur fut mis au courant du drame qui venait de se passer. Rassurés, Pierre et Octave se rendirent près du lit du vieillard.

Lasseny ne put s'empêcher de sentir une larme monter à ses yeux, quand il se trouva en face de celui que le nom de Matteo n'avait pu un moment abuser sur son identité avec Pascal Marsan.

— Vous! s'écria-t-il, vous!

— Ne me sauvez pas, docteur, dit le vieillard. Je souhaite mourir sinon de ma blessure, du moins de ma douleur...

Lasseny examina la plaie. La balle de Bois-Galais n'ayant atteint aucun organe essentiel, le docteur affirma à Luc Auvilliers qu'il se considérait comme certain de guérir rapidement le vieillard.

Il banda la blessure de Pascal et descendit près de son fils.

Celui-ci était bien réellement perdu. Lasseny fit un signe à Auvilliers, et ce signe équivalait à une conviction.

Olivier le comprit, et un sourire erra sur ses lèvres.

— La justice des hommes, dont je me suis joué toute ma vie, ne m'aura pas vivant! murmura-t-il.

— Non, dit Auvilliers, mais vous allez tomber entre les mains vengeresses de Dieu...

Olivier fit un geste d'indifférence.

— Je n'ai jamais redouté l'inconnu... dit-il.

Il ajouta en se tournant vers le médecin.

— Le parquet est-il prévenu?

— Pas encore.

— Combien me donnez-vous à vivre?

— Jusqu'à ce soir...

Le misérable laissa tomber son front sur l'oreiller et ferma les yeux.

— Olivier, tu vas mourir, repens-toi! (Voir page 269.)

Chapitre XXIII

LA CONFESSION

La propriété de Luc Auvilliers se trouvait assez éloignée de toute habitation, pour qu'il fût possible de garder secret l'événement de la nuit, sinon d'une manière absolue, au moins d'une façon relative.

Luc voulait se réserver l'opportunité de l'heure à laquelle il ferait sa déclaration à la justice. Si le misérable qui agonisait dans la petite pièce du rez-de-chaussée, mourait sans que son identité fût reconnue, peut-être cette mort changerait-elle bien des choses dans la destinée d'une partie des personnages de ce drame.

Pierre Lasseny demeurait convaincu que le neveu de Luc Auvilliers gardait peu d'heures à vivre, il partageait à ce sujet l'opinion du millionnaire.

L'endroit dans lequel le moribond avait été transporté était une sorte de réserve située près de l'office. On y enfermait les provisions. Le blessé aurait pu y demeurer longtemps sans que sa présence fût signalée. Eclairée par une fenêtre garnie de plomb, et dont la lumière s'affaiblissait grâce au dépolissage des verres, cette pièce convenait également à un malade et à un prisonnier.

Durant toute la journée, Pierre Lasseny et Octave allèrent d'un blessé à l'autre, prodiguant leurs soins avec un zèle égal.

Le père semblait profondément triste, et le fils sous le coup d'une préoccupation pénible. En raison de la gravité de l'état d'Olivier, Auvilliers, Lasseny et Octave résolurent de passer la nuit suivante dans une pièce voisine, afin d'être à portée d'entendre ce qui se passerait.

Le prêtre venu dans la journée avait été repoussé par Olivier avec d'amères railleries, et l'on semblait ne devoir rien attendre du misérable prêt à rendre à Dieu une âme souillée de tous les crimes.

Relativement Matteo se trouvait bien, ou plutôt, la blessure reçue ne présentait pas de complications. On pouvait espérer une guérison prompte, à moins qu'une commotion morale occasionnât la fièvre que Lasseny s'efforçait de conjurer. Pendant le drame terrible qui s'était passé dans la chambre d'Auvilliers au moment où Matteo apparut entre Olivier et Bois-Galais, pas un mot prouvant que ces deux hommes tenaient l'un à l'autre n'avait été prononcé.

Chacun d'eux, soit que la honte lui fermât la bouche, soit qu'il conservât une secrète espérance, avait feint de rester pour l'autre un étranger. Il avait fallu à tous deux une égale force d'âme pour se contenir. L'un puisait son énergie dans une obstination sans bornes, un orgueil mêlé de férocité; l'autre dans une tendresse que n'avaient pu éteindre ni les chagrins occasionnés par Olivier, ni les crimes qu'il avait commis. Dans l'âme de Pascal Marsan, âme si noble, si généreuse et si pure, l'amour paternel survivait en dépit de tout, cet amour paternel auquel il avait sacrifié plus que sa vie.

Vingt fois pendant que Luc Auvilliers et Pierre Lasseny se penchaient sur son lit, avec une sympathie dont il comprenait la portée, il fut sur le point de leur demander grâce pour le malheureux agonisant dans cette maison. Il se contint encore. Une espérance lui restait au cœur. S'il devait implorer la pitié pour ce misérable, il ne le voulait faire qu'à l'heure où il s'en serait rendu digne par le repentir.

Quand le prêtre entra chez Matteo, celui-ci l'accueillit avec respect et reconnaissance. Il se sentit fortifié par une parole ardente, émue. Lorsque le vieillard lui demanda s'il pardonnait à ses assassins, il répondit avec une expression de ferveur admirable :

— J'offrirais volontiers ma mort pour leur salut.

— Vous l'obtiendrez, mon frère, répliqua le prêtre ému jusqu'aux larmes.

— Oui, fit Pascal, je l'obtiendrai de la justice du ciel autant que de sa bonté.

La journée se passa avec une lenteur écrasante.

De temps à autre Matteo demandait des nouvelles des prisonniers avec une angoisse mal dissimulée. Un mot de lui aurait pu rompre l'oppression de tous. Ce mot il n'osait, il ne voulait pas le dire.

Las de rouler dans sa tête fatiguée des pensées douloureuses, il tomba vers le soir dans un sommeil ressemblant presque à de la léthargie. Les ressorts de sa vie paraissaient suspendus, et le docteur en le quittant secoua tristement la tête.

Il rejoignit Luc Auvilliers dans le jardin.

Celui-ci était assis sur un banc de pierre adossé aux constructions, et protégé par un rideau de chèvrefeuille. Au-dessus de sa tête se trouvait la fenêtre à losanges de plomb éclairant le réduit dans lequel était enfermé Olivier. La partie supérieure en avait été ouverte, afin de laisser pénétrer un peu d'air.

Les deux hommes y demeurèrent quelque temps, se promenèrent, puis ils y revinrent comme si une attraction invincible les attirait de ce côté.

Onze heures sonnèrent à la grande horloge du château, ils tressaillirent en même temps : un bruit faible venait de se faire entendre dans la pièce voisine.

Leurs mains s'étreignirent fortement. Tous deux avaient le pressentiment qu'un événement grave allait s'accomplir.

Pendant qu'ils se reposaient des émotions et des fatigues subies durant la nuit précédente et la journée qui venait de s'écouler, quelque chose de vraiment effrayant se passait dans la chambre de Pascal.

Lorsque le malheureux sortit du sommeil de plomb qui pesait sur lui, il s'assit sur son lit, et chercha à rassembler des idées qui le fuyaient.

Quelque chose de semblable à une tourmente s'agitait dans sa tête. Son cœur battait à rompre les parois de sa poitrine. En même temps le sang qu'il avait perdu, un jeûne prolongé, les émotions terribles par lesquelles il venait de passer avait brisé ses forces. Cependant il se rappelait d'avoir résolu de tenter une bataille désespérée. Le souvenir ne lui revenait pas d'une façon lucide. Lentement, la lumière se fit dans son esprit, et un cri passa sur ses lèvres.

Olivier!

Alors il se rappela ce qu'il voulait faire.

Une faible lumière éclairait sa chambre ; il passa à la hâte un pantalon chaussa des souliers, puis prenant en main une lampe, il descendit.

Sur son torse amaigri, il n'avait qu'une chemise de toile, marquée à l'epaule d'une large plaque rouge ; le sang avait traversé les bandages.

Ses longs cheveux gris flottaient sur son dos, et la pâleur de son teint se confondait avec la blancheur de sa barbe.

Seuls les yeux brillaient dans ce visage ressemblant à celui d'un cadavre.

Il marchait péniblement, lentement, glissant le long des couloirs et des escaliers à la façon des ombres.

Les domestiques étaient couchés.

Depuis l'aventure de la veille, Luc Auvilliers, voulant être libre de dominer la situation et de retarder ou même de supprimer une enquête, ne souffrait auprès de lui que les serviteurs indispensables.

Du reste, ceux-ci, remplis de dévouement et de respect pour Luc Auvilliers, donnaient des preuves de prudence bien rares. Devinant les projets de leur maître, ils s'effaçaient. Aucun d'eux, sous aucun prétexte, ne demanda à se rendre à la ville. Ils auraient redouté qu'on les soupçonnât d'indiscrétion.

Pascal Marsan ne trouva donc personne dans le vestibule. La salle à manger et l'office étaient également déserts. Il ouvrit la petite porte de la réserve, la referma sans bruit, souffla sa lampe et la posa sur une table près de la veilleuse jetant une pâle clarté dans l'étroit cabinet.

Olivier restait les yeux clos.

Pascal se demanda un instant s'il dormait; il s'approcha de son lit, et murmura d'une voix plus affaiblie par l'angoisse que par la souffrance:

— Olivier...

Le blessé ouvrit les yeux tout grands...

— Vous! fit-il, vous! Laissez-moi, au nom du ciel, laissez-moi seul...

Le vieillard chancela et répéta d'une voix plus basse:

— Olivier...

Le misérable se souleva sur le coude.

— Que me voulez-vous? Que pouvez-vous me vouloir? demanda-t-il. Me maudire, oui, me maudire... Ne craignez rien! Je me maudis moi-même...

Pascal tomba sur le siège resté au pied du lit.

— Je n'ai pas mérité cette parole, dit-il, non vraiment, je ne l'ai pas méritée... Tu as chassé le prêtre, tu ne renverras pas ton père, qui lui aussi exerce un sacerdoce, qui lui aussi a le droit de pardonner et de maudire.

— Je veux être seul! répéta Olivier avec violence, il me semble que votre vue évoque devant moi ma jeunesse et les spectres qui depuis m'ont poursuivi si souvent. Je n'attends plus ici que la justice qui me demandera compte de ma vie, mais ne craignez rien, si elle met le pied dans cette chambre, j'arrache l'appareil posé sur ma blessure, et je suis certain de mourir...

— J'ignore si Dieu va te rappeler à lui, Olivier, mais je sais bien que tu ne peux mourir ainsi... Je ne le permettrai pas, je ne le veux pas!

— Voulez-vous me parler de me convertir, comme le prêtre?. Allez, vous perdez votre temps comme il a perdu le sien! Vous ne savez pas encore dans quel abîme je suis tombé, mon père! Il n'existe pas une souillure que je n'aie infligée à mon âme. J'ai pris plaisir à la traîner dans les bourbiers et les sentiers du vice, afin d'essayer de lui faire perdre la trace de sa divine origine! — elle ne vaut plus même la peine qu'on s'en occupe! Si vous m'aviez suivi durant l'existence que j'ai menée, vous reculeriez épouvanté... Tenez, nous sommes seuls, tous deux... Peut-être serai-je mort à l'aube... il me reste assez de pitié pour vous, pour ne pas vouloir que vous me regrettiez.

— Tais-toi! non, tais-toi! murmura le vieillard.

— Me taire! afin que vous croyiez que votre sacrifice fut utile! A quoi bon vous laisser cette illusion... Je vécus en maudit, je meurs en réprouvé.

— Et c'est mon fils! mon fils! répéta le vieillard, celui dont j'ai porté le fardeau, celui que j'ai plaint, celui dont j'ai cherché à excuser les fautes...

— Les excuser! fit le blessé avec un éclat de rire sinistre, avez-vous donc cru qu'elles méritaient le pardon et la pitié...

— Je voulais le croire, oui, je voulais le croire.

— Vous vous êtes trompé, mon père...

— Cette erreur a suffi pour me consoler.

— Ne me regrettez pas, allez! En mourant je vous délivre, et je sauve celle que vous m'avez volée...

— Olivier!

— Je ne vous accuse plus... répliqua le bandit d'une voix farouche, cette malheureuse créature eût été pour moi un moyen, rien de plus...

— J'ai voulu la sauver des misères et des hontes pesant sur nous!...

— Est-elle heureuse?

— Je me suis sacrifié pour cela!

— Elle n'habite pas avec vous?

— Depuis plusieurs années.

— Je suis encore plus lâche et plus misérable que je ne croyais... Que voulez-vous! mes dernières espérances de fortune reposaient sur cet enfant... Si je l'avais eu près de moi, Luc Auvilliers m'eût donné la moitié de sa fortune.

— Olivier, tu vas mourir, repens-toi!

— Je ne puis pas.

— Tu ne peux pas! Quoi! En récapitulant tes crimes tu ne trouves pas un sujet de douleur, de remords et de larmes? Regarde mes cheveux blanchis, mes yeux caves, mes mains tremblantes... Rappelle-toi que, depuis dix-huit ans, je porte ton propre fardeau... N'ai-je pas donné ma vie pour ta vie, et mon honneur pour ton honneur? Sais-tu ce que c'est que de passer en jugement, de s'entendre flétrir devant la foule, de quitter la France sur un navire qui vous débarquera à la côte d'une plaine brûlée?... De vivre au milieu de voleurs, de bandits et d'assassins?

— Assez, assez! dit Olivier d'une voix sombre.

— Non! non! tu m'entendras. A cette heure suprême, il te reste deux juges: Dieu et moi... J'ai bu jusqu'à la lie le calice amer. Après avoir courbé le front sous le verdict d'un jury, j'ai subi l'exil dans ces pays de feu où l'on succombe si vite sous le supplice qu'on appelle la « mort sèche ». Moi, dont l'esprit se plaît dans les recherches de l'art, dans la poursuite du talent, sous quelque forme qu'il se présente ; moi, dont une flamme ardente et sainte animait l'âme, j'ai subi le contact de gens qui s'énorgueillissaient de leurs vices, et considéraient comme des titres d'honneur le chiffre de leur récidives... J'ai reçu l'insulte de ces bouches flétries après avoir entendu des magistrats intègres jeter sur moi l'anathème de la justice... Et j'ai vécu là-bas, comprends-tu ce mot, je ne suis pas mort de honte, mort de douleur et d'angoisse... J'ai subi la faim, la soif, le manque de sommeil, j'ai perdu ma qualité d'homme pour devenir le numéro d'un bagne... Des garde-chiourmes m'ont menacé, j'ai été tutoyé par des bandits... Mon Dieu! Mon Dieu! et je voulais vivre, et je me cramponnais à l'existence, et la mort m'eût effrayé au sein de la profondeur de cette misère... Tu ne comprends pas cela, Olivier, tu ne saurais le comprendre... Je te l'expliquerai durant cette nuit de veille et de mort à laquelle nous sommes condamnés... J'espère mourir... Oui, j'espère mourir... Il ne faut pas que je vive, puisque c'est toi qui as tiré et que ta main m'a frappé à l'épaule, comme la première fois elle avait frappé au cœur...

Olivier, assis sur sa couche, fixait un regard fiévreux sur son père.

Pascal Marsan paraissait presque calme ; à mesure qu'il parlait sa voix prenait des intonations plus douces. On eût dit qu'il s'attendrissait sur ses propres souffrances.

— Tu ne sais pas ce que c'est que d'avoir été père, dit-il à Olivier en fixant sur lui ses yeux dardant une étrange flamme. Moi j'avais mis dans la paternité toute ma joie et toute mon espérance... Quand ta mère mourut, me laissant avec le souvenir inaltérable de sa tendresse et de ses vertus, elle me fit prononcer le serment de vivre pour toi, pour toi seul, de me dévouer pour toi jusqu'au martyre. Et je promis. Tu lui coûtais la vie, je pouvais bien immoler la mienne... J'ai tenu mon serment. J'en ai peut-être exagéré l'importance. Elle ne m'aurait jamais demandé ce que j'ai fait... Tes débuts dans la vie furent faciles. J'avais un nom ; j'étais prix de Rome ; tu tins le burin dès qu'il te fut possible de manier un outil. Et tu devins habile, au moins aussi habile que moi... Seulement, tandis que je conservais dans l'art les traditions des maîtres, que je restreignais ma vie, que j'acceptais les privations, tu te jetais dans des labeurs plus aisés, tu devenais l'ami de jeunes hommes comptant pour rien l'honneur du nom et la qualité d'artiste, les obligations religieuses et l'austérité du foyer... Les lectures mauvaises t'entraînèrent si vite que le jour où je tentai de te ramener dans le droit chemin, il était déjà trop tard... Et cependant je n'ai jamais cessé de te donner des exemples salutaires. J'ai renoncé à une union nouvelle, j'ai vécu dans la solitude afin de former mon fils, de l'avoir tout à moi, de me garder tout à lui. Sans doute, c'est une jouissance grave de pratiquer son devoir, et de pouvoir se répéter devant Dieu : « Je remplis le mandat que vous m'avez donné. » Mais nul ne compte les heures durant lesquelles l'épreuve fond sur nous, durant lesquelles au lieu d'un enfant sommeillant dans un berceau, nous aurions besoin de sentir près de nous une compagne intelligente, partageant les joies, les ambitions, les épreuves de notre vie. Le petit être inconscient qui bégaie à peine et tend vers nous les bras ne suffit pas à un être dans toute la force de l'âge. On prie, on souffre, la conscience est tranquille, on garde le sentiment du devoir accompli, mais on a lutté et remporté une difficile victoire. Encore n'est-ce rien quand l'enfant vous récompense par sa bonté, ses progrès, sa tendresse, quand il se donne à nous, comme nous nous donnons à lui... Mais tu ne te donnais pas, tu ne t'es jamais donné!... Tu savais demander des complaisances, arracher des sacrifices, et c'était tout... Tout... Je ne me souviens pas, et cela est terrible à te dire, comme cela a été terrible à subir, je ne me souviens pas qu'une fois, une seule, tu te sois spontanément jeté dans mes bras avec un de ces élans irrésistibles qui font oublier des années d'épreuves. Tu ne songeais qu'à toi, tu croyais que l'on te devait tous les sacrifices, et tu te regardais comme dispensé de tous les devoirs de la reconnaissance.

« Je continuais cependant. Je voulais croire qu'un jour viendrait où tu comprendrais ce que j'avais fait pour toi, où tu me paierais une vie donnée pour accomplir le serment fait à ta mère. Tu demandais de l'argent, et je ne savais pas t'en refuser. Ma vie s'usait à force de labeur, chaque somme gagnée avec mon burin prenait un peu de ma vue; les médecins me répétaient : « Travaillez moins, vous deviendriez aveugle, » et je travaillais toujours! Olivier, dans tout ce que je viens de dire, ai je exagéré d'un seul mot? »

— Non, répondit Olivier en baissant la tête.

— Je te ne rappelle point ces années, ces mois, afin de rendre mes reproches amers. Tu comprendras plus tard qu'un motif impérieux me porte à repasser avec toi les années enfuies. Les pères sont trop indulgents aujourd'hui. Dieu m'a sans doute blâmé de ma faiblesse. J'aurais dû te donner une éducation semblable à celle que j'ai reçue : sévère, forte, grande par les côtés de la morale, de la religion, presque dure si je songe au peu de loisirs qui me furent donnés. Moi, je palliais tes torts, je refusais de te voir ce que tu étais réellement. Je me disais qu'une heure sonnerait où ta conversion s'opérerait pour ainsi dire toute seule, c'est-à-dire où tu céderais à l'influence d'une femme... Certes, le choix à faire était délicat... Dieu qui voulait multiplier pour toi les moyens de salut, t'envoya un ange... Claire! L'as-tu oubliée, cette blonde fille que tu amenas dans notre maison? Avec quelle tendresse ardente je l'ai bénie, avec quelle joie je me promis de lui donner une part dans ma tendresse, égale à celle que tu avais toi-même... Chère créature! elle m'aima profondément, spontanément aussi. Elle me rappelait ta mère; sa présence à notre foyer me rendait la vision bénie de ma jeunesse .. Que tu aies refusé de suivre mes conseils, je l'admets presque mais que tu n'aies pas tout de suite cédé au charme de cette enfant, voilà ce que je ne m'expliquerai jamais. L'amour de l'or t'a perdu. Tu ne pouvais être avare, je ne fus jamais intéressé, avec les pauvres ta mère se montrait prodigue... Tes passions seules creusèrent un gouffre sous tes pieds. Les premiers jours de ton mariage pas sés, tu retournas à tes amis, et l'un deux, ton mauvais génie, Bois-Galais, retrouva l'influence à laquelle j'espérais voir succéder celle de Claire. Pauvre enfant! Combien de longues soirées nous avons passées seuls à t'attendre, tandis que tu risquais sur un coup de carte le prix de la gravure que j'achevais péniblement à la clarté de la lampe... Tu devins père à ton tour. Mes graves conseils, une caresse au front de ta fille, un mot de Claire auraient dû te métamorphoser, mais tu ne devais être ni fils, ni époux, ni père... Une seule créature aima l'enfant avec une sainte passion, moi... Claire fut une martyre! et tous deux nous bûmes jusqu'à la lie le fiel que tu nous versais dans le cœur... Un jour la coupe déborda... Ce jour-là je fus perdu, mais je sauvai ta fille... Tu n'étais pas là, toi... Le courage te manqua pour sonder les suites de ton crime... A peine l'eus-tu commis que tu t'enfuis avec Bois-Galais... Quand je t'ai cherché des excuses, je me suis dit que tu ne croyais pas alors qu'on me châtierait à ta place... Quand les magistrats entrèrent, quand ils me montrèrent les billets faux, quand une perquisition amena la découverte de l'outillage servant à la fabrication des faux billets de banque, je compris l'énigme de ta vie, je vis sur quoi se fondaient les espérances d'une fortune dont Claire me parlait quelques heures auparavant... Je pouvais me disculper, me sauver, défendre mon vieil honneur, garder ma place au foyer de la famille; je le devais... Plus tard, seulement, en voyant que rien, pas même mon martyre, ne t'avait corrigé, je regrettai ce qui n'était plus qu'une folie de l'amour paternel. Alors ce me sembla le plus saint, le plus auguste des sacrifices... Les magistrats étaient là, surpris, bienveillants encore, ne pouvant croire à ma culpabilité, et j'allais crier mon innocence, quand par un hasard étrange, Claire, que l'on avait tenue éloignée de la salle, en ouvrit la porte et parut sur le seuil avec son enfant dans ses bras...

« Ce fut pour moi un coup terrible. Il me sembla qu'elle me criait : — Père! jusqu'à cette heure tu m'as bien aimée, j'ai cru à ta tendresse, et j'ai compté sur ton dévouement... Vas-tu déshonorer cette enfant innocente, en révélant l'infamie de son père.. Tu es vieux, presque infirme, Dieu te retirera prochainement de ce monde, mais ma fille, l'enfant de ce fils à qui tu as juré de te dévouer? Je me dis que la douleur me foudroierait, que me voyant condamné, tu serais saisi d'un tel remords que tu reviendrais à la vertu, et que ta femme et ta fille seraient sauvées. Il me sembla que mon sacrifice faisait germer des fruits de vie, et sans répondre à l'accusation que je lisais dans tous les regards, je me laissai tomber sur un siège!

« J'acceptais ton infamie!

« Un père donne tous les jours sa vie pour celle de son fils, moi je donnais mon honneur... et dans quelles circonstances, grand Dieu! Tu n'étais pas même là pour me payer d'un mot, d'un regard; tu étais loin avec le misérable qui t'entraînait dans la voie du crime... Quand reviendrais-tu? qui le pouvait savoir? Mais Claire me voyait, elle! et l'enfant! Le regard de cette jeune femme pénétra jusqu'à mon cœur. Il me demandait grâce, il suppliait, et tandis que cette chère créature élevait l'enfant dans ses

bras, je sentais s'éteindre en moi toute pensée de défense personnelle...
Je voyais ta fille innocente, je songeais que j'étais vieux, que Dieu me
rappellerait à lui bientôt peut-être, tandis que tu vivrais de longues années pour soutenir ta femme, donner du pain à ma fille. Ces idées passèrent moins à travers mon cerveau, qu'elles ne prirent tout mon cœur. Je
demeurai vaincu par le geste de Claire, par la vue de sa fille innocente...
Et je courbai le front en murmurant :

« — Ne cherchez pas! ne demandez plus rien. » Le soir même je couchai en prison... Mon sacrifice était-il donc rejeté? Dieu le jugeait-il trop
inutile pour le bénir? Je ne revis ni l'enfant ni Claire... La commotion
ressentie par l'infortunée la tua en quelques jours, et Suzanne Sermaize
confia l'enfant à une paysanne... Le deuil de Claire, celui de mon honneur
furent portés ensemble... Ce ne fut pas mon unique épreuve. Mon avocat
me croyait innocent, et le docteur Lasseny me gardait son estime. Je ne
pouvais, je ne voulais rien dire... Oh! quelle vie! quelle vie! Avoir enduré ce martyre sans profit pour personne! Avoir souffert ce que j'ai
souffert sans avoir racheté ton âme. T'avoir donné mon cœur, ma dignité,
ma réputation, ne te retrouver que deux fois; la première à l'heure où tu
me prenais Madone, la seconde au moment où tu commettais un vol et un
assassinat... »

— Je ne me défends pas, dit Olivier, non, je ne prétends pas me défendre. Si vous m'aviez connu tel que je suis, vous auriez su que vous ne
pouviez rien attendre de moi, vous auriez laissé la justice me chercher,
me suivre en Angleterre, puis en Amérique, et vous seriez resté près de
l'enfant... Cela eût mieux valu, tout serait déjà fini pour moi...

— Tu as une âme! s'écria le vieillard.

— Moi! une âme! Non, mon père, non! l'âme n'existe pas, ou si Dieu
souffle dans notre enveloppe terrestre ce que vous appelez ainsi, quand
nous l'avons humiliée, torturée, rendue victime de nos passions, asservie
à nos vices, elle meurt étouffée dans nos fanges ou remonte vers Dieu afin
de se perdre sans son principe même. Je n'ai pas d'âme! je n'en ai jamais
eu!

— Olivier! Olivier! L'heure n'est pas aux blasphèmes! Repens-toi,
repens-toi tandis qu'il en est temps!

— De ce que j'ai fait à Dieu? Non! En transgressant ce que vous appelez
ses commandements, j'ai simplement obéi aux instincts dont il mit le
germe en moi!

— Olivier! le médecin l'a dit, tu n'as plus que quelques heures à vivre,
demande grâce et miséricorde.

— Jamais! répondit le misérable.

— Tu me condamneras à cette autre douleur de me dire que tous mes
sacrifices furent inutiles, que ma vie perdue ne sera comptée pour rien,
qu'après t'avoir aimé avec une sorte de folie, je n'ai pas même obtenu de
toi une parole de regret.

— J'ai regretté, dit Olivier d'une voix farouche, oui, j'ai regretté...
Vous avez en partie deviné ce qui s'était passé, mais peut-être ne le savez

vous pas d'une façon complète. Je n'ai pas besoin de vous rappeler dans quelle misère je croupissais, en dépit de votre exemple, des reproches de Claire, du dépérissement de sa santé, et de la faiblesse de sa fille. Le travail me faisait horreur. Sans doute j'avais honte de songer que vous nourrissiez ma femme et mon enfant, mais j'aimais mieux subir cette humiliation que de tenter de vaincre ma paresse... Vous connaissez Bois-Galais... Il vint un jour me proposer de m'associer avec lui afin d'exploiter à l'étranger une fabrication de faux billets de banque... Je refusai d'abord avec épouvante. Il revint à la charge, me rassura, et m'expliqua les moyens dont il disposait avec une telle netteté que je ne repoussai plus son projet d'une façon absolue. Bois-Galais se chargeait de me procurer du papier identique au papier de la Banque, ayant le même corps, la même souplesse, un filigrane semblable. Je devais graver la planche. Il m'affirmait qu'en agissant avec prudence nous pourrions aisément passer par jour la valeur de mille francs. Nous tirerions peu de billets, et chaque fois que nous pourrions réaliser des économies, nous le ferions en excellent papier ou en bon or. Je me laissai séduire. Bois-Galais installa l'outillage d'imprimerie dans le double fond d'une bibliothèque, ma planche fut rapidement terminée, et je préparai mon premier tirage. Il réussit à merveille... Comment vous trouvâtes-vous mêlé à tout cela? Dieu le sait! Nous devions, Bois-Galais et moi, écouler nos billets à l'étranger, et jamais il ne fût venu à l'esprit de personne de vous suspecter en admettant même que nous fussions découverts, si vous n'aviez trouvé dans un fiacre la serviette du docteur Lasseny renfermant deux cent mille francs... Vous vous en souvenez, nous comptions partir le lendemain; les billets étaient « tirés » en bleu, mais il me fallait exécuter un second tirage afin d'avoir les numéros et quelques chiffres. J'avais résolu d'achever dans la nuit ce petit travail. Au moment où je venais de prendre avec Bois-Galais mes dernières dispositions, je vous trouvai avec Eudes dans le salon comptant les billets du docteur Lasseny. Une pensée diabolique me traversa l'esprit. Je vous laissai vous coucher; vous aviez dit que le lendemain vous restitueriez au docteur la somme trouvée, il me restait un temps suffisant pour exécuter mon plan. Je pris dans le meuble où vous les aviez déposés les billets du docteur, je les emportai dans mon atelier, et j'imprimai les numéros de ces mêmes billets sur mes billets faux... Je glissai ceux-ci dans la serviette du docteur, et je la replaçai dans le tiroir où le lendemain vous deviez la reprendre. De cette façon, au lieu de commencer notre entreprise avec des billets frauduleux, nous avions déjà deux cent mille francs destinés à fonder notre situation et à inspirer confiance... Je vous le jure, en ce moment j'avais bien le sentiment d'avoir volé deux cent mille francs, mais je ne voyais que cela. Je me disais que le docteur était plusieurs fois millionnaire... Il pouvait même arriver qu'il plaçât ces billets; une autre personne à son tour les céderait, et le crime s'éloignait de moi de telle sorte que j'en arrivais à me persuader que jamais sans doute je n'en entendrais parler. Si j'avais su... Oh! si j'avais su, je vous le jure, jamais je n'aurais commis ce vol, jamais je ne vous eusse exposé à un soupçon.

N'était-ce pas assez de briser votre cœur en me déshonorant moi-même... Nous partîmes pour Londres, et nous y passâmes pour trois cent mille francs de faux billets... J'appris alors votre arrestation... Je voulais courir à Paris ; l'idée de votre douleur, de la honte qui vous frappait en plein visage me paraissait insupportable... Ce fut Bois-Galais qui me retint. il m'affirma que vous réussiriez toujours à prouver votre innocence, que jamais un tribunal n'oserait vous condamner... Votre passé répondait de votre présent. Il ajoutait : « — Tandis que toi débauché, joueur, paresseux, tu n'as pas une vertu pour plaider ta cause. » Je luttai, puis je me laissai convaincre que vous échapperiez a une condamnation. Dailleurs, sans doute afin de m'empêcher de retomber dans ses idées, il me persuada de partir pour l'Amérique... Mais ce ne fut point à New-York ou à la Nouvelle-Orléans qu'il m'entraîna, nous partîmes pour le Mexique... Quand j'y arrivai, le premier journal français que je lus m'apprit la mort de ma femme et votre condamnation... Je suis bien misérable ! nul ne le sait plus que vous, et cependant je fus pris d'un accès de désespoir, je me jugeai le plus infâme, le plus lâche des hommes. Pendant huit jours je formai le projet de rentrer en France pour me livrer à la justice, vous faire rendre l'honneur que je vous volais, et prendre ma place au milieu des bandits de mon espèce Ce fut encore Bois-Galais qui m'en empêcha. « — Si ton père s'est laissé condamner, me répéta-t-il, c'est qu'il voulait te sauver. De quel droit viendrais-tu maintenant entraver son sacrifice ? Tout est consommé, d'ailleurs. Un second procès donnera seulement plus de retentissement à cette affaire. La condamnation prononcée contre lui indique assez que l'on a eu des doutes sur sa culpabilité, sans cela, il aurait eu le maximum de la peine. On sera sans pitié pour toi. Ton père, résigné, vieux, ton père bénéficiera des doutes conservés par certains jurés ; une conduite sans reproche lui méritera sa grâce. Laisse s'apaiser le bruit qui vient de se produire. Tu ne peux maintenant rien réparer ; en agissant contre la volonté de ton père, tu lui ferais perdre le fruit de son sacrifice. « — Mais ma fille ? dis-je à Bois-Galais. — Ta fille ! tu la retrouveras quand nous rentrerons en France, sois certain que ton père en aura pris soin. En s'immolant, il a moins songé à toi qu'à elle. » Tout cela était bien spécieux, bien misérable, je ne me sentais pas même convaincu. Ma conscience grondait en moi... Je vous le jure, depuis ce temps je n'ai pas eu un jour de repos, et votre image n'a cessé de me poursuivre. J'essayais de m'étourdir cependant. A notre exploitation de faux billets de banque succédèrent les bénéfices du jeu. On joue au Mexique partout et toujours un jeu infernal... Nous accumulions d'étranges chances qui plus d'une fois furent considérées comme suspectes. Peu à peu le nombre des villes dans lesquelles il nous fut possible de nous produire diminua. On nous regardait comme atteints d'une sorte de lèpre morale. Nous changions fréquemment de résidence. Après des succès et des bénéfices qui faisaient de nous des millionnaires, nous tombions souvent dans une sorte de détresse. Nous avons visité les deux Amériques et l'Australie. Enfin nous songeâmes à revenir en France. On avait dû nous oublier. L'affaire des billets de banque était déjà vieille, nul ne se souvenait de vous... D'ailleurs, j'avais pris l'habitude de changer souvent de nom et de nationalité. Près de dix ans s'étaient passés depuis ma fuite.. Qu'étiez-vous devenu? Même au sein de mes remords je n'osai point m'en informer. Faut-il vous le dire, j'espérai plus d'une fois que vous aviez succombé aux tortures de l'exil. Après m'être avili autant qu'un homme le peut faire, l'idée de vous revoir me parut insoutenable. Je me rendis un soir rue de Rennes, les concierges étaient changés, votre nom était inconnu, je m'informai d'une amie de ma femme, cette Suzanne qui d'abord s'était chargée de l'enfant... Elle aussi était morte.... A force de recherches j'appris cependant l'adresse de la nourrice de ma fille. Je ne songeai point à l'aller voir. Pourquoi l'aurais je fait? Cette innocence ne pouvait ni me purifier ni m'attirer. Je n'aurais su que faire de cette petite créature pour qui j'étais devenu étranger. Nous étions, d'ailleurs, Bois-Galais et moi, en proie à une terrible inquiétude de l'avenir. Après avoir manié des millions, nous rapportions fort peu d'argent en France, et nous éprouvions la crainte d'y devenir plus vite que partout ailleurs un sujet de suspicion. Et cependant, là seulement nous pouvions désormais trouver le moyen de multiplier les dupes et d'exploiter les imbéciles. Mais une fatalité constante enraya nos projets. Nous gueusâmes à peine le moyen de ne pas mourir de faim, et notre situation nous paraissait désespérée, quand je lus par hasard dans un journal l'annonce qu'y avait fait insérer M. Luc Auvilliers, annonce par laquelle il demandait des renseignements sur Claire et sa fille...

Le misérable, pris d'une sorte d'étouffement, se renversa sur ses oreillers, et demeura un moment silencieux.

Pascal, assis près de son lit, le visage couvert d'une pâleur livide, tenait ses yeux gonflés de pleurs, sur ce mourant dont la confession n'était qu'un monstrueux enchaînement de fautes et de crimes...

Et cependant, si épouvantable que fût le récit d'Olivier, dans les fonds de son âme, Pascal Marsan ne désespérait pas encore de faire naître dans cette âme un sentiment de repentir.

Ton père, lui dit-il, ton père va mourir. (Voir page 287.)

Chapitre XXIV

LE DERNIER CRIME

Sur le banc placé au-dessous de la fenêtre à losanges de plomb le docteur Lasseny et Luc Auvilliers avaient entendu et les paroles émouvantes de Pascal et la confession d'Olivier. Un immense sentiment de soulagement succédait à une angoisse durant depuis de longues années, puisque jamais le docteur n'avait pu croire à la culpabilité de Pascal. En acquérir la certitude était pour lui une satisfaction profonde. Il pouvait désormais obéir à la sympathie qui l'attirait vers le vieillard. Il regardait comme un devoir de tenter de lui rendre son honneur volontairement perdu. Chacun d'eux se croyait le droit d'écouter cette confession suprême, car chacun d'eux y avait un intérêt puissant.

Lasseny connaissait celui de Luc Auvilliers, mais le millionnaire ignorait la cause de l'intérêt passionné que Pierre Lasseny portait à cette affaire.

La voix d'Olivier avait tellement faibli pendant les dernières paroles adressées à son père, que celui-ci se demanda si le blessé, épuisé par le sang perdu, par la souffrance et par les impressions morales, n'avait point besoin de son aide. Le docteur allait peut-être quitter sa place afin d'entrer chez Olivier Marsan, mais la voix de celui-ci s'affermit un peu, et il reprit sa longue confession.

— Il s'agissait donc de retrouver ma fille... Entre mes mains elle devenait un moyen de fortune. Luc Auvilliers ne pouvait la demander que pour en faire son héritière, et ma première visite à Mᵉ Auguste Aubry m'apprit le chiffre de cette fortune. Je courus à Luzancy, plein d'espérance, car avant même d'arriver chez Marthe Lavoine, je m'étais enquis de l'enfant de Paris qui avait grandi chez elle... Ma stupeur égala ma rage quand Marthe m'apprit que la petite fille s'était peut-être suicidée mais que certainement elle avait au moins disparu... Toutes les recherches pour la retrouver furent vaines ; cependant il ne me vint pas à la pensée que vous pouviez être pour quelque chose dans cette disparition. Mes moyens, très faibles, ne suffisaient point pour faire chercher l'enfant d'une façon efficace. M. Auvilliers y pourvut, mais ne trouva nulle trace de l'enfant. Après m'avoir offert du travail, le millionnaire me jeta une aumône et me chassa. Il ne m'aurait souffert que si je lui eusse amené ma fille... Vous souvenez-vous de cet autre crime que je commis ? Je reconnus son portrait, je vous suivis, j'appris que vous habitiez la Cité des Modèles sous le nom de Matteo, et que Madone, votre petite-fille, posait chez les peintres. Je vous la volai... Madone, pour moi, c'était la fortune de Luc Auvilliers le millionnaire.

Un cri, dans lequel se confondaient la stupeur et la joie s'échappa des lèvres du nabab. Pierre Lasseny lui mit la main sur les lèvres avec un geste impérieux :

— Silence ! fit-il, silence.

Dans la petite chambre où venait de pénétrer vaguement l'exclamation du vieillard, Olivier tressaillit en promenant autour de lui un regard inquiet et fiévreux. Aucun bruit ne se fit entendre. Peut-être songea-t-il d'ailleurs que, si près de la mort, peu lui importait que l'on connût ce secret, car il reprit :

— Ce fut le plus odieux de mes crimes, et celui pour lequel Dieu me châtiera davantage... Cette enfant, votre consolation, votre bien, dont vous aviez payé l'honneur et la vie, cette petite créature qui vous consolait de tous les maux subis, je voulus vous la prendre. Il me la fallait pour exploiter Luc Auvilliers, son grand-oncle... Il m'avait déclaré que pour l'enfant seule il ferait des sacrifices... Et je me souviens que, dans la grande maison du quartier Saint-Victor, j'osai vous menacer de la police si vous ne remettiez pas Madone entre mes mains. Je vous menaçai de révéler votre situation de forçat évadé...

— Ce fut amer, bien amer, dit le vieillard, venant de la main de mon fils...

Olivier se souleva et se penchant vers le vieillard.

— C'est vous qui l'avez reprise, n'est-ce pas?
— C'est moi!
— Où est-elle?
— Madone est heureuse.
— Où est-elle? répéta Olivier d'une voix plus âpre.
— Peu importe, fit le vieillard, oui, peu vous importe, Olivier...
— Oh! je ne la tourmenterais pas! Je vous le jure... Mais si je connaissais l'adresse de Madone, si je pouvais dire à Luc Auvilliers : — Je vous la donnerai en échange de votre silence... Il se tairait, comprenez-vous, il se tairait...

— Il se taira! fit Pascal d'une voix profonde. Même en ignorant votre secret il se taira. S'il avait songé à vous livrer, vous seriez déjà entre les mains de la justice... Il ne vous livrera pas, je le jure, ni lui, ni le docteur. Je connais ces deux cœurs également remplis de miséricorde; quand le bras du Seigneur s'est étendu sur un homme, cela suffit... Écoutez, Olivier, si vous vous étiez repenti sincèrement, profondément, j'aurais, je vous le jure, amené votre fille près de ce lit d'agonie, et je lui aurais dit : « Oublie et pardonne! » Elle peut, elle devrait vous haïr, vous qui avez abandonné son enfance et tenté de l'arracher à son unique tendresse, mais Madone est un ange, Madone ne haïra jamais personne... J'ai bien souffert, oui, j'ai bien souffert, moins encore mes sacrifices que de leur inutilité. Mais quand, dans ma pauvreté, ma misère, mon exil, j'avais près de moi cette enfant bénie, j'oubliais tout! tout. Je lui avais donné ma vie, mon honneur, elle me rendait les biens perdus dans un sourire. Après l'avoir enlevée à ses bourreaux de Luzancy, combien de fois suis-je demeuré des nuits entières, sans sommeil, la regardant dormir, heureux de ce repos qu'elle me devait, du morceau de pain que je gagnais pour elle... J'ai connu toutes les joies de la paternité par cette enfant. Pendant que vous la reniiez je l'adoptais... Pour la revoir plus vite, je me suis évadé... Et cependant, avec cette tendresse au cœur, avec ce profond amour que rien ne surpasse, que rien n'égale, j'ai eu le courage de m'en séparer... Madone n'est plus avec moi... Qu'en aurais-je fait? Je suis vieux et misérable... Elle fût restée vagabonde avec un vagabond, je ne l'ai pas voulu... Madone est aujourd'hui telle qu'était Claire quand vous l'avez épousée, une pure et belle jeune fille, parée de toutes les vertus et de toutes les grâces... Elle sera riche, elle trouvera quelque jour un honnête homme dont elle deviendra la compagne, et j'aurai en me sacrifiant subi jusqu'au bout mon martyre...

— Vous avez eu le courage de la quitter? demanda Olivier.
— Je l'ai eu. Mais depuis quelle vie a été la mienne... J'ai rôdé près des lieux qu'elle habite, la voyant à la dérobée, me tenant pour satisfait si je l'avais suivie à l'église, si j'avais frôlé sa robe. J'ai souvent parlé à de vieux pauvres pour cette seule raison qu'elle leur avait fait l'aumône... J'habitais à Paris une mansarde, un grenier, que m'importait le bouge dans lequel je vivais si je pouvais suivre sa vie. Je me cachais... Il fallait qu'elle se crût abandonnée, sans cela, Madone se fût attachée à moi, préférant ma misère au luxe dont elle jouissait ailleurs. A Paris c'était dur et difficile, à la campagne tout se simplifiait. Je couchais dans une hutte, une grotte, ou bien à la belle étoile. Je sculptais du bois de genévrier pour vivre. Je rôdais autour de sa maison, j'entendais parfois ses éclats de rire, et cela me réchauffait le cœur de la savoir heureuse. J'écoutais le soir quand elle chantait... Combien de fois pendant qu'elle répétait les chansons napolitaines que je lui ai apprises, suis-je tombé la face dans l'herbe, sanglotant comme un enfant. Je l'attendais, je la guettais. Vêtu de haillons, déguisé, moi si vieux, si laid déjà, moi changé par le chagrin, mutilé par l'accident du chemin de fer de Gagny, moi qui ne suis plus qu'un infirme, j'exagérais encore mes maux et ma misère. Depuis plus d'un an j'habite un appentis dans la maison d'un aubergiste, je suis à gages chez lui, et je fabrique des balais. Misérable état, Olivier! mais état qui me permet d'errer dans le bois où je coupe la bruyère et des houx à feuilles lancéolées à grains rouges. Je la vois passer, à cheval, en calèche, les cheveux au vent. Le sabot de son cheval, la roue de sa voiture soulèvent autour de moi un flot de poussière... Elle fuit, elle disparaît sous les arbres... J'ai du bonheur pour toute une semaine, je l'ai vue...

— Ainsi, demanda Olivier, elle est près d'ici...
— Oui, dit le vieillard.
— Vous apprîtes mon dessein tandis que je discutais mon plan avec Bois-Galais.
— Oui, répondit encore Pascal.
— Qu'avez-vous fait alors?
— Me montrer subitement à vous, vous prier de renoncer à votre dessein eût été inutile... Bois-Galais était là, Bois-Galais qui vous a perdu, et j'eus peur. A quoi bon me mettre en face de vous? Mieux valait empêcher le crime. Je préférai prévenir Luc Auvilliers... Je courus par des chemins détournés, afin de vous prévenir, mais la nuit était venue, mes forces étaient défaillantes; je tombai sur le chemin, et d'une façon si cruelle que je demeurai sans mouvement, aveuglé par le sang ruisselant sur mon visage. Il fallait arriver, cependant, et empêcher le dernier crime... Ma tâche en ce monde ne serait finie que quand je me serais mis entre ton arme et ta victime. Après t'avoir sacrifié mon honneur, je pouvais bien te donner ma vie, puisque Madone était heureuse... Je ne pouvais plus songer à remettre ma lettre à la Villa des Fleurs; d'un autre côté, il m'était impossible de supputer la longueur du temps écoulé depuis mon évanouissement. Il

s'agissait de vous rejoindre, de suivre pas à pas le même chemin; je me servis de votre échelle de corde, je passai par la fenêtre brisée; tu sais le reste, quand j'arrivai, tu travaillais à desceller le coffre-fort de Luc Auvilliers...

— Je n'ai pas voulu vous tuer! Je n'ai pas voulu vous tuer! s'écria Olivier d'une voix rauque. Je suis bien assez criminel déjà, sans que vous m'accusiez de parricide. Ma vie n'a été qu'une longue suite de fautes, je me suis roulé dans toutes les fanges; si les hommes me traînent à leur barre je subirai leur jugement, comme un joueur qui a perdu une partie paie sa mauvaise chance de tout ce qu'il possède. Mais en dépit de mes erreurs, de mes entraînements, de mes crimes, j'ai conservé pour vous un sentiment de respect. Je me jugeais ce que je valais, je me mettais sous vos pieds par la pensée! Cent fois j'ai eu la tentation de courir vers vous, et de vous demander pardon. Je ne l'ai pas fait, non point dans la crainte d'être repoussé, mais parce que j'avais la conviction que vous chercheriez à me ramener au bien, et que je ne me sentais pas le courage de travailler... Ne me parlez pas de ce que vous appelez mon dernier crime. J'ai tenté de dérober une partie de la fortune de M. Auvilliers, mais, serais-je arrivé à ce but, je n'aurais pris qu'une partie de l'or de ce millionnaire. Mon crime, mon seul crime est de vous avoir frappé!..... Je ne vous menaçais pas, il est vrai, mais enfin votre sang a coulé, votre sang...

Olivier s'arrêta pris d'un tremblement d'épouvante.

— Voilà ce qui criera vers Dieu contre moi durant toute l'Éternité.

Le vieillard se pencha vers son fils.

— Non, dit-il, non! ce sang ne criera vers Dieu que pour demander ta grâce... Cesse de t'effrayer en le voyant couler... Ne regarde pas la blessure qui déchire ma chair, ne vois que la plaie vive de mon âme... Celle-là, toi seul peux la cicatriser... Je te pardonne, je voudrais plus encore, je voudrais te serrer dans mes bras, te voir racheté, sauvé : j'ai toute ma vie demandé à Dieu le salut de ton âme, ne me refuse pas à cette heure l'expression d'un regret qui peut te purifier à jamais... J'ai assez souffert, Olivier, je te jure, pour obtenir de toi cette satisfaction suprême...

— Je ne peux pas! Je ne peux pas! dit Olivier. Devant vous je m'humilie ; je m'agenouillerais si je le pouvais afin de vous demander pardon, mais je ne dirai rien aux hommes, rien!

— Il ne s'agit pas des hommes, reprit le vieillard en se levant, mais de ton père et de Dieu. Qui sait si ma blessure n'est pas mortelle... Olivier! Olivier! tu n'as jamais connu la puissance de l'amour paternel; sans cela tu comprendrais que n'ayant pu vivre près de toi en ce monde, je voudrais te retrouver dans l'Éternité... Ne me refuse pas ! Au nom de mes douleurs, de mon martyre, au nom de mes cheveux blancs et de mon sang répandu, ton âme, ô mon fils! donne-moi ton âme!

Pascal tomba sur le sol, et sa tête blanche s'appuya sur le bord du lit d'Olivier.

La main de celui-ci s'étendit vers le vieillard, mais si légèrement qu'elle l'effleurât, elle toucha sa blessure, et arracha un gémissement au vieillard.

— C'est trop! c'est trop! dit Olivier, à travers de rauques sanglots. Je ne vous verrai pas prosterné devant moi, vous l'honneur, la bonté même; vous voulez l'âme de votre enfant, prenez-la dans vos mains pour la présenter à Dieu.

— Mon fils! Je retrouve mon fils! s'écria Pascal.

Le vieillard se releva, ses mains saisirent le front d'Olivier, qu'il couvrit de baisers. Il pleurait, il lui parlait avec une douceur caressante. Il lui promettait le pardon du ciel. Il lui jurait qu'il l'aimait toujours.

Olivier vaincu s'abandonnait entre les bras de son père. Lui aussi éprouvait une consolation suprême, inattendue, à verser dans ce cœur héroïque l'aveu et l'amertume de ses fautes. Tout ce qu'il avait étouffé de sentiments non seulement honnêtes, mais humains, s'éveillait en lui subitement. Le repentir le renouvelait et le purifiait déjà.

Deux heures, deux longues heures, dont aucun d'eux ne comprit la durée, se passèrent de la sorte.

Depuis longtemps le docteur Lasseny et Luc Auvilliers avaient quitté le banc de pierre. Quand ils eurent recueilli les seules paroles pouvant avoir pour eux de l'importance et changer la destinée d'êtres qui leur étaient chers, ils s'éloignèrent respectant l'entretien suprême de Pascal Marsan et de son fils.

Quand le jour fut venu, Luc Auvilliers entra dans la chambre du vieillard.

— Que souhaitez-vous de moi? lui demanda-t-il.

— Faites revenir le prêtre, répondit-il.

L'ecclésiastique qui la veille avait tenté de pénétrer jusqu'à Olivier arriva à la demande de son père.

Après avoir eu avec lui un long entretien, il descendit dans la petite pièce où se mourait Olivier.

Leur entretien fut long, terrible. Jamais, depuis qu'il exerçait le saint ministère, l'abbé Dubois n'avait reçu de si terribles confidences. Il les mit au pied de la croix, chercha dans l'Évangile les paroles d'indulgence qui réconfortent les cœurs effrayés, puis il lava dans le sang de la Victime sans tache, l'âme de ce pécheur qui semblait avoir tenté de lasser la patience de Dieu.

— Il me reste encore un devoir à remplir, mon père, dit Olivier. Allez supplier Matteo de descendre ici, et obtenez du docteur Lasseny et de M. Auvilliers qu'ils viennent en même temps près de moi.

Pascal descendit. Son front rayonnait à la pensée que l'enfant à qui il avait sacrifié toute sa vie, mourait en paix avec le ciel; et cependant au fond de son cœur il souffrait d'une façon cruelle. Quoi! au moment où il le retrouvait, repentant, affectueux ; au moment où par son repentir il devenait digne de pitié, ce fils allait mourir... Il ne le reconquérait que pour le perdre... Il résolut d'étouffer les amers regrets qui lui poignaient l'âme et quand il s'approcha du lit d'Olivier il semblait avoir repris tout son calme. A peine eut-il eu le temps de le serrer dans ses bras, la porte s'ouvrit, livrant passage a Luc Auvilliers et au docteur

Pierre Lasseny s'approcha du blessé, l'examina avec un soin scrupuleux, puis il garda le silence.

— Vivrai-je jusqu'à ce soir? lui demanda Olivier.

— Je le crois, répondit le médecin.

— Cela suffit pour le devoir que j'ai à remplir... Messieurs, je suis et je dois être pour vous l'objet d'un mépris profond, et cependant si vous connaissiez ma vie, ce mépris grandirait encore... Je ne puis recommencer une existence vouée au mal, je ne peux qu'essayer d'en purifier les dernières heures. Ma paix est faite avec Dieu... Je vous demande pardon, M. Auvilliers, d'avoir tenté de m'approprier une fortune à laquelle je n'avais nul droit...

— Je vous pardonne, répondit Luc Auvilliers.

— Je comprends à cette heure pourquoi vous n'avez pas tout de suite appelé ici la justice... Vous me laisserez mourir avant de dénoncer mon dernier crime... Mais il en est un plus ancien que vous devez connaître, afin de rendre justice au plus héroïque des pères, au plus loyal des hommes...

— Tais-toi! dit Pascal en s'avançant vers Olivier, tais-toi!

— Non, mon père. A cette heure tous les voiles doivent tomber, non seulement pour vous, mais encore à cause de ma fille... Vous resterez son unique père, son tuteur, je veux que chacun demeure convaincu que vous êtes digne de la diriger dans la vie... Relevez la tête, mon père! Reprenez votre honneur que je vous ai volé... Messieurs, Pascal, mon père, était innocent du crime pour lequel il passa en cour d'assises.. J'avais fabriqué les faux billets de banque, docteur, et les avais glissés dans votre portefeuille...

Un cri douloureux s'échappa des lèvres de Pascal.

Deux mains se tendirent à la fois vers lui.

— Ce n'est point la première fois, dit le docteur, que je vous assure de ma sympathie. Vous avez trop aimé Claire pour que je ne vous donne pas tout de suite une amitié égale à mon estime...

Des larmes jaillirent des yeux du vieillard.

— Il fallait te taire, Olivier, dit-il ; que vont amener ces révélations? Je voulais mourir en paix sous le nom que m'avait donné la Providence... Pascal Marsan était mort, Matteo seul vivait...

— Vous avez bien fait, dit le docteur à Olivier, oui, vous avez bien fait d'avouer la vérité... Vous écrirez, vous signerez cette déclaration, et grâce à elle, nous trouverons le moyen de rendre la tranquillité à votre père.

Avec une peine extrême Olivier écrivit cette déclaration que les témoins signèrent à leur tour.

La fatigue subie, les émotions accélérèrent la crise suprême, et le docteur comprit qu'il restait à peine une heure à vivre à ce misérable.

Il eut une longue conférence avec Luc Auvilliers, et à la suite de cet entretien, tous deux se rendirent dans le cabinet où Bois-Galais garrotté, restait couché sur le sol.

— Vous ne méritez aucune pitié, dit Lasseny au misérable, mais votre mise en jugement ferait prononcer des noms qui doivent désormais ne plus passer nos lèvres... Nous vous laissons la chance de vous repentir et de devenir honnête homme. Rappelez-vous qu'il n'est jamais trop tard... Voici quinze cents francs, passez en Amérique, ne revenez jamais en France, et souvenez-vous que Dieu vous châtiera d'une façon terrible si vous rejetez ce dernier moyen de salut.

Bois-Galais se tordit dans ses liens.

— Cela est vrai? demanda-t-il, vous me permettriez de m'échapper...

Luc Auvilliers dénoua ses liens.

— Et Olivier?

— Olivier se meurt.

— Comment et à quel instant fuirai-je?

— Tout de suite; vous passerez par cette fenêtre, les domestiques doivent croire à une évasion; vous traverserez le jardin dans toute sa longeur. A l'extrémité du parc vous trouverez une petite porte masquée par des feuillages, c'est là que vous nous attendrez...

Bois-Galais franchit la fenêtre et traversa le jardin; les jardiniers travaillaient à cette heure dans les potagers.

Un quart d'heure après la petite porte du parc se refermait sur lui. Il était libre.

Dans la soirée, l'agonie d'Olivier commença.

Son père restait agenouillé près de son lit, priant avec le prêtre.

— Madone! murmura le moribond, j'aurais voulu voir Madone!

Auvilliers et Lasseny se regardèrent.

Fallait-il refuser d'exaucer cette dernière prière? Pouvait-on amener la jeune fille près de ce lit d'agonie? Valait-il mieux lui laisser ignorer ce drame terrible?

La pitié pour Olivier l'emporta.

— Nous vous amènerons Madone, répondit le docteur, mais à la condition qu'elle ignorera tout ce qui s'est passé. Tâchez d'effacer à cette heure suprême le souvenir terrible qu'a dû lui laisser la violence exercée sur elle, quand vous l'enlevâtes à son aïeul.

— Oui, oui, répondit le blessé, à elle aussi je demanderai pardon.

Ce fut Luc Auvilliers qui partit pour la Villa des Fleurs.

Il se trouvait sous le coup d'émotions poignantes, et il comprenait que la vue de Nathalie et celle de Madone allaient soudainement le calmer.. D'ailleurs, cette enfant vers laquelle il se sentait attiré depuis le premier jour lui devenait désormais bien autrement chère. Il lui semblait qu'il la verrait avec des yeux tout autres. Comme il l'avait appelée, désirée, cherchée! Avec quelle tendresse il allait désormais se vouer à elle. N'allait-elle point disposer à son gré de sa fortune, de sa vie? L'enfant de Claire! Il allait la voir, l'embrasser, il allait lui crier : « Tu es mon sang! » Le millionnaire marchait rapidement, parlant à une vision, se demandant ce qu'il allait dire à Madone... Lui révélerait-il tout de suite la vérité? Ne fallait-il pas craindre d'exciter à la fois dans cette âme trop d'émotions brûlantes et terribles? Le plus sage ne serait-il pas d'attendre?

— Je ne dirai rien! Non; je ne dirai rien, répétait Auvilliers en franchissant la grille de la Villa des Fleurs. Cette révélation sera du reste pour l'enfant presque aussi troublante que la scène qui va se passer tout à l'heure... En ce moment, il lui suffira de retrouver son grand-père, dont rien désormais ne saurait la séparer...

Luc Auvilliers n'eut pas besoin de faire annoncer chez Mme Lincelle, il la trouva dans le parterre.

Son amitié pour le millionnaire lui permit de deviner tout de suite qu'il se trouvait sous le coup d'une impression grave.

— Souffrez-vous? lui demanda-t-elle avec vivacité.

— Non, répondit M. Auvilliers, non, mais je vous remercie de l'élan avec lequel cette parole m'a été dite. Depuis deux jours je vis au milieu d'un conflit d'émotions diverses presque également poignantes, et je ne suis pas au bout... J'aurais voulu épargner à Madone, à votre fille adoptive, à cette enfant que nous aimons si profondément tous les deux, le contrecoup de ce qui s'est passé... Son grand-père en juge autrement...

— Matteo?

— Est en ce moment chez moi...

— Quelle épreuve attend Madone?

— Elle doit venir s'agenouiller près de son père mourant.

— Il s'agit d'un devoir à remplir, et Madone le remplira... Mais comme elle va souffrir.

— Nous serons là! dit M. Auvilliers.

— Ne puis-je l'accompagner?

— Il vaut mieux me la confier.

Mme Lincelle mit ses deux mains dans les mains de Luc Auvilliers:

— Vous êtes un véritable ami, lui dit-elle, et j'ai en vous une confiance absolue.

Nathalie se dirigea vers un bosquet où Madone travaillait avec Miss Bridgett.

La jeune veuve embrassa l'enfant.

— Madone, lui dit-elle, il y a longtemps, bien longtemps que tu n'as vu un être cher et toujours regretté?

— Mon grand-père! s'écria l'enfant.

— Oui, ton grand-père.

— Il est ici?

— Il t'attend chez M. Auvilliers.

— J'y cours, oh! j'y cours! fit Madone, dont le beau visage rayonna de tendresse.

— Oui, ma fille, jette-toi dans ses bras, couvre-le des caresses les plus tendres; en même temps prépare-toi à te trouver en face d'un homme qui a sur toi des droits indiscutables, et dont le souvenir t'est cependant demeuré amer.

— Mon père...

— Ils seront là tous deux, ton père et ton aïeul... Il plaît à Dieu de rappeler à lui ton père, va près de son lit de mort, et console son agonie.

Ensuite, eh bien ! ensuite, essaie de garder cet autre père qui t'a prouvé plus de tendresse que tu ne le comprendras jamais.

— Mais que dirais-je à celui qui m'a abandonnée? qui a voulu me ravir à mon grand-père? Suis-je bien certaine de trouver un mot de consolation et de pardon à lui adresser.

— Ton cœur t'inspirera, ma fille.

Luc Auvilliers avait laissé la jeune fille et la mère adoptive s'entretenir seules, mais au lieu d'attendre que Nathalie lui amenât Madone, il ne put résister au désir de la voir plus vite. Il lui semblait que jamais il ne l'avait bien regardée. Désormais il chercherait dans ses yeux et sur son visage les traits de cette Claire, fille d'une sœur bien-aimée, dont la mort avait brisé son âme. Il éprouvait un désir violent de courir vers elle, de la serrer dans ses bras, de lui révéler à la fois ce qui devait être une épreuve et une consolation. Il ne le fit point cependant, croyant de son devoir de laisser Madone s'approcher du lit de ce mourant qui était son père, sans avoir de préoccupations nouvelles. Lorsque la jeune fille s'approcha, s'appuyant sur le bras de Nathalie il tressaillit et sentit une larme brûlante monter à ses yeux. Sans nul doute il aurait prié Mme Lincelle de l'accompagner chez lui, et de recevoir Madone des mains de son père mourant, mais il n'entrait point dans ses projets de révéler à la jeune veuve les droits qu'il possédait désormais à l'affection de l'enfant.

Il se contenta de lui dire :

— Je vous la ramènerai moi-même...

Madone prit le bras de Luc Auvilliers.

— Monsieur, lui dit la jeune fille d'une voix tremblante, j'ai peur... Songez donc. Je n'ai jamais vu mon père que deux fois et dans des circonstances qui seraient propres à me le faire haïr, si je pouvais haïr quelqu'un.

— Je serai là, répondit Luc Auvilliers, et non seulement moi, mais votre grand-père. Votre grand-père dont la vie va changer d'une façon complète, qui ne vous quittera plus désormais... Courage! Pour cet homme qui va mourir n'ayez que de bonnes et consolantes paroles, la religion vous y oblige; en vous voyant miséricordieuse, tous ceux qui vous aiment vous chériront deux fois plus.

Le trajet s'acheva lentement.

La maison de Luc Auvilliers semblait triste comme une tombe.

Les domestiques s'étaient rigoureusement conformés aux ordres du maître, mais tous savaient que cette catastrophe s'achèverait par la mort ou par une descente de la police. Les serviteurs se montraient à peine et passaient comme des ombres le long des couloirs et dans les grandes pièces du château.

Luc Auvilliers franchit avec Madone la grille grande ouverte, et la guida jusqu'à la petite pièce dans laquelle se trouvaient Pascal et Olivier.

Du premier regard elle reconnut son grand-père.

Elle se jeta dans ses bras en étouffant ses sanglots.

Elle ne l'avait pas vu depuis longtemps, bien longtemps. Il avait vieilli, son pauvre visage s'était ridé, ses habits étaient presque ceux d'un pauvre. Sur ses joues brillaient des traces de larmes. Il devait avoir horriblement souffert depuis leur séparation.

Olivier dévorait du regard cette fille grandie loin de lui, cette enfant si belle qu'il n'avait cherché à reprendre que pour en devenir le bourreau. Un regret poignant lui traversa l'âme. S'il l'avait voulu, s'il en avait été digne, Madone ne l'aurait jamais quitté, le contact de cette innocence aurait purifié sa vie... Il ne la retrouvait qu'à travers la mort...

Pascal s'arracha aux embrassements de Madone, et la prenant par la main, il l'amena près du lit d'Olivier.

— Ma bien-aimée, lui dit-il, ton père va mourir... Ton père! ce mot seul comprend tout ce que tu lui dois de respect et de tendresse... Séparés pendant la vie, vous ne manquerez pas de vous retrouver devant Dieu... Agenouille-toi, ma fille, et de même que je bénis son agonie, courbe-toi sous sa main tandis qu'elle bénira ta jeune vie.

Une violente émotion saisit Madone qui tomba brisée devant le lit du mourant :

— Sois heureuse! lui dit Olivier d'une voix si faible qu'elle parvint à peine à son oreille; paie en bonheur le dévouement admirable de mon père, qui mérite à la fois toutes les tendresses et tous les respects. Que ton amour lui fasse oublier les larmes qu'il versa pour moi! Remets en ses mains ta nouvelle destinée, car un avenir sur lequel tu ne pouvais compter s'ouvre devant toi... Je te remercie d'être venue ici, je te bénis de toute mon âme. je prie le Seigneur de te récompenser comme tu le mérites...

Il se souleva, posa un baiser sur le front de sa fille, tendit les bras vers Pascal qui le serra sur sa poitrine, tandis que le prêtre levait une dernière fois la main pour l'absoudre...

Madone cessa de voir et d'entendre. Un brouillard s'étendit sur ses yeux, elle sentit brusquement ses forces défaillir, et Luc Auvilliers, la soulevant dans ses bras, l'emporta hors de cette chambre de deuil.

Olivier était mort; le vieux Pascal veillait dans la petite chambre avec Victor Bérard.

Luc Auvilliers et Pierre Lasseny venaient de partir pour Paris.

Le soir même ils obtinrent une audience du ministre de la justice.

Ce fut le docteur qui raconta le long drame du martyre de Pascal.

Il fit ensuite le récit du dernier crime d'Olivier, et présenta les lignes tracées par le malheureux, lignes par lesquelles il se reconnaissait coupable du crime pour lequel son père avait été condamné.

Bien des irrégularités s'étaient glissées dans la façon d'agir de ces deux amis depuis le moment de l'arrestation des misérables pris en flagrant délit de vol. Mais le ministre était un de ces hommes qui comprennent le respect et la sauvegarde des familles. Il était impossible de rappeler d'une façon publique le procès qui avait coûté l'honneur au vieux Pascal, mais il fut promis au docteur et à Auvilliers qu'on lui donnerait une satisfaction aussi complète que possible.

Tout ce qui concernait l'inhumation d'Olivier fut réglé de telle sorte que le mystère planant sur cette affaire ne fut jamais éclairci par les étrangers.

Rassurés de ce côté les deux amis rentrèrent à Fontainebleau.

Luc Auvilliers avait fait à Paris une commande d'objets de toilette assez considérable, et lorsqu'au matin le vieux Pascal rentra dans la chambre que le maître du château avait fait préparer pour lui, il y trouva tout ce dont il était privé depuis près de vingt ans. Le valet de chambre de M. Auvilliers fut mis à sa disposition. Il se laissa raser, habiller, ayant à peine le sentiment du présent, songeant seulement à ce mort dont on préparait la bière, ce mort qui avait été sa seule tendresse.

Un coup frappé à la porte le fit tressaillir; Madone entrait.

Elle eut presque peine à reconnaître celui qu'elle avait toujours vu couvert de la livrée de la misère. La taille de Pascal était encore droite, il semblait n'avoir jamais quitté le vêtement d'homme du monde. Ses cheveux blancs donnaient une majesté douce à son visage coupé par la cicatrice de l'horrible blessure reçue à Gagny.

Madone était vêtue de deuil :

— Viens! dit-elle.

Tous deux descendirent. On avait terminé les constatations légales et les préparatifs de l'inhumation. Le prêtre priait devant la bière. Celui qui avait vécu loin des choses de la foi quittait de terre environné de toutes les grâces dont la religion comble ses fils.

Dieu et l'Église ne voulaient plus voir que son repentir.

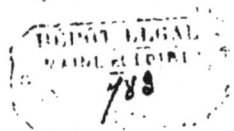

Il lui demanda de lui pardonner la peine qu'il allait lui faire. (Voir page 295.)

Chapitre XXV

LE SECRET DE LUC AUVILLIERS

Auguste Aubry, le docteur Lasseny et Pascal Marsan se trouvaient réunis dans la bibliothèque du château de Luc Auvilliers.

Le vieux graveur gardait sur son visage la trace des poignantes émotions subies; cependant un changement complet s'était opéré en lui. Sa taille s'était redressée, il portait plus haut la tête. Sa voix retrouvait les sonorités d'autrefois, quand il était fort, actif et robuste. L'invincible fardeau chargeant ses épaules venait d'être secoué par lui. Devant les hommes qui lui serraient les mains, l'encourageaient et l'honoraient de leur amitié, il pouvait lever la tête. Son honneur se trouvait lavé de toute souillure, et non seulement il respirait à l'aise, mais il comprenait que la vie de Madone recevrait de ce changement une amélioration nouvelle.

— Pascal, dit le docteur Lasseny, tout ce que la justice pouvait faire sans bruit, afin de vous laver d'une fausse imputation, a été réalisé. Pour tous ceux qui vous connaissent, vous êtes un héros et un martyr, et nous n'avons qu'un désir : vous faire oublier vos anciennes souffrances. S'il est encore quelque chose que nous puissions faire pour cela, avouez-le sans honte. Si vous saviez combien de fois j'ai songé à vous durant vos années douloureuses, vous vous empresseriez de me fournir l'occasion de vous indommager du passé.

— Vous n'avez rien à vous reprocher, monsieur. J'avais voulu tout ce qui arriva, et je ne gardais le droit d'adresser de reproches à personne. La volonté de Dieu est faite! Sur la fin de ma vie je retrouve des amis, je ne saurais demander davantage... Le docteur Lasseny offrit jadis de retirer sa plainte, afin d'éviter un procès que nul ne pouvait plus arrêter... Même au milieu des ténèbres enveloppant cette cause, ténèbres que j'épaississais afin d'assurer le salut d'Olivier, il a cru à mon innocence... Me Aubry, mon avocat, a offert de la prouver... Un moment j'ai tremblé qu'il y parvint... Je n'ai donc qu'à vous remercier tous et à vous bénir.

— Notre vie à tous deux va changer, reprit Luc Auvilliers... Vous êtes mon dernier, mon seul parent ; maintenant que je vous ai retrouvé, je vous garde... Ce point n'est pas le plus difficile à régler entre nous... Quand l'estime et la sympathie rapprochent les hommes, c'est pour la vie. Il nous sera facile de nous aimer. Si vous avez vécu dans la souffrance, j'ai souffert de l'isolement... Nous avons également soif de la tendresse... Cette demeure qui me semblait trop vaste me paraîtra désormais la plus gaie du monde. Vous acceptez, n'est-ce pas?

— J'accepte, puisque vos amis affirment que je le puis faire sans jeter sur vous de déconsidération.

— Il reste à traiter une question grave, Pascal ; une question qui vous trouble déjà le cœur... Vous avez prouvé jusqu'à l'abnégation la plus absolue votre dévouement à la fille de Claire. Après l'avoir aimée, protégée, sauvée de la misère et du malheur, vous avez renoncé à elle pour lui assurer à la fois l'éducation et la fortune. Madone a grandi près d'une femme digne de toute estime, et votre courage depuis six années a certes égalé celui dont autrefois vous avez donné des preuves. Mais désormais les obstacles qui vous séparaient de Madone sont levés, et vous pouvez vivre près d'elle.

— Il ne manquera plus rien à mon bonheur, dit Pascal, quand cette enfant se trouvera au milieu de nous.

— Voulez-vous aller lui apprendre ce changement dans sa vie?

Une ombre de regret passa sur le visage du vieillard.

Il songea à la douleur de Nathalie, il eut peur de se montrer ingrat.

— Je ne me sentirais pas ce courage, répondit-il. Mme Lincelle aura le cœur brisé de ce qui fait aujourd'hui notre joie à tous deux. Je vous en supplie, chargez-vous de cette première démarche. Affirmez-lui que nous ne la séparons point de cette enfant d'une façon absolue ; nous sommes proches voisins à Fontainebleau ; à Paris elle verra Madone chaque jour... Il y aurait cruauté et injustice à lui retirer une tutelle qu'elle exerça avec autant d'intelligence que de cœur. Quand je me souviens de notre rencontre dans la forêt, de son amitié croissante pour l'enfant, de sa pitié pour moi, qu'elle offrit de recueillir, je me sens pénétré pour elle de tant de respect et d'amitié que l'idée de l'affliger me trouble plus que je ne saurais dire.

— Eh bien ! fit Luc Auvilliers, je remplirai cette mission.

Auguste Aubry se leva :

— Je continuerai à me charger de vos intérêts, lui dit-il ; soyez tranquille, tout ira pour le mieux.

— Quant à moi, ajouta Pierre Lasseny, je me considère comme étant de la maison, et je reviendrai d'autant plus souvent que Mme Lincelle aura davantage besoin de mes conseils...

— Vous partez aujourd'hui? demanda Pascal à Auguste Aubry.

— J'accompagne le docteur. Nous prendrons le premier train.

Les quatre hommes se serrèrent la main et Luc Auvilliers conduisit ses amis jusqu'à la grille du château.

Rentré dans sa chambre, il s'abandonna à une rêverie au milieu de laquelle passaient tour à tour Madone et Nathalie. Au moment de se rendre chez Mme Lincelle et de lui expliquer le changement survenu dans l'existence de Madone, il commençait à s'effrayer de sa mission. S'il avait connu les angoisses de Mme Lincelle, il eût jugé qu'elle lui serait impossible à remplir.

Quand Madone rentra chez la jeune femme, après avoir assisté aux derniers moments de son père, elle se trouvait dans un état d'abattement que rien ne saurait décrire. Les chagrins que son père lui avait causés s'effaçaient de son souvenir, elle ne voyait plus que cette mort prématurée, enveloppée d'une sorte de douloureux mystère. On lui avait permis de bénir sa fille, et Olivier l'avait fait plutôt avec l'humble reconnaissance d'un homme à qui l'on accorde une faveur suprême, plutôt qu'avec la majesté du père que Dieu rappelle à lui. Tandis que celui qui l'avait poursuivie, menacée, tourmentée, paraissait obligé de cacher sa mort, le vieillard qu'elle avait tant aimé, ce grand-père, dont elle appréciait à la fois les talents et les vertus, paraissait grandir devant tous ceux qui l'entouraient. Pendant que le convoi funèbre entraînait Olivier à sa dernière demeure, Pascal prenait une physionomie, une attitude nouvelles. La transformation était complète. L'artiste intelligent, l'homme du monde retrouvait sa place. Avec Olivier il semblait que l'on déposât Matteo dans le cercueil. Ces idées, ces souvenirs, ce mélange des scènes passées et des choses de l'avenir lui étreignaient le cœur. Après être restée enfermée dans sa chambre, elle descendit et chercha Daisy.

Depuis quelque temps, son amitié pour l'institutrice avait beaucoup grandi. Avec une intuition venue du cœur, elle devina que la jeune Irlandaise souffrait, sans pouvoir se rendre compte de sa souffrance. Elle-même, sans s'avouer son secret, perdait de sa gaieté enfantine. Sans rien s'avouer, elles se comprenaient. L'Irlandaise parlait des épreuves de son enfance, de la misère dont elle avait subi les atteintes, de sa mère, dont le souvenir survivait à la mort... Mais si Madone essayait de faire luire un espoir dans cette existence vide de joie, Daisy secouait la tête sans répondre.

— Avez-vous donc renoncé à vous marier? lui demanda Madone, tandis que toutes deux se promenaient sous le couvert de tilleuls.

— Oui, répondit l'Irlandaise. Je ne consentirais jamais à devenir la femme d'un homme que je n'aimerais pas d'une façon absolue, et celui-là s'aperçoit à peine que j'existe.

— Vous vous trompez, dit doucement Madone.

— Qu'en savez-vous ?

— Pensez-vous, Daisy, que je n'aie point étudié ce qui se passe autour de moi. Quoique bien enfant encore, je comprends tout ce qui touche aux choses du cœur, croyez-le... et Victor Bérard ne sent se dissiper sa tristesse que lorsqu'il s'approche de vous. M. Auvilliers en fait grand cas, il se montrera, je le crois, généreux à son égard, et j'ai toujours cru que vous deviendriez sa femme...

— Moi! Vous vous trompez, Madone. Tout nous sépare, au contraire. Quand bien même j'éprouverais pour lui cette sympathie dont vous parlez, n'avez-vous point deviné que son imagination poursuit un autre rêve...

— Je le sais.

— Vous ajoutez que M. Luc Auvilliers lui fera don d'une fortune... Si cela arrive, nous n'en serons que plus vite séparés, puisque je suis pauvre...

— Pourquoi Mme Lincelle n'imiterait-elle pas la générosité de M. Auvilliers?

— Je ne suis pas née pour le bonheur, croyez-le, Madone.

— Et moi, je reste convaincue que toute créature a droit à une part de joie que le ciel tient en réserve pour elle.

Les deux jeunes filles s'interrompirent en voyant accourir le jardinier. Il portait une lettre sur un plateau.

— Qu'y a-t-il? demanda doucement Madone.

— Une lettre pour miss O'Kelly.

— Pour moi! répéta l'Irlandaise, vous devez vous tromper, Joseph... Je suis orpheline, depuis la mort de ma mère je n'ai pas reçu une seule preuve de souvenir venu d'Angleterre.

— En voici tout de même une, miss O'Kelly, avec de vrais timbres anglais. Madame m'a dit d'accourir vous l'apporter.

— Je ne sais pourquoi, j'ai presque peur, dit Daisy, j'ai envie de la prier de la décacheter.

— Au moment où s'éloignait le facteur, reprit le domestique, M. Auvilliers entrait.
— Ah! fit Madone, il est là?
— Oui, mademoiselle, en grande conférence avec madame.
— Est-il venu seul? demanda Madone.
— Faites excuse, mademoiselle, son secrétaire l'accompagnait.
— Sait-il que nous sommes ici?
— Oui, mademoiselle, mais voyant que j'apportais une lettre il a craint de vous déranger.
— Qu'il vienne! dit Madone avec empressement, qu'il vienne...
— A quoi pensez-vous? demanda l'institutrice.
— Il me semble que ma destinée s'accomplit là-bas comme la vôtre va s'accomplir ici.
— Que croyez-vous donc?
— Que le secret de votre vie est enfermé dans cette lettre.
— Folie!
— Point si folle! Me permettez-vous d'en acquérir la certitude?
— Volontiers.
— De quelque façon que ce soit?
— Sans doute.
— Attendons M. Bérard, alors.
— Qu'avons-nous besoin de sa présence?
— Il est indispensable pour l'épreuve à laquelle je dois le soumettre.
— Pas devant moi! oh! pas devant moi!
— Au contraire, Daisy.

Victor Bérard apparaissait à l'extrémité de l'allée.
— Accourez vite, lui dit Madone. Mme Lincelle traite sans doute en ce moment des questions graves, et nous n'oserions la déranger. D'un autre côté, miss Daisy, la plus craintive des créatures, n'ose décacheter une lettre dans laquelle elle redoute d'apprendre une nouvelle fâcheuse et nous voulons, elle et moi, vous prier d'avoir du courage pour deux, et de décacheter cette lettre...
— Mais si elle renferme un secret?
— Je n'ai point de secrets, répondit Daisy en secouant la tête.
— Ainsi, mademoiselle, vous permettez...
— Oui, certes, je fais plus, je vous en prie; je ne sais pourquoi cette lettre m'effraie.
— Rassurez-vous, mademoiselle, elle est d'un notaire.
— D'un notaire! Que peut-il me vouloir?
— Je vais vous le dire.

Victor jeta les yeux sur la lettre et poussa une exclamation de surprise.
— Mais il s'agit d'une bonne nouvelle, mademoiselle... Vous souvenez-vous de cette vieille dame, Salomé Schipp, dont votre mère fut la gardienne, et qui finit par vous aimer, en dépit du peu de sympathie que d'ordinaire elle éprouvait pour les enfants...?

— Oui, monsieur...

— Ne vous souvient-il pas qu'en mourant, non seulement elle vous légua une somme de dix mille francs, mais qu'elle déclara qu'elle laissait un second testament qui ne serait ouvert que plusieurs années après sa mort?

— Je me souviens de cela, monsieur.

— Eh bien! vous héritez de Salomé Schipp, dont la fortune se monte à environ vingt-cinq mille livres sterling... ce qui équivaut à près de six cent mille francs.

— Six cent mille francs à moi! s'écria Daisy.

— Et dont vous ferez, j'en suis sûre, un excellent usage, répondit Madone.

— Quel bonheur pour vous miss! Vous possédez désormais l'indépendance, la facilité de multiplier le bien autour de vous, et je sais que, privée de ces ressources, vous trouviez cependant le moyen de soulager les pauvres; il n'y a que moi qui perdrai, vous me quitterez... »

Victor Bérard prit la main de l'institutrice.

— Vous avez été compatissante pour moi, lui dit-il, je me réjouis de ce changement de fortune.

— Soyez sûr qu'il ne changera pas mon cœur, répondit Daisy.

Elle s'assit entre Madone et Victor; l'entretien roula sur cette vieille femme malade et morose dont elle avait adouci l'agonie, et qui s'était souvenue d'elle avant de mourir.

— Ce que je ne comprends pas, dit Victor, c'est qu'elle ne vous ait pas légué tout de suite la fortune qu'elle vous donne aujourd'hui.

— Elle a bien fait d'agir de la sorte, répondit miss O'Kelly. Elle a voulu que j'apprisse à plier ma vie sous le joug de l'infortune. Il n'eût peut-être pas été bon pour moi de devenir riche trop vite. Le malheur rend compatissant aux douleurs d'autrui, et je dois à mes propres chagrins de savoir un peu consoler les autres. Non, je ne regretterai jamais d'avoir, à l'école de l'adversité, appris qu'il fallait plier son caractère et ses goûts aux souhaits et aux volontés de nos amis. Je n'étais pas sans doute digne alors de cette fortune, j'espère maintenant en faire un noble usage. Vous émettiez la crainte de me perdre, chère Madone! soyez tranquille! si l'institutrice s'efface, la compagne vous reste. Il me tarde d'apprendre cette nouvelle à votre mère adoptive, mais nous ne devons pas la troubler dans son entretien avec M. Auvilliers... peut-être tous deux parlent-ils de vous!...

— Ils ont toujours beaucoup à dire, ajouta Victor Bérard.

— Ne soyez pas méchant! répondit doucement Daisy.

— Moi, méchant! Ne le croyez pas. J'ai pu trop peu suivre l'élan emporté de mes rêves, et m'abandonner à la fougue de mon imagination, mais j'ai su depuis longtemps finir avec ses folies, et vous-même avez aidé à les chasser de mon esprit. Votre droite raison et votre sympathie franche ont plus fait pour ma guérison que vous ne pouviez le prévoir.

Victor Bérard regarda le tranquille visage de Daisy. Pour la première fois, il vit cette jeune fille telle qu'elle était : belle d'une beauté intérieure, et répandant autour d'elle un charme sérieux. Jusqu'à ce moment, tandis qu'il souffrait de ce qu'il appelait les coquetteries de Mme Lincelle, il avait goûté près d'elle une sorte de repos; il s'aperçut tout à coup que tandis qu'il cherchait la consolation de sa douce parole, elle s'était lentement insinuée dans son cœur, et l'avait conquis sans même qu'il lui fût possible de s'en défendre. En cherchant l'oubli, il avait trouvé ce charme, et ce charme le subjuguait.

Une souffrance aiguë et rapide lui traversa le cœur.

— Il y a deux heures j'aurais pu lui apprendre ce qu'elle m'inspire, pensa-t-il, cette maudite lettre gâte tout. En vérité, j'ai bien peu de bonheur! Pourquoi faut-il aussi que Miss O'Kelly devienne subitement riche?

Madone devina une partie de ce que pensait Victor Bérard, et elle sourit doucement.

La jeune Irlandaise paraissait radieuse.

Tandis que tous trois demeuraient sous le couvert de tilleuls, Luc Auvilliers avait avec Nathalie un entretien plus grave encore que celui des jeunes gens.

Mme Lincelle n'ignorait pas que des événements sérieux se passaient chez Luc Auvilliers; mais celui-ci, dans la crainte d'affliger la jeune veuve, n'avait pas voulu lui révéler pour quelles raisons la présence de Madone y était indispensable. On avait caché soigneusement à la jeune fille quels liens l'attachaient à Luc Auvilliers.

Il appartenait à celui-ci seulement de le révéler à la jeune fille et à Nathalie.

Madone était rentrée en larmes, pleurant le père auquel elle avait pardonné, et Mme Lincelle, tout en essayant de la consoler, avait considéré la mort d'Olivier comme un bienfait de la Providence.

En voyant venir à elle Luc Auvilliers, la physionomie grave, douloureuse même, elle prévit que des événements plus importants que la perte d'Olivier s'étaient passés.

Ses mains se tendirent vers Luc Auvilliers et elle lui demanda d'une voix dans laquelle vibrait une sorte d'inquiétude :

— M'apprendrez-vous enfin ce qui vient de se passer?

— Je suis venu pour cela, répondit Auvilliers. Quoi que je puisse dire, je vous en supplie, demeurez convaincue que mon affection pour vous dépasse ce que je pourrais exprimer.

— Vous avez donc à m'apprendre de douloureuses nouvelles?

— Elles vous réjouiront et vous attristeront tout ensemble.

— Parlez, parlez vite! Je ne sais pas souffrir une inquiétude semblable à celle qui me torture depuis deux jours.

Luc Auvilliers prit place dans un fauteuil près de Mme Lincelle, puis après l'avoir contemplée avec une expression de sollicitude mêlée de respect, il lui demanda encore une fois de lui pardonner la peine qu'il allait lui causer.

— Mon Dieu! dit Mme Lincelle, ce que vous avez à m'apprendre doit donc me broyer le cœur?

— Permettez-moi de reprendre d'un peu haut tout ce que je dois vous révéler aujourd'hui. Vous n'ignorez ni les persécutions dont Madone avait été victime de la part de son père, ni les soins que Matteo avait pris pour l'en préserver. Laissons encore pour quelques instants à ce modèle de tendresse, à cet admirable père, le nom sous lequel il se cachait, et dont la révélation a été pour nous tous une cause de trouble et de joie. Madone avait un ennemi : son père; un protecteur dévoué jusqu'au martyre : son aïeul... Rien ne pourra payer à celui-là sa générosité, sa bonté, son dévouement admirable. Dieu a rappelé le misérable qui donna sa vie à la paresse, à la débauche et au crime; Olivier Marsan mort, Madone peut rester heureuse et libre.

— Ainsi, Madone peut reprendre ce nom, en attendant que son adoption légale lui en donne un autre?...

— Son véritable nom est Marie Marsan; ceux qui l'appelèrent Madone semblent l'avoir deviné.

— Et son aïeul, parlez-moi de cet homme étrange qui inspire une invincible sympathie, et semble cependant prendre à tâche de détruire l'impression qu'il laisse.

— Nous avons tous subi ce double courant d'idées, madame. Jusqu'à ce jour, Matteo a vécu entouré d'un mystère qu'il épaississait à plaisir. Ne pouvant dire son nom ni révéler son passé, il s'est enfoncé dans des ténèbres volontaires. Une seule passion a dominé sa vie : l'amour paternel, et cet amour s'est tour à tour reporté sur Olivier et sur Madone. Brisé, broyé par l'un, il a chéri l'autre de telle sorte qu'il eut le courage de la fuir, afin de vous laisser prendre et adopter celle qui fut véritablement l'âme de son âme. Si je croyais que la révélation que je vais vous faire va grandement vous affliger, ou plutôt, si je n'avais le pouvoir de vous consoler immédiatement, je reculerais devant cette confidence... Matteo se cachait, parce que la main de la justice pouvait à toute heure s'appesantir sur lui; Matteo s'enfonçait dans les bois comme un loup dans la crainte des hommes... Matteo s'était enfui de Nouméa.

— Un forçat! Matteo, un forçat?

— Ayant été jugé, flétri, déporté, condamné à quinze années de galères pour émission de faux billets de banque.

— Le malheureux!

— Seulement, le véritable coupable n'était pas lui. Son fils, qu'il avait chéri jusqu'à l'adoration, n'avait mérité ni son dévouement ni sa tendresse. Viveur et débauché, n'aimant ni sa femme qui était un ange, ni sa fille qui était alors au berceau, il se rendit coupable du crime que l'on attribua à son père. Graveur habile, il contrefit les billets de la Banque, tandis que son complice fabriquait le papier... Matteo vieillissait, il craignait de devenir aveugle. L'espoir que son fils sauvé par lui réparerait le passé, et se montrerait digne du sacrifice qu'il lui faisait, le poussa à accomplir cette sublime folie. Tandis qu'on l'envoyait à Nouméa, son fils continuait à multiplier ses fautes et ses crimes, et quand il revint en France il semblait avoir oublié à la fois, et le père martyr, et l'enfant qu'il laissait orpheline. Il ne se rappela Marie qu'en apprenant le retour à Paris d'un oncle millionnaire. Cet oncle offrait une partie de sa fortune à l'enfant née d'Olivier Marsan et de Claire Auvilliers ; Claire, la fille unique de ma sœur. Alors Olivier se souvint de l'enfant dédaignée; cette enfant qui pouvait lui donner l'opulence... Il la chercha, la poursuivit, et quand il la retrouva ce fut pour un nouveau crime. Le père d'Olivier Marsan, caché sous le nom de Matteo avait reconquis sa petite-fille, il l'avait emportée comme un trésor; il la faisait vivre du produit de ses talents multipliés, et jamais tendresse ne fut plus grande que celle de ce vieillard pour cette enfant. Rappelez-vous, madame, l'union touchante de ces deux êtres, la gaieté de Matteo excitant celle de l'enfant; son amour du travail, son adresse, et cette science générale de toute chose, ce sentiment de l'art qui s'appliquait à tout. Dans cet homme nous devinions un mystère, et d'avance nous étions certains qu'il cachait une bonne action. Il formait l'âme de Madone sur son âme, et quand vous lui demandâtes l'enfant, il lui sembla qu'on lui arrachait la vie. Il vous la donna cependant, car pour lui l'amour était aussi le sacrifice. Il ne la vit qu'à la dérobée. Il vécut comme un errant, se cachant dans l'ombre pour admirer et voir celle dont vous faisiez une jeune fille à votre image, si bonne et si belle, que jamais plus ravissante créature n'aura enrichi une famille. Je ne connais pas d'homme qui ait souffert plus que Pascal Marsan ; je n'en connais pas qui soit plus digne d'être heureux... Maintenant, pour lui, l'heure des revanches est venue... Tous ceux qui le connaissaient et l'appréciaient vont se faire un devoir de lui donner autant de bonheur qu'il subit d'épreuves. Il était pauvre, il connaîtra le luxe; il fut obligé de se cacher, le monde lui est rouvert. Il n'en abusera pas. Car ceux qui ont autant souffert que lui recherchent la solitude et la préfèrent au bruit... Enfin ce père qui se sacrifia pour un fils indigne, cet aïeul qui consentit à se séparer de Madone afin de la voir heureuse, va redevenir père devant tous...

Mme Lincelle écoutait Luc Auvilliers avec une surprise croissante. Si elle comprenait une partie de ce que lui disait Luc Auvilliers, elle se rendait difficilement compte de la seconde moitié de ses confidences. On eût dit qu'il s'efforçait de laisser dans une sorte d'obscurité quelques-unes de ces confidences. Son abandon gardait des réticences, et ces réticences alarmaient Nathalie. Son regard clair se fixa sur Luc Auvilliers, qui ne put soutenir l'éclat des yeux de la jeune femme..

— Je vous en prie, lui dit-elle, revenez sur une partie des choses que vous venez de me dire... J'ai mal compris, sans doute, ou vous vous êtes exprimé d'une façon insuffisante... Le fils de Matteo, dont le véritable nom est Pascal Marsan, est mort ; le vieillard peut reprendre son nom, il recouvre sa liberté, et sans nul doute, le sachant innocent, vous l'avez alors aidé à retrouver la considération perdue...

— Le docteur Lasseny m'y a puissamment aidé !

— Je n'en suis point surprise... Voici pour l'honneur de Pascal Marsan.. Vous avez ajouté que désormais il retrouverait les joies de l'amour paternel..

— Le fils coupable est mort, nul ne se placera plus entre Pascal et sa fille.

— Ce ne sera pas moi, du moins! Il y a longtemps déjà, j'ai offert à ce malheureux de le garder chez moi, afin qu'il ne quitte pas Madone.

— Vous comprenez pourquoi il eut le courage de vous refuser?

— Je le comprends... Mais cette offre repoussée jadis, il peut donc l'accepter désormais?...

— Pascal Marsan n'a pas seulement retrouvé sa petite-fille, il a maintenant, près de lui, le grand-oncle de Madone, un millionnaire venu en France pour chercher cette enfant afin de la voir riche et heureuse, un homme qui a épuisé les ennuis de la solitude et qui a hâte de se créer une famille... Pascal lui a promis de ne plus le quitter...

— Et cet homme, c'est vous? demanda Nathalie en proie à une angoisse croissante. Vous êtes riche, isolé, indépendant, Dieu vous rend à la fois une amie, une enfant à laquelle l'instinct du sang vous avait fait vous attacher.. Madone est la fille de Pascal, et à vous deux vous allez me la reprendre!.. Mais cela ne se peut pas, entendez-vous? Je ne le souffrirai jamais!.. Je tiens à Madone comme si elle était ma fille; elle-même ne saurait m'abandonner sans déchirement...

— Les droits du père... murmura Luc Auvilliers.

— Je ne les nie pas, je défends les miens. Ma villa de Fontainebleau et mon appartement de Paris sont assez grands pour que Pascal Marsan y trouve une place... Je ne le sépare pas de sa fille, je l'en rapproche... Je vous en supplie, monsieur, mon ami, plaidez cette cause... On ne peut pas m'enlever cette enfant... C'est près de moi qu'elle a grandi, c'est près de moi qu'elle trouvera le compagnon de sa vie...

— Vous oubliez quelqu'un dans ces arrangements, dit Luc Auvilliers avec douceur.

— Qui donc?

— Moi.

— Mais vous viendrez voir Madone autant que vous le voudrez. Il me semble même que vous la voyez tous les jours, cette enfant... Votre sympathie pour elle, sympathie d'instinct et d'élection tout ensemble, vous a rapproché de nous de telle sorte que, voisins à la campagne, nous sommes encore bien rapprochés à Paris.

— Cela ne me suffira plus.

— Comment, voir Madone tous les jours!

— Je demande davantage...

— Vous n'allez pas me la prendre, cependant?

— Je souhaite ne plus la quitter.

— Et Pascal?

— Pascal m'approuve.

— Sera-t-il donc ingrat avec moi seulement?

— N'y aurait-il pas moyen d'arranger les choses? demanda Luc Auvilliers en prenant une des mains de Mme Lincelle.

— Je l'ai cherché, c'est vous qui ne tentez rien.

— Vous n'avez pas énuméré tous les moyens.

— Je ne sais qu'une chose...

— Vous voulez garder Madone.
— Oui, et aucun sacrifice ne me coûtera pour arriver à ce but.
— En êtes-vous sûre ?
— Très sûre.
— Me permettez-vous de vous mettre à l'épreuve ?
— Je vous y autorise, et si je repousse la combinaison qui me réunira à Madone, considérez-moi comme une femme sans parole et comme une mère sans cœur.
— Eh bien...
— Allons, voilà que vous hésitez.
— Oui, j'hésite, et je tremble... Ce n'est pas seulement le sort de Madone qui va se décider, c'est surtout le mien... En vous parlant d'elle, il faut que je vous parle de moi, et voilà ce qui m'embarrasse. Je suis un mauvais avocat dans ma propre cause...
— Ce que vous avez à dire est donc bien difficile ?
— Horriblement difficile.
— Ne puis-je vous aider ?
— Non... J'ai failli périr dans vingt tempêtes, j'ai été trois fois prisonnier des sauvages ; j'ai cru mourir de faim dans une île déserte, et jamais, non jamais, je n'ai senti mon cœur battre comme en ce moment... C'est que, dans ces heures terribles, il s'agissait seulement de tomber dans les flots, de se tordre dans les angoisses de la famine, ou d'être déchiré à coups de zagaies avant de servir de rôti à un grand chef... Cette fois, il faut affronter votre raillerie peut-être, essuyer un refus qui me rendra le plus malheureux des hommes, et renoncer à un secret espoir que je caresse comme une chimère.

Mme Lincelle ne répondait pas ; tremblante à son tour, elle écoutait Luc Auvilliers, n'osant ni l'interrompre ni le regarder.

— Vous aimez Madone, reprit Luc Anvilliers, tout est dans ce mot. Je ne vous demanderai point quel sentiment j'ai réussi à vous inspirer. Parfois, me voyant reçu avec une aménité si gracieuse, avec une affection qui me semblait sincère ; en voyant qu'une part de notre vie, de nos sentiments, se concentrait sur Madone, je me suis dit que vous n'auriez point de répugnance à mettre votre main dans la mienne, et que peut-être vous consentiriez...

Luc Auvilliers n'acheva pas.

Il se leva et marcha dans le salon avec agitation. Nathalie était restée plongée dans une rêverie profonde. Elle ne trouvait ni le courage de répondre à Luc Auvilliers, ni la force de se répondre à elle-même.

— Je ne puis vous offenser, reprit Luc, en vous avouant que depuis longtemps je regarde comme le but de mes espérances de vous voir consentir à devenir ma femme. Jusqu'à ce moment, j'ai tenté d'arrêter sur mes lèvres l'explosion d'un sentiment que vous devez croire, que vous croyez vrai. Vingt fois j'ai pensé que j'aurais le courage de vous supplier de me confier votre vie, et vingt fois j'ai reculé... Cependant vous me témoigniez une sympathie constante, quelquefois même votre amitié allait pour moi jusqu'à l'abandon, j'ai espéré que vous me compreniez... que vous me saviez gré de mon silence, et que... Puisque j'ai commencé cet aveu, laissez-moi continuer... Vous êtes une femme douée de trop de cœur et de trop d'intelligence pour ne point m'avoir compris depuis longtemps... Si vous n'aviez au fond de votre cœur résolu de récompenser un jour cette amitié profonde, ce dévouement absolu, m'eussiez-vous permis de venir chaque jour à votre foyer? Auriez-vous encouragé tacitement le sentiment que vous avez laissé grandir en moi?...

Nathalie cacha son front dans ses mains.

Que pouvait-elle opposer aux paroles, aux raisons de M. Auvilliers ? Elle se souvenait trop, qu'en effet, prévenue par Bridgett du sentiment involontaire qu'elle avait fait naître dans l'esprit de Victor Bérard, afin de lui enlever toute espérance, elle avait lentement manifesté sa préférence pour Luc Auvilliers. Celui-ci avait le droit de le dire : loin de le rebuter, elle l'avait encouragé. En croyant accomplir un acte de droiture elle s'était, à son insu, rendue coupable d'une imprudence, d'une faute grave, peut-être... Et cette faute comment la réparer?... Sans doute, Luc Auvilliers lui en fournirait le moyen, mais une lutte s'engageait en elle, violente, douloureuse. Elle estimait profondément Luc, mais elle n'avait jamais songé à en faire son mari. Jamais même elle n'avait cru sérieusement qu'elle contracterait une alliance nouvelle. Sentant au fond de son âme un puissant besoin d'affection, elle avait adopté Madone... Madone ! Mais il s'agissait pour elle de la garder ou de la perdre... Luc Auvilliers n'était plus désormais un ami heureux et reconnaissant, désireux de trouver place au foyer de Mme Lincelle ; c'était le chef d'une famille reconstituée, attirant à lui tout à la fois l'aïeul et la petite-fille, leur prodiguant, avec les tendresses de son cœur, toutes les jouissances de la fortune, reprenant Madone pour la rendre plus heureuse encore que Nathalie n'avait pu le faire jamais, puisque près d'elle, son grand-père n'avait pu trouver place.

L'idée d'un nouveau mariage pouvait paraître étrange à Mme Lincelle, mais la pensée de se séparer de Madone lui était insupportable. Dans le conflit des sentiments qui se formaient, se confondaient dans son esprit et dans son cœur, elle se sentait incapable de répondre, et de grosses larmes roulaient entre ses doigts.

— Je ne pensais pas, dit Luc avec une tristesse mêlée d'amertume, que ma demande pût vous affliger à ce point... Je le regrette, et j'en souffrirai longtemps... Permettez-moi de me retirer, pour ne point prolonger une situation doublement pénible...

En ce moment la porte du salon s'ouvrit, et Madone parut.

Tout cela serait digne d'une princesse... (Voir page 309.)

Chapitre XXVI

LES TROIS CORBEILLES

En trouvant sa mère adoptive en larmes et Luc Auvilliers si triste qu'elle ne se souvenait point de l'avoir vu ainsi, Madone s'élança vers Nathalie, mais en même temps elle tendit une de ses mains à son oncle.

— Oh! mère! mère! dit-elle, pourquoi t'affliger de la sorte? Il me semblait que dans ton affection pour moi tu serais heureuse de voir que j'ai le droit maintenant de vivre près de mon aïeul, et le bonheur de donner à mon oncle un titre plus affectueux encore que celui d'ami. Crois-tu que je t'aimerai moins pour avoir autour de moi un plus grand nombre d'êtres chers? Tu n'as jamais su combien j'ai souffert à la pensée que mon grand-père me quittait pour ne point mettre d'obstacle à ce qu'il appelait mon bonheur. Dieu sait que je l'aurais volontiers suivi partout... Par une grâce infinie de sa bonté, Dieu me le rend de telle sorte que je pourrai devant tous l'aimer, le reconnaître; et tu t'attristes, tu pleures...

— Tu ne comprends donc pas, Madone, tu ne comprends pas! dit Nathalie en couvrant de baisers les cheveux de la jeune fille; ton aïeul te demande près de lui... Désormais tu vivras avec ton grand-père, non plus chez moi, mais chez ton oncle, M. Auvilliers.

— Est-ce vrai? demanda Madone au millionnaire.

— Oui, Madone, répondit celui-ci; mais en même temps que j'exprimais à Mme Lincelle le désir de Pascal Marsan, je lui fournissais le moyen de ne vous quitter jamais, et de partager notre vie de famille.

— Et tu as refusé? mère, tu as refusé, tu ne m'aimes donc pas? Quoi! tu peux vivre près de moi, et tu consens à ce que je m'éloigne!.. Mais pour rester au milieu de tous ceux qui, jusqu'à cette heure, ont eu les tendresses de ma vie, j'accepterais le martyre, moi! Voyons, ce que demandait M. Auvilliers, mon oncle, était donc bien dur? Comment avez-vous pu exiger de ma mère adoptive un sacrifice si grand qu'il lui ait paru impossible de l'accomplir... Ne puis-je le consommer à sa place! Je suis prête, moi! Si elle savait combien je l'aime elle n'hésiterait pas un instant... Mère, peux-tu m'apprendre de quoi il s'agit... Tu gardes le silence! autorises-tu mon oncle à me le révéler... Mon oncle! oh! combien ce mot est doux à dire...

— Eh bien! Madone, ce que je rêvais me rapprochait encore de toi davantage. Au lieu de vivre dans deux hôtels, nous habitions le même, le mien... Il est assez vaste pour qu'on puisse au besoin y loger trois ménages... La Villa des Fleurs étant moins importante que le château d'Auvilliers, nous émigrions tous de ce côté, et je faisais construire non seulement une serre, mais un jardin d'hiver pour les fleurs de celle que tu appelles ta mère... Nous vivions rapprochés, heureux, nous voyant à toute heure... Une seule chose était changée...

— Laquelle? demanda Madone.

— Mme Lincelle cessait de s'appeler ainsi, pour prendre le nom de Mme Luc Auvilliers...

— Vous deveniez le mari de ma mère adoptive?

— Je devenais presque ton père, tu le vois bien...

— Et tu as refusé! s'écria Madone en saisissant dans ses bras Nathalie troublée. Tu n'as compris ni le cœur d'or de mon oncle, ni la joie que me causerait ce mariage? Vivre ensemble! Entre mon oncle, mon aïeul et toi, c'eût été le paradis en ce monde! D'où peut venir ton hésitation, ta crainte? Ne m'as-tu pas dit cent fois: « M. Luc Auvilliers est le meilleur des hommes! » Oh! tu ne saurais le nier. Ses visites nous réjouissaient toutes deux, il aurait manqué à notre vie... Maintenant que nous pouvons le garder à jamais, entre nous deux, tu refuses une combinaison qui serait un trait de génie si elle n'était la preuve d'un excellent cœur... Je ne te comprends pas... Je te comprends si peu que si, il y a une heure, on m'avait parlé de te quitter, j'aurais fondu en larmes, tandis que maintenant... Eh bien! maintenant, poursuivit Madone au milieu de ses sanglots, je m'en irai presque sans regret d'une maison où l'on ne me garde pas...

— Mais, cruelle enfant, je ne puis cependant...

— Épouser mon oncle? Si, mille fois si! Il est bon, savant, aimable, riche. Est-ce que tu crains de t'ennuyer près de lui? Rappelle-toi les douces heures de nos causeries, souviens-toi des leçons qu'il me donnait sous tes yeux avec une patience paternelle... Si mon aïeul était là, il te tiendrait le même langage, et peut-être n'oserais-tu pas le refuser, lui à qui tu dois la vie... J'ai vu mon oncle pour la première fois, le jour où le pauvre vieillard que l'on appelait Matteo aspira le venin de la vipère... Combien M. Auvilliers se montra bon, compatissant, généreux... Il acheta mystérieusement toutes les sculptures de mon grand-père, et de cette heure je lui vouai une tendresse qui n'a fait que grandir... Tenez, mon oncle, ma mère adoptive me cause à cette heure le plus grand chagrin de ma vie... Elle pouvait nous rapprocher tous d'un seul mot, et volontairement elle nous sépare...

— Madone! Madone! ne devrais-tu pas me comprendre et me soutenir?

— Moi! comprendre que nous devons nous séparer, jamais! Comprendre que tu refuses un nom honorable, un mari qui sera le modèle des maris, jamais!

— Madame! dit Luc Auvilliers en s'inclinant, je m'éloigne le cœur profondément attristé, croyez-le...

— Et vous emmenez Madone? s'écria Nathalie.

— Mon oncle ne m'emmène pas, je pars avec lui.

— Sans regret?

— Ne faut-il pas que je le console?

Madone prit un chapeau laissé dans le boudoir tenant à l'appartement, jeta un mantelet sur ses épaules et prit délibérément le bras de son oncle.

— Rejoignons mon grand-père... dit-elle.

Auvilliers et la jeune fille se dirigèrent vers la porte.

Mme Lincelle, les yeux troublés par les larmes, le cœur palpitant d'angoisse, les regardait s'éloigner.

Madone ouvrit la porte, et sans tourner la tête s'engagea dans le vestibule.

Mais alors Nathalie sentit ses forces l'abandonner, elle poussa un grand cri, et tomba sur le divan.

Ce cri renfermait tant d'angoisse, que Madone et Auvilliers revinrent précipitamment sur leurs pas.

La jeune fille s'agenouilla devant Mme Lincelle.

— Je t'aime! lui disait l'enfant, de sa voix harmonieuse, je t'aime de tout mon cœur. Chéris-moi assez pour me garder près de toi, pour nous garder tous!

Mme Lincelle effleurait de ses doigts tremblants les cheveux de la jeune fille, elle souriait même au milieu de ses larmes.

Enfin, se penchant vers la jeune fille :

— Tu le veux donc?

— Oui, je le veux...

— Monsieur Auvilliers, dit Nathalie, nous voici tombés sous le despotisme d'une enfant, le plus sage est de lui céder... Vous avez de ce jour ma promesse... Dans les arrangements de fortune que vous devez prendre, ne songez qu'à elle, je suis déjà riche, et nous devons à notre tour travailler à la rendre heureuse. L'emmenez-vous toujours ?

— Je vais faire, en compagnie de mon oncle, une visite à mon grand-père, mais je reviendrai ce soir...

Madone embrassa Nathalie, embrassa Luc, puis, radieuse, elle s'éloigna de la Villa des Fleurs et prit le chemin du château.

Pascal s'y tenait renfermé dans la chambre où Olivier avait rendu le dernier soupir. Là il retrouvait tout entier le souvenir d'un fils trop cher et trop coupable. Quand il se savait seul il s'y cachait afin de se plonger dans ses regrets. Il ne se souvenait plus des fautes, des crimes du misérable, il se rappelait seulement ses paroles de repentir, son suprême baiser. Tout s'effaçait de sa mémoire, hors l'image de l'enfant qu'il avait aimé et qui lui a donné les joies et les illusions paternelles, de ce mort dont le dernier soupir avait été pour Dieu et pour lui. Il ne voulait plus songer aux années de deuil. La plaie qu'il portait au cœur le faisait autrement souffrir que sa blessure, et s'il n'avait eu pour se soutenir la pensée de Madone, un désespoir sans bornes aurait envahi son âme.

Mais Madone lui était rendue. Elle serait désormais toute à lui. Madone restait à ses côtés, riche, heureuse. Elle ne devrait plus sa fortune à la bonté, à la compassion de Mme Lincelle; c'est à un parent, à un second père qu'elle en serait redevable.

La blessure reçue par Pascal était assez peu grave pour qu'il lui fût possible de demeurer debout. Dans une semaine elle serait complètement fermée.

Quelquefois il souhaitait entreprendre quelque long voyage en Europe avec Madone et Auvilliers, montrer à l'enfant des fleuves, la mer, les montagnes ; la faire assister aux plus magnifiques spectacles de la nature, agrandir son imagination tout en reposant son esprit. N'avait-elle point subi trop vite le contre-coup des émotions terribles de sa propre vie ? Il craignait de plus qu'elle eût été trop violemment éprouvée depuis les derniers jours, et il attendait avec impatience son retour de la Villa des Fleurs. Seulement, au lieu de la guetter à travers la grille, il demeurait assis dans un fauteuil, près du lit où Olivier avait rendu à Dieu une âme purifiée par le repentir.

Madone, en rentrant au château, gravit le premier étage où son aïeul avait son appartement, et elle redescendait inquiète, quand Luc lui désigna de la main la porte de la remise.

La jeune fille entra sans bruit, saisit à deux mains le front du vieillard, en l'embrassant avec l'emportement de la tendresse.

— Viens, lui dit-elle ensuite, j'ai mille choses à t'apprendre.

Il la suivit tremblant, consolé. Il s'appuya sur son épaule et marcha entement près d'elle, se penchant avide de la mieux voir et de l'entendre.

Elle lui raconta la scène qui venait de se passer chez Nathalie.

— Est-ce donc possible? demanda le vieillard, tant de joie me serait-elle réservée? Nathalie Lincelle, la seconde mère, entrant dans notre famille... Est-ce que j'ai mérité tant de compensations à mes douleurs !

— D'abord, tu as sauvé la vie de Mme Lincelle, dit Madone ; ensuite mon oncle l'entoure de soins depuis le jour de notre première rencontre... Enfin j'ai servi de lien entre eux, car Nathalie l'épouse surtout afin de ne pas me quitter...

Luc Auvilliers n'interrompit ni leur entretien ni leur promenade ; il se réjouissait de voir Pascal oublier près de l'enfant de trop cuisants chagrins. Lui-même s'abandonnait à la joie que venait de lui causer la promesse de Mme Lincelle, quand le valet de chambre annonça le docteur et Octave.

D'ordinaire, ceux-ci entraient avec un amical empressement, forçant les portes pour ainsi dire, cherchant Auvilliers quand ils ne le découvraient pas. Parcourant le château pièce par pièce, le jardin allée par allée, avec la familiarité d'hôtes aimés et d'amis attendus.

La solennité du visage de Lasseny et d'Octave le surprit. Ou plutôt, ce n'était point de la solennité qu'il lut sur leur visage, mais bien les traces d'une longue et profonde émotion.

Tandis que se succédaient au château et à la Villa des Fleurs des scènes émouvantes, le père et le fils subissaient eux aussi une épreuve difficile.

Depuis le jour où Octave avait fait part à son père de son ardent désir d'épouser Madone, jamais la gaieté n'avait reparu sur le front de l'adolescent. Il s'était soumis, parce qu'il éprouvait pour son père une confiance et un respect sans bornes, mais au fond de son cœur il gardait une secrète blessure, dont il avait eu raison de dire qu'il ne guérirait jamais. A partir de ce moment il se jeta dans l'étude avec moins de zèle que d'emportement. Comprenant qu'il ne pouvait en vouloir à son père, et que la situation de famille de Madone était telle que jamais il ne l'aurait pour femme, il résolut de dire subitement adieu à toutes les joies, à toutes les espérances de la vie.

Il cessa pour ainsi dire brusquement d'être jeune. De ce jour il ne témoigna plus le désir d'accompagner son père à Fontainebleau. Il paraissait même éprouver un embarras ressemblant à de la crainte, chaque fois que le nom de Mme Lincelle et de sa fille adoptive était prononcé devant lui. Résolu à guérir, il voulait employer des moyens radicaux, broyer son rêve, puis essayer si les satisfactions de l'ambition satisfaite le consoleraient des déceptions de son cœur.

Pierre Lasseny s'attrista plus de cette attitude qu'il ne l'eût fait d'une tristesse expansive. Il regrettait que son fils ne l'entretînt plus de Madone ; sachant bien que toute peine racontée s'évapore forcément il eût souhaité discuter avec Octave les événements qui pouvaient surgir et le rapprocher subitement de la jeune fille. Mais les lèvres d'Octave parurent fermées comme avec un sceau, et ce fut seulement son obstination au travail qui put faire mesurer la profond de son désespoir.

L'ami de son père, ce a Lecomte qui avait vieilli à ses côtés, et qui, près de lui, augmentait lentement sa fortune, s'attristait presque autant que Pierre de la persistante douleur d'Octave.

Quand arriva au docteur le télégramme de Luc Auvilliers, Lasseny demanda à son fils :

— M'accompagnes-tu ?
— Vous est-il possible de vous passer de moi ?
— Certainement.
— Alors, permettez-moi de rester ; quand on veut guérir une plaie, il faut se garder de l'agrandir et d'y retourner le fer.

Cependant, en ne voyant point revenir son père, l'angoisse le gagna. Peut-être était-il arrivé un de ces malheurs que l'on ne peut prévoir et auxquels il est impossible de remédier. S'il n'avait eu la crainte de passer pour léger, il aurait rejoint Pierre Lasseny. Mais qu'aurait-il pu lui dire ? Comment expliquer ce revirement subit dans les idées ? Le travail qui lui avait servi de prétexte pour ne point aller à Fontainebleau était loin d'être terminé. Il attendit dans une inquiétude inexprimable, et passa toutes ses soirées avec le spirituel bossu qui était certainement pour lui un second père. Ce fut seulement au bout de trois jours que Lasseny revint. Une dépêche, aussi courte que possible, adressée à son fils, le chargeait de pourvoir à l'indispensable pour tout ce qui concernait la clientèle. De ce qui se passait au château de Luc Auvilliers, pas un mot. On eût dit que froissé par l'attitude de son fils, il avait, lui aussi, résolu de garder désormais le silence. Ou plutôt s'il se taisait sur les événements qui venaient de s'accomplir, c'est que ces événements concernaient Madone... Si Octave ne dormit point, si ses veilles furent peuplées de tristes rêves, il ne l'avoua à personne, mais il comprit que son inquiétude grandissait en proportion de la longueur de l'absence de son père. Jean Lecomte écrivit à son ami, et en reçut ces deux lignes : « Faits graves ; avec vives espérances ; retour remis à demain. Inutile de rien dire à Octave. »

En effet, le lendemain, Pierre Lasseny revint à Paris avec Luc Auvilliers. Tous deux firent des courses importantes sans doute, à voir le mystère dont ils les enveloppaient et leur hâte à les multiplier. Puis Pierre Lasseny reprit le chemin de Fontainebleau en emmenant Mᵉ Aubry.

— Je ne me trompe pas, se répéta Octave, il s'agit du grand-père de Madone.

Son angoisse s'accrut, mais il appela son courage et son orgueil à son aide et ne demanda point d'explication.

Cependant lorsque le docteur Lasseny, revenant de Fontainebleau, reprit ses occupations ordinaires, il paraissait mystérieux et joyeux.

Au lieu de raconter tout de suite à Octave ce qui s'était passé, il attendit l'heure du dîner, et, sans paraître attacher plus d'importance à ce qu'il avait à lui apprendre qu'à donner lecture d'un fait divers, il lui dit vers la fin du dîner :

— Si un romancier s'était rencontré à Fontainebleau, en même temps que moi, il eût certes trouvé des scènes d'un intérêt puissamment dramatique dans ce qui vient de s'y passer.

— Les journaux nous les apprendront? dit Jean Lecomte.

— Les journaux ne raconteront rien. Nous avons épaissi les ténèbres autour de cette affaire. Auvilliers et moi nous sommes les seuls étrangers au courant de cette tragédie domestique. Ce que je vais vous confier ne sortira pas d'ici, et je ne commets aucune indiscrétion en vous le révélant. J'ai été mandé par Luc Auvilliers pour soigner un homme atteint d'une balle en pleine poitrine, au moment où il venait de décharger son revolver sur un malheureux dont le seul crime était de l'empêcher de forcer le coffre-fort de notre ami. Le bandit devait succomber si rapidement qu'il était inutile de lui faire subir un interrogatoire. Le but de chacun de nous, dans l'intérêt d'un homme malheureux, était d'empêcher le bruit autour de ce double crime. L'assassin est mort après avoir proclamé ce que nous savions depuis longtemps : que Pascal Marsan était innocent du crime pour lequel on l'avait condamné.

— Et quel était le misérable... demanda Jean Lecomte.

— Olivier, son fils. Pascal s'était sacrifié pour lui.

— Mais alors, dit Octave dont la voix tremblait, Madone est à jamais délivrée d'un père qui fut son persécuteur, et qui serait devenu son bourreau ?

— Oui, répondit Pierre Lasseny.

— Et son aïeul...

— Va retrouver le calme, le bonheur, le respect auquel il a droit.

— Alors Madone...

— Madone porte le deuil de son père, mais elle se console par la pensée que Luc Auvilliers est son oncle, et qu'elle a maintenant une véritable famille. Je l'ai peu vue, et je l'ai laissée aux soins de Mme Lincelle et de Luc Auvilliers dont la joie ne peut se décrire. Si la vie d'Olivier fut un tissu de crimes, sa fin a été celle d'un pénitent, et Pascal l'a pleuré...

Octave ne questionna pas davantage son père.

Le soir, il l'accompagna dans sa chambre, sous prétexte de lui rendre compte de ce qui s'était passé en son absence, et quand il eut fini, il attendit ce que Pierre Lasseny pourrait ajouter à ces confidences. Mais le docteur se contenta de féliciter son fils sur son activité, et ne lui apprit rien de plus. Octave en conclut que l'indignité du père mort continuait à peser sur l'enfant innocente. Cette fois il sentit dans son cœur une sorte de révolte. Il trouvait injuste et cruel de faire expier à cette douce et charmante créature les fautes d'autrui et les malheurs dont elle avait souffert si longtemps. Cependant il ne se crut pas le droit de renouveler une demande à laquelle son père avait répondu par un refus. A quoi bon l'attrister de nouveau ? Ne savait-il pas ce que lui commandait l'honneur? Octave avait-il le droit de demander à ce père qui lui avait sacrifié toute sa vie de faire encore davantage ? Non, il devait s'incliner devant sa volonté, et ne jamais plus prononcer le nom de celle dont le souvenir remplissait sa vie.

Pendant huit jours le docteur resta presque invisible. Il ne dîna pas même régulièrement chez lui, ce qui ne lui était jamais arrivé jusque-là.

En revanche il se présentait chez lui un nombre considérable de gens que l'on devinait appartenir au haut commerce. Des paquets mystérieux étaient laissés à l'adresse du docteur. Celui-ci avait de longs entretiens avec le compagnon de ses jeunes années. Entraîné sur la même pente que son ami, il semblait aussi multiplier des acquisitions considérables. et en traversant l'antichambre, Octave crut que le mot « diamants » était prononcé.

Quelle apparence cependant que son père achetât des diamants?

Pour qui les choisissait-il?

Il y avait quinze jours que durait cette situation bizarre, oppressante, quand un soir Pierre Lasseny commanda au valet de chambre d'éclairer le petit salon, et de le prévenir quand tout serait prêt.

— Avons-nous donc du monde? demanda Octave.

— Nullement, nous resterons en famille; seulement, je te ménage une surprise, et je souhaite avoir ton avis.

Quelques minutes après le docteur Lasseny et Octave pénétraient dans le petit salon. Il présentait un aspect tellement inattendu qu'Octave ne put s'empêcher de pousser un cri de surprise. Sur les divans, sur les chaises s'étalaient des pièces de brocard, des cachemires, des crêpes de Chine brodés d'une façon merveilleuse, des dentelles venues de tous les pays où l'on fabrique des réseaux à l'aiguille et où l'on manie des fuseaux sur un métier. Enfin, sur un guéridon couvert d'un tapis de satin brodé d'or et d'alcafar, s'ouvraient des écrins remplis de merveilles. Des diamants d'une blancheur éblouissante, montés en colliers, en aigrettes, en pendants d'oreilles, en broches, étincelaient dans leurs écrins de velours. Des émeraudes veloutées brillaient sur du satin blanc, des opales d'un bleu doux attiraient le regard. A côté de ces merveilles, des perles blondes laiteuses, d'un orient pur, reposaient dans des écrins bleus.

Le cœur d'Octave battit avec violence.

— Voyons, lui dit Pierre avec une gaieté communicative, suppose que Mme Nathalie Lincelle épouse Luc Auvilliers, que choisirais-tu pour elle?... Nous sommes assez ses amis pour lui offrir un souvenir...

L'éclair qui brillait dans le regard d'Octave s'éteignit subitement.

— Elle a été pour nous bonne et parfaite, mon père, offrons-lui ces brillants; ils sont montés avec goût et j'espère qu'ils lui plairont.

— Je le crois aussi. Nous mettrons donc ces brillants de côté ; maintenant nous avons à remplir une mission plus grave, il s'agit d'une corbeille de noces destinée à une jeune fille... J'ai accepté de me charger de tout... La fiancée est grande, blonde et belle ; elle a les yeux bleus, un sourire d'ange. Elevée dans la misère, après en avoir subi toutes les tortures elle est maintenant une belle et élégante personne... Rien ne sera trop beau pour elle... Son oncle est millionnaire; cet oncle s'obstine à la doter quoiqu'un fiancé s'estimerait très heureux de la prendre sans dot. Celui-ci, qui ne sait point le chiffre de sa fortune future, peut se montrer généreux sans crainte d'appauvrir son père. Octave... Crois-tu que ces perles, ces diamants soient assez beaux pour celle à qui on les destine?..

— Tout cela serait digne d'une princesse, mon père...

— Faut-il donc tout garder? Dame! tu comprends, cela t'intéresse. Montre-toi prodigue à ton gré. Jean Lecomte, moi, Auvilliers, nous sommes tous millionnaires... Toi-même, sans que tu t'en doutes, depuis ta majorité tu possèdes, bien à toi, un joli million que j'ai arrondi avec amour... Tu as été ma seule félicité en ce monde... Ta joie est ma vie même... Pour la première fois, agis en maître, il s'agit de parer ta femme, il s'agit de la corbeille de Madone...

— Madone! vous avez bien dit? s'écria Octave. Vous me la donnez pour femme?

— Avec joie, répondit le docteur. Olivier est mort; Olivier seul projetait une ombre sur cette charmante et douce créature. Maintenant qu'elle n'a plus pour parents que Luc Auvilliers et Pascal Marsan, j'en ferai ma fille, puisque tu souhaites l'avoir pour femme.

— Combien vous m'aimez! s'écria Octave.

— Oui, je t'aime, et il m'en a cruellement coûté de t'affliger... Tous les obstacles sont levés désormais... Je consens à tout...

— Et Matteo... Pascal Marsan?

— Ne désire que le bonheur de Madone.

— L'avez-vous donc interrogée elle-même, mon père?

— A quoi bon! répondit Lasseny avec un sourire, j'aime mieux te questionner.

— Mais je ne sais rien, moi, répliqua Octave, sinon qu'elle me semble une jeune fille parfaite, digne de devenir ma compagne. Je suis convaincu que vous l'aimerez comme je la chéris moi-même... Mais enfin jamais je ne lui ai demandé ce qu'elle ressentait pour moi, jamais je n'ai soulevé le voile de ses pensées, et si elle n'avait rien compris, rien deviné, si elle me refusait...?

— Nous le saurons demain, répondit Lasseny. Aussitôt après mes visites à l'Hôtel-Dieu et à une clientèle que j'ai bien négligée, nous partirons pour la Villa des Fleurs... Nous gardons toutes les parures, n'est-ce pas?

— Madone est simple, modeste... Peut-être allez-vous sacrifier une somme considérable...

— D'abord, je consacre à l'achat de la corbeille les deux cent mille francs qui causèrent la perte de Pascal... Ajoute cent mille francs pour les dentelles; en outre de ton million, je t'ai économisé cent vingt-cinq mille francs, tu peux les dépenser sans regret, mon ami, nous aurons plus d'un souvenir à distribuer autour de nous à des amis qui nous sont chers.

— Père! père! combien vous êtes bon!

La nuit suivante Octave ne ferma pas les yeux.

Le lendemain matin on apporta chez le docteur Lasseny, non pas la banale corbeille de mariage d'autrefois, qui semblerait aujourd'hui tout au plus bonne à enfermer des œufs de Pâques, mais un meuble d'ébène enrichi d'émaux et de bronzes venus de chez Christophe. Chaque compartiment de ce meuble avait une destination. Les pièces de soieries et de velours étaient renfermées dans un tiroir profond; les cachemires reposaient moellement sur des coussins de satin, tandis que le réseau des dentelles se détachait sur le velours des coussins parfumés. Enfin, comme en un vaste écrin dont les splendeurs se doublaient du rayonnement d'un triple miroir, les diamants prirent leur place sur l'un des côtés.

Le meuble, garanti par une enveloppe capitonnée, fut confié au train qui emporta vers Fontainebleau Pierre Lasseny et Octave, que l'excès de son bonheur rendait presque muet.

Au moment où ils descendirent de wagon, Octave dit à son père :

— Je t'en prie, laissons Mme Lincelle préparer Madone à cette nouvelle... J'ai peur, au moment de connaître mon sort.

— Soit! dit Pierre, tandis que l'on transportera à la Villa des Fleurs la royale corbeille de Madone, nous nous en irons lentement à travers la forêt, cueillant pour ta chère fiancée un bouquet de blanches anémones des bois et nous n'arriverons à la Villa que pour l'heure du dîner.

Deux commissionnaires placèrent le précieux meuble dans une voiture, et se dirigèrent vers la Villa des Fleurs, tandis que Lasseny et son fils allaient d'instinct vers la maison de Rose André.

Une certaine agitation régnait dans la Villa des Fleurs depuis midi. Deux fois déjà des messagers avaient apporté sous des formes diverses des meubles, des coffrets ayant une signification semblable. Ce qui paraissait le plus étrange dans ces présents, c'est qu'aucun signe de reconnaissance ne les accompagnait. Un coffre Louis XIII, couvert de plaques d'argent, et renfermant des cadeaux merveilleux, avait été envoyé dans la matinée accompagné d'un bouquet de fleurs rares. Ce coffret ressemblait si fort à une corbeille de mariage que Nathalie songea tout de suite à Luc Auvilliers. Avec un plaisir très féminin elle ouvrit les écrins, examina les dentelles, passa une bague au doigt de Madone, mit une épingle à la cravate de dentelles de Daisy, et se prit à songer à sa nouvelle existence. Les trois femmes achevaient à peine d'examiner les merveilles de cette corbeille, qu'un second commissionnaire remit au valet de chambre une lourde cassette incrustée de nacre, et devant en ligne droite arriver de Constantinople. Il ne se trouvait aucune adresse sur la cassette.

— Ouvrons! dit Nathalie.

Les cadeaux qu'elle renfermait était moins somptueux, mais charmants.

Ce qui frappa Daisy plus qu'elle n'osa le dire, c'est que chaque bijou lui rappelait un souvenir de sa chère Irlande. Une parure de diamants et de saphirs affectait la forme du trèfle de Saint-Patrik; et sur le livre d'heures, richement relié, on voyait en guise de fermoir une harpe d'or. Daisy, émue, anxieuse, ne comprenait rien, et cependant elle devinait que ce coffret était pour elle. Avec une attention extrême, une grâce exquise, on avait réuni tout ce qui pouvait lui rappeler davantage la patrie dont elle était exilée. Ce présent ne pouvait venir que d'une personne connaissant toute sa vie. Daisy O'Kelly croyait avoir tout vu, tout admiré, quand Nathalie s'écria avec une joie enfantine :

— Il existe un double fond à ce tiroir.
— Regardez! regardez vite! s'écria Madone.

Mme Lincelle trouva le secret, appuya sur un bouton, et tira d'un tiroir mystérieux un cahier de papier timbré, à couverture imprimée, portant le nom et l'adresse d'un notaire, et en tête de ce cahier on lisait : *Contrat de mariage...*

Il n'y avait rien de plus.

Un coup de sonnette impérieux se fit entendre à la grande grille, et Madone s'écria :

— Encore des commissionnaires !
— Nous tombons en pleine féerie, répondit Mme Lincelle.
— Jusqu'à présent ces féeries sont charmantes! repartit Madone.

On enleva le meuble de son écrin, et les commissionnaires, avec l'importance de gens ayant conscience de leur mission, tendirent une clef d'or à Mme Lincelle.

Cette fois, il s'agissait d'un rêve des Mille et une Nuits.

Ce furent des cris d'admiration, des éclats de joie! Après une heure de recherches infructueuses pour découvrir si ce royal cadeau portait une signature, il fallut y renoncer.

— Attendons, dit Nathalie. Je n'ai jamais vu d'énigmes sans solutions. Ce qui est certain, c'est que nous sommes trois femmes ici, et que l'on vient d'envoyer trois corbeilles de mariage. Nous avons le droit de tout refuser.

Ce que je juge seulement convenable, indispensable même, c'est que nous montions compléter nos parures un peu simples pour ce qui semble se préparer.

Nathalie mit une robe rose soyeuse et charmante, miss Daisy s'habilla en bleu, et Madone garda son deuil. Seulement, en dépit de sa robe noire de cachemire de l'Inde, elle semblait sous une impression de joie profonde.

Les trois femmes venaient de passer dans le grand salon, orné des cadeaux mystérieux, quand le valet de chambre annonça :

— M. Luc Auvilliers.

Le millionnaire s'avança, il tenait à la main un bouquet d'orchidées cueillies dans sa serre.

— M. Victor Bérard.

Tandis que Luc s'approchait de Nathalie, Victor offrit à Daisy un petit bouquet composé de fleurs de trèfles.

— Ce sont des fleurs d'Irlande, dit-il. Du jour où vous m'avez raconté votre histoire, j'ai compris tout ce que vous valez... J'aurais gardé le silence sur mes projets, si M. Auvilliers n'avait tenu à me voir heureux en même temps que lui. Je suis presque aussi riche que vous, aidez-moi à devenir meilleur.

— Vous avez donc oublié? demanda Daisy en jetant un regard sur Nathalie.

— J'ai compris où se trouvait pour moi la vraie félicité, voilà tout.

— M. le docteur Lasseny, reprit le valet de chambre, M. Octave Lasseny, M. Pascal Marsan.

D'un bond Madone fut dans les bras de son grand-père.

— Vas-tu me prouver à la fois ton respect et ton obéissance? demanda Pascal à la jeune fille.

— Oh! père! s'écria Madone, pouvez-vous le demander!

— Alors accepte de ma main le mari que j'ai choisi pour toi. Il est trop riche, mais il faut avoir de l'indulgence! Aimez-vous, mes enfants, aimez-vous comme j'aimais votre mère, et puis, oh! et puis gardez à votre foyer le vieux Matteo, afin que ses derniers jours soient des jours bénis!

Octave et Madone se jetèrent dans ses bras.

— C'est un miracle, grand-père! dit-elle, un vrai miracle!

— Oui, répondit Pierre Lasseny en serrant la main de Pascal Marsan, un miracle obtenu du ciel au prix du *Martyre d'un Père.*

FIN

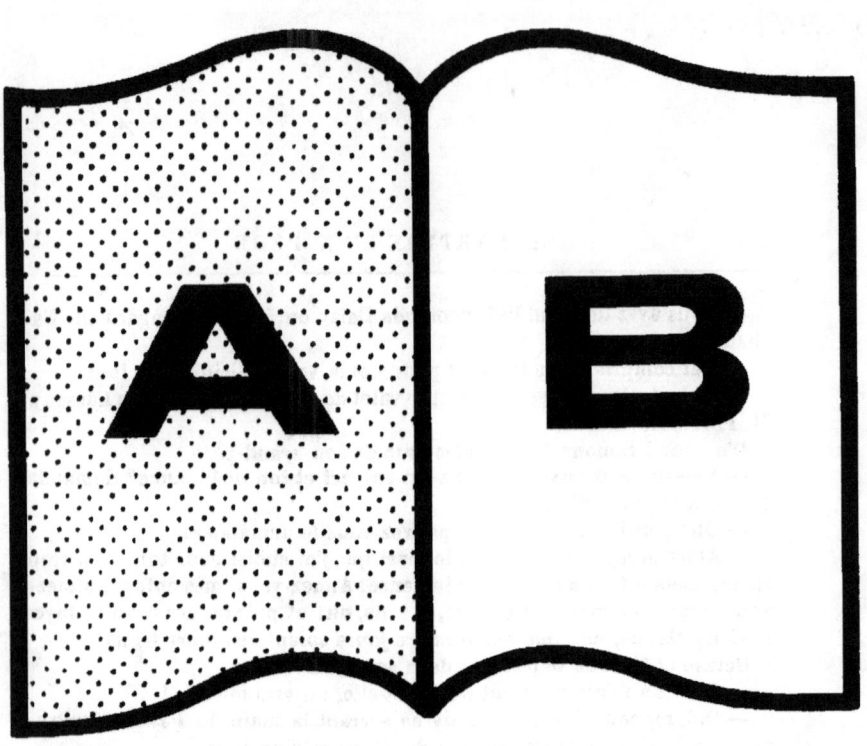

Contraste insuffisant

NF Z 43-120-14

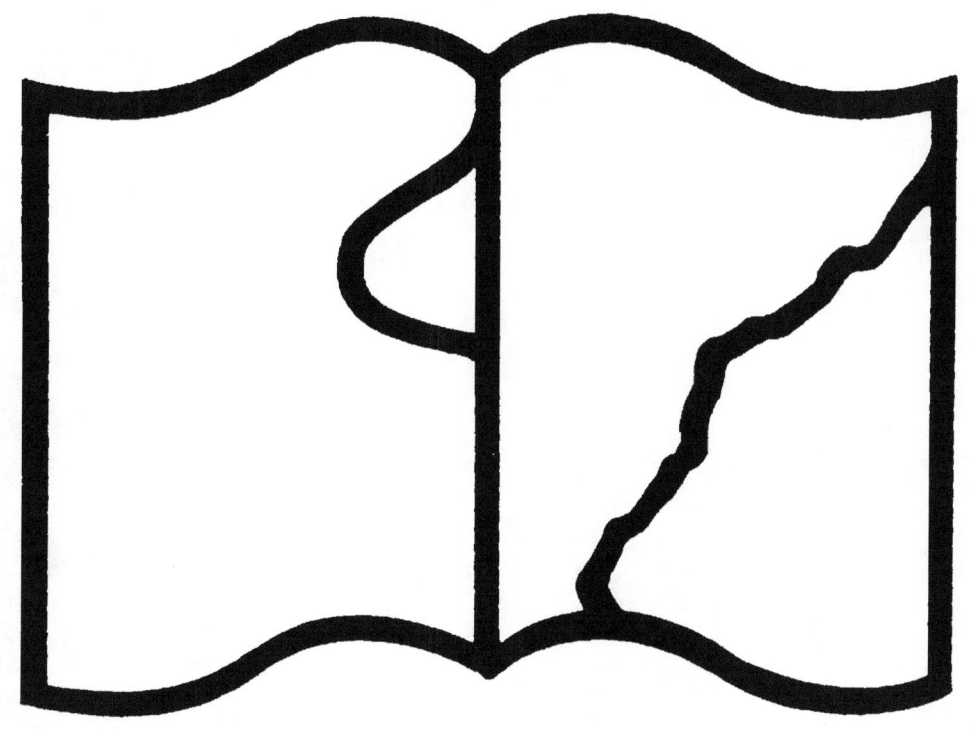

Texte détérioré — reliure défectueuse
NF Z 43-120-11

www.ingramcontent.com/pod-product-compliance
Lightning Source LLC
Chambersburg PA
CBHW071301160426
43196CB00009B/1375